高等职业教育中医药类创新教材

药理学

（供中医学、针灸推拿、中医骨伤、护理、中药学等专业用）

主　编　邓雪松　苗久旺

副主编　于　淼　陈根林　苗加伟　贾彦敏

编　委　（以姓氏笔画为序）

于　淼（菏泽医学专科学校）

于宜平（山东中医药高等专科学校）

邓雪松（重庆三峡医药高等专科学校）

何秀贞（重庆三峡医药高等专科学校）

陈根林（江苏医药职业学院）

苗久旺（山东中医药高等专科学校）

苗加伟（重庆三峡医药高等专科学校）

袁　莉（菏泽医学专科学校）

贾彦敏（山东中医药高等专科学校）

徐　露（重庆医药高等专科学校）

中国健康传媒集团

中国医药科技出版社

内容提要

本教材是高等职业教育中医药类创新教材之一，根据《药理学》教学大纲的基本要求和课程特点编写而成，全书共44章，内容上涵盖药理学的基本原理和各器官系统疾病的临床常用药物介绍。本教材力求体现药理学学科特点，重点阐明临床常用药物的体内过程及特点、药理作用及机制、临床应用及不良反应等，为指导临床合理用药，发挥药物最佳疗效、降低不良反应提供理论依据。本教材为书网融合教材，配套提供了课件PPT与题库等数字资源，使教学资源更加多样化、立体化。本教材供高等职业教育中医学、针灸推拿、中医骨伤、护理、中药学等专业使用。

图书在版编目（CIP）数据

药理学 / 邓雪松，苗久旺主编 . —北京：中国医药科技出版社，2022.8
高等职业教育中医药类创新教材
ISBN 978-7-5214-3186-5

Ⅰ. ①药…　Ⅱ. ①邓…②苗…　Ⅲ. ①药理学—高等职业教育—教材　Ⅳ. ①R96

中国版本图书馆CIP数据核字（2022）第078602号

美术编辑　陈君杞
版式设计　南博文化

出版　**中国健康传媒集团** | 中国医药科技出版社
地址　北京市海淀区文慧园北路甲22号
邮编　100082
电话　发行：010-62227427　邮购：010-62236938
网址　www.cmstp.com
规格　889×1194mm $\frac{1}{16}$
印张　23 $\frac{1}{4}$
字数　677千字
版次　2022年8月第1版
印次　2022年8月第1次印刷
印刷　北京紫瑞利印刷有限公司
经销　全国各地新华书店
书号　ISBN 978-7-5214-3186-5
定价　**72.00元**

获取新书信息、投稿、为图书纠错，请扫码联系我们。

代爱英（菏泽医学专科学校教务处处长）

刘　亮（遵义医药高等专科学校教务处副处长）

兰作平（重庆医药高等专科学校教务处处长）

王庭之（江苏医药职业学院教务处处长）

张炳盛（山东中医药高等专科学校教务教辅党总支原书记）

张明丽（南阳医学高等专科学校中医系党委书记）

苏绪林（重庆三峡医药高等专科学校中医学院院长）

王　旭（菏泽医学专科学校中医药系主任）

于立玲（山东医学高等专科学校科研处副处长）

冯育会（遵义医药高等专科学校中医学系副主任）

万　飞（重庆医药高等专科学校中医学院院长）

周文超（江苏医药职业学院医学院党总支书记）

办公室主任

范志霞（中国医药科技出版社副总编辑、副经理）

徐传庚（山东中医药高等专科学校中医系原主任）

数字化教材编委会

出版说明

中医药职业教育是医药职业教育体系的重要组成部分，肩负着培养中医药行业多样化人才、传承中医药技术技能、促进就业创业的重要职责。为深入贯彻落实国务院印发的《中医药发展战略规划纲要（2016—2030年）》《国家职业教育改革实施方案》和教育部等九部门印发的《职业教育提质培优行动计划（2020—2023年）》等文件精神，充分体现教材育人功能，适应"互联网＋"新时代要求，满足中医药事业发展对高素质技术技能中医药人才的需求，在"高等职业教育中医药类创新教材"建设指导委员会的指导下，中国医药科技出版社启动了本套教材的组织编写工作。

本套教材包含21门课程，主要特点如下。

一、教材定位明确，强化精品意识

本套教材认真贯彻教改精神，强化精品意识，紧紧围绕专业培养目标要求，认真遵循"三基""五性"和"三特定"的原则，在教材内容的深度和广度上符合中医类专业高职培养目标的要求，与特定学制、特定对象、特定层次的培养目标相一致，力求体现"专科特色、技能特点、时代特征"。以中医药类专业人才所必需的基本知识、基本理论、基本技能为教材建设的主题框架，充分体现教材的思想性、科学性、启发性、先进性和适用性，注意与本科教材和中职教材的差异性，突出理论和实践相统一，注重实践能力培养。

二、落实立德树人，体现课程思政

党和国家高度重视职业教育事业的发展，落实立德树人是教材建设的根本任务。本套教材注重将价值塑造、知识传授和能力培养三者融为一体，在传授知识和技能的同时，有机融入中华优秀传统文化、创新精神、法治意识，弘扬劳动光荣、技能宝贵、创造伟大的时代风尚，注重加强医德医风教育，着力培养学生"敬佑生命、救死扶伤、甘于奉献、大爱无疆"的医者精神，弘扬精益求精的专业精神、职业精神、工匠精神和劳模精神，以帮助提升学生的综合素质和人文修养。

三、紧跟行业发展，精耕教材内容

当前职业教育已经进入全面提质培优的高质量发展阶段。教育部印发的《"十四五"职业教育规划教材建设实施方案》强调：教材编写应遵循教材建设规律和职业教育教学规律、技术技能人才成长规律，紧扣产业升级和数字化改造，满足技术技能人才需求变化，依据职业教育国家教学标准体系，对接职业标准和岗位能力要求。本套教材编写以学生为本，以岗位职业需求为标准，以促进就业和适应产业发展需求为导向，以实践能力培养为重点，增加实训内容和课时的设置，力争做到课程内容与职业标准对接、教学过程与生产过程对接，突出鲜明的专业特色。内容编写上注意与时俱进，注重吸收融入行业发展的新知识、新技术、新方法，以适应当前行业发展的趋势，实现教材与时代的融合，以提高学生创造性解决实际问题的能力。

四、结合岗位需求，体现学考结合

为深入贯彻执行《国家职业教育改革实施方案》中推动的1+X证书制度，本套教材充分考虑学生考取相关职业资格证书、职业技能等级证书的需要，将岗位技能要求、劳动教育理念、国家执业助理医师资格考试等有关内容有机融入教材，突出实用和实践。教材理论内容和实训项目的设置涵盖相关考试内容和知识点，做到学考结合，满足学生在学习期间取得各种适合工作岗位需要的职业技能或资格证书的需求，以提升其就业创业本领。

五、配套数字教材，丰富教学资源

本套教材为书网融合教材，编写纸质教材的同时，重视数字资源配套增值服务的建设，通过教学课件PPT、思维导图、视频微课、题库等形式，丰富教学资源，利用中国医药科技出版社成熟的"医药大学堂"智能化在线教学平台，能够实现在线教学、在线评价、在线答疑、在线学习、在线作业、在线考试、在线互动等功能，极大提升教学手段，满足教学管理需要，为提高教育教学水平和质量提供支撑。

六、以学生为本，创新编写形式

本套教材在编写形式上坚持创新，在内容设置上注重模块化编写形式，整套教材设立相对统一的编写模块，模块设计分为"必设模块"和"选设模块"两种类型。"必设模块"是每本教材必须采用的栏目，使整套教材整齐划一。"选设模块"是每本教材根据课程的特点自行设计，目的是增强课堂互动和教材的可读性，提高学习的目的性和主动性。模块设置注重融入中医经典，融入课程思政，融入职业技能与中医助理执业医师资格考试内容，凸显本轮中医学专业教材编写的"传承创新"特色。

为编写出版一套高质量的精品教材，本套教材建设指导委员会的专家给予了很多宝贵的、建设性的指导意见，参编的几十所院校领导给予了大力支持和帮助，教材的编写专家均为一线优秀教师，他们业务精良，经验丰富，态度认真严谨，为本套教材的编写献计献策、精益求精、无私奉献，付出了辛勤的汗水和努力，在此一并表示衷心感谢。

本套教材目标明确，以满足高等职业院校中医药类专业教育教学需求和应用型中医药学人才培养目标要求为宗旨，旨在打造一套与时俱进、教考融合、特色鲜明、质量优良的中医类高职教材。希望本套教材的出版，能够得到广大师生的欢迎和支持，为促进我国中医类相关专业的职业教育教学改革和人才培养做出积极贡献。希望各院校师生在教材使用中提出宝贵意见或建议，以便不断修订完善，为下一轮教材的修订工作奠定坚实基础。

中国医药科技出版社
2022年6月

　　《药理学》为高等职业教育中医药类创新教材之一，体现了培养高素质技术技能医学人才的目标，可供中医学、针灸推拿、中医骨伤、护理、中药学等专业使用。

　　《药理学》为医学生必修科目之一，是基础医学与临床医学的桥梁学科，在医学知识体系中占有重要地位。因此，本书在编写过程中，凝练三基（基本理论、基本知识、基本技能）、体现五性（思想性、科学性、启发性、先进性、适用性），遵循药理学的学科规律，紧跟医药学最新理论发展，突出专业特色，紧密联系临床实际，用清晰的逻辑、简练的语言，突出重点，对教学内容和形式进行改革创新，方便教师讲授和学生学习。

　　本教材在充分优化知识结构的基础上，对部分章、节的设计及内容作了适当调整，全书共44章，每章设有学习目标、岗位情景模拟、课堂互动、知识拓展、目标检测及重点知识回顾，在方便学生预习、复习及课后练习的同时，结合药理学课程特色，增加了"思政课堂"模块，渗透课程思政元素，融入药物发现史及我国科研人员对药物研发的贡献，增强民族自信、激发行业兴趣。既保留了药理学通用教材的基本框架，又适当增加了一些临床应用广泛且安全有效的新药，以解决教材收录之药物与临床用药实际严重脱节的问题。各院校在使用过程中可根据教学大纲要求或结合具体情况对教材内容作适当取舍。

　　本教材内容有利于学生建立合理的药理学知识结构，为提高学生今后实际工作中合理用药水平奠定基础。本教材为书网融合教材，即纸质版教材有机融合数字化教学资源，包括PPT课件、题库等，通过中国医药科技出版社"医药大学堂"在线学习平台实现在线学习功能。

　　本书编写分工如下：第1~4章由邓雪松编写，第5~9章由苗加伟编写，第10~16章由苗久旺编写，第17~19章由陈根林编写，第20~22章由于宜平编写，第23~26章由于淼编写，第27~31章由贾彦敏编写，第32~34、41章由徐露编写，第35~38章由何秀贞编写，第39、40、42~44章由袁莉编写。数字化教材编写分工同纸质教材。

　　本教材在编写过程中，借鉴参考了部分国内外教材和论文，特向各教材的编写专家和论文作者表示崇高的敬意。本次编写教材得到了所有编者及其所在院校领导的大力支持，在此表示衷心感谢。本书中涉及的药物剂量和用法仅供参考，不具备法律效力，在临床用药时务必严格依据药品说明书使用。

　　由于时间仓促、水平有限，编写过程中难免有疏漏和错误之处，真诚地希望广大同行、专家及广大师生批评指正，以便我们今后不断修订完善。

《药理学》编委会

2022年5月

CONTENTS 目录

第一章 绪 言

学习目标

知识要求：

1. 掌握药物、药理学、药物效应动力学、药物代谢动力学的概念及药理学的研究内容。

2. 熟悉药理学的学科任务及药理学的研究方法。

3. 了解药理学发展简史及新药的开发与研究。

技能要求：

学会应用药理学相关概念分析、解决临床合理用药的问题。

第一节　药理学概述

一、药物与毒物

药物（drug）是指能够改变或查明机体的生理功能及病理状态，用以预防、诊断和治疗疾病的物质。毒物（poison）的安全范围较小，在较小剂量时即对机体产生明显毒性作用。因此，药物和毒物之间并无本质区别，亦无严格界限，任何药物剂量过大都可产生毒性作用。

课堂互动 1-1

药物与毒物有何区别？

答案解析

二、药理学的概念及研究内容

药理学（pharmacology）是研究药物与机体（包括病原体）间的相互作用及作用规律的学科，其主要研究内容包括药物效应动力学（pharmacodynamics，PD）和药物代谢动力学（pharmacokinetics，PK）。药物效应动力学又称药效学，主要研究药物对机体的作用及其机制，包括药物的药理作用、临床应用及不良反应等。药物代谢动力学又称药动学，主要研究药物在机体的影响下发生的变化及其规律，包括药物的体内过程（吸收、分布、代谢和排泄）及速率过程（血药浓度随时间变化的动态规律）。

三、药理学的学科性质及任务

药理学是联系基础医学与临床医学、医学与药学的桥梁学科。药理学研究以生命科学和化学等知识为基础，以科学实验为手段，既是理论科学，又是实践科学。药理学伴随着现代科学技术的飞速发展而与时俱进，每年均有一些新药进入临床研究阶段并最终上市，其中部分药物在上市后可能因为某些不良反应而撤回或应用受限，因此只有掌握每类药物的基本作用和特点，运用科学思维方法将这些知识融会贯通，才能确保合理用药。

药理学的学科任务主要包括：阐明药物的作用及作用机制，为临床合理用药、发挥药物最佳疗效以及降低不良反应提供理论依据；研究开发新药，发现药物新用途；为其他生命科学研究提供重要的科学依据和研究方法。

药理学研究是在严格控制的条件下，依据基础学科的前沿知识，在整体、器官、组织、细胞和分子水平，研究药物的作用及作用机制。常用的药理学实验方法有整体与离体功能检测法、行为学实验方法、电生理学方法、生物检定法、形态学方法、免疫学方法、生物化学和分子生物学方法等。依据研究对象的不同，又可将药理学实验方法分为：①实验药理学方法，以健康动物（包括清醒动物和麻醉动物）和正常器官、组织、细胞、亚细胞、受体分子和离子通道等为实验对象，研究药物的药效学和药动学。②实验治疗学方法，以病理模型动物或组织器官为实验对象，观察药物的治疗作用。③临床药理学方法，以健康志愿者或患者为对象，研究药物的药效学、药动学和不良反应，并对药物的疗效和安全性进行评价，以便开发新药，推动药物治疗学发展，确保合理用药。

第二节　药物与药理学发展简史

药物的应用历史可追溯到五六千年以前，人类在与自然和疾病的斗争过程中积累了丰富的药物方面的知识和防病治病的宝贵经验。药理学是在药物学的基础上发展起来的，药理学的建立和发展与现代科学技术的发展密切相关，大致可分为三个阶段。

一、传统本草学阶段

古代记载药物知识的书籍称为"本草"。世界上第一部关于药物的书籍是公元前1550年到公元前1292年间埃及出版的《埃泊斯医药籍》，全书收录了700种药物和处方。问世于公元1世纪前后的《神农本草经》，是我国第一部药物学著作，该书收载了365种药物，其中不少药物仍沿用至今。公元659年，唐代苏敬等编写的《新修本草》一书是世界上最早由政府颁布的药典，全书共收载药物884种。1596年，明代伟大的医药学家李时珍在总结历代药方并亲身采集验证的基础上完成了药物学巨著《本草纲目》，全书约190万字，共52卷，收载药物1892种，插图1160帧，药方11000余条。该书不仅是中药研究的经典书籍，而且引起了国际医药学界的高度关注，并先后译成了英、德、法、俄、日、朝、拉丁语7种文本，传播到世界各地，被誉为"中国的百科全书"，对促进我国和世界医药的发展做出了重大贡献。

二、近代药理学阶段

18世纪末和19世纪初，生理学和化学的迅速发展为药理学的发展奠定了科学基础，药物的研究和开发开始进入了一个崭新的阶段。1803年，德国药师F.W.Sertürner首先从罂粟中分离提纯出吗啡，并用犬实验证明其具有镇痛作用。此后士的宁、咖啡因、阿托品等相继问世，开创了实验动物生理学和药理学实验方法。1847年，德国的R.Buchheim（1820~1879），在他家的地下室建立了第一个药理学实验室，标志着药理学已经开始成为一门独立的学科。他也成了世界上第一位药理学教授。此后，1878年，R.Buchheim的学生O.Schmiedeberg编写了药理学专著*Outline of Pharmacology*，推动了药理学在世界范围内的发展。1878年，英国人J.N.Langley根据阿托品与毛果芸香碱对猫唾液分泌的不同作用研究，提出了受体的概念，为受体学说的建立奠定了基础。

三、现代药理学阶段

现代药理学阶段大约从20世纪初开始。1909年，德国微生物学家P.Ehrlich发现砷凡纳明可以治疗梅毒，开创了应用化学药物治疗传染病的新纪元；1945年，A.Fleming、H.W.Flory和E.B.Chain三人因发现并分离了青霉素而共同获得诺贝尔生理学或医学奖，标志着化学治疗进入抗生素时代；与此同时，磺胺类药物、抗生素、合成的抗疟药、抗组胺药、镇痛药、抗高血压药、抗精神失常药、抗癌药、激素类药物、维生素类药物纷纷问世。

我国的药理学研究始于20世纪20年代，当时各医学院校相继开设了实验药理学课程，培养了一批药理学专业人才。1924年，我国药理学家陈克恢从中药麻黄中分离出麻黄碱，并发现其具有多种药理作用；1962年，我国学者邹刚、张昌绍等首次证明了吗啡的镇痛部位在丘脑第三脑室周围灰质；2015年屠呦呦因抗疟药青蒿素而获得诺贝尔生理学或医学奖。

近几十年来，随着自然科学技术的飞速发展，尤其是分子生物学技术的广泛应用，药物作用机制的研究由系统、器官水平进入到了分子水平。药理学已形成许多分支学科，如临床药理学、分子药理学、遗传药理学、生化药理学、时间药理学、神经精神药理学、心血管药理学、内分泌药理学、化疗药药理学、免疫药理学等。

第三节 新药的开发与研究

新药是指化学结构、药品组分及药理作用不同于现有药品的药物。我国《药品管理法》中规定：新药指我国未生产过的药品；已生产过的药品改变剂型、改变给药途径、增加新的适应证或制成新的复方制剂，亦属新药范围。新药的来源包括天然产物、半合成及全合成化学物质。

新药的开发是非常严格而复杂的过程，且各药不尽相同。新药研究过程大致分为三个阶段，即临床前研究、临床研究和上市后药物监测。

临床前研究主要由药物化学（包括药物制备工艺路线、理化性质及质量控制标准等）和药理学（包括以符合《实验动物管理条例》的实验动物进行的药效学、药动学及毒理学研究）两部分内容组成，是新药从实验研究过渡到临床应用必不可少的阶段。临床研究一般分为四期。Ⅰ期临床试验是在20~30例正常成年志愿者身上进行初步的临床药理学和人体安全性评价试验，是新药人体试验的起始阶段。Ⅱ期临床试验对象是100例以上的新药适应证患者，通过随机双盲对照试验对新药的有效性及安全性做出初步评价，并推荐临床给药剂量。Ⅲ期临床试验是对批准上市前、试生产期间的新药进行的扩大的多中心临床试验，受试病例数一般不少于300例，通过临床试验后，经审批方可生产、上市。Ⅳ期临床试验是在社会人群大范围内继续进行新药上市后的有效性和安全性评价。上市后药物监测（post-marketing surveillance），是重点了解长期使用后出现的慢性、潜伏的反应及罕见的不良事件和远期疗效，同时发现新的适应证。

🖊 知识拓展

处方常识

处方是指由注册的执业（助理）医师在诊疗过程中根据患者的病情需要而开具的医疗文书，是患者取药的依据，且具有法律凭证作用。医疗处方由三部分组成，包括前记、正文和后记。

前记包括处方笺编号、医疗卫生机构名称、科室或病室和床位号、门诊或住院病例号，患者姓名、性别、年龄，临床诊断就诊日期等内容。正文以 Rp 或 R（拉丁文 Recipe "请取"）或者汉字"取"标示，分列药物名称、剂型、规格、数量和用法用量。后记包括医师签名或加盖专用签章以示负责，并标有金额及审核、调配、核对、发药人员签名。

目标检测

答案解析

一、单选题

1. 药理学的研究内容主要包括（　　）
   - A. 药物效应动力学
   - B. 药物代谢动力学
   - C. 药物的理化性质
   - D. 与药物有关的生命科学
   - E. 药物与机体相互作用的规律和机制

2. 药物效应动力学研究的内容是（　　）
   - A. 药物的临床疗效
   - B. 药物对机体的作用及作用机制
   - C. 药物在体内的过程
   - D. 影响药物效应的因素
   - E. 药物的速率过程

3. 药物代谢动力学研究的内容是（　　）
   - A. 药物的剂量与效应关系
   - B. 药物的药理作用和临床应用
   - C. 机体对药物的处置过程
   - D. 药物的作用机制
   - E. 药物的不良反应

4. 我国最早的药物专著是（　　）
   - A.《神农本草经》
   - B.《唐本草》
   - C.《新修本草》
   - D.《本草纲目》
   - E.《备急千金要方》

5. 我国第一部由政府颁布的药典是（　　）
   - A.《神农本草经》
   - B.《太平惠民和剂局方》
   - C.《新修本草》
   - D.《本草纲目》
   - E.《备急千金要方》

6. 代表我国古代药物学最高成就的著作是（　　）
   - A.《神农本草经》
   - B.《太平惠民和剂局方》
   - C.《新修本草》
   - D.《本草纲目》
   - E.《备急千金要方》

二、简答题

1. 简述药理学的性质与任务。

2. 简述新药研究过程的三个阶段。

（邓雪松）

书网融合……

知识回顾　　习题

第二章

药物代谢动力学

PPT

学习目标

知识要求：

1. 掌握药物的体内过程及其影响因素；恒比消除、恒量消除的特点；生物利用度、血浆半衰期、稳态血药浓度的概念。

2. 熟悉药物的跨膜转运方式和特点。

3. 了解表观分布容积的概念和意义。

技能要求：

学会应用药动学相关理论解释药物体内过程和血药浓度的动态变化规律对药物疗效的影响。

药物代谢动力学（简称药动学）是研究药物的体内过程（包括药物的吸收、分布、代谢、排泄）和速率过程（即体内药物浓度随时间变化的动态规律）（图2-1）。

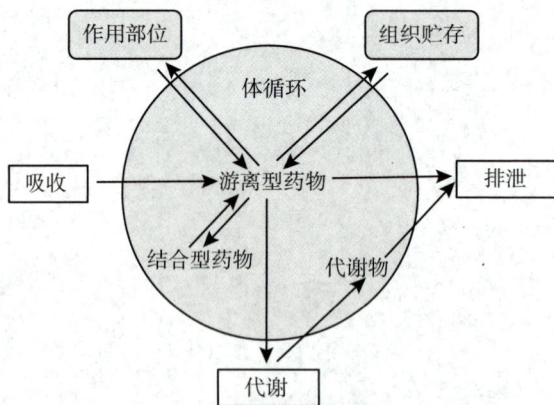

图2-1　药物的体内过程

第一节　药物分子的跨膜转运

药物在体内吸收、分布、代谢和排泄过程中，需要多次跨越各种生物膜。跨膜转运是药物分子通过细胞膜的现象。细胞膜是体内药物转运的基本屏障，药物通过各种细胞膜的方式和影响跨膜的因素相似。

一、药物通过细胞膜的方式

药物通过细胞膜的方式主要有被动转运、主动转运和膜动转运。

（一）被动转运

被动转运是指药物依赖细胞膜两侧的浓度差，从高浓度一侧向低浓度一侧的转运过程，主要包括以下三种类型。

1. **滤过**　是指在流体静压或渗透压的影响下，许多水溶性小分子药物通过细胞膜水性通道的过程，又称水溶性扩散。如乙醇、乳酸等水溶性物质可通过此方式扩散。分子量大的物质通常不能通过。

2. **简单扩散**　是指脂溶性药物溶解于细胞膜的脂质层，顺浓度差通过细胞膜的过程，又称脂溶性扩散。大多数药物的转运方式属简单扩散。脂溶性大、极性小的药物易于通过细胞膜。

3. **易化扩散**　指药物在细胞膜载体的帮助下顺浓度梯度的跨膜转运，又称载体转运。易化扩散可加快药物的转运速率速度快。其特点是不耗能，不能逆浓度差转运，有竞争性抑制现象和饱和现象。如铁剂转运需要转铁球蛋白作载体。

（二）主动转运

主动转运是药物依靠载体，逆浓度梯度的跨膜转运过程。主动转运需要消耗能量，有饱和现象。如两药物均由一种载体转运，则二者存在竞争性抑制关系。主动转运与药物在体内的不均匀分布和自肾脏的排泄关系较大，与吸收的关系较小。这类转运主要在神经元、肾小管和肝细胞内进行，如青霉素自肾小管的分泌排泄就属于主动转运。

（三）膜动转运

膜动转运是指大分子物质通过膜的运动而转运，包括胞饮和胞吐。

1. **胞饮**　是指某些液态蛋白质或大分子物质通过细胞膜的内陷形成吞饮小泡而进入细胞内，又称吞饮或入胞。如脑垂体后叶粉剂可从鼻黏膜给药以胞饮方式吸收。

2. **胞吐**　是指胞质内的大分子物质以外泌囊泡的形式排出细胞的过程，又称出胞或胞裂外排。如腺体分泌及递质的释放。

二、影响药物通过细胞膜的因素

（一）药物的解离度和体液的pH

绝大多数药物属于弱酸性或弱碱性有机化合物，在体液中均不同程度地解离。非解离型（分子型）药物脂溶性大（疏水而亲脂），可以通过细胞膜；解离型（离子型）药物极性大，不易通过细胞膜脂质层，这种现象称为离子障（ion trapping）。药物的解离程度取决于体液pH和药物解离常数。弱酸性药物在酸性环境中解离度小，非解离型药物多，易通过细胞膜；弱碱性药物则相反。改变体液的pH可明显影响弱酸性或弱碱性药物的解离程度。药物的解离程度在pH变化较大的体液内对药物跨膜转运的影响更为重要。胃液pH变化范围为1.5~7.0，尿液pH为5.5~8.0。如苯巴比妥的清除在碱性尿内比在酸性尿内快7倍。

（二）药物浓度差以及细胞膜通透性、面积和厚度

药物跨膜转运的速率（单位时间内通过的药物分子数）还与膜两侧药物浓度差、膜面积、膜的通透系数和膜厚度等因素有关。膜表面积大的器官，如肺、小肠，药物通过其细胞膜脂质层的速度远比膜表面积小的器官（如胃）要快。

（三）血流量

血流量的改变可影响细胞膜两侧药物浓度差。当血流量丰富、流速快时，含有较高药物浓度的血液将迅速被不含药物的血液所取代，从而得以维持很大的浓度差，使药物跨膜速率增高。

（四）细胞膜转运蛋白

蛋白质的摄入和营养状况影响细胞膜转运蛋白的数量，从而影响药物的跨膜转运，转运蛋白的功能也影响药物的跨膜转运。

第二节　药物的体内过程

一、吸收

吸收（absorption）是指药物自给药部位进入血液循环的过程。大多数药物以简单扩散的方式被吸收。血管外途径给药均存在吸收过程，吸收的速度和程度决定药理效应的快慢和强弱。不同给药途径有不同的吸收过程和特点。

（一）口服给药

口服是最常用、最简单的给药方式。胃的吸收面积小，且排空较快，故吸收量很少，少数弱酸性药物可在胃中部分吸收。小肠黏膜的吸收面积大、蠕动缓慢，且适中的酸碱度（pH 5.0~8.0）对药物解离影响小，因此药物口服后主要在小肠吸收。

经胃肠吸收的药物，进入门静脉后都要经过肝脏才能进入体循环。某些药物在到达体循环前被肠黏膜和肝脏部分代谢，从而使进入体循环的药量减少，药效减弱，这种现象称为首过消除（first pass elimination），也称首过效应或首过代谢。首过消除高的药物不宜口服给药。采用舌下及直肠下部给药，可使药物不经过胃肠道和肝脏吸收，直接进入体循环，从而避免首过消除。

（二）注射给药

静脉注射和静脉滴注不存在吸收过程。皮下注射及肌内注射时，药物吸收速率与注射部位血流量和药物剂型有关，一般较口服快。由于肌肉组织比皮下组织的血流量大，故肌内注射一般比皮下注射吸收快。注射给药还可将药物注射至身体任何部位发挥作用，如局部麻醉药注入外周神经干附近或手术视野附近组织而产生局部麻醉作用。

（三）呼吸道给药

挥发性药物（如吸入麻醉药）和平喘药（沙丁胺醇等）常以气雾剂吸入给药，由于肺泡表面积大且血流丰富，故药物可迅速经肺泡吸收。

（四）舌下给药

药物经舌下给药可由血流丰富的颊黏膜吸收，直接进入血液循环，从而在很大程度上避免首过消除。口服硝酸甘油首过消除率为90%，因此心绞痛发作时可将硝酸甘油置于舌下含化，从而迅速吸收。

（五）直肠给药

直肠中、下段的毛细血管流入中痔和下痔静脉，然后进入下腔静脉，其间不经过肝脏。若以栓剂塞入上段直肠，则吸收后经上痔静脉进入门静脉系统。因此，直肠给药可在一定程度上（约50%）避免首过消除。

（六）经皮给药

外用药物时，可通过皮肤给药主要发挥局部作用；但脂溶性高的贴剂如硝酸甘油缓释贴皮剂经皮肤吸收可预防心绞痛发作。

药物的给药途径不同，其吸收的速度和程度亦不同。吸收由快到慢的顺序依次为：吸入>舌下给药>直肠给药>肌内注射>皮下注射>口服>经皮给药。

知识拓展

影响药物吸收的因素

影响药物经胃肠道吸收的因素包括：服药时的饮水量、是否空腹、胃肠蠕动度、胃肠道pH、药物颗粒大小、药物与胃肠道内容物（食物或其他药物）的理化性相互作用。例如，服药时应用足量的水送服（200~300ml）对溶解度低而剂量大的药物能增加溶出量，使吸收增加，从而提高血药浓度，切忌不用水干吞，以免药物黏附与食管壁而造成食管损伤。食物或其他药物中的Fe^{3+}、Ca^{2+}、Mg^{2+}、Al^{3+}等金属离子与四环素络合能减少四环素的吸收。

此外，胃肠道分泌的酸和酶以及肠道菌群的生化作用均可影响口服药物的吸收。例如，某些青霉素类抗生素因被胃酸迅速灭活而口服无效；多肽类激素如胰岛素在肠内被水解而必须采用非胃肠道途径给药。

药物的理化性质对药物的吸收影响较大。分子量小、脂溶性大、极性小的药物易吸收。药物可制成多种剂型，如溶液剂、糖浆剂、片剂、胶囊剂、颗粒剂、注射剂、气雾剂、栓剂等。同一药物不同剂型，给药途径不同，吸收速度与程度也有差异。如片剂的崩解、胶囊剂的溶解等均可影响口服给药的吸收速度；油剂和混悬剂注射液可在给药局部滞留，吸收缓慢而持久。缓释剂是利用无药理活性的基质或包衣组织防止药物迅速溶出，以达到非恒速缓慢释放的效果；控释剂可以控制药物按零级动力学恒速或近恒速释放，以保持恒速吸收，既保证疗效的持久性，又方便使用。

二、分布

分布（distribution）是指药物吸收后从血液循环到达各组织器官的过程。药物在体内的分布是不均匀的。一般情况下，血流丰富的组织，药物分布较多。药物分布到达作用部位的速度越快，起效就越迅速。影响药物分布的因素主要如下。

（一）组织器官血流量

药物分布的快慢与组织器官血流量有关。在心、肝、肺、肾和脑组织，血流量较大，故药物在这些组织分布较快，但随后还可以再分布。例如，静脉注射麻醉药硫喷妥钠，首先分布到脑组织，随后又转移到脂肪组织，所以起效快，但维持时间短。

（二）药物的血浆蛋白结合率

大多数药物在血浆中均可与血浆蛋白不同程度地结合而形成结合型药物，与游离型药物同时存在于血液中。结合型药物因分子量较大而不易跨膜转运，暂时失去药理活性，是药物在血液中的一种暂时贮存形式。游离型药物分子量小，易跨膜转运到作用部位而产生药理效应。因此，药物与血浆蛋白的结合率影响药物在体内的分布、转运速度和消除速率。结合率高的药物，分布慢，起效慢，作用时间长。药物与血浆蛋白的结合是可逆的，结合型药物与游离型药物处于动态平衡，当游离型药物随着分布、消除而降低时，结合型药物可与血浆蛋白解离，变为游离型药物。同时应用两种血浆蛋白结合率均较高的药物（如华法林和保泰松），可因竞争同一蛋白结合位点而发生竞争置换现象，导致结合型华法林被置换出来，使其血浆游离药物浓度明显增加，抗凝作用增强，可造成严重的出血，甚至危及生命。

（三）药物的理化性质和体液的pH

分子型药物脂溶性大，易通过毛细血管壁分布到组织；离子型药物极性大，难以透过血管壁进入组织。在生理情况下，细胞内液pH为7.0，细胞外液pH为7.4，弱酸性药物在细胞外液解离多，不易进入细胞内，因此在细胞外液的浓度较高；弱碱性药物则与此相反。提高血液pH，可使弱酸性药物向细胞外转运；降低血液pH，则向细胞内转运。因此，改变血液pH，可改变药物在细胞内外的分布，对临床合理用药及药物中毒的解救具有重要意义。临床上抢救巴比妥类弱酸性药物中毒时，应用碳酸氢钠碱化血液可促进药物由脑组织向血浆转运；碱化尿液，可减少药物在肾小管的重吸收，促进从尿中排出。

（四）组织细胞结合

药物对某些组织细胞成分有特殊的亲和力，因而在该组织的浓度较高。如四环素与钙形成络合物而沉积于骨骼和牙齿中；碘主要分布在甲状腺中；氯喹在肝组织中的浓度远远高于血浆数百倍。

（五）体内屏障

1. **血-脑屏障**　是血-脑、血-脑脊液及脑脊液-脑三种屏障的总称，有利于维持中枢神经系统内环境的相对稳定。大多数药物较难通过此屏障，大分子、水溶性或解离型药物难以进入脑组织，只有脂溶性高的药物才能以被动扩散的方式通过血-脑屏障。如青霉素在一般情况下不易通过血-脑屏障，但脑膜炎时血-脑屏障的通透性增加，此时大剂量注射青霉素可在脑脊液中达到有效治疗浓度。

2. **胎盘屏障**　胎盘绒毛与子宫血窦间的屏障称为胎盘屏障，其通透性与一般毛细血管无显著差别。几乎所有药物都能穿透胎盘屏障进入胎儿体内。因此，妊娠期间应禁用可引起畸胎或对胎儿有毒性的药物。

3. **血眼屏障**　血液与视网膜、房水、玻璃体之间的屏障称为血眼屏障。全身给药时，药物在眼内难以达到有效浓度，可采取局部滴眼或眼周边给药如结膜下注射、球后注射及结膜囊给药等。

三、代谢

代谢（metabolism）是指药物在体内经某些酶或其他作用，发生化学结构和药理活性的变化，又称为生物转化（biotransformation）。代谢是药物在体内消除的重要途径，分为两个时相，包括Ⅰ相反应（氧化、还原或水解反应）和Ⅱ相反应（结合反应）。多数药物经代谢后失去药理活性（灭活）；少数药物经代谢后才具有药理活性或由活性较低的药物变为活性较高的药物（活化）；还有少数药物经代谢后变成有毒性的代谢物。

（一）药物代谢酶

绝大多数药物的代谢反应需要药物代谢酶的参与。肝脏中药物代谢酶（简称肝药酶）种类多且含量丰富，因此是药物代谢的主要器官。肝药酶主要存在于肝细胞内质网上，又称为微粒体酶系。

（二）影响药物代谢的因素

1. 遗传因素　遗传因素是药物代谢差异的决定因素。药物代谢的个体差异主要由药物代谢酶的个体差异引起，而遗传因素对这种差异起着重要的作用，多与微粒体酶活性差异有关。药物代谢酶的遗传特性差异（不同种族间）或遗传基因的多态性（同一种族不同个体间）均可导致药物代谢酶活性的差异，导致药物代谢差异。

2. 药酶的诱导与抑制　许多药物在长期应用时，对药物代谢酶具有诱导或抑制作用，从而改变药物本身或其他药物的作用持续时间与强度。能使肝药酶活性增强或合成增多、药物代谢加快的药物称为肝药酶诱导剂，如苯巴比妥、苯妥英钠、利福平等。有些药物本身就是其所诱导的药酶的底物，因此在反复应用后，药物自身代谢也加快，这一作用称为自身诱导。例如，苯巴比妥的药酶诱导作用强，可加速抗凝血药华法林的代谢，使凝血酶原时间缩短，同时苯巴比妥自身代谢也加快。能使肝药酶活性减弱或合成减少、药物代谢减慢的药物称为肝药酶抑制剂，如异烟肼、西咪替丁、氯霉素等。例如，异烟肼的药酶抑制作用强，可减慢华法林的代谢，使凝血酶原时间延长，导致自发性出血。因此，临床上，经肝药酶催化代谢的药物与肝药酶诱导剂或抑制剂合用时应注意调整剂量。

📋 **课堂互动 2-1** ————————————————

与肝药酶诱导剂合用的药物，其代谢情况有何变化？

答案解析

3. 其他因素　环境、营养、昼夜节律、生理（年龄、性别、妊娠）、病理（肝血流量减少）等因素均能影响肝药酶的活性而影响药物的代谢。

四、排泄

排泄是药物原形或其代谢产物经不同途径排出体外的过程，是体内药物消除的重要组成部分。药物及其代谢产物主要经肾脏从尿液排泄，其次经胆汁从粪便排泄。肾功能不全时，药物的排泄速率减慢，应根据情况调整用药剂量或给药间隔时间。

（一）肾脏排泄

药物经肾排泄，包括肾小球滤过和肾小管分泌两种方式，肾小管重吸收是对已经进入肾小管的游离型药物的回收再利用。

1. 肾小球滤过　肾小球毛细血管通透性高，除与血浆蛋白结合的结合型药物外，游离型药物及其代谢产物均可滤过。有的药物以原形或有活性的代谢产物经肾小球滤过进入肾小管中，使尿中药物浓度升高而发挥治疗作用。如氟喹诺酮类药物在尿中可达有效抗菌浓度，故可治疗泌尿道感染。

2. 肾小管分泌　有些药物可与肾小管细胞的非特异性主动转运载体结合，以主动转运方式自血浆分泌入肾小管内。经同一载体转运（即同一分泌机制）的两种药物可因竞争转运体而发生竞争性抑制。例如，丙磺舒抑制青霉素的主动分泌，使后者排泄减慢，作用时间延长。

3. 肾小管重吸收　肾小管重吸收是对已经进入肾小管的游离型药物回收再利用。重吸收程度与尿液 pH 密切相关。碱化或酸化尿液可分别使弱酸性药物（如巴比妥类）、弱碱性药物（如苯丙胺）的解离型增加，脂溶性减小，重吸收减少，排泄加快，这是某些药物中毒时重要的抢救措施。

（二）消化道排泄

经肠道排泄的药物主要来源于口服后肠道中未吸收的部分、随胆汁排泄到肠道的部分和肠黏膜分泌排入肠道的部分。部分药物经肝脏代谢转化为极性较强的水溶性代谢产物，被分泌到胆汁内经由胆道及胆总管进入十二指肠肠腔后，随粪便排出体外。随胆汁排入肠腔的药物部分可再经小肠上皮细胞吸收经肝脏进入血液循环，这种肝脏、胆汁、小肠间的循环称为肠肝循环（enterohepatic circulation）。经胆汁排泄较多的抗生素，如红霉素、头孢哌酮等，可治疗胆道感染。肠肝循环可延长药物作用持续时间和血浆半衰期。如强心苷中毒时，口服考来烯胺可在肠内和强心苷形成络合物，中断强心苷的肠肝循环，加快其粪便排泄。

（三）其他排泄途径

有些药物可经乳汁、汗液、唾液、泪液、皮肤、呼吸道等途径排泄。例如，吗啡可经乳汁排泄；利福平可经汗液排泄。

第三节　药物的速率过程

药物的体内过程是一个连续变化的动态过程。药物的速率过程是指血药浓度随时间的推移而变化的动态过程，其与药物起效的快慢、作用的强弱、维持时间的长短等密切相关。因此，研究药物的速率过程并掌握其所涉及的一些药动学重要参数，可为临床制定和调整给药方案提供重要的理论依据，对指导临床合理用药具有重要意义。

一、血药浓度变化的时间过程

在一定剂量范围内，药物的药理效应强弱与其血药浓度呈正相关。一次给药后不同时间测定血药浓度，可以描记出血药浓度与时间关系的曲线（药-时曲线）。口服给药形成的曲线由迅速上升的以吸收为主的吸收相和缓慢下降的以消除为主的消除相两部分组成，而静脉注射形成的曲线则由急速下降的以分布为主的分布相和缓慢下降的以消除为主的消除相两部分组成（图2-3-1）。

血管外给药时，药-时曲线的最高点称血浆峰浓度（C_{max}），达到峰浓度的时间称达峰时间（T_{max}）。药-时曲线下所覆盖的面积称曲线下面积（area under curve，AUC），其大小反映药物吸收进入血液循环的相对量。

在临床用药时，为了更好地发挥药物的疗效，防止蓄积性中毒，应测定患者的血药浓度，以便确定给药剂量和给药间隔时间。

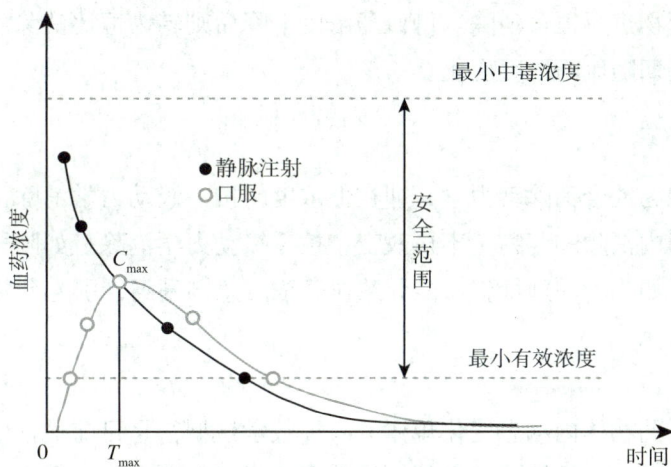

图2-3-1 同一患者分别单次口服和静脉注射某药的药–时曲线

二、药物消除动力学

药物的消除是指药物在代谢和排泄过程中血药浓度逐渐衰减的动态变化过程。药物消除动力学有以下3种类型。

（一）一级消除动力学

一级消除动力学是指体内药物按恒定比例消除，单位时间内的消除量与血药浓度成正比，又称恒比消除。其药–时曲线在常规坐标图上呈曲线，在半对数坐标图上则为直线，呈指数衰减（图2-3-2），故也称线性消除。当给药量在机体最大消除能力之内时，药物进行恒比消除。大多数药物在体内按一级动力学消除。一级消除动力学的特点是：单位时间内消除的药量逐渐递减；药物消除半衰期（$t_{1/2}$）恒定，与血药浓度无关；一次给药后，约经5个$t_{1/2}$后，体内药物基本消除。

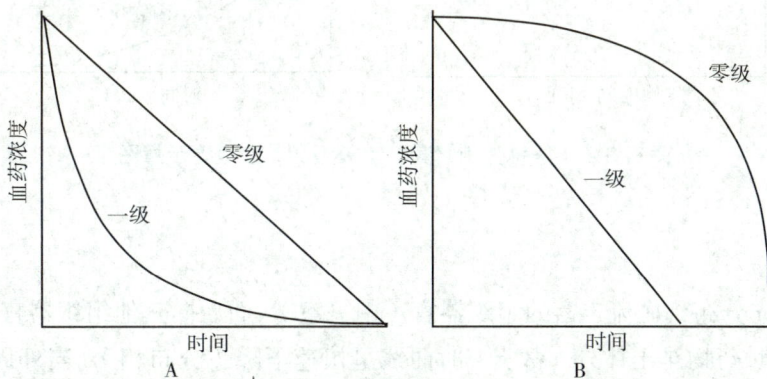

图2-3-2 一级消除动力学和零级消除动力学的药–时曲线

A图为常规坐标图，B图为半对数坐标图

（二）零级消除动力学

零级消除动力学是指体内药物按恒定数量消除，即单位时间内消除的药物量不变，又称恒量消除。其药–时曲线在半对数坐标图上呈曲线，故也称非线性消除（图2-3-2）。当机体消除功能下降或给药量超过最大消除能力时，药物进行恒量消除。待血药浓度下降后则转为恒比消除。其特点是：药物消除速率与血药浓度无关；半衰期随血药浓度变化。

（三）混合消除动力学

一些药物在体内表现为混合消除动力学，即在低浓度时按一级动力学消除，达到一定高浓度时，因消除能力饱和，单位时间内消除的药物量不再改变，按零级动力学消除。如阿司匹林、苯妥英钠等，在大剂量时消除明显减慢，如再增加剂量就可能导致血药浓度急剧升高，引起药物中毒。

三、房室模型

房室模型是定量分析药物体内动态变化规律的一种数学模型，是目前最常用的药动学模型。房室模型是将整个机体视为一个系统，并按药动学特性将其划分为若干个房室。房室是一个反映药物分布状况的假想空间，只要体内药物在某些部位的转运速率相同，就可归于一个房室。因此，房室模型可分为一室模型、二室模型和多室模型。

（一）一室模型

若药物吸收后迅速均匀地分布到全身体液和各组织器官，然后基本以同一速率消除，此时整个机体可视为单一房室，称为一室模型。在模型中表示为只有一个出口，用血药浓度的对数与时间作图，药−时曲线呈线性下降（图2-3-3）。

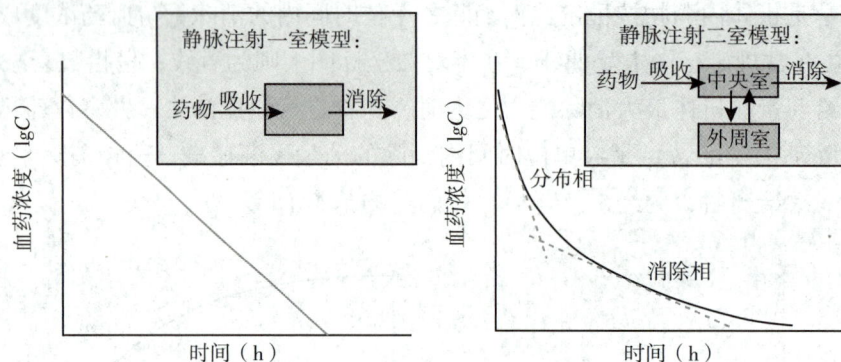

图2-3-3　静脉注射给药一室模型和二室模型示意图

（二）二室模型

若药物吸收后首先分布到血流丰富的组织器官（中央室），而后向其他组织器官分布（外周室），称为二室模型。由于同时药物排出体外，故药−时曲线呈快速下降（分布相），当外周室药物浓度与中央室药物分布达到动态平衡之后，本质上又成为一室模型，此时只有药物消除，药−时曲线呈逐渐下降（消除相）（图2-3-3）。

四、药物代谢动力学的重要参数

（一）生物利用度

生物利用度（bioavailability，F）是指经血管外途径给药，药物吸收进入血液循环的程度和速度。

药物吸收入血的相对量以 AUC 表示，而药物进入血液循环的速度以 T_{max} 表示。

$$F = \frac{A}{D} \times 100\% \text{（ A 为进入血液循环的药量；D 为给药剂量）}$$

生物利用度可分为绝对生物利用度和相对生物利用度。

通常以静脉注射时的 AUC 为100%，该药血管外途径给药（如口服、肌内注射、舌下、吸入等）的 AUC 与静脉给予相同剂量药物的 AUC 的比值，称为绝对生物利用度。绝对生物利用度是血管外给药的 AUC 与静脉注射的 AUC 的比值。以此评价同一药物不同给药途径的吸收效果。

$$\text{绝对生物利用度 } F = \frac{AUC_{\text{血管外给药}}}{AUC_{\text{血管内给药}}} \times 100\%$$

生物利用度是评价药物制剂质量和生物等效性的重要指标，也是选择给药途径的重要依据。

如对同一血管外给药途径的受试制剂（如不同剂型、不同药厂生产的相同剂型；同一药厂生产的同一品种的不同批号等）的 AUC 与相同剂量标准制剂的 AUC 的比值。

$$\text{相对生物利用度 } F = \frac{AUC_{\text{受试制剂}}}{AUC_{\text{标准制剂}}} \times 100\%$$

相对生物利用度是判定两种药物制剂是否具有生物等效性的依据。不同药厂生产的同一种剂型的药物，甚至同一药厂生产的同一种药品的不同批号产品，其生物利用度可能有很大的差异，其原因在于晶型、颗粒大小或药物的其他物理特性以及处方和生产质量控制情况，均可影响制剂的崩解和溶解，从而改变药物的吸收速度和程度。

（二）表观分布容积

表观分布容积（V_d）是指假定药物以血药浓度均匀分布于机体时应占有的理论体液容积。

$$V_d = \frac{A}{C_0} \text{（ A 为体内药物总量；C_0 为血药浓度）}$$

由于药物在体内的分布并不是均匀的，因此 V_d 值并不是体内真实的容积空间，而是一个假定值。根据 V_d 的大小可以推测药物在体内的分布情况，V_d 值小，表明药物大部分分布于血浆中或血流丰富的心、肝、肾等重要器官内；V_d 值大，表明血药浓度低，药物分布广泛，可能被某些组织摄取。例如，某药的 V_d=40L，接近于体液总量，可推测该药主要分布于全身体液。根据 V_d 值可推测体内药物总量、达到某一有效血药浓度时的药物剂量。此外，还可推测药物排泄的速度，V_d 值越小，药物排泄越快；V_d 值越大，药物排泄越慢。

（三）血浆半衰期

血浆半衰期（half-life，$t_{1/2}$）是指血药浓度下降一半所需要的时间。其长短可反映体内药物消除速度。根据半衰期可确定给药间隔时间，通常给药间隔时间约为1个半衰期。对于按一级动力学消除的药物，其半衰期恒定不变，与血药浓度和给药途径无关，其计算公式为 $t_{1/2} = 0.693/K_e$，式中 K_e 为消除速率常数。但当肝、肾功能下降时，半衰期延长，易发生蓄积中毒，应予注意。

半衰期可作为药物分类的依据，根据药物的半衰期将药物分为短效类、中效类和长效类。按一级动力学消除的药物，一次给药后约经5个半衰期，体内药量消除96.875%，可认为药物已基本消除。反之，若按固定剂量、固定间隔时间给药，或恒速静脉滴注，经4~5个 $t_{1/2}$ 基本达到稳态血药浓度。

课堂互动 2-2

已知某药的半衰期为3小时，给药100mg后患者安静入睡，当体内药物只剩12.5mg时患者清醒了过来，问该患者睡了多久？

答案解析

（四）清除率

清除率（clearance，CL）是指单位时间内有多少体积血浆中的药物被机体清除，清除率以单位时间的容积（L/h）表示，计算公式为：

$$CL = K_e \cdot V_d$$

CL是体内肝脏、肾脏和其他所有消除器官清除药物的总和，主要反映肝、肾的功能。当肝、肾功能不全时，应适当调整剂量或延长给药间隔时间，以免过量蓄积中毒。

（五）稳态血药浓度

以半衰期为给药间隔时间，连续恒量给药，体内药量逐渐蓄积，经4~5个半衰期后，药物吸收量和消除量基本相等，血药浓度维持在相对稳定的水平（图2-3-4），此时的血药浓度称为稳态血药浓度（C_{ss}），又称坪值。多次给药后药物达到C_{ss}所需时间仅取决于药物的半衰期。缩短给药间隔时间或增加给药剂量均不能使C_{ss}提前达到，而只能改变体内药物总量（即提高C_{ss}水平）。一般来讲，长期慢性给药时，给药间隔时间长于2个半衰期较为安全，多不会出现有重要意义的毒性反应。

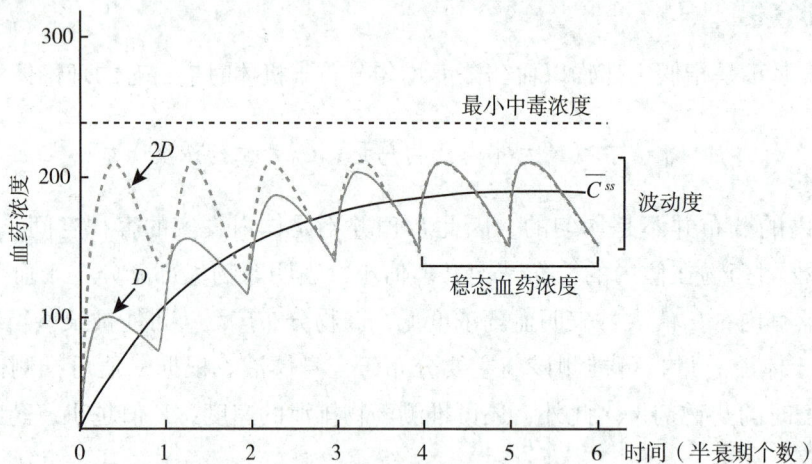

图 2-3-4　等量多次给药及负荷量给药的药-时曲线

D为维持量，2D为负荷量，均为非静脉给药方式

如患者急需达到C_{ss}（即事先为患者设定的靶浓度）以迅速控制病情时，可采用负荷剂量给药法。负荷剂量是指首次剂量加大，然后再给予维持剂量，使C_{ss}提前产生（图2-3-4）。口服间歇给药时，负荷剂量可采用首剂加倍，经过1个半衰期即可达到C_{ss}；持续静脉滴注时，负荷剂量可采用第1个半衰期内静脉滴注量的1.44倍静脉注射，即可立即达到C_{ss}。

目标检测

答案解析

一、单选题

1. 大多数药物跨膜转运的方式是（　　）

    A. 易化扩散   B. 简单扩散   C. 主动转运   D. 滤过扩散   E. 载体转运

2. 主动转运的特点是（　　）

    A. 通过载体转运，不需耗能   B. 通过载体转运，需要耗能

    C. 不通过载体转运，不需耗能   D. 不通过载体转运，需要耗能

    E. 包括易化扩散

3. 哪种给药方式有首过清除（　　）

    A. 口服   B. 舌下   C. 直肠   D. 静脉   E. 肌肉

4. 在碱性尿液中，弱碱性药物（　　）

    A. 解离少，再吸收少，排泄快   B. 解离少，再吸收多，排泄慢

    C. 解离多，再吸收少，排泄快   D. 解离多，再吸收多，排泄慢

    E. 排泄速度不变

5. 药物一级消除动力学的特点为（　　）

    A. 单位时间内的消除量固定不变   B. 是绝大多数药物的消除方式

    C. 药物有效期长短与剂量有关   D. 一次给药约经3个半衰期药物基本消除

    E. 以固定间隔给药，血药浓度难以达到稳态

6. 下列有关生物利用度的叙述错误的是（　　）

    A. 它与药物的作用强度无关   B. 它与药物的作用速度有关   C. 首过消除对其有影响

    D. 口服吸收的量与服药量成正比   E. 它与曲线下面积成正比

7. 药物代谢主要在（　　）

    A. 肝脏   B. 肾脏   C. 肺   D. 脑   E. 心

8. 易透过血–脑脊液屏障的药物具有的特点为（　　）

    A. 与血浆蛋白结合率高   B. 分子量大   C. 极性大

    D. 脂溶性高   E. 脂溶性低

9. 硝酸甘油口服，经肝门静脉入肝，再进入体循环的药量10%左右，这说明该药（　　）

    A. 活性低   B. 效能低   C. 首过消除显著

    D. 排泄快   E. 首过消除不显著，排泄慢

10. 某药物的 $t_{1/2}$ 为12小时，每隔1个 $t_{1/2}$ 给药一次，达到稳态血药浓度的时间为（　　）

    A. 0.5天   B. 1天   C. 1.5天   D. 2.5天   E. 5天

11. 药物与血浆蛋白结合后，不具有下列哪项特点（　　）

    A. 药物之间具有竞争置换现象   B. 暂时失去药理活性

    C. 血浆蛋白与药物结合是有限的   D. 结合是可逆的

    E. 使药物毒性增加

12. 药物的主要排泄途径是（　　）

    A. 胆汁排泄   B. 汗液排泄   C. 肺排泄   D. 肾排泄   E. 乳汁排泄

13. 下列有关药物的叙述，错误的是（　　）

A. 几乎所有药物均能穿透胎盘屏障

B. 游离性药物易跨膜转运到靶器官发挥作用

C. 肾功能不全时，应禁用或慎用有肾毒性的药物

D. 具有肝肠循环的药物在体内潴留时间和作用时间延长

E. 药物的蓄积均对机体有害

14. 用药的间隔时间主要取决于（　　）

A. 药物与血浆蛋白的结合率　　　　B. 药物的吸收速度　　　　C. 药物的排泄速度

D. 药物的消除速度　　　　E. 药物的分布位置

二、简答题

1. 服用苯巴比妥过量导致中毒，有什么办法可加速药物从体内的排出？

2. 患者病情危急，需立即达到稳态血药浓度以控制病情，应如何给药？

（邓雪松）

书网融合……

知识回顾　　　习题

第三章 药物效应动力学

学习目标

知识要求：

1. 掌握药物常见不良反应的类型，量效关系，药物与受体的作用原理。
2. 熟悉药物的基本作用和作用类型，药物量效关系。
3. 了解药物的作用机制。

技能要求：

1. 熟练掌握分析药物不良反应类型及发生原因的能力。
2. 学会应用药效学相关理论解释药物作用方式和判断药物疗效。

药物效应动力学简称药效学，是研究药物对机体的作用及作用机制，包括药理作用、临床应用及不良反应等。药效学的研究可为临床合理用药和新药研发奠定基础。

第一节　药物作用的基本规律

一、药物作用与药理效应

药物作用是药物分子与机体细胞大分子物质之间的初始作用，是动因。药理效应是药物作用的结果，是机体反应的表现。由于二者意义接近，在习惯用法上并不严格区分，故一般情况下，二者常通用。但当二者并用时，应体现先后顺序。例如，肾上腺素与心肌细胞上的 β_1 受体结合并激动该受体，引起心肌收缩力增强，肾上腺素与 β_1 受体的结合是其药物作用，心肌收缩力增强是其药理效应。

二、药物的基本作用

在药物的影响下，机体器官原有功能水平发生改变，称为药物的基本作用。药物的基本作用包括兴奋作用和抑制作用。

（一）兴奋作用

药物作用导致机体器官原有功能提高，称为兴奋作用。例如，肾上腺素引起心肌收缩力增强、呋塞米增加尿量均属兴奋作用。

（二）抑制作用

药物作用导致机体器官原有功能降低，称为抑制作用。例如，普萘洛尔引起心肌收缩力减弱、吗啡镇痛均属抑制作用。

药物的兴奋作用和抑制作用是相对的，同一药物对不同的组织器官可以产生不同的作用。例如，阿托品对心脏具有兴奋作用，而对腺体分泌则具有抑制作用。

三、药物作用的主要类型

（一）直接作用和间接作用

直接作用是药物对其所接触的组织器官直接产生的作用。间接作用是由药物的直接作用引发的其他作用。例如，硝酸甘油扩张血管引起血压下降，通过减压反射使心率加快。其中，血压下降是其直接作用，而反射性心率加快则是其间接作用。

（二）局部作用和全身作用

局部作用是指药物吸收入血前，在用药局部发挥的作用。如局部注射普鲁卡因引起的局部麻醉作用、口服碳酸氢钠的中和胃酸作用。全身作用是药物吸收入血后，分布到组织器官所发生的作用，又称吸收作用。如口服对乙酰氨基酚产生的退热作用、肾上腺素的兴奋心脏作用。

（三）药物作用的特异性和选择性

药物在适当剂量下，对不同组织器官在作用性质和强度方面具有差异性，称为药物作用的选择性。有些药物只影响机体的一种功能，有些药物则影响机体的多种功能，前者选择性高，后者选择性低。多数药物是通过化学反应而产生药理效应的，这种化学反应的专一性称为药物作用的特异性。药物作用的特异性源于化学结构的不同。

药物作用的特异性强，但其选择性不一定高，即二者不一定平行。例如，阿托品可特异性阻断M胆碱受体（特异性强），但体内M胆碱受体分布广泛，故阿托品对心脏、血管、平滑肌、腺体等多种组织器官都有药理效应（选择性低）。

（四）防治作用和不良反应

药物对机体产生的作用包括两个方面，一方面是对机体有利的作用，即药物作用的结果有利于改变患者的生理、生化功能或病理过程，使患者的机体恢复正常，达到防治疾病效果的作用，称为防治作用；另一方面是对机体不利的作用，即与用药目的无关，并为患者带来不适或痛苦，统称为不良反应（adverse reaction，ADR）。药物在产生防治作用的同时，也会对机体产生不良反应，即药物作用有两重性。

1. 防治作用

（1）预防作用　是指提前应用药物以防止疾病发生的药物作用。如小儿注射麻疹减毒活疫苗预防麻疹。

（2）治疗作用　是指符合用药目的，达到治疗效果（疗效）的作用。根据治疗作用的效果，分为对因治疗和对症治疗。对因治疗的用药目的在于消除原发致病因子，彻底治愈疾病，也称治本，如用抗生素杀灭体内致病菌。对症治疗的用药目的在于改善症状，也称治标，如对乙酰氨基酚的解热作用。病因未明者或疾病危重者，对症治疗虽不能根除病因，但比对因治疗更为迫切。因此，临床用药时，应遵循中医学提倡的"急则治其标，缓则致其本，标本兼治"的原则。

2. 不良反应　凡与用药目的无关，并给患者带来不适或危害的反应统称为不良反应。多数不良反应是药物固有的效应，在一般情况下是可以预知的，但不一定能够避免。少数较严重的不良反应较难恢复，称为药源性疾病（drug-induced disease），如庆大霉素引起的神经性耳聋、肼屈嗪引起的红斑狼疮等。

（1）副反应（side reaction）　指在治疗剂量下出现的与用药目的无关的作用。副反应是药物本身固有的作用，多数较轻微并可以预料，但不可避免。副反应产生的原因是由于药物的选择性低，药理效应涉及多个器官。随用药目的的不同，治疗作用与不良反应可相互转化，即当某一效应作为治疗目的时，其他效应就成为不良反应。例如，阿托品用于解除胃肠痉挛时，其松弛内脏平滑肌的作用属于治疗作用，而抑制腺体分泌导致的口干是其不良反应，而当阿托品用于麻醉前给药时，其抑制腺体的分泌则是治疗作用，而松弛内脏平滑肌导致的腹胀则成了不良反应。

（2）毒性反应　指药物剂量过大或在体内蓄积过多时所产生的危害性反应。毒性反应一般比较严重，可以预知，应该避免发生。急性毒性多损害呼吸、循环及神经系统功能，慢性毒性多损害肝、肾、骨髓、内分泌等功能。致癌、致畸、致突变也属于慢性毒性范畴，统称为"三致反应"。临床用药过程中，在增加剂量或延长疗程的同时，应考虑到过量用药的危险性。

> **知识拓展**
>
> **"反应停"事件**
>
> 　　20世纪50年代，瑞士诺华制药有限公司的前身ciba药厂首先合成了沙利度胺，1954年德国格兰泰药厂发现该化合物具有一定的镇静催眠作用，还能够显著抑制孕妇的妊娠反应。1957年，沙利度胺（反应停）正式投放欧洲市场，在此后不到一年的时间内，沙利度胺风靡欧洲、日本、非洲、澳大利亚和拉丁美洲，至少在15个国家广泛应用，作为一种"没有任何不良反应的抗妊娠反应药物"，成为孕妇对抗妊娠呕吐的"理想选择"。
>
> 　　1960年，有医生发现欧洲新生儿畸形（海豹肢畸形）比率异常升高，并与沙利度胺的销售量呈现一定的相关性，之后的毒理学研究显示，沙利度胺对灵长类动物有很强的致畸性。格兰泰药厂于1961年11月撤回德国市场上所有的沙利度胺，但此前已有1.2万余名畸形胎儿出生，为此该药厂支付了1.1亿马克的赔偿，这一事件被称作"反应停事件"，它给人们敲响了必须重视药品安全性的警钟。
>
> 　　该事件对人们认识药物不良反应以及建立完善的药品审批和不良反应监测制度起到了至关重要的推动作用。

（3）后遗效应　指停药后血药浓度降至最小有效浓度（阈浓度）以下时仍残存的药理效应。例如：服用苯二氮䓬类镇静催眠药地西泮后，晨起出现的乏力、困倦等现象。

（4）停药反应　是指长期用药，突然停药导致原有疾病加剧的现象，又称反跳现象。例如：高血压患者长期服用β受体阻断药普萘洛尔，突然停药导致血压急剧升高。

（5）变态反应　是一类免疫反应。药物作为抗原或半抗原所引发的病理性免疫反应，也称过敏反应。常见于过敏体质患者，致敏物质可以是药物本身、代谢物或制剂中的杂质。反应性质与药物的药理效应无关，药理性拮抗药解救无效。反应的严重程度差异很大，与剂量无关，可出现轻微的发热、皮疹、血管神经性水肿，甚至抑制造血系统，损害肝、肾功能等，最严重的是过敏性休克。变态反应以青霉素最为常见，故用药前需做皮肤过敏试验。但仍有少数假阳性或假阴性反应，故对过敏体质者或易引起过敏反应的药物均应谨慎使用。

（6）特异质反应　由于遗传因素，少数特异体质患者对某些药物特别敏感，产生超出常人的异常反应，称为特异质反应。反应性质也可能与常人不同，但与药物固有的药理作用基本一致，反应严重程度与剂量成正比，药理性拮抗药解救可能有效。例如，先天性葡萄糖-6-磷酸脱氢酶（G-6-PD）缺乏症者，应用抗疟药伯氨喹时引起的溶血性贫血。

（7）继发反应　是指由治疗作用引起的不良后果，也称治疗矛盾。例如：长期应用广谱抗生素，由于敏感菌被抑制而导致菌群共生失衡所引起的二重感染，导致艰难梭状芽孢杆菌感染而发生假膜性肠炎等。

（8）药物依赖性　是指长期应用某种药物后，患者对其产生了主观和客观的依赖和需求，分为精神依赖型和生理依赖性。

①精神依赖性：是指停药引起主观不适的感觉，精神上渴望再次连续用药。又称心理依赖性，曾称习惯性。

②生理依赖性：是指停药后出现身体戒断症状，表现为烦躁不安、失眠、出汗、流泪、流涕、打哈欠、呕吐、腹泻、虚脱和意识丧失等一系列生理功能紊乱。又称躯体依赖性，曾称成瘾性。

第二节　药物的构-效关系与量-效关系

一、药物的构-效关系

药物作用特异性的物质基础是药物的化学结构。因此，药物作用的特异性与其特异的化学结构密切相关，这就是药物的构-效关系。一般而言，结构相似的药物能与同一受体或酶结合，产生相似或相反的作用。如结构相似的吗啡和可待因都具有镇痛作用，而烯丙吗啡虽与吗啡结构相似，但却为吗啡拮抗剂。

有些药物的结构式相同，但光学异构体不同，它们的药理作用可能完全不同，如奎尼丁为左旋体，有抗疟作用，而其右旋体奎尼丁有抗心律失常作用。

了解药物的构-效关系不仅可帮助理解药物作用的性质和机制，而且可能促进定向合成新药。

二、药物的量-效关系

（一）药物的剂量与效应

剂量是指用药的分量。药物剂量的大小决定体内血药浓度的高低，而血药浓度又决定药理效应的强弱。剂量按其大小，可分为以下几种（图3-2-1）。

1. **无效量**　指不能引起药物效应的剂量。

2. **最小有效量**　是引起药物效应的最小剂量，又称阈剂量。

3. **极量**　是国家药典明确规定允许使用的最大剂量，能产生最大治疗效果但未出现中毒反应的剂量，又称最大治疗量。

4. **治疗量**　是介于最小有效量与极量之间的药物剂量，又称有效量。临床用药时，采用常用治疗量给药，疗效可靠且安全。

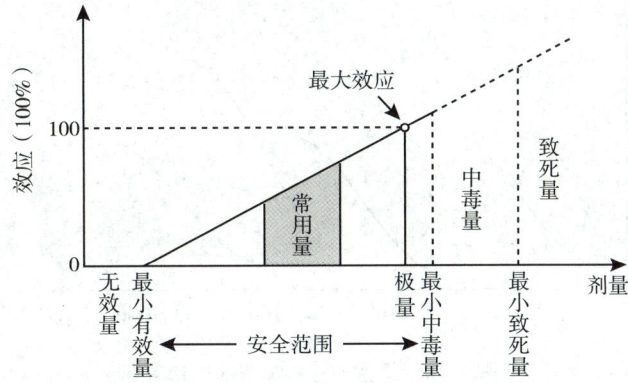

图 3-2-1 量-效关系示意图

5. **最小中毒量** 是指超过极量给药，出现毒性反应的最小剂量。

6. **最小致死量** 是指引起死亡的最小药物剂量。

（二）量-效曲线及意义

药物剂量与效应在一定范围内成比例，这就是剂量-效应关系，简称量-效关系。以药理效应为纵坐标、药物剂量为横坐标作图，可得量-效曲线。药理效应按性质可以分为量反应和质反应两种类型。

1. **量反应** 药理效应强度呈连续增减的变化，可用具体数量或最大反应的百分率表示者称为量反应。例如血糖的高低、心率的快慢等，其研究对象为单一的生物单位。以药物的对数剂量或对数浓度为横坐标，以效应强度为纵坐标作图，绘制出的量-效曲线呈典型的对称S型（图3-2-2）。从量反应的量-效曲线可以看出下列几个特定位点。

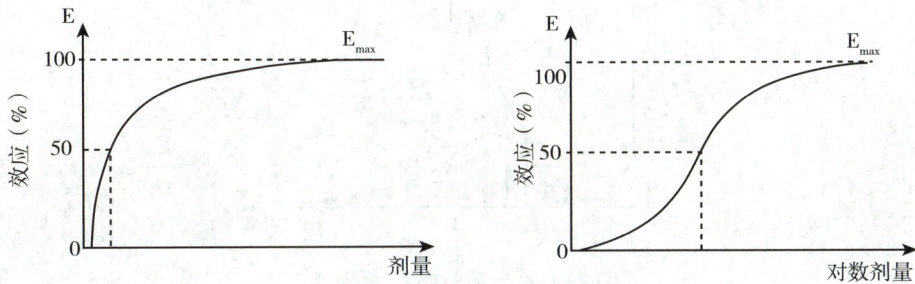

图 3-2-2 量-效曲线示意图

（1）**最小有效剂量（或浓度）** 刚能引起药理效应的最小药物剂量或浓度，亦称阈剂量或阈浓度。

（2）**最大效应（E_{max}）** 随着剂量或浓度的增加，效应不断增加，当效应增加到一定程度后，若继续增加药物浓度或剂量而其效应不再继续增强，这一药理效应的极限称为最大效应，也称效能（efficacy）。

（3）**效价强度（potency）** 指能引起等效反应（一般采用50%效应量）的相对剂量或浓度，其值越小则强度越大。药物的最大效应与效价强度含义完全不同，二者并不平行。例如，利尿药以每日排钠量为效应指标，氢氯噻嗪的效价强度大于呋塞米，而后者的最大效应大于前者（图3-2-3）。

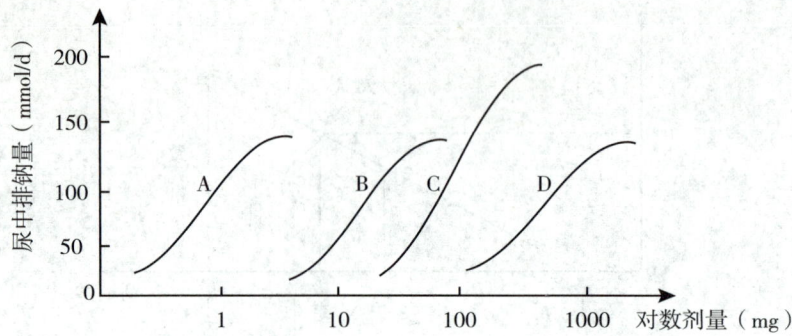

A.环戊噻嗪；B.氢氯噻嗪；C.呋塞米；D.氯噻嗪

图3-3-3 各种利尿药的最大效应及效价强度比较

2. 质反应 如果药理效应不是随着药物剂量或浓度的增减呈连续性量的变化，而表现为反应性质的变化，则称为质反应。质反应以阳性或阴性、全或无的方式表现，如生存与死亡、惊厥与不惊厥等，其研究对象为一个群体。在实际工作中，常将实验动物按用药剂量分组，以剂量或浓度为横坐标，以阳性反应频数为纵坐标作图，可得对称的正态分布曲线。如果按照剂量增加的累计阳性反应百分率作图，则可得典型的S型量–效曲线（图3-2-4）。从质反应的量–效曲线可以看出下列几个特定位点。

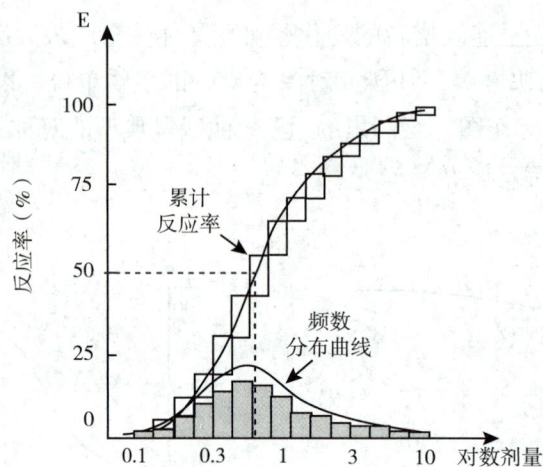

图3-3-4 质反应量–效曲线

（1）半数有效量（ED_{50}） 指能引起50%的实验动物出现阳性反应的药物剂量。ED_{50}是反映药物治疗效应的重要指标，ED_{50}越小越好。

（2）半数致死量（LD_{50}） 指能引起50%实验动物死亡的药物剂量。LD_{50}是反映药物毒理效应的指标，LD_{50}越大表明该药毒性越小，越安全。

（三）评价药物安全性的指标

量–效关系可用于评价药物安全性。评价药物安全性的常用指标有治疗指数、安全范围和可靠安全系数。治疗指数（TI）是指药物的LD_{50}/ED_{50}之间的比值，是评价药物安全性的重要指标。实验表明，比较安全的药物其治疗指数一般不小于3。治疗指数越大，药物越安全，但以治疗指数来评价药物的安全性，并不完全可靠。因为有时有效剂量与其致死剂量之间有重叠。为此，还应该参考安全范围或可靠安全系数这两个指标。安全范围是指5%致死量（LD_5）与95%有效量（ED_{95}）之间的距离，距离越大药物越安全。可靠安全系数是指1%致死量（LD_1）与99%有效量（ED_{99}）的比值，此比值>1，用药才安全；若比值<1，说明有效量与致死量仍有重叠，用药是不安全的（图3-2-5）。

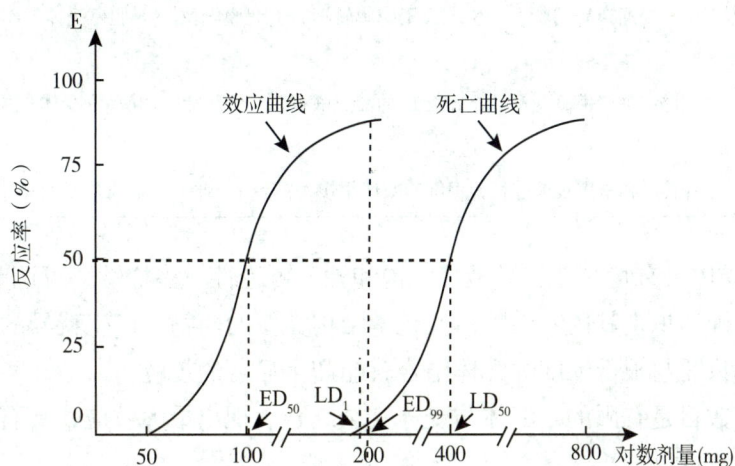

图3-2-5　药物效应和毒性的量-效曲线

课堂互动 3-1

如何评价药物的安全性？

答案解析

第三节　药物与受体

药物的作用机制即药物作用原理，是研究药物如何与机体细胞结合而发挥作用的，有助于理解药物的治疗作用和不良反应的本质，从而为提高药物疗效和避免或减少不良反应、合理用药、安全用药提供理论依据。药物与机体细胞生物大分子的结合部位称为药物作用的靶点（target）。已知的药物作用靶点涉及受体（50%以上的药物）、酶（20%以上的药物）、离子通道（6%的药物）、转运体、免疫系统、基因等，尚有20%的药物作用靶点有待进一步研究。此外，有些药物通过其理化作用（如中和胃酸的药物）或补充机体所缺乏的物质而发挥作用。药物作用机制的具体内容将在各论部分的有关章节详细介绍，本节重点介绍药物作用的受体机制。

一、受体与配体

（一）受体

1. 受体的概念　受体（receptor）是指存在于细胞膜或细胞内，能识别、结合特异性配体，并产生特定生物学效应的功能蛋白质。

2. 受体的类型　目前已确定的受体大约有30余种，根据其结构及功能特点分主要为G蛋白偶联受体、离子通道受体、酪氨酸激酶受体、细胞内受体（表3-3-1）。

表3-3-1　受体的分类及特点

受体类型	效应特点	受体举例
G蛋白偶联受体	通过改变细胞内第二信使的浓度，而产生效应	肾上腺素受体、多巴胺受体、阿片受体等
离子通道受体	离子受体变构改变通道开闭状态，影响离子跨膜转运，引起膜电位变化，传递信息	N胆碱受体、GABA受体、5-HT受体等
酪氨酸激酶受体	激活细胞内侧酪氨酸激酶，磷酸化下游蛋白的酪氨酸残基，产生生物效应	胰岛素受体、神经营养因子受体等
细胞内受体	调节核内信号转导和基因转录过程，但细胞效应很慢，需若干小时	糖皮质激素受体、性激素受体等

3. **受体的特性**　受体具有特异性、灵敏性、饱和性、可逆性、多样性、可调节性等特点。

（1）特异性　能准确地识别其内源性配体及化学结构类似的药物，产生特异的生物学效应。

（2）灵敏性　受体只需与很低浓度的配体结合就能产生显著的效应。

（3）饱和性　受体数目是有限的，配体与受体完全结合表现出最大效应，具有饱和性。作用于同一受体的配体之间存在竞争现象。

（4）可逆性　配体与受体的结合是可逆的，配体与受体结合形成的复合物可以解离，解离后可得到原来的配体而非代谢物。

（5）多样性　同一受体可以有多种亚型，这些亚型可广泛分布到不同的细胞而产生不同效应，表现出受体的多样性。

（6）可调节性　受体受生理、病理及药理因素调节，经常处于动态变化之中。

知识拓展

受体研究的历史

　　1878年，德国科学家Ehrlich和英国生理学家Langley首先提出"接受物质"的假说，在实验室研究一系列合成的有机化合物作用的基础上，1905年，Langley在研究烟碱与南美箭毒对骨骼肌的兴奋和抑制作用时发现：对保留和预先切断运动神经的两种肌肉标本，应用烟碱或直接电刺激均能引起肌肉收缩，箭毒可抑制烟碱引起的收缩反应，但不能抑制电刺激引起的肌肉收缩。他认为两药既不影响神经传导，也不是作用于骨骼肌细胞，而是作用于神经与效应器之间的某种物质，并将这种物质称为接受物质（receptive substance）。1908年，Ehrlich首先提出受体（receptor）一词，指出药物必须与受体进行可逆性或非可逆性结合，方可产生作用，并用"锁和钥匙"的假说来解释药物的作用。药物通过受体发挥作用的设想立即受到了学术界的重视，并提出了有关受体与药物相互作用的几种假说，其中比较经典的受体学说为占领学说。Clark于1926年、Gaddum于1937年分别提出占领学说，该学说认为：受体只有与药物结合才能被激活并产生效应，而效应的强度与被占领的受体数目成正比，当受体全部被占领时出现最大效应。1954年Ariëns修正了占领学说，认为药物与受体结合不仅需要亲和力（affinity），而且还需要有内在活性（intrinsic activity，α）才能激动受体而产生效应。

（二）配体

　　配体（ligand）是指能与受体特异性结合的物质，包括内源性配体（如神经递质、激素、活性肽、抗原、抗体、代谢物等）和外源性配体（如药物及毒物），也称第一信使。配体与受体大分子中的某一部位结合，该部位仅占受体的一小部分，叫作受体结合位点或受点（receptor binding site）。

二、药物与受体

（一）药物与受体的结合

根据占领学说的观点，受体只有与药物结合才能被激活并产生效应，这是特异性药物产生药物效应的基础。多数药物与受体的可逆性结合是通过氢键、离子键或范德华力，其结合不牢固，故作用时间较短；少数药物以共价键结合，比较牢固，不易解离，故作用持久。

药物与受体结合引起生物效应，必须具备两个条件，即亲和力（affinity）和内在活性（intrinsic activity，α）。亲和力是药物与受体结合的能力，决定药物作用的强度；内在活性是药物与受体结合后，激活受体产生效应的能力，又称效应力，决定药物作用的最大效应。

（二）作用于受体的药物分类

根据药物与受体结合后所产生效应的不同，将作用于受体的药物分为激动药和拮抗药（阻断药）两类。

1. **激动药（agonist）**　为既有亲和力又有内在活性的药物，它们能与受体结合并激动受体而产生效应。根据其内在活性大小又可分为完全激动药（full agonist）和部分激动药（partial agonist）。前者具有较强亲和力和较强内在活性（α=1）；后者有较强亲和力，但内在活性不强（α<1），与完全激动药并用还可拮抗完全激动药的部分效应，具有激动药和拮抗药双重特性。例如：吗啡为完全激动药，具有强大的镇痛作用，而喷他佐辛为部分激动药，其镇痛作用较弱。当与吗啡合用时，喷他佐辛可对抗吗啡镇痛效应的发挥。

2. **拮抗药（antagonist）**　能与受体结合，具有较强亲和力而无内在活性（α=0）的药物。它们本身不产生作用，但因占据受体而拮抗激动药的效应，如普萘洛尔和酚妥拉明均属于拮抗药。少数拮抗药以拮抗作用为主，同时尚有较弱的内在活性，故有较弱的激动受体作用，如β受体阻断药吲哚洛尔、醋丁洛尔等。

根据拮抗药与受体结合是否具有可逆性而将其分为竞争性拮抗药和非竞争性拮抗药。竞争性拮抗药能与激动药竞争相同受体，其结合是可逆的。增加激动药的剂量可与拮抗药竞争结合部位，可使量-效曲线平行右移，但最大效能不变。非竞争性拮抗药与激动药并用时，可使亲和力与活性均降低，即不仅使激动药的量-效曲线右移，而且也降低其最大效应。与受体结合非常牢固，产生不可逆结合的药物也能产生类似效应。

（三）受体的调节

受体虽是遗传获得的固有蛋白，但并不是固定不变的，而是经常代谢转换处于动态平衡状态。受体的数量、亲和力和效应力经常受到各种生理、病理及药理因素的影响而发生变化，称为受体的调节。受体的调节是维持机体内环境稳定的重要因素，其调节方式有脱敏和增敏两种类型。

1. **受体脱敏**　是指长期使用受体激动药后，组织或细胞对激动药的敏感性和反应性下降的现象。例如，β受体激动药治疗哮喘，长期用药易出现耐受性。

2. **受体增敏**　是指长期应用拮抗药导致受体敏感性增高所致。例如，高血压患者长期应用β受体阻断药普萘洛尔，突然停药出现的心率加快、血压升高等反跳现象。

若受体脱敏和增敏只涉及受体密度的变化，则分别称之为下调和上调。

目标检测

答案解析

一、单选题

1. 药物作用的两重性是指（　　）
   A. 既有对因治疗作用，又有对症治疗作用
   B. 既有预防作用，又有治疗作用
   C. 既有治疗作用，又有不良反应
   D. 既有局部作用，又有全身作用
   E. 既有不良反应，又有毒性作用

2. 下列关于药物不良反应的叙述，错误的是（　　）
   A. 治疗量时出现的与治疗目的无关的反应
   B. 难以避免，停药后可恢复
   C. 常因剂量过大引起
   D. 常因药物作用选择性低引起
   E. 不良反应与治疗目的是相对的

3. 关于药物毒性反应的描述，正确的是（　　）
   A. 与药物剂量无关
   B. 与药物使用时间无关
   C. 一般不造成病理性损害
   D. 大多难以预知
   E. 致癌属于毒性范畴

4. 药物过敏反应发生的主要原因是（　　）
   A. 用药剂量过大
   B. 用药时间过长
   C. 药物作用过多
   D. 药物治疗指数太小
   E. 患者过敏体质

5. 长期应用降压药普萘洛尔，突然停药后血压明显回升，这种反应为（　　）
   A. 后遗效应
   B. 毒性反应
   C. 特异质反应
   D. 停药反应
   E. 不良反应

6. 用苯巴比妥治疗失眠症，次晨仍有嗜睡、乏力，这是药物的（　　）
   A. 不良反应
   B. 后遗效应
   C. 继发反应
   D. 依赖性
   E. 反跳现象

7. 特异质反应是指（　　）
   A. 在剂量过大或药物在体内蓄积过多时发生的不良反应
   B. 停药后血药浓度已降至阈浓度以下时残存的药理效应
   C. 突然停药后原有疾病加剧
   D. 反应性质与药物原有效应无关，用药理拮抗药解救无效
   E. 一类先天遗传异常所致的反应

8. 药物的效价强度是指（　　）
   A. 药物达到一定效应时所需的剂量
   B. 引起50%动物阳性反应的剂量
   C. 引起药理效应的最小剂量
   D. 治疗量的最大极限
   E. 药物的最大效应

9. 治疗指数是指（　　）
   A. ED_{95}/LD_5的比值
   B. ED_{90}/LD_{10}的比值
   C. ED_{50}/LD_{50}的比值
   D. LD_{50}/ED_{50}的比值
   E. ED_{50}与LD_{50}之间的距离

10. 同一坐标上两药的S型量-效曲线，B药在A药的右侧且高出后者20%，下述评价正确的是（　　）
    A. A药的效价强度和效能均较大
    B. A药的效价强度和效能均较小
    C. A药的效价强度较小而效能较大
    D. A药的效价强度较大而效能较小

　　E．A药和B药效价强度和效能相等

11．受体激动剂的特点是（　　）

　　A．与受体有亲和力，有内在活性　　　　　　　B．与受体无亲和力，有内在活性

　　C．与受体有亲和力，无内在活性　　　　　　　D．与受体有亲和力，有弱内在活性

　　E．与受体有弱亲和力，有强内在活性

12．朱某，男，37岁，因过食生冷出现腹泻、腹痛就诊，医生给予解痉药阿托品0.3mg，服用后腹痛、腹泻缓解，但患者感觉视物模糊、口干等，这属于药物的何种不良反应（　　）

　　A．毒性反应　　　B．依赖性　　　　C．耐受性　　　　D．不良反应　　　E．变态反应

13．郑某，男，56岁，患顽固性失眠伴焦虑，长期使用地西泮，开始每晚服5mg即可入睡，半年后每晚服10mg仍不能入睡，这是因为机体对药物产生了（　　）

　　A．耐受性　　　　B．成瘾性　　　　C．继发反应　　　　D．个体差异　　　E．不良反应

14．患者，男，38岁，患先天性G-6-PD缺乏症，使用伯氨喹治疗疟疾时发生了急性溶血反应，属于（　　）

　　A．过敏反应　　　B．特异质反应　　　C．继发反应　　　D．停药反应　　　E．毒性反应

二、简答题

1．从药物量-效曲线上可以获得哪些与临床用药有关的资料？

2．试从药物与受体的相互作用方面，论述激动药与拮抗药的特点。

（邓雪松）

书网融合……

知识回顾　　　习题

第四章　影响药物效应的因素

PPT

学习目标

知识要求：

1. 掌握患者年龄、性别、疾病状态对药物效应的影响。
2. 熟悉给药时间、途径及剂量对药物效应的影响。
3. 了解遗传因素对药物效应的影响。

技能要求：

1. 熟练掌握分析药物和机体因素如何影响药物效应的能力。
2. 学会应用药理学相关原理指导联合用药时的合理用药。

　　药物效应是药物与机体相互作用的结果，受药物和机体的多种因素影响。药物因素主要有药物剂型、给药途径和剂量、联合用药时药物的相互作用。机体因素主要有年龄、性别、种族、遗传、病理状态、心理因素等。这些因素往往导致药物作用增强或减弱，甚至发生质的变化。药物反应的个体差异，表现在药动学和药效学方面的不同。在临床用药时，应熟悉各种因素对药物效应的影响，选择合适的药物和剂量，做到用药个体化。

第一节　药物因素

一、药物制剂和给药途径

　　药物可制成多种剂型。不同剂型的同一药物，因给药途径不同，其生物利用度亦不同，可能会产生不同的作用性质和用途。如硫酸镁溶液口服可产生导泻和利胆作用，而硫酸镁注射液肌内注射呈现抗惊厥作用；利多卡因静脉注射给药可治疗心律失常，而皮下注射可产生局部麻醉作用。

　　药物制备工艺和原辅料的不同，可也显著影响其生物利用度，如不同药厂生产的相同剂量的地高辛片，口服后的血药浓度可相差7倍。同理，20mg的微晶型螺内酯胶囊可相当于100mg普通晶型螺内酯的疗效。

　　不同的药物有不同的给药时间要求。一般口服药物饭前给药吸收较好、作用较快，易受胃酸影响的药物宜饭前服用，对胃有刺激的药物宜饭后服用；胰岛素应在餐前注射；催眠药应在临睡前服用。此外，机体对某些药物的敏感性呈现昼夜节律性变化，设计临床给药方案遵循这一规律，能更好地发挥药物疗效，减少不良反应。如糖皮质激素类药物采用隔日给药法，可减轻对内源性皮质激素分泌的抑制作用。

给药次数及给药间隔时间可影响药物的血药浓度的高低，从而影响药物效应，因而应根据病情及药物半衰期确定之。给药间隔时间短易致药物蓄积中毒，给药间隔时间长则血药浓度波动大。

二、药物的相互作用

两种或多种药物同时或先后序贯应用称为联合用药，又称配伍用药。联合用药的目的是提高疗效，减少不良反应或延缓耐受性、耐药性的产生。联合用药时，药物间的相互作用可导致药效学和药动学的改变。

1. **配伍禁忌** 药物在体外配伍时发生的物理、化学变化而降低疗效，甚至产生毒性而影响药物的使用，此为配伍禁忌。注射剂在混合使用或大量稀释时易产生化学或物理改变。因此，静脉滴注时应特别注意配伍禁忌，避免发生严重后果。

2. **药效学方面的相互作用** 联合用药时，表现为药效增强称为协同作用；表现为效应减弱称为拮抗作用。例如，吗啡与阿托品合用治疗胆绞痛，前者具有镇痛作用，后者可解除胆道痉挛，两药合用可使疗效增强，为协同作用；而沙丁胺醇的扩张支气管作用可被普萘洛尔所拮抗，若两药合用，可使前者的作用减弱。

3. **药动学方面的相互作用** 联合用药时，一种药物可能会影响另一种药物的体内过程，改变药物在作用部位的浓度，导致药效发生变化。例如，抗酸药减少氨苄西林的吸收；苯妥英钠从血浆蛋白结合部位置换出华法林；肝药酶诱导剂利福平加速普萘洛尔的代谢；碱化尿液加速酸性药物从尿中的排泄。

第二节 机体因素

一、年龄

《中国药典》规定：用药剂量在14岁以下为儿童剂量，14~60岁为成人剂量，60岁以上为老年人剂量。年龄对药物作用的影响在小儿和老年人体现得尤为突出。

1. **小儿** 特别是新生儿和早产儿，各种生理功能及自身调节机制尚不完善，对药物的反应一般比较敏感。如幼儿服用利尿药后出现严重的低钾血症；新生儿肝脏葡萄糖醛酸转移酶活性低、肾排泄功能低，应用氯霉素或吗啡将分别导致灰婴综合征和呼吸抑制。

2. **老年人** 老年人各器官（特别是肝、肾）功能逐渐减退，对药物的代谢和排泄能力降低，对药物的耐受性也较差，因此用药剂量一般约为成人的3/4。此外，老年人对中枢抑制药、心血管药、胰岛素、利尿药等药物反应比较敏感。例如，老年人因心血管反射减弱，服用降压药物时常引起体位性低血压。

二、性别

男性和女性在体重、体液总量和脂肪分布方面有很大的差异，但除性激素外，性别对药物反应通常无明显差别，但女性有特殊的时期即月经期、妊娠期、哺乳期，用药时应予注意。月经期应避免使用作用强烈的泻药和抗凝药，以免月经过多；妊娠期，特别是妊娠期的前3个月，应避免使用可能引起胎儿畸形或流产的药物如激素和抗代谢药；哺乳期妇女应注意药物可否进入乳汁从而对新生儿产生影响。

三、遗传因素

遗传是影响药物反应（代谢和效应）个体差异的决定因素。基因是决定药酶、药物转运蛋白和受体活性及功能表达的结构基础。基因突变可引起所编码的药酶、转运蛋白和受体蛋白的氨基酸序列和功能异常，成为产生药物效应种族差异和个体差异的主要原因。多数药物的异常反应与遗传因素有关。

（一）种族差异

种族因素包含遗传和环境两个方面，影响药物代谢酶的活性和作用靶点的敏感性，导致某些药物的代谢和反应存在种族差异。如服用普萘洛尔在中国人中产生的 β–受体阻滞作用和降压作用比白人强，黑人的敏感性最差，而白人对该药的代谢清除率比中国人低。

（二）个体差异

少数人对药物的反应不同（存在质和量的差异），称为个体差异。其中量的差异表现为高敏性和耐受性。有些个体对药物的反应非常敏感，所需药量低于常用量，称为高敏性；有些个体需要高于常用量的药量方能出现常规的药物效应，称为低敏性或耐受性。质的差异表现为特异质反应（见第三章第一节）。与种族之间的药物代谢及反应差异比较，同一种族内的个体差异更为显著和重要。如口服相同剂量的普萘洛尔后，黄种人和白种人的血药浓度平均值差异不到1倍，但个体间差异可达10倍。

四、病理状态

病理状态能导致药动学和药效学的改变，并能改变机体对药物的敏感性，影响药物的疗效。肝肾功能损伤时，药物清除率降低，半衰期延长，血药浓度增高，易引起药物在体内蓄积，产生过强或过久的药物作用，甚至发生毒性反应。甲状腺功能减退时对哌替啶的敏感性增高。

五、心理因素——安慰剂效应

安慰剂（placebo）一般是指没有药理活性的中性物质，如乳糖、淀粉等制成的外形似药的制型。从广义上讲，安慰剂还包括那些本身没有特殊作用的医疗措施如假手术等。安慰剂产生的效应称为安慰剂效应。

药物的疗效包括药理学效应、非特异性药物疗效、非特异性医疗效应和疾病的自然恢复4个因素。非特异性药物疗效和非特异性医疗效应是安慰剂的绝对效应，因此，安慰剂效应是药物治疗产生效果的重要影响因素之一。

患者的心理因素与药物的疗效关系密切。安慰剂效应主要由患者的心理因素引起，它来自患者对药物和医生的信赖，患者在经医生给予药物后，会发生一系列的精神和生理上的变化，这些变化不仅包括患者的主观感觉，而且包括许多客观指标。安慰剂对许多慢性疾病，如高血压、头痛、神经官能症等有效率达35%~45%。因此，临床试验设计方案应排除这些主观因素对药效评价的影响。

课堂互动 4–1

如何正确评价药物的疗效？

答案解析

六、长期用药引起的机体反应性变化

长期反复用药可引起机体（包括病原体）对药物反应发生变化，主要表现为耐受性、耐药性和依赖性。

耐受性指连续用药后机体对药物的反应性降低，必须增加剂量方可维持原药效应。停药后耐受性可逐渐消失。易引起耐受性的药物有硝酸甘油、麻黄碱等。耐药性是指病原体或肿瘤细胞对反复应用的化学治疗药物敏感性降低，又称抗药性。滥用抗菌药物是病原体产生耐药性的重要原因。

依赖性见第三章第一节。

目标检测

答案解析

一、单选题

1. 关于药物相互作用的说法，错误的是（　　）
   A. 只在两种或两种以上药物同时应用时出现
   B. 可能表现为药理作用的改变
   C. 有时表现为毒性反应的增强
   D. 可改变药物的体内过程
   E. 机体对药物的反应性改变

2. 下列关于安慰剂的叙述，错误的是（　　）
   A. 安慰剂不含药理活性成分而仅含赋形剂
   B. 安慰剂在外观和口味上与药理活性成分药物完全一样
   C. 评价药物临床疗效时不需要排除安慰剂效应
   D. 安慰剂主要由患者的心理因素引起
   E. 安慰剂还包括本身无特殊作用的医疗措施，如假手术等

3. 病原体对反复应用的药物敏感性降低，称为（　　）
   A. 耐受性　　　　B. 耐药性　　　　C. 依赖性　　　　D. 成瘾性　　　　E. 习惯性

4. 机体对连续应用的药物反应性降低，必须增加剂量才能维持原有效应，称为（　　）
   A. 耐受性　　　　B. 耐药性　　　　C. 依赖性　　　　D. 成瘾性　　　　E. 习惯性

5. 老年人的用药剂量一般为成人剂量的（　　）
   A. 1/2　　　　B. 1/3　　　　C. 2/3　　　　D. 1/4　　　　E. 3/4

二、简答题

影响药物效应的因素有哪些？

（邓雪松）

书网融合……

知识回顾　　习题

第五章 | 传出神经系统药理概论

学习目标

知识要求：

1. 掌握传出神经系统受体的分类、分布及效应。
2. 熟悉传出神经系统药物的作用方式及药物分类。
3. 了解传出神经系统的分类、递质的生物合成及代谢。

技能要求：

1. 熟练掌握根据传出神经系统药物的类别进行用药指导的能力。
2. 学会根据药物作用方式对药物进行分类的方法。

第一节 传出神经系统的解剖及生理学基础

一、传出神经系统的分类

（一）解剖学分类

传出神经系统包括自主神经系统和运动神经系统。自主神经系统又分为交感神经和副交感神经，主要支配内脏器官、平滑肌和腺体等效应器，其活动不受大脑意识层面的控制，又称自主神经系统，如心脏排血、胃肠活动和腺体分泌等。自主神经自中枢发出后，中途经神经节更换神经元后到达支配的效应器，因此有节前纤维和节后纤维之分。运动神经系统支配骨骼肌，通常为随意运动，如肌肉的运动和呼吸活动等。运动神经自脊髓发出后，中途不更换神经元，直接到达所支配的骨骼肌（图5-1-1）。

（二）按递质分类

传出神经系统传递信息依赖其神经末梢释放的化学物质。这些传递信息的化学物质称为神经递质。传出神经系统的递质主要有乙酰胆碱（acetylcholine，ACh）和去甲肾上腺素（noradrenaline，NA）。因此，传出神经按神经末梢释放递质的不同，分为胆碱能神经（释放乙酰胆碱）和去甲肾上腺素能神经（释放去甲肾上腺素）。胆碱能神经包括全部副交感神经节前纤维和节后纤维、全部运动神经和全部交感神经节前纤维和极少数交感神经节后纤维（支配汗腺分泌和骨骼肌血管舒张的神经）。去甲肾上腺素能神经包括绝大部分交感神经节后纤维。

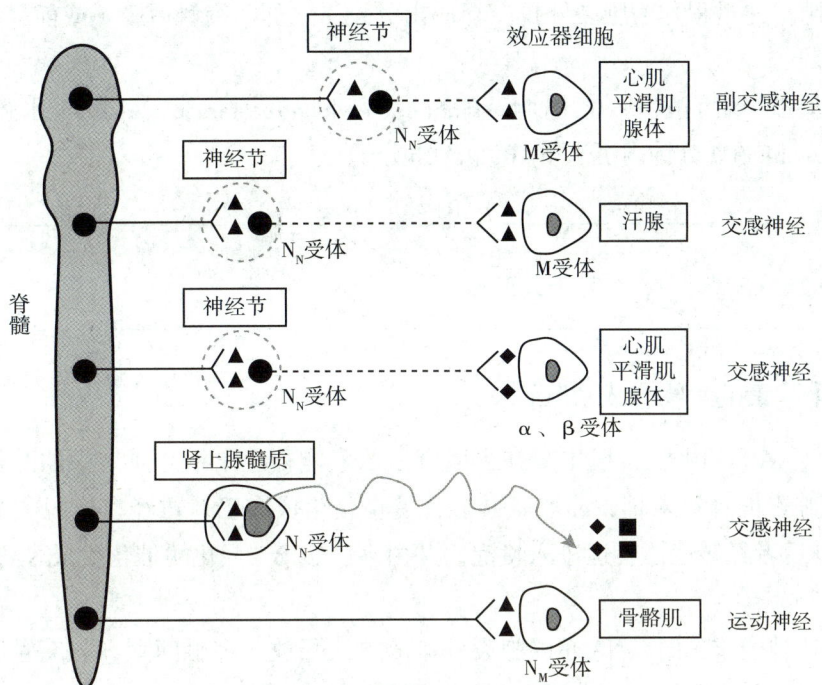

图5-1-1 传出神经系统分类模式图

注：——为节前纤维；----为节后纤维
▲：乙酰胆碱；◆：去甲肾上腺素；■：肾上腺素

📖 **知识拓展**

肠神经系统

近年来，作为自主神经系统另一个组成部分的肠神经系统已日益受到关注，肠神经是调控胃肠道功能的独立整合系统，主要在局部发挥调节作用。

肠神经元的神经纤维可来自交感和副交感神经末梢，并可直接分布到平滑肌、血管和腺体。肠神经系统内的神经元有多种类型，它们之间形态结构有显著差别。黏膜下神经丛内有假单极和双极感觉神经元，可感受黏膜表面的压力和牵张刺激。肠神经系统内还有能加工输入信息和产生传出冲动的中间神经元，以及兴奋性和抑制性运动神经元。

肠神经系统有多种神经递质，除了ACh和NA外，目前在肠神经系统已经发现的可能神经递质还有5-羟色胺（5-HT）、三磷腺苷（ATP）以及多种神经肽，其中包括：血管活性肠肽（VIP）、P物质（SP）、生长抑素、脑啡肽、胰多肽和神经降压肽等。因此，该系统在药理学方面较交感神经或副交感神经系统更为复杂。

二、传出神经系统递质的生物合成及代谢

（一）乙酰胆碱的生物合成及代谢

乙酰胆碱（ACh）的生物合成主要在胆碱能神经末梢。胞质内的胆碱和乙酰辅酶A在胆碱乙酰化酶的催化下合成乙酰胆碱，随后依靠囊泡乙酰胆碱转运体转运进入囊泡内与ATP和囊泡蛋白共存。

当神经冲动到达神经末梢时，引起Ca^{2+}内流，促进囊泡膜与突触前膜融合，形成裂孔，囊泡内容物

一并排出至突触间隙，此过程称为胞裂外排。释放出的ACh立即与突触后膜（或前膜）的胆碱受体结合而产生效应。

释放的ACh主要被突触间隙中的乙酰胆碱酯酶（acetylcholinesterase，AChE）水解。AChE水解效率极高，每一分子的AChE在1分钟内可水解10^5个ACh分子。

课堂互动 5-1

如果抑制乙酰胆碱酯酶，会出现什么效应？

答案解析

（二）去甲肾上腺素的生物合成及代谢

去甲肾上腺素（NA）的生物合成主要在去甲肾上腺素能神经末梢。血液中的酪氨酸经钠依赖性转运体进入去甲肾上腺素能神经末梢，经酪氨酸羟化酶催化生成多巴，再经多巴脱羧酶催化生成多巴胺（dopamine，DA），后者经转运体转运进入囊泡，并由多巴胺 β-羟化酶催化生成NA，与ATP和嗜铬颗粒蛋白结合，贮存于囊泡中。

当神经冲动到达神经末梢时，NA亦以胞裂外排的方式释放入突触间隙，与突触后膜（或前膜）的肾上腺素受体结合而产生效应。

NA通过摄取和降解两种方式失活。75%~90%的NA被摄取返回神经末梢内，称为摄取-1，也称神经摄取。摄入的NA可进一步转运入囊泡贮存，部分未进入囊泡的NA可被胞质中线粒体膜上的单胺氧化酶（MAO）破坏。许多非神经组织如心肌、血管、肠道平滑肌也可摄取NA，称为摄取-2，也称非神经摄取。摄入组织的NA并不贮存，很快被细胞内儿茶酚氧位甲基转移酶（COMT）和MAO所破坏。此外，尚有小部分NA从突触间隙扩散到血液中，最后被肝、肾等组织中的COMT和MAO破坏失活。

三、传出神经系统受体的分类、分布与效应

传出神经系统的受体根据与之结合的递质的不同，分为胆碱受体和肾上腺素受体。

（一）胆碱受体的分类、分布与效应

能与ACh结合的受体称为乙酰胆碱受体，根据其对药物的敏感性不同，分为毒蕈碱型胆碱受体和烟碱型胆碱受体（表5-1-1）。

1. **毒蕈碱型胆碱受体**　能与毒蕈碱（muscarine）结合并被其激动的受体，称为毒蕈碱型胆碱受体，简称M受体。主要分布在副交感神经节后纤维所支配的效应器官，如心脏、血管内皮、腺体、支气管及胃肠道平滑肌和瞳孔括约肌等处；少数分布在交感神经节后纤维支配的效应器（汗腺和骨骼肌血管）。目前M受体分为M_1、M_2、M_3、M_4和M_5五个亚型。M_1受体主要分布于中枢神经系统、外周神经元和胃壁细胞，介导兴奋作用；M_2受体位于心脏和突触前末梢，调节心率；M_3受体主要位于血管内皮、平滑肌、腺体，引起血管舒张、平滑肌收缩和腺体分泌；M_4和M_5受体主要位于中枢神经系统，具体作用尚不清楚。M受体激动产生的效应称为M样作用，包括：心脏抑制、血管舒张、支气管及胃肠道平滑肌收缩、腺体分泌增加、瞳孔缩小等。

2. **烟碱型胆碱受体**　能与烟碱（nicotine）结合并被其激动的受体，称为烟碱型胆碱受体，简称N受体，分为N_N受体及N_M受体两种亚型。N_N受体主要分布在自主神经节细胞膜和肾上腺髓质细胞，激动时引起神经节兴奋、肾上腺髓质细胞分泌肾上腺素和去甲肾上腺素；N_M受体分布在骨骼肌细胞膜上，

激动时表现为骨骼肌收缩。N_N 和 N_M 受体激动后产生的效应统称为 N 样作用。

表 5-1-1　乙酰胆碱受体的分布及效应

受体		分布	效应
毒蕈碱型	M_1	中枢神经系统 胃壁细胞	兴奋 胃酸分泌增加
	M_2	心脏（窦房结、房室结、心房肌及心室肌）	负性肌力、负性频率、负性传导
	M_3	平滑肌 血管内皮 腺体 瞳孔括约肌（环行肌） 睫状肌	收缩 血管舒张 分泌增加 收缩（缩瞳） 收缩（视近物）
烟碱型	N_M	神经-肌肉接头	骨骼肌收缩
	N_N	自主神经节 肾上腺髓质	兴奋 释放肾上腺素和去甲肾上腺素

（二）肾上腺素受体的分类、分布与效应

能与去甲肾上腺素或肾上腺素结合的受体称为肾上腺素受体。分为肾上腺素 α 受体和肾上腺素 β 受体两种类型。分布在交感神经节后纤维所支配的效应器上。

1. **肾上腺素 α 受体**　简称 α 受体，主要有 $α_1$ 和 $α_2$ 两个亚型（表5-1-2）。$α_1$ 受体主要分布在皮肤、黏膜及内脏血管和瞳孔开大肌，激动时可引起皮肤、黏膜、内脏血管收缩及瞳孔扩大。$α_2$ 受体主要分布在去甲肾上腺素能神经的突触前膜，激动时可反馈性抑制去甲肾上腺素自突触前末梢的释放。

2. **肾上腺素 β 受体**　简称 β 受体，分为 $β_1$、$β_2$ 和 $β_3$ 三个亚型。$β_1$ 受体主要分布在心脏，激动时可引起心脏兴奋；$β_2$ 受体主要分布在支气管平滑肌、骨骼肌血管及冠状血管，激动时引起支气管平滑肌松弛、骨骼肌血管及冠状血管扩张；$β_3$ 受体主要分布在脂肪组织，激动时可促进脂肪分解。

表 5-1-2　肾上腺素受体的分布及效应

受体	分布	效应
$α_1$	血管平滑肌（皮肤、黏膜、腹腔内脏） 瞳孔开大肌 肝脏	收缩 收缩（扩瞳） 糖原分解；糖异生
$α_2$	胰岛 B 细胞 血小板 神经末梢突触前膜	减少胰岛素分泌 聚集 去甲肾上腺素释放减少（负反馈）
$β_1$	心脏（窦房结、房室结、心房肌及心室肌） 肾小球旁细胞	正性肌力、正性频率、正性传导 肾素分泌增加
$β_2$	平滑肌（冠状血管、骨骼肌血管、支气管、胃肠道、尿道） 睫状肌 骨骼肌 肝脏 神经末梢突触前膜	舒张 舒张（视远物） 糖原分解 糖原分解；糖异生 去甲肾上腺素释放增加（正反馈）
$β_3$	脂肪组织	脂肪分解

机体的多数器官、组织均接受胆碱能神经和去甲肾上腺素能神经的双重支配。在多数情况下，两类神经兴奋所产生的效应相反（表5-1-3）。当去甲肾上腺素能神经兴奋时（相当于NA的作用），可引起心脏兴奋，皮肤、黏膜及内脏血管收缩，血压升高，支气管和胃肠道平滑肌抑制，瞳孔扩大等。这些功能变化，有利于机体适应环境的急剧变化。当胆碱能神经兴奋时（相当于ACh作用），其节前与节后纤维的功能有所不同。当节前纤维兴奋时，可引起神经节兴奋和肾上腺髓质分泌的增加；当其节后纤维兴奋时，产生的反应有利于机体休整和积蓄能量。人体内的生理调节是在对立统一的规律下进行的。在同一器官上，胆碱能神经和去甲肾上腺素能神经的作用大多是互相对抗的，但在中枢神经系统的调节下，它们的功能既是对立的，又是统一的。

表5-1-3　传出神经系统的生理功能

效应器	去甲肾上腺素能神经兴奋	胆碱能神经兴奋
心脏	兴奋	抑制
血管	收缩	扩张
支气管平滑肌	舒张	收缩
胃肠平滑肌	舒张	收缩
膀胱逼尿肌	舒张	收缩
瞳孔	扩大	缩小
唾液腺	分泌少量黏稠唾液	分泌大量稀薄唾液
汗腺	手心脚心分泌	全身分泌
骨骼肌	血管舒张	收缩

第二节　传出神经系统药物的作用方式及分类

一、传出神经系统药物的作用方式

（一）直接作用于受体

许多传出神经系统药物能直接与胆碱受体或肾上腺素受体结合。结合后，如果能激动受体，产生与ACh或NA相似的作用，称为胆碱受体激动药或肾上腺素受体激动药，也称拟胆碱药或拟肾上腺素药。相反，如果药物与受体结合后不产生作用，却能妨碍递质或激动药与受体结合，从而产生与递质相反的作用，称为胆碱受体阻断药或肾上腺素受体阻断药，也称抗胆碱药或抗肾上腺素药。

（二）影响递质

某些药物可通过影响递质的合成、贮存、释放及代谢而产生作用。如新斯的明主要通过抑制胆碱酯酶活性，减少ACh水解发挥拟胆碱作用；利血平则通过抑制囊泡对NA的再摄取，使囊泡内NA逐渐耗竭，发挥抗高血压作用。

二、传出神经系统药物的分类

传出神经系统药物可按其作用方式（激动受体或阻断受体）及对不同受体的选择性进行分类

（表5-2-1）。

表5-2-1　传出神经系统药物的分类及其代表药

激动药	阻断药
（一）胆碱受体激动药	（一）胆碱受体阻断药
1. M受体激动药（毛果芸香碱）	1. M受体阻断药（阿托品）
2. N受体激动药（烟碱）	2. N_N受体阻断药（美卡拉明）
（二）抗胆碱酯酶药（新斯的明）	3. N_M受体阻断药（筒箭毒碱）
（三）肾上腺素受体激动药	（二）胆碱酯酶复活药（氯解磷定）
1. α、β受体激动药（肾上腺素）	（三）肾上腺素受体阻断药
2. α受体激动药（去甲肾上腺素）	1. α受体阻断药（酚妥拉明）
3. β受体激动药	2. β受体阻断药
（1）β_1、β_2受体激动药（异丙肾上腺素）	（1）β_1、β_2受体阻断药（普萘洛尔）
（2）β_1受体激动药（多巴酚丁胺）	（2）β_1受体阻断药（美托洛尔）
（3）β_2受体激动药（沙丁胺醇）	3. α、β受体阻断药（拉贝洛尔）

目标检测

答案解析

一、单选题

1. 胆碱能神经不包括下列（　　）

　　A. 全部交感神经和副交感神经的节前纤维　　　B. 运动神经

　　C. 几乎全部交感神经节后纤维　　　D. 全部副交感神经的节后纤维

　　E. 支配骨骼肌血管舒张的神经

2. β_2受体主要分布于（　　）

　　A. 心脏　　　　　　　　B. 骨骼肌运动终板上　　　　　　C. 支气管和血管平滑肌上

　　D. 瞳孔开大肌　　　　　E. 瞳孔括约肌

3. 皮肤及内脏血管上的主要受体是（　　）

　　A. α_1受体　　　B. N受体　　　C. β_1受体　　　D. M受体　　　E. β_2受体

4. 下列有关乙酰胆碱的描述哪项是错误的（　　）

　　A. 被胆碱酯酶水解失活　　　　　　B. 乙酰胆碱释放后，大部分被神经末梢再摄取

　　C. 作用于肾上腺髓质而促其释放肾上腺素和去甲肾上腺素

　　D. 支配汗腺的交感神经也释放乙酰胆碱　　　E. 乙酰胆碱激动M受体和N受体

5. 下列效应器，不受自主神经系统支配的是（　　）

　　A. 心肌　　　　　B. 腺体　　　　　C. 骨骼肌　　　　　D. 平滑肌　　　　　E. 血管

6. 去甲肾上腺素释放后的主要消除途径是（　　）

　　A. 被胆碱酯酶破坏　　　　B. 被MAO破坏　　　　C. 被COMT破坏

　　D. 被神经末梢再摄取　　　E. 由肾排出

7. 胆碱能神经递质乙酰胆碱释放后作用消失的主要途径是（　　）

A. 被胆碱酯酶破坏 　　　　　B. 被 MAO 破坏 　　　　　C. 被 COMT 破坏

D. 被神经末梢摄取 　　　　　E. 由肾排出

8. M胆碱受体主要分布于（　　）

A. 自主神经节上 　　　　　　　　　　B. 胆碱能神经节后纤维所支配的效应器官上

C. 交感神经节后纤维所支配的效应器官上 　　　　D. 骨骼肌上

E. 以上都不是

9. 去甲肾上腺素能神经兴奋引起的效应不包括（　　）

A. 心脏兴奋 　　　　　　　　B. 胃肠平滑肌收缩 　　　　　C. 支气管平滑肌松弛

D. 皮肤黏膜和内脏血管收缩 　　　E. 皮肤血管收缩

10. M受体激动不会引起（　　）

A. 血压升高 　　　　　　　　B. 心率减慢 　　　　　　　　C. 胃肠平滑肌收缩

D. 瞳孔括约肌收缩 　　　　　E. 腺体分泌增加

11. N_M受体兴奋可引起（　　）

A. 神经节兴奋 　　　　　　　B. 骨骼肌收缩 　　　　　　　C. 支气管平滑肌收缩

D. 心脏抑制 　　　　　　　　E. 胃肠平滑肌收缩

12. 下列哪种效应不是通过激动M受体实现的（　　）

A. 心率减慢 　　　　　　　　B. 胃肠道平滑肌收缩 　　　　C. 胃肠道括约肌收缩

D. 膀胱括约肌舒张 　　　　　E. 瞳孔括约肌收缩

13. 能选择地毒蕈碱结合的胆碱受体称为（　　）

A. M受体 　　　B. N受体 　　　C. α受体 　　　D. β受体 　　　E. DA受体

14. 下列哪种效应不是通过激动 β 受体产生的（　　）

A. 支气管平滑肌舒张 　　　　B. 膀胱逼尿肌收缩 　　　　　C. 心肌收缩力增强

D. 骨骼肌血管舒张 　　　　　E. 心率加快

二、简答题

1. 简述传出神经系统的分类及相应功能。

2. 简述传出神经受体的分类。

（苗加伟）

书网融合……

知识回顾　　　习题

第六章　拟胆碱药

PPT

学习目标

知识要求：

1. 掌握毛果芸香碱的药理作用、临床应用及用药注意。
2. 熟悉新斯的明的药理作用、临床应用及禁忌证。
3. 了解有机磷酸酯类中毒的临床表现；其他拟胆碱药的作用特点。

技能要求：

学会观察拟胆碱药的疗效及不良反应。

岗位情景模拟 1

患者，女，58岁。因近3天右侧头部疼痛，右眼胀痛，视物模糊，伴有恶心、呕吐、出汗等症状入院。检查示：右眼角膜水肿呈雾状浑浊，前房角变窄，瞳孔对光反射消失。左眼无异常。眼压：右眼58mmHg，左眼正常21mmHg，其他无明显异常。诊断为急性闭角型青光眼。医嘱给予1%~2%硝酸毛果芸香碱滴眼液治疗。

问题与思考

1. 毛果芸香碱治疗急性闭角型青光眼的原理是什么？
2. 滴眼液应用时的注意事项有哪些？

答案解析

拟胆碱药是一类与胆碱能神经递质ACh作用相似的药物，按其作用方式可分为胆碱受体激动药和抗胆碱酯酶药两类。

第一节　胆碱受体激动药

胆碱受体激动药可直接激动胆碱受体，产生与乙酰胆碱类似的作用。按作用选择性不同，分为三类：M、N受体激动药，M受体激动药，N受体激动药。

一、M、N受体激动药

M、N受体激动药为胆碱酯类，包括乙酰胆碱和合成的胆碱酯类（如醋甲胆碱、卡巴胆碱和贝胆碱）。本类药物对M、N受体均有兴奋作用，但以M受体为主。M、N受体激动药见表6-1-1。

表6-1-1　M、N受体激动药的作用特点及临床应用一览表

药物	作用特点	临床应用
乙酰胆碱	直接激动M、N受体，呈现M样和N样作用，作用广泛，性质不稳定，极易被AChE水解	无临床实用价值，仅作为科学研究工具药
醋甲胆碱	被胆碱酯酶水解的速度较ACh慢，作用较持久。对M受体具有相对选择性，尤其对心血管系统作用明显，也可收缩支气管平滑肌	口腔黏膜干燥症
卡巴胆碱	不易被胆碱酯酶水解，作用时间较长，对M、N受体选择性与ACh相似，不良反应较多，且阿托品对其解毒效果差	主要用于局部滴眼治疗青光眼
贝胆碱	化学性质稳定，不易被胆碱酯酶水解。可兴奋胃肠道和泌尿道平滑肌，对心血管作用弱	术后腹气胀、胃张力缺乏症尿潴留及胃滞留等

二、M受体激动药

M受体激动药为天然形成的拟胆碱生物碱类，主要包括毛果芸香碱、槟榔碱和毒蕈碱。

毛果芸香碱

毛果芸香碱（pilocarpine）又称匹鲁卡品，是从毛果芸香属植物中提取的生物碱。

【药理作用】选择性激动M受体，对眼和腺体的作用最明显。

1. 眼　1%~2%的毛果芸香碱溶液滴眼后可引起缩瞳、降低眼压和调节痉挛作用（图6-1-1）。

（1）缩瞳　激动瞳孔括约肌上的M受体，使瞳孔括约肌收缩，瞳孔缩小。

（2）降低眼压　房水由睫状体上皮细胞分泌及血管渗出产生，从后房经瞳孔流入前房，到达前房角间隙，经滤帘流入巩膜静脉窦而进入血液循环。毛果芸香碱通过缩瞳作用，使虹膜向中心拉动，虹膜根部变薄，前房角间隙扩大，房水易于回流，使眼压下降。

（3）调节痉挛　毛果芸香碱激动睫状肌环状纤维上的M受体，使睫状肌向眼中心方向收缩，悬韧带松弛，晶状体由于自身弹性变凸，屈光度增加，此时视近物清楚，视远物模糊不清，这种作用称为调节痉挛。

2. 腺体　皮下注射10~15mg可使汗腺和唾液腺分泌明显增加，也可增加泪腺、胃腺、胰腺、小肠腺体和呼吸道黏膜分泌。

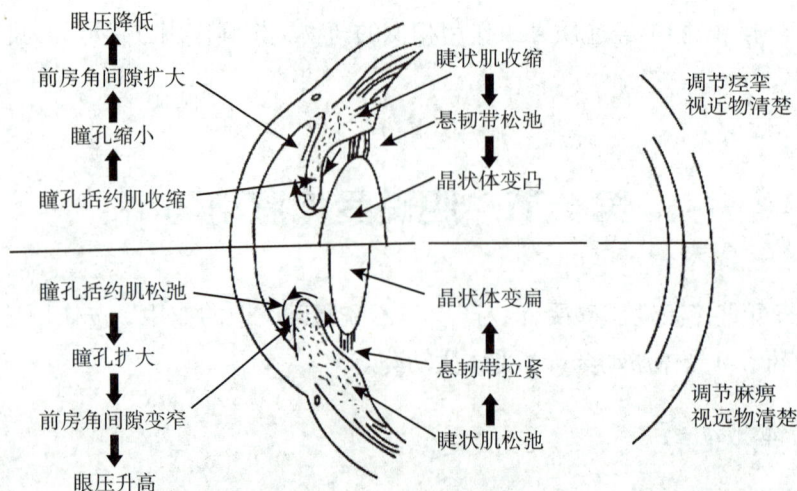

图6-1-1　M受体激动药（上）和M受体阻断药（下）对眼的作用

【临床应用】

1. 青光眼　青光眼的主要特征是眼压升高。毛果芸香碱滴眼可降低眼压，治疗闭角型青光眼，对开角型青光眼的早期治疗也有一定疗效。

2. 虹膜睫状体炎　与扩瞳药交替使用，以防止虹膜与晶状体粘连。

3. 其他　用于M受体阻断药阿托品等中毒的解救；还可用于治疗口腔干燥症。

📝 **知识拓展**

青光眼与眼内压

眼内压，又称眼压，是眼内容物对眼球内壁的压力，主要由房水形成。正常眼压通常维持在10~21mmHg之间。房水由睫状体上皮细胞分泌产生，由后房通过瞳孔进入前房，流经前房角间隙、小梁网，通过巩膜静脉窦而进入血液循环。房水的循环可维持一定的眼内压。如房水回流不畅，则可导致眼内压升高，持续的眼内压升高可致视神经萎缩，视力下降，甚至失明。病理性眼压升高合并视功能障碍称为青光眼。青光眼分为闭角型和开角型两种。闭角型青光眼是由于前房角狭窄，房水回流受阻，从而导致眼内压升高。开角型青光眼主要是由于小梁网及巩膜静脉窦变性或硬化，阻碍房水循环，导致眼内压升高。青光眼的治疗方法包括药物治疗、手术治疗和激光治疗。

【不良反应及注意事项】过量可出现M受体过度兴奋症状，如腹痛、腹泻、出汗、流涎、支气管痉挛等，可用阿托品解救。滴眼时应压迫内眦，避免药液经鼻泪管吸收而产生不良反应。

第二节　抗胆碱酯酶药

胆碱酯酶分为乙酰胆碱酯酶（AChE，亦称真性胆碱酯酶）和丁酰胆碱酯酶（BChE，亦称假性胆碱酯酶）。AChE主要存在于胆碱能神经末梢突触间隙，活性极高，一个酶分子可在1分钟内水解6×10^5个分子的ACh。BChE主要存在于血浆中，可水解其他胆碱酯类，如琥珀胆碱，而对终止ACh的作用较弱。因此，本文所提及的胆碱酯酶主要指AChE。

抗胆碱酯酶药结构与ACh相似，也能与AChE结合，但结合较牢固，水解较慢，使AChE失去活性，导致胆碱能神经末梢释放的ACh在突触间隙堆积，产生拟胆碱作用，故又称胆碱酯酶抑制药，也称间接作用的拟胆碱药。根据与胆碱酯酶结合后水解速度的快慢，将胆碱酯酶抑制药可分为易逆性抗胆碱酯酶药和难逆性抗胆碱酯酶药。后者主要为有机磷酸酯类，具有毒理学意义。

一、易逆性抗胆碱酯酶药

新斯的明

新斯的明（neostigmine）口服吸收少而不规则，生物利用度只有1%~2%。不易透过血-脑屏障和角膜，对中枢作用和眼的作用弱。注射后5~15分钟起效，作用可维持0.5~1小时。

【药理作用及机制】新斯的明可抑制AChE活性发挥完全拟胆碱作用，即通过ACh兴奋M、N受体。

还能直接激动骨骼肌运动终板上的N_M受体并促进运动神经末梢释放ACh，故对骨骼肌的兴奋作用最强，兴奋胃肠和膀胱平滑肌的作用次之；对心血管、腺体、眼及支气管平滑肌的作用弱。

【临床应用】

1. **重症肌无力**   新斯的明是治疗重症肌无力的首选药物，可明显改善患者的肌无力症状。一般采用口服给药，重症患者皮下或肌内注射给药。

2. **术后腹气胀和尿潴留**   新斯的明能兴奋胃肠道平滑肌及膀胱逼尿肌，促进排气、排便和排尿，适用于术后腹气胀和尿潴留。

3. **阵发性室上性心动过速**   新斯的明间接激动M受体，减慢房室传导，减慢心率。

4. **非除极化肌松药及阿托品中毒**   新斯的明用于非除极化型肌松药（如筒箭毒碱）中毒的解救，但禁用于除极化型肌松药（如琥珀胆碱）中毒的解救。本药可间接激动M受体，故可用于阿托品中毒解救。

【不良反应及注意事项】治疗量不良反应较小。过量可引起恶心、呕吐、腹痛、心动过缓、肌震颤等。中毒时可引起"胆碱能危象"，表现为肌无力加重、大汗淋漓、大小便失禁、心动过速等，严重者可致呼吸肌麻痹。其原因是神经-肌肉接头处ACh大量堆积，骨骼肌持久去极化，从而影响了神经冲动的正常传递。此时应停用新斯的明，改用M受体阻断药阿托品缓解症状。

禁用于机械性肠梗阻、尿路梗阻和支气管哮喘患者。

毒扁豆碱

毒扁豆碱（physostigmine，依色林）是从非洲毒扁豆种子中提取的生物碱，亦可人工合成。

【药理作用及临床应用】毒扁豆碱脂溶性高，口服剂注射均易吸收，易透过血-脑屏障和角膜。对中枢神经系统，小剂量兴奋，大剂量抑制。滴眼后，引起缩瞳、降低眼压和调节痉挛作用，但较毛果芸香碱起效快、作用强而持久。用于治疗急性青光眼，可先用本品滴眼数次，后改用毛果芸香碱维持疗效。

👐 课堂互动 6-1

　　去神经支配（切断双侧动眼神经）的家兔双眼，分别滴入毛果芸香碱和毒扁豆碱滴眼液后，其瞳孔大小有何变化？

答案解析

【不良反应】滴眼后可致睫状肌收缩而引起调节痉挛，导致视物模糊、头痛等。本药作用选择性低，刺激性强，毒性大，患者不易耐受，故不宜全身和长期用药。

吡斯的明

吡斯的明（pyridostigmine）作用类似于新斯的明，但起效缓慢，作用时间较长。主要用于重症肌无力，也可用于术后腹气胀和尿潴留。禁忌证同新斯的明。

安贝氯铵

安贝氯铵（ambenonium chloride）作用类似于新斯的明，但较新斯的明持久。用于重症肌无力，尤其适用于对新斯的明或吡斯的明不耐受者。

地美溴铵

地美溴铵（demecarium bromide）是长效易逆性抗AChE药，滴眼15~60分钟后瞳孔缩小，24小时后其降眼内压作用达高峰，并可持续9天以上。适用于治疗无晶状体畸形的开角型青光眼及其他药物治疗无效的患者。

加兰他敏

加兰他敏（galanthamine）作用类似于新斯的明，但较弱。用于重症肌无力及脊髓灰质炎后遗症的治疗。因能通过血–脑屏障，增加脑内ACh含量，可用于治疗阿尔茨海默病。

二、难逆性抗胆碱酯酶药

详见第四十四章第一节。

三、胆碱酯酶复活药

详见第四十四章第一节。

目标检测

答案解析

一、单选题

1. 毛果芸香碱滴眼可引起（ ）

    A. 缩瞳、眼内压升高、调节痉挛   B. 缩瞳、眼内压降低、调节麻痹

    C. 缩瞳、眼内压降低、调节痉挛   D. 扩瞳、眼内压升高、调节麻痹

    E. 扩瞳、眼内压升高、调节痉挛

2. 毛果芸香碱不具有的药理作用是（ ）

    A. 腺体分泌增加   B. 胃肠道平滑肌收缩   C. 心率减慢

    D. 骨骼肌收缩   E. 眼内压降低

3. 毛果芸香碱治疗青光眼是由于（ ）

    A. 缩瞳，前房角间隙扩大，眼内压下降   B. 缩瞳，前房角间隙变窄，眼内压下降

    C. 散瞳，前房角间隙扩大，眼内压下降   D. 散瞳，前房角间隙变窄，眼内压下降

    E. 抑制房水形成，降低眼内压

4. 治疗术后尿潴留应选用（ ）

    A. 乙酰胆碱   B. 新斯的明   C. 毛果芸香碱   D. 毒扁豆碱   E. 阿托品

5. 某男，45岁。双眼睑下垂6~7天，渐加重，近一两天四肢活动无力，晨起轻、下午重，休息后减轻，活动后加重。诊断为重症肌无力。该患者最好用选哪种药物治疗（ ）

    A. 毛果芸香碱   B. 毒扁豆碱   C. 新斯的明   D. 阿托品   E. 加兰他敏

6. 毛果芸香碱临床作用于（ ）

　　A. 腹气胀　　　　　B. 尿潴留　　　　　C. 重症肌无力　　　D. 青光眼　　　　　E. 心动过缓

7. 治疗闭角型青光眼应选用（　　）

　　A. 新斯的明　　　　　　　　B. 乙酰胆碱　　　　　　　C. 琥珀胆碱

　　D. 毛果芸香碱　　　　　　　E. 筒箭毒碱

8. 能够直接激动M、N胆碱受体的药物是（　　）

　　A. 烟碱　　　　　B. 卡巴胆碱　　　　C. 毛果芸香碱　　　D. 毒扁豆碱　　　　E. 加兰他敏

9. 新斯的明最强的作用是（　　）

　　A. 增加腺体分泌　　　　　　B. 兴奋膀胱平滑肌　　　　C. 缩小瞳孔

　　D. 兴奋骨骼肌　　　　　　　E. 兴奋胃肠道平滑肌

10. 新斯的明过量可导致（　　）

　　A. 窦性心动过速　　　　　　B. 中枢抑制　　　　　　　C. 胆碱能危象

　　D. 中枢兴奋　　　　　　　　E. 青光眼加重

11. 切除支配虹膜的神经后再滴入毛果芸香碱后会（　　）

　　A. 扩瞳　　　　　　　　　　B. 缩瞳　　　　　　　　　C. 先扩瞳后缩瞳

　　D. 先缩瞳后扩瞳　　　　　　E. 无明显影响

12. 新斯的明禁用于（　　）

　　A. 重症肌无力　　　　　　　B. 机械性肠梗阻　　　　　C. 阵发性室上性心动过速

　　D. 尿潴留　　　　　　　　　E. 肠胀气

13. 关于毒扁豆碱的叙述，正确的是（　　）

　　A. 能直接激动M受体　　　　B. 对M受体的选择性强　　C. 为易逆性胆碱酯酶抑制药

　　D. 可用于治疗重症肌无力　　E. 调节痉挛

14. 支配虹膜括约肌的是（　　）

　　A. N受体　　　　　　　　　B. M受体　　　　　　　　C. α受体

　　D. β受体　　　　　　　　　E. 多巴胺能受体

15. 新斯的明在临床上的主要用途是治疗（　　）

　　A. 阵发性室上性心动过速　　B. 阿托品中毒　　　　　　C. 青光眼

　　D. 重症肌无力　　　　　　　E. 机械性肠梗阻

16. 有降低眼内压作用的药物是（　　）

　　A. 肾上腺素　　　B. 琥珀胆碱　　　　C. 阿托品　　　　　D. 毛果芸香碱　　　E. 溴丙胺太林

二、简答题

1. 简述毛果芸香碱的临床应用。

2. 简述新斯的明的药理作用特点和临床应用。

（苗加伟）

书网融合……

　　　　知识回顾　　　　　习题

PPT

学习目标

知识要求：

1. 掌握阿托品的药理作用、临床应用、不良反应及禁忌证。

2. 熟悉东莨菪碱、山莨菪碱的作用特点及临床应用；其他M受体阻断药的作用特点。

3. 了解神经节阻断药的作用及临床应用。

技能要求：

1. 熟练掌握正确使用阿托品等M受体阻断药的能力。

2. 学会观察M受体阻断药的疗效及药物不良反应。

　　抗胆碱药是一类能与胆碱受体结合而不激动或极少激动胆碱受体，却能阻碍乙酰胆碱或胆碱受体激动药与胆碱受体的结合，从而产生抗胆碱作用的药物，又称胆碱受体阻断药。根据其对胆碱受体选择性的不同，可分为M受体阻断药和N受体阻断药。

第一节　M受体阻断药

岗位情景模拟2

　　患者，女，47岁。因饮食不洁食物后出现呕吐、腹痛、腹泻，遂到医院就诊。诊断为急性胃肠炎。医生在给予抗菌药物治疗的同时，给予阿托品片0.3mg口服，每日3次，服药3天后开始出现右眼胀痛，视物模糊，眼内压升高。诊断为急性闭角型青光眼。停服阿托品，局部滴用毛果芸香碱治疗。

问题与思考

1. 阿托品为什么可以治疗胃肠绞痛？

2. 阿托品为什么会引起青光眼？

答案解析

M受体阻断药主要有阿托品类生物碱和阿托品的合成代用品。

一、阿托品类生物碱

阿托品类生物碱包括阿托品、东莨菪碱、山莨菪碱，多从茄科植物颠茄、曼陀罗、洋金花、莨菪和唐古特莨菪等天然植物中提取。天然存在的生物碱为不稳定的左旋莨菪碱，在提取过程中可得到稳定的消旋莨菪碱，即为阿托品。东莨菪碱为左旋体，其作用较右旋体强许多倍。

阿托品

阿托品（atropine）口服吸收迅速，生物利用度为50%，1小时后血药浓度达峰值，肌内注射后15~20分钟血药浓度达峰值。吸收后广泛分布于全身组织，约60%以原形经尿排出，其余可被水解，并与葡萄糖醛酸结合后从尿排出。阿托品用药后，其对副交感神经功能的拮抗作用可维持3~4小时，但对眼（虹膜和睫状肌）的作用可持续72小时或更久。

【药理作用及机制】

阿托品为竞争性M受体阻断药，能阻断ACh或胆碱受体激动药与M受体的结合，拮抗M样作用。阿托品作用广泛，各器官对药物的敏感性亦不同，随着剂量增加，可依次出现腺体分泌减少、瞳孔扩大、心率加快、调节麻痹、胃肠道及膀胱平滑肌抑制，大剂量可出现中枢症状。

1. **抑制腺体分泌**　阿托品能阻断腺体细胞膜上的M受体，从而抑制腺体分泌，对唾液腺和汗腺抑制作用最明显，0.5mg阿托品即可引起口干和皮肤干燥，剂量增大，抑制作用增强；泪腺和呼吸道腺体的分泌也明显减少；较大剂量可减少胃液的分泌，但对胃酸的影响小，因胃酸的分泌主要来自胃泌素及组胺等调节。大剂量时因抑制出汗而使体温升高。

2. **对眼的作用**　眼的瞳孔括约肌和睫状肌主要受胆碱能神经支配，当神经兴奋时可使其收缩。阿托品对眼的作用与毛果芸香碱相反，可使这些肌肉松弛，出现扩瞳、眼内压升高和调节麻痹的作用（图6-1-1）。局部给药和全身用药时均可出现，应引起重视。

（1）扩瞳　阿托品能阻断瞳孔括约肌上的M受体，瞳孔括约肌松弛，使去甲肾上腺素能神经支配的瞳孔开大肌功能占优势，瞳孔扩大。

（2）眼内压升高　由于瞳孔扩大，使虹膜退向四周外缘，因而前房角间隙变窄，妨碍房水回流入巩膜静脉窦，造成眼压升高，故青光眼患者禁用。

（3）调节麻痹　阿托品阻断睫状肌上的M受体，睫状肌松弛而退向外缘，使悬韧带拉紧，晶状体变扁平，屈光度降低，视近物模糊不清，调节于远视状态，这一作用称为调节麻痹。

3. **松弛内脏平滑肌**　阿托品对正常活动的平滑肌影响较小，但对痉挛状态的平滑肌则呈显著的松弛作用。阿托品可抑制胃肠道运动，降低其张力、振幅及频率而使疼痛缓解；对膀胱逼尿肌也有解痉作用，常可解除由药物引起的输尿管张力增高；对胆管和支气管平滑肌的作用较弱。对括约肌的作用取决于括约肌的功能状态，当括约肌痉挛时，阿托品具有一定松弛作用，但作用常较弱或不恒定。按解痉作用强度，依次为胃肠平滑肌、尿道和膀胱逼尿肌、胆道和支气管平滑肌，对子宫平滑肌影响较小。

4. **兴奋心脏**

（1）心率　治疗剂量（0.4~0.6mg）下，阿托品可使部分患者的心率短暂性轻度减慢，这可能是兴奋迷走神经中枢的结果，一般每分钟减少4~8次。较大剂量（1~2mg）阿托品因阻断窦房结的M_2受体，解除迷走神经对心脏的抑制作用而使心率加快，其心率加快的程度取决于迷走神经的张力。对迷走神经张力较高的青壮年作用较明显，可增加35~40次/分钟，对幼儿及老年人则影响较小。

（2）加快房室传导 阿托品可对抗迷走神经张力过高所致的房室传导阻滞，并可缩短房室结的有效不应期，从而增加房颤或房扑患者的心室率。

5. 扩张血管 治疗剂量阿托品对血管和血压无明显影响，可能与多数血管缺乏胆碱能神经支配有关。大剂量阿托品可引起血管扩张，对处于痉挛状态的微血管作用明显，可改善微循环，增加重要脏器组织血流灌注。其机制尚未阐明，与 M 受体阻断作用无关。可能是机体对阿托品所致体温升高作用的代偿性散热反应，也可能是阿托品的直接扩血管作用。

6. 兴奋中枢 对中枢神经系统主要表现为兴奋作用。治疗量轻度兴奋延髓及其高级中枢而引起较弱的迷走神经兴奋作用；较大剂量（1~2mg）可兴奋延髓呼吸中枢；更大剂量（2~5mg）能明显兴奋中枢，出现烦躁不安、多言和谵妄等反应；中毒剂量（10mg 以上）时，可出现幻觉、定向障碍、共济失调、抽搐甚至惊厥等。严重者可由兴奋转入抑制，出现昏迷、呼吸、循环衰竭而致死。

【临床应用】

1. 麻醉前给药 用于全麻前给药，抑制呼吸道腺体和唾液腺分泌，防止分泌物阻塞呼吸道及吸入性肺炎的发生。也可用于严重盗汗和流涎症的治疗。

2. 眼科应用

（1）虹膜睫状体炎 0.5%~1% 阿托品溶液滴眼，可使瞳孔括约肌和睫状肌松弛，使之充分休息，有利于炎症的消退；与缩瞳药交替应用预防虹膜和晶状体的粘连。

（2）验光配眼镜 阿托品溶液滴眼使睫状肌功能麻痹，晶状体固定，可准确测定晶状体的屈光度。仅在儿童验光时应用，因儿童的睫状肌调节功能较强，用阿托品可充分发挥其调节麻痹作用。

（3）检查眼底 扩瞳作用可用于检查眼底，因其扩瞳作用可持续1~2周，调节麻痹作用也可维持2~3天，视力恢复较慢，故临床常被作用较短的后马托品取代。

3. 内脏绞痛 对胃肠绞痛及膀胱刺激症状如尿急、尿频等疗效较好；对胆绞痛和肾绞痛疗效较差，常与镇痛药哌替啶合用。此外，利用阿托品松弛膀胱逼尿肌的作用，可用于遗尿症。

4. 治疗缓慢型心律失常 治疗因迷走神经过度兴奋所致窦性心动过缓、窦房传导阻滞和房室传导阻滞等缓慢型心律失常。

5. 抗休克 大剂量阿托品可解除小血管痉挛，扩张血管，降低外周阻力与改善微循环的功能。主要用于感染中毒性休克，如中毒性菌痢、暴发型流行性脑脊髓膜炎、中毒性肺炎等所致的休克。可在补充血容量的基础上用药，恢复重要脏器供血，缓解组织缺氧状态，有利于休克的好转。但对休克伴有高热或心率过快者，不宜用阿托品。

6. 解救有机磷酸酯类中毒 有机磷酸酯类农药中毒时，乙酰胆碱大量堆积可产生 M 样症状，故使用阿托品能阻断 M 受体可减轻其 M 样症状，也能解除部分中枢症状。

【不良反应】阿托品作用广泛，临床上用其某一种作用时，其他的作用即成为不良反应。不良反应较多，常见口干、视力模糊、心悸、皮肤干燥潮红、排尿困难等。过量中毒时，出现高热、呼吸加快、烦躁不安、幻觉、惊厥、昏迷、呼吸麻痹等，并可由兴奋转入抑制，患者因呼吸和循环衰竭而死亡。阿托品的最低致死量，成人为80~130mg，儿童约为10mg。

中毒的解救主要是对症处理，用镇静药或抗惊厥药对抗其中枢兴奋症状，同时用胆碱受体激动药毛果芸香碱或抗胆碱酯酶药毒扁豆碱对抗其外周作用。对抗其呼吸抑制可同时采用人工呼吸和吸氧。此外，还可用冰袋及乙醇擦浴，以降低患者的体温，这对儿童中毒尤为重要。

课堂互动 7-1

单纯阿托品过量中毒以及解救有机磷农药中毒时阿托品使用过量所致的中毒，应分别使用哪些解救药物？

答案解析

【禁忌证】禁用于青光眼、前列腺肥大者，可能加重后者的排尿困难。老年人慎用。

东莨菪碱

东莨菪碱（scopolamine）是从洋金花、颠茄或莨菪等植物中提出的生物碱。与阿托品相比，其作用特点为：①对中枢作用强且表现为抑制作用，随剂量增加依次为镇静、催眠、麻醉，但能兴奋呼吸中枢；②抑制腺体分泌、扩瞳和调节麻痹作用强于阿托品，而对心血管及内脏平滑肌作用较弱；③有抗晕动病作用，可能和其抑制前庭神经内耳功能或大脑皮层功能及抑制胃肠蠕动有关。临床主要用于：①麻醉前给药，其遗忘、镇静及抑制腺体分泌等作用比阿托品强，且不易引起心动过速，故较阿托品好；②防治晕动病，对晕动病预防用药效果优于治疗用药；③治疗震颤麻痹药，可改善患者的流涎、震颤和肌肉强直等症状，与其中枢抗胆碱作用有关。不良反应和禁忌证与阿托品相似。

山莨菪碱

山莨菪碱（anisodamine）是我国西南地区的植物唐古特山莨菪的主要成分，是我国科研人员于1965年4月从植物中提取的，故称654。现已能人工合成，合成品称654-2。

山莨菪碱的作用与阿托品相似，解痉作用的选择性相对较高，能解除内脏平滑肌痉挛和血管痉挛，而抑制唾液分泌和扩瞳作用较弱。不易透过血-脑屏障，故很少产生中枢作用。与阿托品相比，山莨菪碱的不良反应较少，主要用于治疗感染性休克和内脏绞痛。不良反应和禁忌证与阿托品相似，但毒性较低。

近年发现本药有抗血栓形成作用，能抑制血栓素A_2（TXA_2）的合成，抑制血小板聚集。临床用于治疗凝血性疾病，如弥散性血管内凝血（DIC）、血栓性静脉炎、脑血管痉挛和脑栓塞所致早期瘫痪等。

思政课堂

微循环专家——修瑞娟

修瑞娟是著名的微循环专家，她潜心研究微循环病理生理40余年。她在中国医学科学院基础医学研究所工作期间致力于研究微循环，当时，微循环的大门尚未被打开，国外医学家也没有搞清楚这一领域里的奥秘。

肺源性心脏病患者在结束生命至逝后一个半小时的时间内，是修瑞娟获取数据的重要时机。她经常随着死者从病房转移到太平间，用显微镜对准死者的手指，细致入微地记录下血液从死者手指的甲皱完全排空时微血管的变化。经过数年夜以继日地对无数肺源性心脏病患者甲皱微循环变化的观察，她撰写的论文《肺源性心脏病患者甲皱微循环的变化》，在国际上引起了强烈的反响。修瑞娟通过无数个翔实的科学数据，真实地再现了肺源性心脏病患者在发病时微循环血管的变化规律，根据这一规律，她做出大胆的判断：肺源性心脏病患者的休克或死亡，不一定是心脏发生了问题，很可能是由于微循环出现了障碍。

　　1980年，她和她的团队用闭路电视系统研究了山莨菪碱对黄金地鼠颊囊微循环的作用，发现该药能扩张正常微血管，并能有效抑制去甲肾上腺素所诱导的微血管痉挛。1982年，她撰写的关于"国产山莨菪碱（654-2）抑制血栓素合成，抑制粒细胞、血小板聚集"的论文，在美国发表。她的发现，即"海涛式灌注"理论被命名为"修氏理论"，她也因此成为在世界医学史上第一个以中国人姓氏命名医学理论的医学家，这标志着我国的微循环研究走在了世界的前列。2010年，修瑞娟教授获"B.W.Zweifach"奖，即微血管功能研究终身成就奖。此奖项为美国微循环学会的最高奖项，也是世界医学领域的一项重要大奖。

　　科学问题的发现和解决从来都不是一蹴而就的，往往需要几年、几十年甚至几代人的努力，还要具有敏锐的观察力，严谨的科学态度和丰富的医学知识。同学们要体会并学习修瑞娟的这种勇于探索、无私奉献的敬业精神和职业态度，践行医学生誓言，为人类医学事业做出自己的贡献。

二、阿托品的合成代用品

　　阿托品用于缓解平滑肌痉挛，有明显口干、视力模糊等不良反应，用于眼科作用时间太久。为减少不良反应，通过对其化学结构改造，合成了一些代用品，包括扩瞳药、解痉药等。

（一）合成扩瞳药

后马托品

　　后马托品（homatropine），其扩瞳作用和调节麻痹作用较阿托品快，持续1~2天，视力恢复较快，适用于检查眼底及验光。其调节麻痹作用较弱，故小儿验光仍须用阿托品。

托吡卡胺

　　托吡卡胺（tropicamide）作用与后马托品相似，但其扩瞳和调节麻痹作用起效更快，持续时间更短，临床应用同后马托品。

（二）合成解痉药

溴丙胺太林

　　溴丙胺太林（propantheline bromide），为人工合成的季铵类解痉药，口服吸收不完全，食物可妨碍其吸收，故宜在饭前0.5~1小时服用，作用持续约6小时。本药作用特点：①对胃肠道M受体选择性高，解除胃肠道平滑肌痉挛作用强而持久，并能抑制胃酸分泌；②不易透过血-脑脊液屏障，中枢作用不明显。主要用于胃、十二指肠溃疡，胃肠绞痛及妊娠呕吐。不良反应与阿托品相似，中毒量可因神经-肌肉接头传递阻断而致呼吸麻痹。

贝那替嗪

贝那替嗪（benactyzine，胃复康），为人工合成的叔铵类解痉药，能缓解平滑肌痉挛，抑制胃液分泌。脂溶性较高，易于通过血-脑脊液屏障，故中枢作用较强，可产生安定、镇静作用。适用于兼有焦虑症的溃疡病患者，也可用于肠蠕动亢进及膀胱刺激征患者。不良反应有口干、头晕和嗜睡等。

哌仑西平

哌仑西平（pirenzepine），能选择性阻断胃壁细胞上 M_1 受体，抑制胃酸和胃蛋白酶的分泌，用于治疗消化性溃疡（详见第二十八章第一节）。

第二节　N受体阻断药

N胆碱受体分为 N_N 受体和 N_M 受体，因此N胆碱受体阻断药可分为 N_N 受体阻断药和 N_M 受体阻断药。

一、N_N 受体阻断药

N_N 受体主要位于神经节，故 N_N 受体阻断药又称神经节阻断药。它能选择性地与神经节细胞的N胆碱受体结合，竞争性阻断ACh与受体的结合，阻断了神经冲动在神经节中的传递。可阻断交感神经节，使血管扩张，血压下降，曾作为降压药，但因其同时阻断副交感神经节，不良反应较多，现已少用。

> **知识拓展**
>
> 　　神经节阻断药对交感神经节及副交感神经节均有阻断作用，因此对效应器的作用取决于两类神经对该器官的支配以何者占优势。在心血管系统，交感神经的支配占优势，故用药后，对血管主要表现扩张作用，尤其对小动脉，使血管床血流量增加；同时，静脉血管也扩张，回心血量减少，心输出量降低，从而使血压显著下降，在直立时尤为明显。副交感神经对眼、胃肠、膀胱等平滑肌及腺体的支配占优势，因此，应用神经节阻断药后常出现扩瞳、便秘、尿潴留、口干等不良反应。

利用其降压快、强的特点，临床可用于麻醉时的控制性降压，以减少手术区出血。也可用于主动脉瘤手术，能有效地防止因手术剥离而撕拉组织所造成的交感神经反射，使患者血压不致明显升高。

常用的神经节阻断药有美卡拉明（mecamylamine，美加明）和樟磺咪芬（trimetaphancamsilate）。

二、N_M 受体阻断药

N_M 受体阻断药又称骨骼肌松弛药，简称肌松药，是一类通过阻断神经-肌肉接头后膜的 N_M 受体，阻碍运动神经冲动的传递，导致骨骼肌松弛的药物。主要用作全身麻醉辅助用药，以便在较浅的麻醉下获得外科手术需要的肌肉松弛，从而减少麻醉药的用量。按其作用机制的不同，可分为除极化型肌松药和非除极化型肌松药两类。

（一）除极化型肌松药

除极化型肌松药与神经–肌肉接头后膜的 N_M 受体结合后，产生与 ACh 相似但较为持久的除极化作用，使神经–肌肉接头后膜失去对乙酰胆碱的反应性，从而导致骨骼机松弛。本类药物的特点是：①用药后常先出现短暂的肌束颤动；②连续用药可产生快速耐受性；③胆碱酯酶抑制药可增强此类药物的骨骼肌松弛作用，中毒时不可用新斯的明解救；④治疗量无神经节阻滞作用。

琥珀胆碱

琥珀胆碱（suxamethonium）又称司可林（scoline），是由琥珀酸和两分子胆碱组成。

口服不易吸收，需静脉给药。肌松作用快而短暂，静脉注射先出现短暂的肌束颤动，尤以胸腹部肌肉明显。1分钟内即转变为肌肉松弛，约2分钟肌肉松弛作用达高峰，停药5分钟作用即消失，静脉滴注可延长其作用时间。大部分被血浆和肝的假性胆碱酯酶水解，仅有2%~5%以原形经肾排出。肌松顺序一般从眉际和上眼睑等小肌肉开始至面部、颈部，逐渐波及肩胛、腹部及四肢，对呼吸影响小。恢复顺序正好相反。

【临床应用】主要用于气管内插管及气管镜检查、食管镜检查等；也可辅助用于外科麻醉。因静脉注射本品可引起强烈的窒息感，一般不宜在患者清醒时用药，应在静脉注射硫喷妥钠后给药。

【不良反应】易引起肌肉酸痛，25%~50%患者出现术后肩胛部、胸腹部肌肉疼痛，一般3~5天可自愈；可致血钾升高，故广泛软组织损伤、脑血管意外、偏瘫等症患者应禁用；使眼外骨骼肌痉挛性收缩，能升高眼压，故青光眼和白内障晶体摘除术患者禁用；有遗传性胆碱酯酶缺乏者，对此药高度敏感，易中毒，应提高警惕；过量可致呼吸肌麻痹，用药时要备好人工呼吸机。

（二）非除极化型肌松药

非除极化型肌松药能竞争性拮抗 ACh 对 N_M 受体的作用，从而阻断了乙酰胆碱对受体的激动作用，使骨骼肌松弛，又称为竞争性肌松药。其特点是：①肌肉松弛前无肌束颤动；②胆碱酯酶抑制药可对抗其肌肉松弛作用，故药物过量中毒可用新斯的明解救；③具有一定的神经节阻断作用，可引起血压下降。

本类药物按化学结构可分为类固醇铵类和苄异喹啉类，前者主要有维库溴铵、泮库溴铵、哌库溴铵等，后者主要有阿曲库铵、多库铵、米库铵、筒箭毒碱等。

筒箭毒碱

筒箭毒碱（d-tubocurarine）是从南美洲防己科植物箭毒中提取的生物碱，是临床应用最早的典型非除极化型肌松药，可作为外科麻醉辅助用药。因来源有限、毒性较大，现已少用。

泮库溴铵、维库溴铵和阿曲库铵

泮库溴铵（pancuronium bromide）为人工合成的长效非除极化型肌松药，其肌松作用较筒箭毒碱强5~10倍，起效快，维持时间长，蓄积性小，治疗量无神经节阻断作用和促进组胺释放作用。因轻度抗胆碱和促进儿茶酚胺释放，可引起心率加快和血压升高。主要用于各种手术维持肌松和气管插管等。

维库溴铵（vecuronium bromide）和阿曲库铵（atracurium）为中效非除极化型肌松药，作用选择性更高，治疗量无明显的迷走神经或神经节阻断作用。维库溴铵主要在肝代谢，1%~25%经肾排泄，故可安全用于肾衰竭患者。临床用于禁用琥珀胆碱作气管插管的患者以及术中肌松的维持。

目标检测

答案解析

一、单选题

1. 大剂量阿托品治疗感染性休克的机制是（　　）

　　A. 松弛支气管平滑肌　　　　　　　　　　　B. 解除小动脉痉挛，改善微循环

　　C. 收缩血管，升高血压　　　　　　　　　　D. 扩张冠状动脉，改善心功能

　　E. 兴奋心脏，增加心肌收缩力

2. 阿托品的不良反应不包括（　　）

　　A. 视力模糊　　　　B. 口干　　　　　C. 恶心、呕吐　　　　D. 心跳加速　　　　E. 皮肤潮红

3. 山莨菪碱可用于（　　）

　　A. 抗震颤麻痹　　　B. 感染性休克　　　C. 抗晕动病　　　D. 麻醉前给药　　　E. 青光眼

4. 缓解胆绞痛或肾绞痛，宜选用（　　）

　　A. 阿托品　　　　　　　　　　B. 哌替啶　　　　　　　　　　C. 新斯的明

　　D. 毛果芸香碱　　　　　　　　E. 阿托品＋哌替啶

5. 阿托品用作全身麻醉前给药的目的是（　　）

　　A. 增强麻醉效果　　　　　　B. 减少呼吸道腺体分泌　　　　　　C. 预防心动过速

　　D. 中枢镇静作用　　　　　　E. 解除微血管痉挛

6. 阿托品的禁忌证是（　　）

　　A. 心动过缓　　　B. 感染性休克　　　C. 胆绞痛　　　D. 前列腺肥大　　　E. 支气管哮喘

7. 阿托品对内脏平滑肌解痉效果最好的是（　　）

　　A. 子宫平滑肌　　　　　　　B. 胆道平滑肌　　　　　　　C. 输尿管平滑肌

　　D. 胃肠道平滑肌　　　　　　E. 支气管平滑肌

8. 关于琥珀胆碱的叙述错误的是（　　）

　　A. 属于去极化型肌松药　　　B. 可被新斯的明所拮抗　　　C. 禁用于高血钾症患者

　　D. 可用于辅助麻醉　　　　　E. 大剂量应用可引起呼吸肌麻痹

9. 患者，女，25岁。经常晕车、晕船，可在上车、上船前半小时口服（　　）

　　A. 阿托品　　　B. 溴丙胺太林　　　C. 山莨菪碱　　　D. 东莨菪碱　　　E. 贝那替秦

10. 患者，男，21岁。进食后突发上腹部绞痛，初步诊断为胃肠绞痛。下列哪个药物较为适合（　　）

　　A. 阿司匹林　　　B. 哌替啶　　　C. 毛果芸香碱　　　D. 阿托品　　　E. 新斯的明

11. 阿托品中毒时可选用（　　）

　　A. 毛果芸香碱　　　B. 酚妥拉明　　　C. 东莨菪碱　　　D. 后马托品　　　E. 山莨菪碱

12. 东莨菪碱与阿托品的作用相比较，前者最显著的差异是（　　）

　　A. 抑制腺体分泌　　　　　　B. 松弛胃肠平滑肌　　　　　　C. 松弛支气管平滑肌

　　D. 中枢抑制作用　　　　　　E. 扩瞳、升高眼内压

13. 阿托品治疗量能引起（　　）

　　A. 中枢抑制，出现嗜睡　　　B. 胃肠道平滑肌松弛　　　C. 腺体分泌增加

D. 心率加快，血压升高　　　　　　E. 瞳孔扩大，眼内压降低

14. 阿托品对下列症状无缓解作用的是（　　）

　　A. 内脏绞痛　　　B. 流涎出汗　　　C. 骨骼肌震颤　　　D. 心动过缓　　　E. 大小便失禁

15. 下列有关东莨菪碱的叙述，错误的是（　　）

　　A. 中枢兴奋作用较强　　　　B. 可用于麻醉前给药　　　　　C. 可用于晕动病和帕金森病

　　D. 抑制唾液分泌作用强　　　E. 青光眼患者禁用

16. 关于山莨菪碱的叙述，正确的是（　　）

　　A. 对眼和腺体的作用较强　　　B. 易透过血-脑脊液屏障　　　C. 可用于感染性休克

　　D. 常用于麻醉前给药　　　　　E. 可用于帕金森病

17. 有关阿托品药理作用的叙述，错误的是（　　）

　　A. 抑制腺体分泌　　　　　　　B. 扩张血管，改善微循环　　　C. 中枢抑制作用

　　D. 松弛内脏平滑肌　　　　　　E. 升高眼内压，调节麻痹

18. 治疗有机磷农药中毒，阿托品不能缓解的症状是（　　）

　　A. 中枢症状　　　B. 消化道症状　　　C. 骨骼肌震颤　　　D. 呼吸困难　　　E. 出汗

二、简答题

1. 简述阿托品的药理作用、临床应用及不良反应。

2. 比较山莨菪碱和东莨菪碱的作用特点。

（苗加伟）

书网融合……

知识回顾　　　习题

第八章 拟肾上腺素药

学习目标

知识要求：

1. 掌握肾上腺素、去甲肾上腺素、异丙肾上腺素的药理作用、临床应用、不良反应及禁忌证。

2. 熟悉多巴胺、麻黄碱、间羟胺的作用特点及临床应用。

3. 了解其他拟肾上腺素药的作用特点。

技能要求：

1. 熟练掌握合理应用拟肾上腺素药及处理药物不良反应的能力。

2. 学会观察拟肾上腺素药的疗效及不良反应。

岗位情景模拟 3

患者，女，48 岁。因咳嗽、发热、咽痛来诊，给予青霉素治疗，10 分钟后患者突然出现面色苍白、胸闷、呼吸困难、出冷汗，进而意识丧失，血压 60/40mmHg。诊断：过敏性休克。立即停药，并给予肾上腺素 1mg。5 分钟后症状明显改善，血压 100/70mmHg，意识清楚。

问题与思考

为什么首选肾上腺素用于过敏性休克的抢救？

答案解析

拟肾上腺素药的基本化学结构是 β‑苯乙胺，其中肾上腺素、去甲肾上腺素、异丙肾上腺素、多巴胺等的化学结构含有儿茶酚，故称儿茶酚胺类；而麻黄碱、间羟胺和去氧肾上腺素等的化学结构不含有儿茶酚，故称非儿茶酚胺类。

根据对不同肾上腺素受体类型的选择性而分为三大类：① α、β 受体激动药；② α 受体激动药；③ β 受体激动药。

第一节　α、β 受体激动药

肾上腺素

肾上腺素（adrenaline，AD）是肾上腺髓质嗜铬细胞分泌的主要激素。药用肾上腺素可从家畜的肾上腺髓质中提取或人工合成。肾上腺素化学性质不稳定，见光易分解，在碱性溶液中易氧化变色而失去活性。

【体内过程】口服后在碱性肠液、肠黏膜及肝内易被氧化失效，不能达到有效血药浓度，故不宜口服。皮下注射能收缩血管，故吸收缓慢，作用可维持1小时左右。肌内注射吸收远较皮下注射快，作用可维持10~30分钟。静脉注射立即起效，作用仅维持数分钟。肾上腺素在体内很快被COMT和MAO代谢失活，与葡萄糖醛酸结合经肾脏排泄，少数以原形经肾排泄。

【药理作用】肾上腺素对 α 和 β 受体均有强大的激动作用。

1. **兴奋心脏**　肾上腺素激动心脏（心肌、传导系统和窦房结）的 $β_1$ 受体，产生强大的兴奋作用，表现为心肌收缩力加强、传导加速、心率加快、心排血量增加。同时，因激动冠脉血管的 $β_2$ 受体，使冠脉血管扩张，改善心肌血液供应，是速效、强效的心脏兴奋药。肾上腺素兴奋心脏，提高心肌代谢，使心肌耗氧量增加，剂量过大或注射过快可引起心律失常，出现期前收缩，甚至引起心室纤颤。

2. **舒缩血管**　血管平滑肌上存在有 $α_1$ 和 $β_2$ 两种受体，不同部位血管的受体种类和密度各不相同。肾上腺素可激动皮肤、黏膜、肾脏及胃肠道血管平滑肌上的 $α_1$ 受体，使这些血管收缩，其中以皮肤和黏膜血管收缩最为强烈，而脑和肺血管收缩不明显。肾上腺素激动冠脉血管、骨骼肌和肝脏血管平滑肌上的 $β_2$ 受体，使这些血管舒张。

3. **影响血压**　肾上腺素对血压的影响与剂量密切相关。小剂量时激动 $β_1$ 受体，使心排出量增加，收缩压升高；由于激动 $β_2$ 受体使骨骼肌血管的舒张作用抵消或超过了 $α_1$ 受体导致的皮肤黏膜血管的收缩作用，故舒张压不变或下降；此时脉压增大，身体各部位血液重新分配，有利于紧急状态下机体能量供应的需要。较大剂量时由于 $α_1$ 受体的缩血管反应占优势，收缩压和舒张压均明显升高。肾上腺素的典型血压改变为双相反应，即给药后迅速出现明显的升压作用，而后出现微弱的降压反应，后者持续作用时间较长。如预先给予 α 受体阻断药（如酚妥拉明），肾上腺素的升压作用可被翻转，呈现明显的降压反应。

4. **扩张支气管**　肾上腺素激动支气管平滑肌的 $β_2$ 受体，发挥强大的舒张支气管作用。激动支气管黏膜血管的 $α_1$ 受体，使之收缩，降低毛细血管的通透性，有利于消除支气管黏膜水肿。激动支气管黏膜层和黏膜下层肥大细胞上 $β_2$ 受体，抑制抗原引起的肥大细胞释放组胺和其他过敏性物质。

5. **促进代谢**　肾上腺素激动胰岛 α 细胞及肝脏的 $α_1$ 及 $β_2$ 受体，使肝糖原分解和促进糖异生，抑制胰岛素的释放，促进胰高血糖素的释放，升高血糖和乳酸；还可激动脂肪细胞的 $β_3$ 受体，促进脂肪分解，使血中游离脂肪酸增加。因此，肾上腺素能明显提高机体代谢，在治疗剂量下，可使耗氧量增加20%~30%。

6. **兴奋中枢**　肾上腺素不易透过血－脑屏障，治疗量一般无明显中枢兴奋现象。大剂量时可出现中枢兴奋症状，如激动、呕吐、肌强直，甚至惊厥等。

【临床应用】

1. **心脏骤停**　用于各种原因（如溺水、麻醉或手术意外、药物中毒、传染病和心脏传导阻滞等）所致的心脏骤停，在进行有效的心肺复苏的同时，可静脉注射或心室内注射肾上腺素。对电击所致的心脏骤停，用肾上腺素配合电除颤或利多卡因等进行抢救。

2. **过敏性疾病**

（1）过敏性休克　肾上腺素是抢救过敏性休克的首选药。过敏性休克主要表现为心肌收缩力减弱、心排血量减少；小动脉扩张，毛细血管通透性增加，有效循环血量减少、血压下降；支气管平滑肌痉挛引起呼吸困难等。肾上腺素激动 $α_1$ 受体，收缩小动脉和毛细血管前括约肌，降低毛细血管通透性；

激动 β 受体，改善心功能，缓解支气管痉挛，抑制过敏介质的释放，扩张冠状动脉，可迅速缓解过敏性休克的临床症状。应用时一般肌内或皮下注射给药，严重病例亦可用生理盐水稀释后缓慢静脉注射。

（2）支气管哮喘　肾上腺素收缩支气管黏膜血管，减轻支气管黏膜水肿，松弛支气管平滑肌，抑制肥大细胞释放组胺等过敏物质，可有效控制支气管哮喘急性发作。

（3）血管神经性水肿及血清病　肾上腺素可迅速缓解血管神经性水肿、血清病、荨麻疹、花粉症等变态反应性疾病的症状。

4. 与局部麻醉药配伍　在局部麻醉药液中加入少量肾上腺素（1∶250000），可因收缩血管而延缓局部麻醉药的吸收，延长局部麻醉药作用时间，减少局麻药吸收中毒的发生率。但手指、足趾、阴茎等末梢处手术时则不宜加肾上腺素，以免引起局部组织缺血坏死。

5. 局部止血　当鼻黏膜或牙龈出血时，将浸有0.1%肾上腺素溶液的纱布或棉球填塞在出血处，用于局部止血。

6. 青光眼　通过促进房水流出以及使 β 受体介导的眼内反应脱敏感化，降低眼内压。

【**不良反应及禁忌证**】主要不良反应为心悸、烦躁、头痛和血压升高等。剂量过大或静脉注射速度过快，可致血压骤升，有发生脑出血的危险；也可引起心律失常，甚至室颤，故应严格掌握剂量。禁用于高血压、脑动脉硬化、器质性心脏病、糖尿病和甲状腺功能亢进症等。

多巴胺

多巴胺（dopamine，DA）是去甲肾上腺素生物合成的前体，药用的多巴胺为人工合成品。

【**体内过程**】口服后易在肠和肝内被破坏而失效。一般静脉滴注给药，在体内迅速经COMT和MAO代谢灭活，故作用短暂。不易透过血-脑屏障，故外源性多巴胺无中枢作用。

【**药理作用**】多巴胺主要激动 α、β 和外周的多巴胺受体（D_1），并促进神经末梢释放去甲肾上腺素。作用与剂量或浓度有关，并取决于靶器官中各受体亚型的分布和对其选择性的高低。

1. 舒缩血管　低剂量时［滴注速度2μg/（kg·min）］，主要激动肾脏、肠系膜及冠状血管的D_1受体，使这些血管舒张。肾血管舒张可使肾血流量和肾小球滤过率增加，多巴胺也可直接抑制肾小管重吸收Na^+，具有排钠利尿作用。大剂量时［滴注速度10μg/（kg·min）］，则因激动 $α_1$ 受体而致皮肤、黏膜、肾及肠系膜血管均明显收缩。

2. 兴奋心脏　中等剂量时［2~10μg/（kg·min）］，激动心脏 $β_1$ 受体，心肌收缩力增强，心排出量增加，但对心率影响不明显，较少引起心律失常。

3. 影响血压　治疗量多巴胺可使收缩压升高，舒张压不变。大剂量则收缩压、舒张压均增高。

【**临床应用**】

1. 休克　用于各种休克，如感染中毒性休克、心源性休克及出血性休克等，尤其适用于伴有心肌收缩力减弱、尿量减少而血容量已补足的休克。

2. 急性肾衰竭　小剂量多巴胺可用于治疗急性肾衰竭，与利尿药合用可增强疗效。

【**不良反应及应用注意**】一般较轻，偶见恶心、呕吐。剂量过大或静脉滴注过快可致心动过速、心律失常和肾血管收缩导致肾功能下降等，一旦发生，应减慢滴注速度或停药。如仍不消失，可用酚妥拉明拮抗。禁忌证同肾上腺素。

麻黄碱

麻黄碱（ephedrine）是从中药麻黄中提取的生物碱，现已人工合成。两千年前的《神农本草经》即有麻黄能"止咳逆上气止喘"的记载。早在100年前，我国药理学家陈克恢就对麻黄碱进行了系统的药理学研究，证明了其具有拟交感作用。

【体内过程】口服易吸收，可透过血–脑屏障。大部分以原形经肾排泄。消除缓慢，故作用较肾上腺素持久。

【药理作用】麻黄碱能直接激动 α_1、α_2、β_1、β_2 受体，还可促进神经末梢释放NA而发挥作用。与肾上腺素相比，其特点是：①性质稳定、可以口服；②兴奋心脏、收缩血管、升高血压和舒张支气管的作用弱、缓慢而持久；③中枢兴奋作用强，易致失眠；④短期内反复应用可产生快速耐受性。

【临床应用】

1. 防治硬膜外和蛛网膜下腔麻醉所引起的低血压。
2. 预防支气管哮喘发作和轻症的治疗，对于重症急性发作疗效较差。
3. 消除鼻黏膜充血所致的鼻塞，常用0.5%~1%溶液滴鼻，可明显改善黏膜肿胀。
4. 缓解荨麻疹和血管神经性水肿的皮肤黏膜症状。

【不良反应及禁忌证】大剂量可产生不安、焦虑、失眠等，晚间服用宜加用镇静催眠药。连续滴鼻治疗过久，可产生反跳性鼻黏膜充血或萎缩。禁忌证同肾上腺素。

第二节　α 受体激动药

去甲肾上腺素

去甲肾上腺素（noradrenaline，NA）是去甲肾上腺素能神经末梢释放的递质。肾上腺髓质亦少量分泌。药用的NA为人工合成品，化学性质不稳定，见光、遇热易分解，肾上腺素化学性质不稳定，见光易分解，在碱性溶液中易氧化变色而失活。在酸性溶液中较稳定，常用其重酒石酸盐。

【体内过程】本药口服吸收少。皮下和肌内注射因强烈收缩血管，易发生局部组织坏死，故严禁皮下或肌内注射，常采用静脉滴注给药。NA静脉滴注后，很快从血中消失，大部分被神经末梢摄取后，多数又经囊泡摄取而贮存；被摄取入非神经细胞内者，多数被肝和其他组织的COMT和MAO代谢而失活。代谢产物经肾排泄。因NA进入机体后迅速被摄取和代谢，故作用短暂。

【药理作用】激动 α 受体作用强大，对 α_1 和 α_2 无选择性。对 β_1 受体作用较弱，对 β_2 受体几乎无作用。

1. **收缩血管**　激动血管平滑肌的 α_1 受体，使血管收缩，特别是小动脉、小静脉收缩。以皮肤、黏膜血管收缩最明显，其次为肾血管。此外，脑、肝、肠系膜及骨骼肌血管也呈收缩反应。因心脏兴奋，代谢产物如腺苷增多，故冠状血管舒张。激动血管壁的去甲肾上腺素能神经末梢突触前膜 α_2 受体，抑制去甲肾上腺素的释放。

2. **兴奋心脏**　较弱激动心脏 β_1 受体，使心肌收缩力增强，心率加快，传导加速，心排出量增加。但在整体情况下，心率减慢，心排出量不变或下降。大剂量也能引起心律失常，但较肾上腺素少见。

3. **升高血压**　小剂量静脉滴注，因兴奋心脏，心排出量增加，收缩压升高；此时，血管收缩尚不十分剧烈，故舒张压升高不多，脉压增大。较大剂量时，因血管强烈收缩，外周阻力明显增高，故收缩压、舒张压均明显升高，脉压减小。

【临床应用】

1. **休克和低血压**　目前去甲肾上腺素在休克治疗中已不占重要地位，仅用于早期神经源性休克、嗜铬细胞瘤切除后及药物中毒（如氯丙嗪、酚妥拉明）引起的低血压等。

2. **上消化道出血**　本品 1~3mg 经稀释后口服，可使食管和胃黏膜血管收缩而产生局部止血作用。

【不良反应及禁忌证】

1. **局部组织缺血坏死**　滴注时间过长、浓度过高或药液外漏，可致局部组织缺血坏死。如发现外漏或滴注部位皮肤苍白，应更换滴注部位，局部热敷，并用 α 受体阻断药酚妥拉明作局部浸润注射，以扩张血管。

2. **急性肾衰竭**　滴注时间过长或剂量过大，可使肾血管强烈收缩，肾血流量急剧减少，导致少尿，甚至肾衰竭，故用药期间应严格控制静脉滴注速度，严密监测尿量、血压、末梢循环状况等，尿量保持在 25ml/h 以上。

3. **禁忌证**　伴有高血压、动脉硬化症、器质性心脏病、少尿、无尿、严重微循环障碍的患者及孕妇禁用。

间羟胺

间羟胺（metararninol，阿拉明），化学性质较 NA 稳定。主要激动 α 受体，对 β_1 受体作用弱，还可促进去甲肾上腺素能神经末梢释放去甲肾上腺素。与 NA 比较，收缩血管、升高血压的作用较弱而持久；肾血管收缩作用较弱，不易引起急性肾衰竭；不易引起心律失常；对心率影响不明显，有时可因血压升高而反射性地使心率减慢。给药方便，可静脉滴注，也可肌内注射，常作为去甲肾上腺素的代用品，用于各种休克早期或其他低血压。

去氧肾上腺素和甲氧明

去氧肾上腺素（phenylephrine，苯肾上腺素）和甲氧明（methoxamine）选择性激动 α_1 受体，收缩血管、升高血压，反射性兴奋迷走神经而减慢心律，作用时间维持较长，可静脉滴注，也可肌内注射。可用于治疗阵发性室上性心动过速及防止因麻醉引起的低血压。由于收缩肾血管作用强，故抗休克少用。去氧肾上腺素还能激动瞳孔开大肌上的 α_1 受体，产生扩瞳作用，但较阿托品作用弱、起效快、维持时间短，用于眼底检查，但一般不引起眼压升高和调节麻痹。

羟甲唑啉和阿可乐定

羟甲唑啉（oxymetazoline）和阿可乐定（apraclonidine）均为外周突触后膜 α_2 受体激动药。羟甲唑啉可收缩血管，滴鼻用于治疗鼻黏膜充血和鼻炎，常用浓度为 0.05%。偶见刺激症状，小儿用后可致中枢神经系统症状，2 岁以下儿童禁用。可乐定的衍生物阿可乐定可降低眼压，用于青光眼的短期辅助治疗。

右美托咪定

右美托咪定（dexmedetomidine）是美托咪定的右旋异构体，是新型高选择性中枢 α_2 受体激动药。激动突触前膜 α_2 受体，抑制 NA 的释放，可终止痛觉信号的传导；激动突触后膜 α_2 受体，抑制交感神经活性可引起血压和心率的下降；与脊髓内的 α_2 受体结合产生镇痛、镇静及缓解焦虑作用。临床上适用于重症监护治疗期间开始插管和使用呼吸机患者的镇静；还能降低麻醉药的用量，改善术中血液动力学的稳定性，降低心肌局部缺血的发生率。本药常见的不良反应是低血压与心动过缓。

第三节 β 受体激动药

异丙肾上腺素

异丙肾上腺素（isoprenaline，喘息定）是人工合成品。临床常用其盐酸盐。

【体内过程】口服在肠道易被破坏而失效。常用气雾剂吸入给药，吸收迅速。也可舌下含服或静脉滴注。不易透过血-脑屏障。主要经COMT代谢，且速度较慢，故作用持续时间较肾上腺素略长。

【药理作用】对 β_1、β_2 受体均有强大的激动作用。对 α 受体几乎无作用。

1. **兴奋心脏** 激动心脏 β_1 受体，表现为心肌收缩力加强，心率加快，传导加速，心排出量和心耗氧量均增加。与肾上腺素比较，异丙肾上腺素加快心率、加速传导的作用较强，心肌耗氧量明显增加，对窦房结有显著兴奋作用，也能引起心律失常，但较少产生心室颤动。

2. **扩张血管** 激动 β_2 受体使骨骼肌血管和冠状血管舒张；对肾和肠系膜血管作用较弱，也有增加组织血流量的作用。

3. **影响血压** 由于心脏兴奋、心排出量增加，而血管扩张，外周阻力下降，故收缩压升高而舒张压下降，脉压增大。

4. **扩张支气管** 激动 β_2 受体，松弛支气管平滑肌，作用比肾上腺素略强，也可抑制支气管黏膜的肥大细胞释放组胺等过敏物质。但无收缩支气管黏膜血管作用。

5. **促进代谢** 促进糖原、脂肪分解，增加组织耗氧量。其升高血中游离脂肪酸作用与肾上腺素相似，而升高血糖作用较弱。

【临床应用】

1. **支气管哮喘** 用于控制支气管哮喘急性发作，舌下含服或气雾剂喷雾吸入，疗效快而强。

2. **房室传导阻滞** 舌下含服或静脉滴注给药，用于治疗 II、III 度房室传导阻滞。

🏫 **课堂互动 8-1**

结合本章所学，你能说出用于治疗支气管哮喘的药物有哪些吗？

答案解析

3. **心脏骤停** 适用于心室自身节律缓慢、高度房室传导阻滞或窦房结功能衰竭等所致的心脏骤停。

4. **休克** 适用于中心静脉压高、心排出量低的感染性休克。目前临床已少用。

【不良反应及禁忌证】常见心悸、头晕。用药过程中应注意控制心率。当支气管哮喘患者已明显缺氧时，超量易致心律失常。禁用于冠心病、心肌炎和甲状腺功能亢进症等。

多巴酚丁胺

多巴酚丁胺（dobutamine）主要激动心脏 β_1 受体，使心肌收缩力增强，心排出量增加，但对心率影响不明显。临床主要用于治疗心脏手术后或心肌梗死并发的心功能不全。

其他 β_1 受体激动药有普瑞特罗、扎莫特罗等，主要用于慢性充血性心力衰竭的治疗。

此外，β 受体激动药还包括选择性激动 β_2 受体的药物，舒张支气管平滑肌，主要用于支气管哮喘的治疗。常用的药物有沙丁胺醇（salbutamol）、特布他林（terbutaline）、克仑特罗（clenbuterol）、奥西那林（orciprenaline）、沙美特罗（salmeterol）等，临床主要用于支气管哮喘的治疗（详见第二十七章）。

目标检测

答案解析

一、单选题

1. 异丙肾上腺素治疗支气管哮喘，剂量过大或应用频繁易发生的不良反应是（　　）
   A. 舒张压升高　　　　　　　　B. 呼吸加快　　　　　　　　C. 心动过速
   D. 急性肾衰竭　　　　　　　　E. 中枢兴奋、失眠

2. 防治腰麻及硬膜外麻醉引起的低血压状态可选用（　　）
   A. 肾上腺素　　B. 去甲肾上腺素　　C. 麻黄碱　　　　D. 异丙肾上腺素　　E. 多巴胺

3. 用于鼻黏膜充血水肿的首选药物是（　　）
   A. 肾上腺素　　　　　　　　　B. 麻黄碱　　　　　　　　　C. 去甲肾上腺素
   D. 异丙肾上腺素　　　　　　　E. 多巴胺

4. 中枢兴奋作用较强，又能促进递质释放的药物是（　　）
   A. 肾上腺素　　　　　　　　　B. 去甲肾上腺素　　　　　　C. 麻黄碱
   D. 异丙肾上腺素　　　　　　　E. 多巴胺

5. 伴尿量减少，心肌收缩力减弱的感染中毒性休克宜选用（　　）
   A. 肾上腺素　　B. 去甲肾上腺素　　C. 麻黄碱　　　　D. 多巴胺　　　　E. 甲氧明

6. 肾上腺素与局麻药合用于局麻的主要目的是（　　）
   A. 使局部血管收缩而止血　　　　　　　B. 延长局麻作用时间，防止吸收中毒
   C. 防止过敏性休克　　　　　　　　　　D. 防止低血压发生
   E. 以上都不是

7. 常用于治疗房室传导阻滞的药物是（　　）
   A. 肾上腺素　　B. 去甲肾上腺素　　C. 异丙肾上腺素　　D. 间羟胺　　　　E. 普萘洛尔

8. 多巴酚丁胺能选择性地激动（　　）
   A. α_1 受体　　　B. α_2 受体　　　C. β_1 受体　　　D. β_2 受体　　　E. M 受体

9. 患者，男，48岁。因扁桃体脓肿，给予青霉素治疗，静脉滴注10分钟后，突然出现呼吸困难，口唇发绀，血压65/40mmHg，诊断为过敏性休克，首选的抢救药物是（　　）
   A. 去甲肾上腺素　　B. 肾上腺素　　C. 麻黄碱素　　　D. 间羟胺　　　　E. 多巴胺

10. 患者，男，28岁。发热、咳嗽、呼吸困难就诊。胸正位片显示大叶性肺炎，随后血压下降至70/35mmHg，尿量25ml/h。下列可以选择的升压药是（　　）
    A. 肾上腺素　　B. 间羟胺　　　C. 异丙肾上腺素　　D. 麻黄碱　　　　E. 多巴胺

11. 溺水、麻醉意外引起的心脏骤停应选用（　　）
    A. 去甲肾上腺素　　B. 肾上腺素　　　C. 麻黄碱　　　D. 多巴胺　　　　E. 地高辛

12. 多巴酚丁胺能选择性激动的受体是（　　）

  A. α_1 受体　　　　　B. α_2 受体　　　　　C. β_1 受体　　　　　D. β_2 受体　　　　　E. M 受体

13. 去甲肾上腺素静脉滴注时间过长或剂量过大可引起下列哪种严重的不良反应（　　）

  A. 抑制心脏　　　　　　　B. 血压升高　　　　　　　C. 心律失常

  D. 局部组织缺血坏死　　　E. 急性肾衰竭

14. 先用 α 受体阻断剂再用肾上腺素，则血压变化为（　　）

  A. 升压作用基本不变　　　B. 升压作用加强　　　　　C. 升压作用减弱

  D. 取消升压作用　　　　　E. 翻转为降压作用

15. 关于麻黄碱的叙述，下列哪项是错误的（　　）

  A. 性质稳定，可口服　　　　　　　　B. 易产生快速耐受性

  C. 升压作用缓慢，温和而持久　　　　D. 易透过血–脑屏障，中枢兴奋作用明显

  E. 平喘作用较异丙肾上腺素强

16. 患者，男性，18岁。因寒战、发热、咽喉疼痛来诊。经检查：体温39℃，双侧扁桃体Ⅱ度肿大，诊断为急性扁桃体炎，决定用青霉素。青霉素皮试（–），但注射青霉素后，患者突感头晕、恶心、呕吐、全身湿冷、面色苍白，血压已测不到。此时该用何药抢救（　　）

  A. 去甲肾上腺素　　B. 多巴胺　　C. 肾上腺素　　D. 间羟胺　　E. 山莨菪碱

17. 患者，男性，37岁。在心脏手术过程中，患者心电图表明：突然发生Ⅲ度房室传导阻滞。此时该用何药做紧急处置（　　）

  A. 静脉注射阿托品　　　B. 静脉滴注异丙肾上腺素　　　C. 静脉注射肾上腺素

  D. 静脉滴注山莨菪碱　　E. 静脉滴注去甲肾上腺素

二、简答题

1. 肾上腺素的临床应用有哪些？

2. 为什么治疗过敏性休克首选肾上腺素？

（苗加伟）

书网融合……

   知识回顾　　　习题

第九章 抗肾上腺素药

学习目标

知识要求：

1. 掌握 β 受体阻断药的药理作用、临床应用、不良反应及禁忌证。
2. 熟悉 α 受体阻断药酚妥拉明的药理作用、临床应用、不良反应。
3. 了解其他抗肾上腺素药的作用特点及临床应用。

技能要求：

1. 熟练掌握指导患者合理应用抗肾上腺素药的能力。
2. 学会观察抗肾上腺素药物的疗效及不良反应。

📇 岗位情景模拟 4

女性，20 岁，患者常在受冷或情绪激动后，手指皮色突然变为苍白，继而发紫，发作常从指尖开始，以后扩展至整个手指，甚至掌部，伴有局部发凉、麻木、针刺感和感觉减退。冷激发试验、手指温度恢复时间测定结果显示为雷诺病。

问题与思考

1. 该患者应使用哪种药物治疗？
2. 该药物最常见的不良反应是什么？

答案解析

抗肾上腺素药能阻断肾上腺素受体从而拮抗去甲肾上腺素能神经递质或肾上腺素受体激动药的作用，又称肾上腺素受体阻断药。根据药物对肾上腺素受体选择性不同，可分为 α 受体阻断药、β 受体阻断药和 α、β 受体阻断药三类。

第一节 α 受体阻断药

α 受体阻断药能选择性地与 α 受体结合，取消肾上腺素的血管收缩作用，而不影响与血管舒张有关的 β 受体，使肾上腺素的血管舒张作用充分表现出来，即将其升压作用翻转为降压作用，此现象称为"肾上腺素作用的翻转"。α 受体阻断药对主要激动 α 受体的去甲肾上腺素，仅能对抗其升压效应而无"翻转作用"；对主要激动 β 受体的异丙肾上腺素的降压作用则无影响（图 9-1-1）。

根据本类药物对 α_1、α_2 受体选择性的不同，可将其分为三类。

1. **非选择性 α 受体阻断药**

（1）短效类　酚妥拉明、妥拉唑林。

（2）长效类　酚苄明。

2. **选择性 α₁ 受体阻断药**　哌唑嗪。

3. **选择性 α₂ 受体阻断药**　育亨宾。

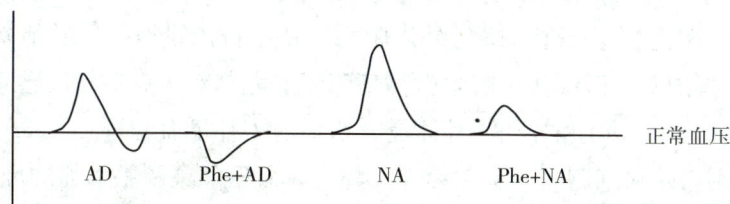

图9-1-1　给予酚妥拉明前后，肾上腺素及去甲肾上腺素对犬血压的影响

注：AD为肾上腺素；NA为去甲肾上腺素；Phe为酚妥拉明

一、非选择性 α 受体阻断药

酚妥拉明

【体内过程】酚妥拉明（phentolamine）口服生物利用度低且吸收缓慢，常采用肌内注射或静脉给药，维持时间短，大多数以无活性的代谢产物从尿中排泄。

【药理作用】酚妥拉明为短效，竞争性 α₁、α₂受体阻断药。

1. **扩张血管**　酚妥拉明可阻断血管平滑肌的 α₁受体，使血管扩张，血压下降。对静脉和小静脉扩张作用明显，舒张小动脉使肺动脉压下降，外周血管阻力降低。本药还具有直接扩张血管作用。

2. **兴奋心脏**　酚妥拉明可兴奋心脏，使心肌收缩力增强，心率加快，心排出量增加。其原因是：①因血压下降而反射性兴奋交感神经引起；②阻断去甲肾上腺素能神经末梢突触前膜 α₂受体，促进NA释放，激动心脏 β₁受体。

3. **其他**　酚妥拉明具有拟胆碱作用，可使胃肠平滑肌兴奋；还具有组胺样作用，可使胃酸分泌增加、皮肤潮红等。

【临床应用】

1. **治疗外周血管痉挛性疾病**　如肢端动脉痉挛引起的雷诺病、血栓闭塞性脉管炎。

🔖 **知识拓展**

雷诺病

雷诺病（Raynaud disease）是由于寒冷刺激或情绪激动等因素诱发的手指或足趾一系列皮肤颜色改变的综合征，为特发性。继发于其他疾病，如结缔组织病，闭塞性动脉疾病等称为雷诺现象。该病由雷诺于1862年首先提出，属动脉痉挛性疾病，女性患病率高于男性。起病缓慢，开始为冬季发作，时间短，一般多为对称性双手手指发作，足趾亦可发生。典型发作时，手指发凉、苍白、发紫，然后潮红。疾病晚期可出现指甲生长减慢、粗糙、变形，皮肤萎缩变薄，指尖或甲床周围形成溃疡，并可引发感染。

2. 静脉滴注NA外漏   NA静脉滴注外漏可引致皮肤缺血、苍白和剧烈疼痛，甚至局部组织坏死。此时可用酚妥拉明作皮下浸润注射。

3. 治疗顽固性充血性心力衰竭和急性心肌梗死   心力衰竭时，由于心排出量不足，导致交感张力增加、外周阻力增高、肺充血以及肺动脉压升高，易产生肺水肿。酚妥拉明可扩张血管，降低外周阻力，明显降低心脏后负荷，左室舒张末期压和肺动脉压下降，心排出量增加，心力衰竭得以减轻。酚妥拉明等血管扩张药可治疗其他药物无效的急性心肌梗死及充血性心脏病所致的心力衰竭。

4. 抗休克   酚妥拉明能扩张血管，降低外周阻力，使心排出量增加，并能降低肺循环阻力，防止肺水肿的发生，从而改善内脏血液灌注，解除微循环障碍。尤其对休克症状改善不佳而左室充盈压增高者疗效好。适用于感染性、心源性和神经源性休克，给药前需补足血容量。

5. 嗜铬细胞瘤   用于嗜铬细胞瘤的鉴别诊断、骤发高血压危象及手术前的准备。

6. 药物引起的高血压   用于肾上腺素等拟交感胺类药物过量所致的高血压。亦可用于突然停用可乐定或应用单胺氧化酶抑制药患者食用富含酪胺食物后出现的高血压危象。

7. 其他   口服或直接阴茎海绵体内注射用于诊断或治疗阳痿。

【不良反应】最常见的是低血压。静脉给药可引起心率加快、心律失常和心绞痛。胃酸分泌增多及胃肠道平滑肌兴奋所致的腹痛、腹泻、呕吐。冠心病、胃炎、消化性溃疡患者慎用。

🎓 课堂互动 9-1 ————————————————

酚妥拉明过量导致的严重低血压，应该使用哪种药物升压？为什么？

————————————————————————————————————   答案解析

妥拉唑啉

妥拉唑啉（tolazoline）作用与酚妥拉明相似，但对 α 受体阻断作用较弱，而组胺样作用和拟胆碱作用较强。主要用于外周血管痉挛性疾病和血栓闭塞性脉管炎，局部浸润注射用于NA静脉滴注时药液外漏。不良反应与酚妥拉明相似，但发生率较高。

酚苄明

酚苄明（phenoxybenzamine）属长效、非竞争性 α 受体阻断药。

【体内过程】口服生物利用度20%~30%。局部刺激性强，不作肌内及皮下注射。常采用静脉给药。起效慢，作用强而持久。主要经肝代谢，经肾及胆汁排泄。

【药理作用】酚苄明阻断血管平滑肌上的 α_1 受体，使血管扩张，外周阻力降低，血压下降，其作用强度与交感神经兴奋性有关。对于静卧的正常人，其降压作用不明显，但当交感神经张力高、血容量减少或直立时，会引起显著的血压下降。因血压下降引起反射作用以及阻断突触前膜 α_2 受体，可使心率加快。

【临床应用】用于外周血管痉挛性疾病、抗休克、嗜铬细胞瘤的治疗。还可用于前列腺增生引起的阻塞性排尿困难，可能与阻断前列腺和膀胱底部的 α_1 受体有关。

【不良反应】常见直立性低血压、心悸、鼻塞、口干等。口服可致恶心、呕吐、嗜睡、疲乏等。

二、选择性 α₁ 受体阻断药

哌唑嗪

哌唑嗪（prazosin）选择性阻断 α₁ 受体，主要舒张小动脉及小静脉。对突触前膜 α₂ 受体作用极弱，因此在拮抗 NA 和 AD 升压作用的同时，无促进神经末梢 NA 的释放及明显加快心率的作用。哌唑嗪及其衍生物如特拉唑嗪、多沙唑嗪等主要用于高血压及顽固性心力衰竭的治疗。

坦洛新

研究表明，α₁A 受体主要存在于前列腺，α₁B 受体主要存在于血管。坦洛新（tamsulosin）对 α₁A 受体的阻断作用明显强于对 α₁B 受体的阻断作用，可用于治疗良性前列腺肥大，改善排尿困难，且对心率和血压无明显影响。

第二节　β 受体阻断药

β 受体阻断药能选择性地 β 受体结合，拮抗去甲肾上腺素能神经递质或肾上腺素受体激动药的 β 型拟肾上腺素作用。根据其对受体亚型的选择性不同，可分为非选择性 β 受体阻断药和选择性 β₁ 受体阻断药两类，常用药物特点见表 9-2-1。

表 9-2-1　β 受体阻断药分类及药理学特性

药物名称	内在拟交感活性	膜稳定作用	生物利用度（%）	血浆半衰期（h）	首过消除（%）	主要消除器官
非选择性 β 受体阻断药						
普萘洛尔	−	++	30	3~5	60~70	肝
噻吗洛尔	−	−	75	3~5	25~30	肝
吲哚洛尔	++	+	90	3~4	10~20	肝肾
选择性 β₁ 受体阻断药						
美托洛尔	−	+−	50	3~4	25~60	肝
醋丁洛尔	+	+	40	2~4	30	肝
阿替洛尔	−	−	40	5~8	0~10	肾

【体内过程】本类药物的体内过程特点与脂溶性密切相关。由于受脂溶性、首过消除的影响，生利用度个体差异较大。体内分布广泛，易透过血–脑屏障和胎盘屏障。脂溶性高的普萘洛尔、美托洛尔等，口服容易吸收，而生物利用度低，主要在肝脏代谢，少量以原形经肾排泄。脂溶性小的阿替洛尔、纳多洛尔主要以原形经肾排泄。本类药物半衰期多数在 3~6 小时，纳多洛尔等长效 β 受体阻断药的半衰期可达 10~20 小时。

【药理作用】

1. β 受体阻断作用

（1）心脏　阻断心脏 β₁ 受体，使心肌收缩力减弱，心率减慢，房室传导减慢，心排出量减少，心肌耗氧量下降，血压降低。抑制心脏功能是本类药物的主要作用。

（2）血管与血压 非选择性 β 受体阻断药（如普萘洛尔）可阻断血管 β_2 受体，可使肝、肾、骨骼肌及冠状血管等血流量减少。对高血压患者具有降压作用，但对正常人血压影响不明显。

（3）支气管平滑肌 非选择性 β 受体阻断药可阻断 β_2 受体，使支气管平滑肌收缩，呼吸道阻力增加。但这种作用较弱，对正常人影响较少，只有在支气管哮喘或慢性阻塞性肺病患者，有时可诱发或加重哮喘。选择性 β_1 受体阻断药的此作用弱。

（4）肾素 阻断肾小球旁器细胞的 β_1 受体而抑制肾素的释放，从而使血管紧张素和醛固酮生成及分泌减少，这可能是其降压作用原因之一。以普萘洛尔的作用最强。

（5）代谢 β 受体阻断药可抑制交感神经兴奋所致的脂肪和糖原分解，增加血浆 VLDL 和甘油三酯，降低 HDL，增加患冠心病的危险性。普萘洛尔不影响正常人的血糖，也不影响胰岛素的降血糖作用，但能延缓应用胰岛素后血糖水平的恢复。此外，甲状腺功能亢进时，β 受体阻断药能对抗机体对儿茶酚胺的敏感性增高，尚可抑制甲状腺素（T_4）转变为三碘甲状腺原氨酸（T_3）的过程，有效控制甲亢的症状。

2. **内在拟交感活性** 有些 β 受体阻断药（如吲哚洛尔）除了能阻断 β 受体外，尚对 β 受体具有部分激动作用，称为内在拟交感活性（intrinsic sympathomimetic activity，ISA）。由于这种作用较弱，通常被其 β 受体阻断作用所掩盖。内在拟交感活性较强的药物在临床应用时，其抑制心肌收缩力、减慢心率和收缩支气管作用较弱。

3. **膜稳定作用** 有些 β 受体阻断药可降低细胞膜对离子通透性，产生局部麻醉作用或奎尼丁样作用，称为膜稳定作用。这一作用在常用量时与其治疗作用的关系不大。

4. **其他** 普萘洛尔有抗血小板聚集作用。噻吗洛尔有降低眼压作用，这可能与其阻断血管平滑肌 β_2 受体，使眼后房血管收缩，减少房水的形成有关。

【临床应用】

1. **心律失常** 对多种原因引起的快速型心律失常均有效，尤其对交感神经兴奋性过高、甲状腺功能亢进等引起的窦性心动过速疗效较好，也可用于运动或情绪紧张、激动所致的室性心律失常。

2. **心绞痛和心肌梗死** 对心绞痛有良好的疗效。对心肌梗死，早期应用普萘洛尔、美托洛尔和噻吗洛尔等均可降低心肌梗死患者的复发和猝死率。

3. **高血压** 是治疗高血压的基础药物，能使患者的血压下降，并可减慢心率。

4. **充血性心力衰竭** 早期应用美托洛尔，能缓解充血性心力衰竭的症状，改善其预后，是治疗充血性心力衰竭的基础药物。对扩张型心肌病的心力衰竭治疗作用明显。

5. **辅助治疗甲状腺功能亢进** 普萘洛尔、美托洛尔、阿替洛尔等可降低基础代谢率，减慢心率，控制激动不安等症状，对甲状腺危象可迅速控制症状。

6. **其他** 噻吗洛尔、左布诺洛尔、美替洛尔用于治疗开角型青光眼；普萘洛尔试用于偏头痛、肌震颤等。

【不良反应及禁忌证】常见不良反应有恶心、呕吐、轻度腹泻等消化道症状，偶见过敏性皮疹和血小板减少等。应用不当可引起下列较严重的不良反应。

1. **诱发或加重支气管哮喘** 非选择性 β 受体阻断药因阻断 β_2 受体，使支气管平滑肌收缩，呼吸道阻力增加，诱发支气管哮喘。选择性 β_1 受体阻断药及具有内在拟交感活性的药物，一般不引起上述的不良反应，但对哮喘患者仍应慎重。

2. **抑制心脏功能** 对于心功能不全、窦性心动过缓和房室传导阻滞的患者，剂量过大可引起心脏抑制，加重病情，甚至引起重度心功能不全、肺水肿、房室传导完全阻滞以致心脏骤停。

3. 停药反跳　长期用 β 受体阻断药后，可使 β 受体数目上调，对儿茶酚胺作用敏感化。突然停药，可引起原来病情的加重。因此应逐渐减量停药。

4. 外周血管收缩和痉挛　因阻断血管平滑肌 β_2 受体，引起外周血管收缩和痉挛，可致四肢发冷、皮肤苍白或发绀，出现雷诺症状或间歇性跛行，甚至引起脚趾溃疡和坏死。

禁忌证：严重心功能不全、窦性心动过缓、重度房室传导阻滞和支气管哮喘患者禁用。心肌梗死及肝功能不全者应慎用。

普萘洛尔

普萘洛尔（propranolol，心得安）是最早用于临床的 β 受体阻断药，也是本类药的典型代表。为 β_1、β_2 无选择性，无内在拟交感活性。用药后可使心肌收缩力减弱、心率减慢、房室传导减慢、心排出量减少，心肌耗氧量明显减少；冠脉血流量下降，外周阻力下降，血压降低；支气管阻力有一定程度增高。临床用于治疗心律失常、心绞痛、高血压、甲状腺功能亢进。

美托洛尔

美托洛尔（metoprolol）是选择性 β_1 受体阻断药，缺乏内在拟交感活性。增加呼吸道阻力作用较轻，但对哮喘患者仍需慎用。临床用于治疗高血压、心绞痛、心肌梗死、心律失常、心力衰竭、甲状腺功能亢进。不良反应较少。

第三节　α、β 受体阻断药

本类药物对 α 受体和 β 受体均有阻断作用，但对 β 受体的阻断作用强于对 α 受体的阻断作用。常见的有拉贝罗尔、卡维地洛、阿罗洛尔等。

拉贝洛尔

拉贝洛尔（labetalol）对 α 受体和 β 受体均有阻断作用，对 β_1、β_2 受体的阻断作用强度相似。主要用于中、重度高血压、心绞痛，也可用于治疗高血压危象。支气管哮喘及心功能不全者禁用。

目标检测

答案解析

一、单选题

1. 普萘洛尔可用于治疗（　　）

    A. 支气管哮喘　　　　　　　B. 房室传导阻滞　　　　　　C. 窦性心动过缓

    D. 低血压　　　　　　　　　E. 甲状腺功能亢进症

2. 下列药物中，不适于抗休克治疗的是（　　）

A. 阿托品　　　　　B. 多巴胺　　　　　C. 新斯的明　　　　　D. 间羟胺　　　　　E. 酚妥拉明

3. 具有肾上腺素作用翻转的药物是（　　）

A. 间羟胺　　　　　B. 普萘洛尔　　　　　C. 阿托品　　　　　D. 酚妥拉明　　　　　E. 毒扁豆碱

4. 能对抗去甲肾上腺素缩血管作用的药物是（　　）

A. 酚妥拉明　　　　B. 阿托品　　　　　C. 普萘洛尔　　　　D. 多巴胺　　　　　E. 麻黄碱

5. 下列属于选择性 β_1 受体阻断药是（　　）

A. 普萘洛尔　　　　B. 噻吗洛尔　　　　C. 吲哚洛尔　　　　D. 美托洛尔　　　　E. 拉贝洛尔

6. 下列属于 α_1 受体选择性阻断药是（　　）

A. 酚妥拉明　　　　B. 妥拉唑啉　　　　C. 酚苄明　　　　　D. 拉贝洛尔　　　　E. 哌唑嗪

7. 兼有 α 和 β 受体阻断作用的药物是（　　）

A. 拉贝洛尔　　　　B. 美托洛尔　　　　C. 纳多洛尔　　　　D. 吲哚洛尔　　　　E. 噻吗洛尔

8. β 受体阻断药对下列哪种心律失常疗效最好（　　）

A. 心房颤动　　　　　　　　B. 心房扑动　　　　　　　　C. 室性心动过速

D. 窦性心动过速　　　　　　E. 室上性心动过速

9. 患者，男，52岁。主诉近期指端有麻木感，指尖凉。检查可见指尖皮肤苍白，诊断为肢端动脉痉挛，以下可以选择的药物是（　　）

A. 酚妥拉明　　　　　　　　B. 多巴胺　　　　　　　　C. 普萘洛尔

D. 坦洛新　　　　　　　　　E. 多巴酚丁胺

10. 患者，男，65岁。血压175/100mmHg，间歇性房颤，有慢性支气管炎病史。可选择的降压药是（　　）

A. 普萘洛尔　　　　　　　　B. 可乐定　　　　　　　　C. 美托洛尔

D. 拉贝洛尔　　　　　　　　E. 卡维地洛

11. 酚妥拉明的扩张血管作用是由于（　　）

A. 激动 α 受体　　　　　　B. 激动 DA 受体　　　　　C. 激动 β_2 受体

D. 阻断 M 受体　　　　　　E. 阻断 α_1 受体

12. 下列药物中，不适于抗休克治疗的是（　　）

A. 阿托品　　　　　　　　　B. 多巴胺　　　　　　　　C. 新斯的明

D. 间羟胺　　　　　　　　　E. 酚妥拉明

13. 治疗外周血管痉挛性疾病可选用（　　）

A. 普萘洛尔　　　　　　　　B. 酚妥拉明　　　　　　　C. 肾上腺素

D. 阿替洛尔　　　　　　　　E. 吲哚洛尔

14. 普萘洛尔治疗心律失常的药理学基础是（　　）

A. 膜稳定作用　　　　　　　B. 无内在拟交感活性　　　C. β 受体阻断作用

D. 抗血小板聚集作用　　　　E. 抗代谢作用

15. 酚妥拉明的临床应用不包括（　　）

A. 支气管哮喘　　　　　　　B. 难治性充血性心力衰竭　　C. 外周血管痉挛性疾病

D. 肾上腺嗜铬细胞瘤　　　　E. 休克

16. 酚妥拉明用于治疗顽固性充血性心力衰竭的主要原因是（　　）

A. 扩张外周小动脉，减轻心脏后负荷　　　　　　B. 抑制心脏，使其得到充分休息

C. 扩张肺动脉，减轻右心负荷　　　　　　　　　D. 扩张肺小动脉，减轻右心负荷

E. 兴奋心脏，加强心肌收缩力，使心率加快，输出量增大

17. 下列不属于普萘洛尔的不良反应的是（　　）

    A. 支气管哮喘　　　　　　B. 心动过缓　　　　　　C. 房室传导阻滞

    D. 反跳现象　　　　　　　E. 局部组织坏死

18. 下列疾病中禁用 β 受体阻断药（　　）

    A. 心绞痛　　　　　　　　B. 快速型心律失常　　　C. 高血压

    D. 房室传导阻滞　　　　　E. 甲状腺功能亢进症

二、简答题

1. β 受体阻断药的主要临床应用有哪些？

2. β 受体阻断药的禁忌证有哪些？

（苗加伟）

书网融合……

知识回顾　　　习题

第十章　麻醉药

学习目标

知识要求：

1. 掌握普鲁卡因、利多卡因的药理作用、临床应用及不良反应。
2. 熟悉局部麻醉药的药理作用、作用机制及应用方法。
3. 了解全身麻醉药的分类及代表药物的作用特点和临床应用。

技能要求：

熟练掌握预防局部麻醉药出现全身作用的方法。

第一节　局部麻醉药

局部麻醉药，简称局麻药，是局部作用于神经干或神经末梢，可逆性阻断神经冲动的传导，在意识清醒的状态下引起局部感觉（如痛觉等）暂时消失的药物。

一、局部麻醉药的药理作用

1. **局部麻醉作用**　局部麻醉药可阻断钠离子通道，抑制钠离子内流，使神经细胞膜不能去极化，阻滞神经冲动的传导，从而产生局麻作用。

局部麻醉药在低浓度时就能阻断感觉神经冲动的传导，使感觉先消失。感觉消失的顺序是：痛觉→温觉→触觉→压觉。较高浓度时对神经系统的任何部分和各种类型的神经纤维均有阻断作用。

2. **吸收作用**　局部麻醉药剂量过大或浓度过高，或误将药物注入血管时则会产生吸收作用，主要表现在中枢神经系统和心血管系统等方面。

（1）对中枢神经系统的影响　局部麻醉药对中枢神经系统的作用是先兴奋后抑制，前者表现为兴奋不安、肌肉震颤、抽搐、惊厥等。中枢神经过度兴奋可转为抑制，最终抑制延髓，导致呼吸衰竭而死亡。

（2）抑制心脏、舒张血管　局部麻醉药吸收后能降低心肌兴奋性，使心肌收缩力减弱，传导减慢，不应期延长，引起心律失常，甚至心搏停止。还可扩张血管，引起血压下降。

为减少局部麻醉药的吸收，以预防局部麻醉药的中枢神经和心血管系统的影响，并延长局部麻醉药的作用时间，常在局麻药液中加入少量肾上腺素（1：250000~1：200000）。

二、局部麻醉药的应用方法

1. **表面麻醉**　选用穿透力强的药物喷或涂在黏膜表面，使黏膜下神经末梢麻醉。适用于眼、咽喉、鼻腔、尿道手术。常用药物有利多卡因、丁卡因等。

2. **浸润麻醉**　将局麻药注射于手术视野皮下或深部组织，使局部神经末梢受药物浸润而麻醉。浸润麻醉用药量较大，临床常选用毒性较小的普鲁卡因，其次是利多卡因。该方法适用于浅表小手术。

👥 **课堂互动 10-1**

浸润麻醉时为何不可以使用丁卡因？

答案解析

3. **传导麻醉**　将局麻药注射于神经干或神经丛周围，阻断神经冲动传导，使其支配的区域麻醉。常用药物有普鲁卡因、利多卡因等。

4. **蛛网膜下腔麻醉**　又称腰麻，将局麻药从患者的第3~4或4~5腰椎间隙注射入蛛网膜下腔，麻醉该部位的脊神经根。药物在脊髓腔内的扩散受患者体位、姿势、注射量和药液比重等影响。临床适用于下腹部及下肢手术。常用药物有普鲁卡因、丁卡因等。

5. **硬脊膜外麻醉**　将局麻药注射入硬脊膜外腔，使通过硬脊膜外腔穿出椎间孔的神经根所支配的区域麻醉。由于硬脊膜外腔与颅腔不通，不易引起呼吸中枢麻痹，无腰麻时的头痛和脑膜刺激现象。临床适用于颈部到下肢的手术，特别适用于上腹部手术。硬脊膜外麻醉用药剂量比蛛网膜下腔麻醉大5~10倍，故应避免刺破硬脊膜，误将局麻药注入蛛网膜下腔，引起呼吸与循环抑制等严重后果。常用药物有利多卡因、普鲁卡因、丁卡因等。

蛛网膜下腔麻醉和硬膜外麻醉又统称椎管内麻醉，因其能阻滞交感神经，使血管舒张，易致血压下降，常用肌内注射麻黄碱防治。局部麻醉药的各种应用方法，见图10-1-1。

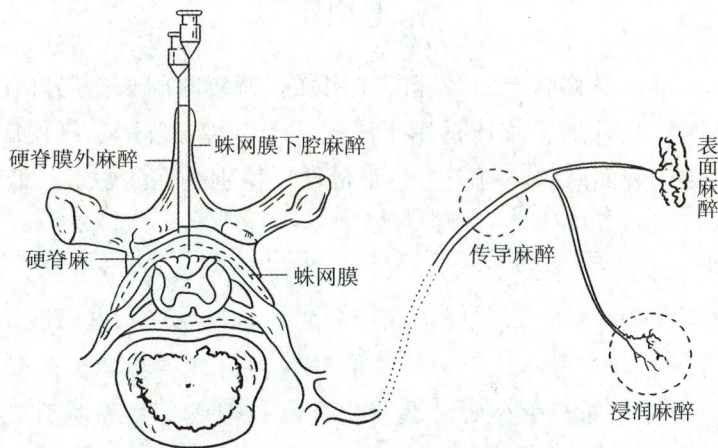

图 10-1-1　局部麻醉方法示意图

三、常用的局部麻醉药

普鲁卡因

普鲁卡因（procaine）也称奴佛卡因，是最早合成的酯类局麻药。本品毒性较低，水溶液不稳定，不耐热，配制时间太久，则麻醉效能下降，宜现用现配。

注射本品后，在1~3分钟内生效，维持30~40分钟。常与肾上腺素合用，局麻作用可延长到1~2小时。但高血压、心脏病、指或趾端及阴茎手术禁用肾上腺素，以免造成局部组织缺血坏死。普鲁卡因对黏膜穿透力差，不宜作表面麻醉。适用于浸润麻醉、传导麻醉、蛛网膜下腔麻醉和硬膜外麻醉；也可用于局部封闭。

本品过量应用时可出现中枢作用和心血管反应。可发生过敏反应，故用药前要详细询问患者过敏史，并做皮试。普鲁卡因水解后产生对氨苯甲酸和二乙氨基乙醇，其中对氨苯甲酸可对抗磺胺类药物的抗菌作用，故在应避免与磺胺类药物联用。

丁卡因

丁卡因（tetracaine）又名地卡因，属于酯类局麻药，与普鲁卡因相比，局麻作用强10倍，但毒性更大，黏膜穿透力强，1~3分钟起效，作用可维持2小时以上，因毒性大，故不宜用于浸润麻醉。常用于表面麻醉，也用于传导麻醉、蛛网膜下腔麻醉和硬膜外麻醉。

利多卡因

利多卡因（lidocaine），又名塞罗卡因，水溶液稳定。与普鲁卡因相比，利多卡因起效快，作用强而持久，可达1.5~2小时；毒性及穿透力介于普鲁卡因与丁卡因之间，无刺激性，对血管的舒张作用弱。适用于表面麻醉、浸润麻醉、传导麻醉和硬膜外麻醉。蛛网膜下腔麻醉时因药液易弥散，麻醉平面难控制，应慎用。过敏反应发生率低，对普鲁卡因过敏者可用利多卡因代替。

本品也有抗心律失常作用，为防治各种急性快速型室性心律失常的常用药。

布比卡因

布比卡因（bupivacaine）又称麻卡因。麻醉作用强，持续时间长。局麻作用和毒性均比利多卡因强3~4倍，持续时间达5~10小时。临床适用于浸润麻醉、传导麻醉、蛛网膜下腔麻醉和硬膜外麻醉。因穿透力弱，故不用于表面麻醉。可产生心脏毒性，特别是在酸中毒、低氧血症时更易发生。

📖 **知识拓展**

　　局部麻醉药的化学结构一般由三部分构成：亲脂性的芳香环、中间链接部分和亲水性的氨基。按中间链的不同，可以将局麻药分为酯类和酰胺类，酯类局麻药如普鲁卡因，酰胺类局麻药如利多卡因等。酯类局麻药所含的对氨基化合物可形成半抗原易引起过敏反应；酰胺类则不能形成半抗原，虽也能引起过敏反应，但少见。

第二节　全身麻醉药

全身麻醉药简称全麻药，是一类能可逆性地抑制中枢神经系统，引起意识、感觉（如痛觉等）和反射消失以及骨骼肌松弛的药物。按给药途径可分为吸入麻醉药和静脉麻醉药。

一、吸入麻醉药

吸入麻醉药是一类挥发性液体或气体，脂溶性高，经肺泡扩散而吸收入血，通过血-脑屏障进入脑组织产生麻醉作用。

氟 烷

氟烷（halothane）为无色透明液体，不燃不爆，麻醉作用较快且强，但诱导期短，苏醒快，对呼吸道黏膜无刺激性，镇痛和肌肉松弛作用差。因本品能松弛子宫平滑肌致产后出血，故不适用于难产或剖宫产患者；能增加心脏对肾上腺素的敏感性，诱发心律失常；可损害肝脏。

恩氟烷

恩氟烷（enflurane）应用广泛，麻醉诱导平稳、迅速，苏醒快，肌肉松弛作用良好，对呼吸道无刺激性，不增加心脏对肾上腺素的敏感性。本品对肝脏的损伤不明显。

氧化亚氮

氧化亚氮（nitrous oxide）为无色、味甜的气体。化学性质稳定、不燃不爆，镇痛作用较强，苏醒快，患者使用后舒适愉快。缺点是麻醉效能弱，肌松不完全，主要用于诱导麻醉或与其他全麻药配合使用。适用于麻醉诱导或小手术，也常与其他药物配伍用于复合麻醉。

二、静脉麻醉药

静脉麻醉药为非挥发性全身麻醉药，静脉给药后作用于中枢神经系统而产生全身麻醉。静脉麻醉方法简便易行，作用迅速，主要缺点是麻醉深度不易控制。

硫喷妥钠

硫喷妥钠（thiopental sodium pentothal）属超短效巴比妥类药，脂溶性高，易透过血-脑屏障进入脑组织，进入麻醉状态快，麻醉作用强，维持时间短暂，若需延长麻醉时间，需反复给药。用硫喷妥钠麻醉时各种反射依然存在，镇痛和肌松弛作用减弱。临床主要用于诱导麻醉、基础麻醉、复合麻醉和抗惊厥等。不良反应主要有呼吸抑制、喉肌痉挛和支气管痉挛等，可引起局部疼痛、肿胀及组织坏死等。本品禁用于巴比妥类过敏者。

氯胺酮

氯胺酮（ketamine）静脉注射后起效快，作用与硫喷妥钠不同，可产生较好的镇痛效果，同时兴奋脑干网状结构和大脑边缘系统，导致患者意识未完全消失，眼睛睁开，肌张力增加，有梦幻般的感觉和烦躁不安等表现，这种抑制与兴奋并存，感觉和意识分离的状态称为"分离麻醉"。适用于短时的小手术或诱导麻醉。也可广泛地将之与地西泮、肌肉松弛药进行复合麻醉，用于器官移植术、急诊手术等。

丙泊酚

丙泊酚（propofol）静脉注射后起效快，维持时间短，苏醒快，醒后精神错乱发生率低，镇痛作用弱，蓄积作用弱。适用于短小手术的辅助用药，也可作为诱导麻醉、镇静、催眠的辅助用药。对呼吸、循环的抑制作用与硫喷妥钠相似或略重。

三、复合麻醉

为克服全麻药的缺点，增强麻醉效果，减少不良反应的发生，提高麻醉用药的安全性，临床上常采用复合麻醉方法。常用的复合麻醉有以下几种。

1. **麻醉前给药** 在麻醉之前常使用镇静催眠药、镇痛药等，主要目的是消除患者的紧张、恐惧、不安和增强麻醉效果，减少麻醉药用量和防治不良反应。

2. **基础麻醉** 全麻前使用硫喷妥钠、氯氨酮等药使患者达到深睡眠的浅麻醉状态，在此基础上再进行全麻。临床主要适用于过度紧张或不能合作的小儿患者。

3. **诱导麻醉** 使用起效快的全麻药如硫喷妥钠或氧化亚氮等使患者迅速进入外科麻醉期，避免兴奋期各种不利症状的出现。然后改为易于调节麻醉深度的麻醉药维持麻醉。

4. **低温麻醉** 麻醉时配合低温并合用氯丙嗪以消除机体对物理降温所致的寒战反应，使体温降至较低水平，从而降低心、脑、肾等重要器官的耗氧量及反应性，利于手术进行。

目标检测

答案解析

一、单选题

1. 有"分离麻醉"现象的是（　　）
   A. 硫喷妥钠　　　　B. 氯胺酮　　　　C. 氧化亚氮　　　　D. 氟烷　　　　E. 恩氟烷

2. 普鲁卡因不可用于下列哪种麻醉（　　）
   A. 表面麻醉　　　　B. 浸润麻醉　　　　C. 传导麻醉　　　　D. 蛛网膜下腔麻醉　E. 硬膜外麻醉

3. 丁卡因不可用于下列哪种麻醉（　　）
   A. 表面麻醉　　　　B. 浸润麻醉　　　　C. 传导麻醉　　　　D. 蛛网膜下腔麻醉　E. 硬膜外麻醉

4. 下列可用于抗心律失常的局部麻醉药是（　　）
   A. 普鲁卡因　　　　B. 利多卡因　　　　C. 丁卡因　　　　D. 布比卡因　　　　E. 以上都不是

5. 腰麻时常加入下列药物以防治低血压（　　）
   A. 多巴胺　　　　B. 酚妥拉明　　　　C. 去甲肾上腺素　　　D. 异丙肾上腺素　　　E. 麻黄碱

6. 关于普鲁卡因的描述，不正确的是（　　）
   A. 可发生变态反应　　　　B. 不可用于表面麻醉　　　　C. 可用于局部封闭
   D. 可用于腰麻及硬膜外麻醉　　　E. 可与磺胺类药物同时应用

7. 关于利多卡因的描述，不正确的是（　　）
   A. 防治各种快速型心律失常　　　B. 不用于传导麻醉　　　　C. 可用于传导麻醉
   D. 普鲁卡因过敏者可选用　　　E. 可用于表面麻醉

8. 患者，女，22岁。因手术需要使用局部麻醉药，为减少局麻药的不良反应需要向局麻药中加入下列

哪种药物（　　）

  A. 麻黄碱   B. 酚妥拉明   C. 去甲肾上腺素

  D. 肾上腺素   E. 异丙肾上腺素

  9. 患者，男，22岁。该患者一颗牙齿需要拔除，为减少拔牙时的疼痛，拔牙前医生给予下列哪个药物较为适合（　　）

  A. 阿司匹林   B. 吗啡   C. 卡托普利   D. 利多卡因   E. 氨茶碱

二、简答题

  1. 简述普鲁卡因的药理作用、临床应用及不良反应。

  2. 比较普鲁卡因和利多卡因的作用特点。

  3. 氯胺酮的麻醉作用特点是什么？

（苗久旺）

书网融合……

知识回顾   习题

第十一章 镇静催眠药

学习目标

知识要求：

1. 掌握苯二氮䓬类的药理作用、临床应用、不良反应及禁忌证。
2. 熟悉巴比妥类的分类、作用特点、临床应用和主要不良反应。
3. 了解其他镇静催眠药的作用特点及应用。

技能要求：

1. 熟练掌握正确使用苯二氮䓬类及其他常用镇静催眠药的能力。
2. 学会观察镇静催眠药的疗效及药物不良反应。

👤 岗位情景模拟 5

患者，男，50岁。因工作压力过大，最近睡眠欠佳，且白天心烦意乱，遂去医院就诊。医生给予地西泮治疗，每日给予5mg，睡眠质量得到改善，但几日后，又出现失眠症状，将药物增加至7.5mg，症状有所好，后逐渐减量至停药。

问题与思考

1. 地西泮有哪些临床应用？
2. 治疗期间，该患者为什么需要增加药物的剂量？

答案解析

镇静催眠药（sedative hypnotics）是指能使患者恢复安静情绪和引起近似生理性睡眠的药物。有些镇静药和催眠药无本质区别，同一药物在小剂量时可引起镇静作用，较大剂量时引起类似生理性睡眠的催眠作用。

生理学研究表明，人的正常生理性睡眠可分为两种时相，即快动眼睡眠（rapid-eye movement sleep，REMS）和非快动眼睡眠（non-rapid eye movement sleep，NREMS）。NREMS又分为1、2、3、4期，其中3、4期合称慢波睡眠期。慢波睡眠有利于促进机体发育和消除疲劳，REMS对脑和智力的发育起着重要作用。催眠药可通过影响不同睡眠时期发挥催眠作用。

常用的镇静催眠药可分为三类：苯二氮䓬类、巴比妥类及其他类。苯二氮䓬类20世纪60年代开始应用于临床，由于安全范围大，不良反应少见，已经几乎取代了巴比妥类。

第一节 苯二氮䓬类

临床常用的苯二氮䓬类（benzodiazepines，BZ）有20余种，包括地西泮（diazepam，安定）、氟西泮（flurazepam）、氯氮䓬（chlordiazepoxide）、奥沙西泮（oxazepam）和三唑仑（triazolam）等。根据半衰期长短可分为三类：长效类如地西泮，中效类如硝西泮，短效类如三唑仑。

【体内过程】苯二氮䓬类口服吸收良好，地西泮、奥沙西泮和氯氮䓬口服吸收较慢，肌肉给药吸收也缓慢，且不规则。三唑仑吸收最快；静脉注射起效最快。苯二氮䓬类血浆蛋白结合率较高，比如地西泮的血浆蛋白结合率高达99%。能迅速向组织分布并在脂肪组织中蓄积。主要在肝脏代谢，但多数药物的代谢产物具有与母药相似的活性，而且代谢产物血浆半衰期比母药更长。苯二氮䓬类及其代谢产物最终均与葡萄糖醛酸结合后经肾脏排泄。

【药理作用及临床应用】

1. **抗焦虑作用** 苯二氮䓬类在小于镇静剂量时即有良好的抗焦虑作用，显著改善紧张、忧虑、激动和失眠等症状。是治疗焦虑症和各种神经官能症的首选药。对持续性焦虑状态宜选用长效类药物。对间断性严重焦虑患者则宜选用中、短效类药物。

2. **镇静催眠作用** 苯二氮䓬类能缩短睡眠诱导时间，延长睡眠持续时间。其与巴比妥类药不同的是，巴比妥类药能缩短REMS，停药时梦魇增多。但本类药物对REMS影响较小，停药后代偿性反跳较轻。连续应用时，可引起依赖性而发生停药困难。

本类药物安全范围大，镇静作用发生快而明显，且可产生暂时性记忆缺失，用于麻醉前给药，可缓和患者对手术的恐惧情绪，减少麻醉药用量而增加麻醉安全性，使患者对术中的不良刺激在术后不复记忆。本类药物常用于失眠症。

3. **抗惊厥、抗癫痫作用** 苯二氮䓬类药物有抗惊厥作用，抗惊厥作用较为明显的有地西泮和三唑仑等，临床用于破伤风、子痫、小儿高热和药物中毒等所致的惊厥。本类药物有抗癫痫作用。静脉注射地西泮是治疗癫痫持续状态的首选药。硝西泮和氯硝西泮也可用于其他类型的癫痫发作。

4. **中枢性肌肉松弛作用** 有较强的肌肉松弛作用，可缓解动物去大脑僵直，也可缓解人类大脑损伤所致的肌肉僵直。发挥肌肉松弛作用时一般不影响正常活动。临床上可用于脑血管意外、脊髓损伤等引起的中枢性肌肉强直，缓解局部关节病变、腰肌劳损及内窥镜检查所致的肌肉痉挛，还可作为全麻药的肌松辅助用药。

【作用机制】苯二氮䓬类药物可作用于脑内的苯二氮䓬受体，使 γ-氨基丁酸（GABA）作用于 $GABA_A$ 受体结合，增加神经细胞膜对 Cl^- 通透性，使 Cl^- 大量进入细胞膜内引起膜超级化，从而使神经元兴奋性降低，产生中枢抑制效应。

【不良反应】常见的不良反应有头昏、嗜睡、乏力等反应，长效类尤易发生。大剂量使用本类药物时偶致共济失调。一次用量过大或静脉输注过快可发生急性中毒，表现为昏迷和呼吸抑制，可用苯二氮䓬受体阻断药氟马西尼（flumazenil）解救。静脉注射对心血管有抑制作用。

本类药物长期用药可产生耐受性，使用时宜从小剂量开始，出现耐受时可逐渐增加药物使用剂量。久服可发生依赖性而导致成瘾，停药时出现反跳和戒断症状，表现为焦虑、烦躁、激动、失眠、震颤等。

【禁忌证】对该类药物过敏、休克、昏迷、急性酒精中毒者、孕妇和哺乳期妇女禁用。肝肾功能不全、抑郁症、呼吸功能不全、青光眼、重症肌无力患者及驾驶员、高空作业和机器操作者、老年人和过度衰弱者慎用。

【药物相互作用】肝药酶诱导剂利福平、卡马西平、苯妥英钠或苯巴比妥等药物可显著加快该类药物的代谢，增加清除率，合用时可适当增加剂量。肝药酶抑制药如西咪替丁等药物可抑制该类药物在肝脏的代谢，导致清除率降低，从而加重不良反应。与其他中枢抑制药、乙醇等合用时，中枢抑制作用增强，加重嗜睡、呼吸抑制、昏迷，严重者可致死。如临床需合用时宜降低剂量，并密切监护患者。

第二节　巴比妥类

巴比妥类（barbiturates）是巴比妥酸的衍生物，根据药物起效快慢和作用持续时间分为四类：超短效类如硫喷妥钠（thiopental sodium）；短效类如司可巴比妥（secobarbital）；中效类如戊巴比妥（pentobarbital）、异戊巴比妥（amobarbital）；长效类如苯巴比妥（phenobarbital）。

【体内过程】巴比妥类口服或肌内注射均易吸收，迅速分布于全身组织、体液，也易通过胎盘进入胎儿血液循环。各药进入脑组织的速度与药物的脂溶性呈正比，如硫喷妥钠脂溶性极高，极易通过血-脑屏障，静脉注射后立即起效，作用时间很短。脂溶性高的药物如司可巴比妥等主要在肝脏代谢而失效，作用持续时间短。苯巴比妥脂溶性小，静脉注射后，起效时间慢。苯巴比妥主要以原形经肾脏排泄。尿液pH值对苯巴比妥的排泄影响较大，碱化尿液时，解离增多，肾小管重吸收减少，排出增加。因此，苯巴比妥中毒时，可用碳酸氢钠碱化尿液，促进药物排泄。

【药理作用及临床应用】巴比妥类随剂量由小到大，相继出现镇静、催眠、抗惊厥和麻醉作用。剂量时抑制呼吸，甚至致死。安全范围小，易发生依赖性，故应用已日渐减少。目前在临床上主要用于抗惊厥、抗癫痫和麻醉。

1. **镇静催眠作用**　小剂量巴比妥类有镇静作用；中等剂量可催眠，引起入睡时间缩短，觉醒次数和睡眠时间减少。本类药可缩短RMES时相，久用停药后，伴有多梦，引起睡眠障碍。巴比妥类因易产生耐受性和依赖性，可产生严重的戒断症状；不良反应多见，过量可产生严重毒性；诱导肝药酶的活性，加速其他药物经肝脏的代谢，故已被苯二氮䓬类药物所取代。

2. **抗惊厥、抗癫痫作用**　巴比妥类有较强的抗惊厥及抗癫痫作用，临床用于癫痫大发作和癫痫持续状态的治疗。也可用于破伤风、子痫、小儿高热、脑膜炎等引起的惊厥。

3. **麻醉前给药及麻醉作用**　长效及中效巴比妥类可作麻醉前给药，以消除患者手术前情绪紧张，但效果不及地西泮。静脉注射硫喷妥钠具有麻醉作用，可用于诱导麻醉等。

4. **增强中枢抑制药作用**　镇静剂量的巴比妥类与解热镇痛药合用，能使后者的镇痛作用加强。也能增强其他药物的中枢抑制作用。

【作用机制】巴比妥类能抑制脑干网状结构上行激活系统，降低大脑皮质的兴奋性。还能增加Cl^-的通透性，延长Cl^-通道的开放时间，使Cl^-内流增加，使神经细胞膜产生超极化，产生中枢抑制作用。

【不良反应】

1. **后遗效应**　服用催眠剂量的巴比妥类后，可明显出现后遗效应，次晨可出现头晕、困倦、嗜睡、精神不振及定向障碍等症状。驾驶员或从事高空作业人员服用巴比妥类后应警惕后遗效应。

2. **耐受性和依赖性**　长期反复服用巴比妥类可引起药效逐渐降低，需加大剂量才能维持原有效应。耐受性产生的主要原因可能是由于神经组织对巴比妥类产生适应性或与其诱导肝药酶加速自身代谢有关。长期连续服用巴比妥类可产生精神依赖性和生理依赖性，迫使患者继续用药，终至成瘾，此时停药，可诱发戒断症状，应避免滥用。

> **知识拓展**
>
> ### 麻醉、精神药品滥用的危害
>
> 麻醉药品和精神药品直接作用于中枢神经系统，使抗体产生依赖性，一旦停止使用这些药品，使用者会产生多种不良反应，包括失眠多梦、急躁不安等，严重者还会产生急性肌张力异常、心血管系统反应等情况，还可能导致猝死，这些药品的滥用严重危害健康。
>
> 依赖性分为生理依赖性和精神依赖性两种。生理依赖性是指使用者产生了药品依赖性，离开了药物之后产生难以忍受的症状，即成瘾性。精神依赖性是指服用药物之后，使用者能获得精神上的愉悦感，为了延续这种愉悦感而不断地服用药物。
>
> 滥用麻醉药品或精神药品，还会引起精神异常、心理异常，甚至会扭曲人格，导致心理变态或精神失常。麻醉药品和精神药品的滥用占用了社会有用资源，危害身心健康，有时为继续用药而采用非法手段，给个人、家庭和社会带来很大的安全隐患，严重破坏了社会秩序。

3. 急性中毒　大剂量服用或静脉注射过快，可引起急性中毒，主要表现为深度昏迷、呼吸抑制、血压下降、体温降低、多种反射消失、呼吸衰竭等。呼吸衰竭是急性中毒的直接死因。对急性中毒者应积极采取抢救措施，维持呼吸与循环功能，保持呼吸道通畅，吸氧，必要时行人工呼吸，甚至气管切开，也可应用中枢兴奋药对抗。提高 pH 值可加速药物的排泄，如使用碳酸氢钠等碱性药物，严重中毒病例可采用透析疗法。

4. 过敏反应　少数人服用后可见荨麻疹、血管神经性水肿、多形性红斑及哮喘等过敏反应，偶可引起剥脱性皮炎。

5. 其他　巴比妥类可致肝功能损害及肝小叶中心坏死。临产期妇女服用巴比妥类可使新生儿发生低凝血酶原血症及出血，巴比妥类可透过胎盘并经乳汁分泌，故分娩期和哺乳期妇女慎用。

【药物相互作用】巴比妥类为肝药酶诱导剂，能加速自身代谢，同时还可加速其他药物经肝代谢，如双香豆素、性激素、口服避孕药等。巴比妥类与上述药物合用可加速这些药物的代谢速度，缩短其作用时间，减弱其作用强度。

> **知识拓展**
>
> 精神药品是指直接作用于中枢神经系统，使之兴奋或抑制，连续使用能产生依赖性的药品，分为一类和二类精神药品。第一类精神药品如三唑仑等，第二类精神药品如地西泮等。医生应当根据医疗需要合理使用精神药品，杜绝滥用。除特殊需要外，第一类精神药品的处方，每次不超过3日常用量，第二类精神药品的处方，每次不超过7日常用量。处方应当留存2年备查。

第三节　其他镇静催眠药

水合氯醛

水合氯醛（chloral hydrate）口服易吸收，起效快，约15分钟起效，可维持6~8小时用于催眠，不缩短快动眼睡眠的时间，停药时无后遗效应。大剂量有抗惊厥作用，可用于药物中毒、小儿高热、子痫等引起的惊厥。对胃有刺激性，须稀释后口服。久服也可引起耐受性、依赖性和成瘾性。

课堂互动 11-1

佐匹克隆与地西泮相比有什么特点？

答案解析

佐匹克隆

佐匹克隆（zopiclone）药理作用同苯二氮䓬类，有抗焦虑、镇静、催眠、肌肉松弛和抗惊厥等作用，高效、低毒、成瘾性小，起效快，可减少夜间觉醒和早醒次数，可用于各种失眠症，尤其适用于暂时性入睡困难和易早醒的患者。

目标检测

答案解析

一、单选题

1. 下列药物可以作为治疗焦虑症首选药的是（　　）
   A. 苯巴比妥　　　　B. 地西泮　　　　C. 三唑仑　　　　D. 氟西泮　　　　E. 水合氯醛

2. 有关巴比妥类药物作用的叙述，下列说法错误的是（　　）
   A. 镇静　　　　B. 催眠　　　　C. 麻醉　　　　D. 抗癫痫　　　　E. 镇痛

3. 关于苯二氮䓬类镇静催眠药的叙述，不正确的是（　　）
   A. 是目前最常用的镇静催眠药　　　B. 临床上用于治疗焦虑症　　　C. 可用于心脏电复律前给药
   D. 可用于治疗小儿高热惊厥　　　E. 长期应用不会产生依赖性和成瘾性

4. 地西泮的药理作用不包括（　　）
   A. 抗精神分裂症作用　　　　B. 抗惊厥作用　　　　C. 抗癫痫作用
   D. 中枢性肌松作用　　　　E. 抗焦虑作用

5. 苯二氮䓬类药物过量应用导致中毒可选用下列哪个药物对抗（　　）
   A. 水合氯醛　　　B. 氟马西尼　　　C. 尼可刹米　　　D. 苯妥英钠　　　E. 美沙酮

6. 下列属于巴比妥类的药物是（　　）
   A. 奥沙西泮　　　B. 氟西泮　　　C. 三唑仑　　　D. 水合氯醛　　　E. 硫喷妥钠

7. 下列哪种药物为目前临床较常用的镇静催眠药（　　）
   A. 苯巴比妥　　　B. 水合氯醛　　　C. 戊巴比妥钠　　　D. 地西泮　　　E. 氯丙嗪

8. 巴比妥类药物不具有的作用是（　　）
   A. 抗焦虑作用　　　B. 镇静催眠作用　　　C. 麻醉作用　　　D. 抗惊厥作用　　　E. 抗癫痫作用

9. 下列属于短效镇静催眠药的是（　　）
   A. 三唑仑　　　B. 苯巴比妥　　　C. 地西泮　　　D. 戊巴比妥　　　E. 硝西泮

10. 下列没有成瘾性的镇静催眠药是（　　）
    A. 地西泮　　　B. 苯巴比妥　　　C. 氯硝西泮　　　D. 三唑仑　　　E. 以上都不是

11. 下列药物可以治疗癫痫持续状态的是（　　）

A．佐匹克隆　　　　B．地西泮　　　　　C．三唑仑　　　　　D．氟西泮　　　　　E．水合氯醛

12．下列药物容易引起后遗效应的是（　　）

A．苯巴比妥　　　　B．地西泮　　　　　C．佐匹克隆　　　　D．氟西泮　　　　　E．水合氯醛

13．属于苯二氮䓬类药物的是（　　）

A．硫喷妥钠　　　　B．肾上腺素　　　　C．阿托品　　　　　D．地西泮　　　　　E．苯巴比妥

14．下列药物中不属于精神药品的是（　　）

A．三唑仑　　　　　B．地西泮　　　　　C．阿托品　　　　　D．氟西泮　　　　　E．苯巴比妥

15．患者，男，28岁。因使用苯巴比妥而导致急性中毒，下列药物可加速其在尿中排泄的是（　　）

A．氯化铵　　　　　B．碳酸氢钠　　　　C．葡萄糖　　　　　D．生理盐水　　　　E．稀盐酸

16．患者，女，22岁。近期因工作繁忙，常常熬夜加班，睡觉很难入睡，连续失眠，并伴有焦虑、心情烦躁等表现。针对该患者的症状表现，可选用（　　）

A．对乙酰氨基酚　　B．布洛芬　　　　　C．地西泮　　　　　D．毛果芸香碱　　　E．氨茶碱

二、简答题

1．简述地西泮有药理作用和临床应用。

2．巴比妥类药物随剂量增加依次会表现出哪些效应？

3．比较苯二氮䓬类和巴比妥类药理作用的异同。

（苗久旺）

书网融合……

知识回顾　　　习题

抗癫痫药及抗惊厥药

PPT

知识要求：

1. 掌握苯妥英钠、卡马西平、丙戊酸钠、乙琥胺的药理作用、临床应用及不良反应。

2. 熟悉苯巴比妥、扑米酮的药理作用、临床应用及不良反应。

3. 了解抗癫痫药的临床应用原则。

技能要求：

1. 熟练掌握正确使用抗癫痫药的能力。

2. 学会观察抗癫痫药的疗效及药物不良反应。

 **岗位情景模拟 6**

患者，女，25岁。在等待考试过程中，突然跌倒在地，意识丧失、牙关紧闭、全身肌肉制性抽搐，诊断为癫痫大发作。

问题与思考

治疗癫痫大发作的药物有哪些？

答案解析

第一节 抗癫痫药

癫痫（epilepsy）是多种病因引起的长期反复发作性的大脑功能失调。其病理特征为大脑局部病灶神经元突发性的异常高频放电并向周围组织扩散，出现短暂的大脑功能失调。表现为突然发作性的短暂的运动、感觉、意识和自主神经功能异常，可伴有脑电图异常。通常分为强直阵挛发作（又称癫痫大发作）、失神性发作（又称癫痫小发作）、癫痫持续状态、肌阵挛性发作、单纯性局限性发作、复合性局限性发作（精神运动性发作）。上述各类癫痫中以大发作最常见，亦有部分患者可同时伴有两种类型的混合性发作。

抗癫痫药（antiepileptic drugs）可作用于病灶周围正常的神经元，抑制异常放电的产生或扩散。作用机制多与增强GABA的作用或调节神经细胞膜上的离子通道有关。

一、常用抗癫痫药

苯妥英钠

苯妥英钠（Phenytoin sodium）又名大仑丁。

【体内过程】苯妥英钠呈强碱性，不宜肌内注射，可静脉给药，口服吸收慢而不规则，个体差异大。其血浆蛋白结合率为85%~90%，起效慢，连续服用需6~10天才能达到稳态血药浓度。主要经肝脏代谢，再与葡萄糖醛酸结合经肾脏排出。本药的消除速率与血药浓度密切相关，浓度较低时，按一级消除动力学消除；浓度过高时，则按零级消除动力学消除。因个体差异大，因而临床用量应注意个体化。

【药理作用及临床应用】

1. **抗癫痫作用** 是常用的抗癫痫药，对癫痫大发作、单纯性局限性发作和对精神运动性发作疗效较好，但对小发作无效，甚至加重症状。

2. **抗外周神经痛作用** 对三叉神经痛疗效较好，对坐骨神经痛和舌咽神经痛也有一定疗效，可用于治疗三叉神经、舌咽神经和坐骨神经等神经性疼痛。

3. **抗心律失常作用** 主要用于强心苷中毒引起的快速型室性心律失常。

苯妥英钠的抗癫痫和抗心律失常等作用与其膜稳定作用有关。本品对高频异常放电神经元及周围正常神经元的Na^+通道具有显著的阻滞作用，还能阻滞神经元的T型Ca^{2+}通道，抑制Ca^{2+}的内流，降低细胞膜的兴奋性。高浓度时也能增强GABA神经元对中枢的抑制作用。

【不良反应及用药注意】

1. **局部刺激** 本药局部刺激性较大，口服可引起厌食、恶心、呕吐和腹痛等症状，故宜饭后服用。静脉注射可导致静脉炎。

2. **牙龈增生** 长期应用本药可出现牙龈增生，多见于儿童及青少年，与部分药物自唾液排出刺激胶原组织增生有关。一般停药3~6个月后可自行消退。

> 💡 **知识拓展**
>
> 药源性齿龈增生是由于长期服用某种药物而引起的齿龈增生。可致齿龈增生的药物主要有苯妥英钠、硝苯地平、非洛地平、维拉帕米、环孢素等。临床表现为齿龈边缘和齿龈乳头增生，从最初的小球状逐渐融合、增大直到覆盖部分牙面。患者以青少年及儿童为多见，老年人少见。

3. **神经系统反应** 药量过大或长期用药可致小脑综合征，表现为眼球震颤、复视、眩晕、共济失调等。严重者可出现语言障碍、精神错乱或昏迷等。

4. **血液系统反应** 本药可抑制二氢叶酸还原酶，长期应用可致巨幼红细胞性贫血，宜用甲酰四氢叶酸和维生素B_{12}预防。少数患者出现粒细胞减少，血小板减少、再生障碍性贫血等。

5. **骨骼系统反应** 长期使用本品，可通过诱导肝药酶而加速维生素D的代谢，引起低钙血症、佝偻病样改变和骨软化症。必要时应用维生素D预防。

6. **其他** 可发生过敏反应，表现为药物热、皮疹等。偶见男性乳房增大、女性多毛症、淋巴结肿大等。可偶致畸胎，故孕妇慎用。久服骤停可使癫痫发作加剧，甚至诱发癫痫持续状态。

【药物相互作用】保泰松、磺胺类和水杨酸类等可与苯妥英钠竞争血浆蛋白的结合部位，使本品游离型血药浓度增加。本药为肝药酶诱导剂，通过诱导肝药酶而加速多种药物如避孕药的代谢而降低其药效。氯霉素等通过抑制肝药酶而提高苯妥英钠的血药浓度；苯巴比妥通过诱导肝药酶而加速苯妥英钠的代谢而降低其血药浓度和药效。

苯巴比妥

苯巴比妥（phenobarbital，鲁米那）能抑制癫痫病灶神经元的异常放电和阻止异常放电的扩散。其抗癫痫作用机制是结合 $GABA_A$ 受体的巴比妥类位点，增强GABA的抑制作用；阻断突触前膜 Ca^{2+} 的摄取，减少 Ca^{2+} 依赖性神经递质（NA和ACh等）释放。苯巴比妥起效快、疗效好、毒性低，可用于防治癫痫大发作和癫痫持续状态，对后者更宜用苯巴比妥静脉注射；对单纯部分性发作及精神运动性发作亦有效，但对小发作无效。

扑米酮

扑米酮（primidone）口服后吸收迅速而完全，3~4小时血药浓度达到峰值。本药对癫痫大发作疗效优于苯巴比妥，但对部分性发作疗效不及苯妥英钠和卡马西平，对小发作无效。不宜与苯巴比妥合用，可与苯妥英钠联用。本药可引起嗜睡、共济失调等不良反应，其他不良反应与苯巴比妥相似。

乙琥胺

乙琥胺（ethosuximide）对癫痫小发作疗效不及氯硝西泮，但不良反应及耐受性较少，故仍为防治小发作的首选药，对其他类型癫痫无效。不良反应有胃肠道反应如厌食、恶心、呕吐等，中枢神经系统症状如头痛、头晕、嗜睡等，偶见粒细胞缺乏症和骨髓抑制等。

🏛 **课堂互动 12-1**

治疗癫痫小发作的药物有哪些？

答案解析

苯二氮䓬类

地西泮是治疗癫痫持续状态的首选药，静脉注射显效快，安全性较高。硝西泮主要用于癫痫小发作和非典型失神性发作。氯硝西泮的抗癫痫谱较广，对各型癫痫均有效，以癫痫小发作、肌阵挛性发作疗效为佳。

丙戊酸钠

丙戊酸钠（valproate）为广谱抗癫痫药，对各型癫痫均有效。对大发作的疗效不及苯妥英钠和苯巴比妥；对小发作疗效优于乙琥胺，因有肝毒性，一般不作首选用药；对非典型失神性发作疗效不及氯硝西泮；对精神运动性发作疗效与卡马西平相似。本品不良反应较轻，常见有恶心、呕吐、食欲减退等胃肠道症状；中枢神经系统不良反应较少，主要表现为嗜睡、平衡失调、乏力、震颤等。

卡马西平

卡马西平（carbamazepine）是一种高效的广谱抗癫痫药，对各类型癫痫均有效，其中对精神运动性发作、大发作和单纯部分性发作疗效较好，对小发作和肌阵挛性发作效果差或无效。治疗三叉神经痛和舌咽神经痛疗效优于苯妥英钠。对躁狂症疗效优于碳酸锂而不良反应少。常见的不良反应有眩晕、恶心、呕吐，少数患者可出现粒细胞和血小板减少，用药期间应定期检查血常规。

二、抗癫痫药的应用原则

1. **根据适应证选药**　根据发作类型合理选用抗癫痫药物。成人癫痫大发作和局限性发作可将苯妥英钠作为首选，但儿童宜选用苯巴比妥；儿童失神小发作首选乙琥胺；卡马西平可作为精神运动型发作的首选药。长期用药时要考虑药物的不良反应，宜选用安全范围较大、不良反应较小的药物维持治疗。

2. **选择合适的剂量用药**　单纯型癫痫一般选用一种有效药物，先从小剂量开始，逐量增加至获得理想疗效而不产生严重不良反应的有效剂量。若一种药难以奏效或治疗混合型患者，常需联合用药。一年内偶发1~2次者，不需药物预防。

3. **按合理的疗程治疗**　在治疗过程中不宜随便更换药物，必要时采用过渡换药方法，即在原药的基础上加用新药，待新药发挥疗效后再逐渐停用原药。症状完全控制后，还要维持治疗2~3年再逐渐停药，以防复发。

4. **密切观察不良反应**　癫痫需长期甚至终身用药，因个体差异大，因此需注意药物的不良反应，应定期检查血常规、肝功能等。孕妇服用抗癫痫药可致畸胎及死胎。

第二节　抗惊厥药

惊厥是各种原因引起的中枢神经过度兴奋的一种症状，表现为全身骨骼肌不自主强烈收缩。常见于破伤风、子痫、小儿高热、癫痫大发作和中枢兴奋药中毒等。

抗惊厥药除苯二氮䓬类、巴比妥类等较为常用外，硫酸镁注射时也可产生抗惊厥作用。（见第二十八章第五节）

目标检测

答案解析

一、单选题

1. 苯妥英钠首选用于治疗哪种类型的癫痫（　　）
   A. 癫痫肌阵挛性发作　　　　　B. 癫痫大发作　　　　　C. 癫痫小发作
   D. 精神运动性发作　　　　　　E. 癫痫持续状态

2. 长期用于抗癫痫治疗时会引起牙龈增生的药物是（　　）
   A. 苯妥英钠　　B. 苯巴比妥　　C. 扑米酮　　D. 卡马西平　　E. 乙琥胺

3. 下列不属于卡马西平的临床应用的是（　　）

　　A. 癫痫大发作　　　　B. 癫痫小发作　　　　C. 单纯局限性发作　　D. 精神运动性发作　　E. 三叉神经痛

4. 对癫痫大发作、小发作、精神运动性发作均有效的是（　　）

　　A. 乙琥胺　　　　　　B. 苯妥英钠　　　　　　C. 丙戊酸钠　　　　　D. 苯巴比妥　　　　　E. 卡马西平

5. 治疗强心苷中毒引起的室性心律失常，宜选用的药物是（　　）

　　A. 乙琥胺　　　　　　B. 苯妥英钠　　　　　　C. 丙戊酸钠　　　　　D. 苯巴比妥　　　　　E. 卡马西平

6. 无抗惊厥作用的药物是（　　）

　　A. 硫酸镁　　　　　　B. 地西泮　　　　　　　C. 水合氯醛　　　　　D. 苯巴比妥　　　　　E. 乙琥胺

7. 患者，女，38岁。某日突然倒地、四肢抽搐、意识丧失，且5分钟仍然有发作情况，经诊断为癫痫持续状态，该患者应该首选（　　）

　　A. 苯妥英钠　　　　　B. 地西泮　　　　　　　C. 卡马西平　　　　　D. 乙琥胺　　　　　　E. 苯巴比妥

8. 患者，男，8岁。某男童吃饭时突然僵立不动，呼吸停止，后又苏醒，经诊断为失神小发作。下列哪个药物最为适合用于治疗失神小发作（　　）

　　A. 扑米酮　　　　　　B. 卡马西平　　　　　　C. 地西泮　　　　　　D. 苯妥英钠　　　　　E. 乙琥胺

二、简答题

1. 苯妥英钠有哪些药理作用？

2. 卡马西平有哪些药理作用？

3. 抗癫痫药的应用原则是什么？

（苗久旺）

书网融合……

知识回顾　　习题

第十三章　治疗中枢神经系统退行性疾病药

PPT

学习目标

知识要求：

1. 掌握左旋多巴的药理作用、临床应用及不良反应。
2. 熟悉卡比多巴、苯海索的药理作用、临床应用及不良反应。
3. 了解常用的治疗阿尔茨海默病药。

技能要求：

1. 熟练掌握正确使用左旋多巴的能力。
2. 学会观察左旋多巴的疗效及药物不良反应。

岗位情景模拟 7

患者，男，65岁。近日发现手出现抖动，面部表情僵硬、动作迟缓，步态异常、语速减慢，诊断为帕金森病。并给予左旋多巴和卡比多巴复方进行治疗。

问题与思考

治疗帕金森病时，为何联合使用左旋多巴和卡比多巴？

答案解析

帕金森病（Parkinson disease，PD）又称震颤麻痹，是一种主要表现为进行性的锥体外系功能障碍的中枢神经系统退行性疾病。其典型症状为静止性肌肉震颤、肌强直、运动迟缓和共济失调。

帕金森病患者因脑内黑质-纹状体分泌多巴胺不足，造成黑质-纹状体通路多巴胺能神经功能减弱，胆碱能神经功能相对占优势，从而出现帕金森病的临床表现。按作用机制的不同，抗帕金森病药可分为拟多巴胺类药和中枢抗胆碱药两类。

第一节 抗帕金森病药

一、拟多巴胺类药

（一）多巴胺前体药

左旋多巴

左旋多巴（Levodopa，L-dopa）是儿茶酚胺类合成过程的中间产物，即多巴胺的前体。

【体内过程】口服吸收迅速，消化功能和抗胆碱药均可降低其口服生物利用度，大部分在外周被肝及血浆组织中的L-芳香族氨基酸脱羧酶（AADC），脱羧称为多巴胺，仅约1%的左旋多巴能进入中枢神经系统。左旋多巴在外周脱羧形成的多巴胺，易引起不良反应。抑制AADC，可减少外周多巴胺生成使血和脑内左旋多巴增加3~4倍，并可减少不良反应。左旋多巴生成的多巴胺主要通过突触前的摄取机制返回多巴胺能神经末梢，少部分被单胺氧化酶（MAO）或儿茶酚胺-O-甲基转移酶（COMT）代谢，然后经肾排泄。

【药理作用及临床应用】

1. **抗帕金森病**　进入中枢的左旋多巴经多巴脱羧酶转化成多巴胺，从而提高中枢多巴胺水平。对大多数帕金森病有显著疗效，起病初期治疗效果更为显著，但对吩噻嗪类等抗精神病药所引起的帕金森病无效。起效慢，用药2~3周才出现疗效，1~6个月达到最大疗效。用药早期效果良好，3~5年后的治疗效果差。对轻症及年轻患者疗效好，对重症及老年患者效果差。长期应用可出现症状波动和药效消失现象。

2. **肝性脑病**　肝性脑病患者中枢神经递质异常，形成苯乙醇胺和羟苯乙胺等伪递质，影响中枢神经递质的传递，左旋多巴在脑内脱羧形成多巴胺，取代伪递质，恢复神经传导功能，使肝性脑病得到改善。

【不良反应及用药注意】

1. **胃肠道反应**　治疗早期可出现厌食、恶心、呕吐等症状，数周后能耐受。原因是左旋多巴在外周和中枢脱羧形成多巴胺，刺激胃肠道或兴奋延髓呕吐中枢的D_2受体。

2. **心血管反应**　治疗初期部分患者出现直立性低血压。还有些患者出现心律失常。

3. **多动症**　又称为运动障碍，服用2年以上者90%的患者出现手足、躯体和舌的不自主运动。

4. **开-关反应**　服药3~5年后，40%~80%患者出现症状快速波动，重则出现"开-关反应"（on-off response）。"开"时活动正常或接近正常，而"关"时突然出现严重的帕金森病症状。此时，应减少药物的用量。

5. **精神症状**　少数患者用药后可出现精神错乱，表现为梦幻、幻想、幻视等，也有抑郁症等精神病症状，可用氯氮平治疗。

【药物相互作用】氯丙嗪等抗精神病药能阻滞黑质-纹状体多巴胺通路功能，引起锥体外系反应，导致帕金森病，降低左旋多巴的疗效；维生素B_6是多巴脱羧酶的辅基，可增强左旋多巴外周不良反应，降低疗效。

（二）左旋多巴增效药

氨基酸脱羧酶（AADC）抑制药

卡比多巴

卡比多巴（carbidopa），属于氨基酸脱羧酶（AADC）抑制药，不能通过血-脑屏障，但能抑制外周AADC，从而减少左旋多巴在外周的脱羧，使进入中枢神经系统的左旋多巴增加。本药本身不具抗帕金森病作用，但可明显增强左旋多巴的抗帕金森病疗效，可使左旋多巴用量减少75%，并且不良反应明显减少，症状波动减轻，作用不受维生素B_6的干扰。

苄丝肼

苄丝肼（senserazide）是外周AADC抑制剂，作用与用途同卡比多巴，常与左旋多巴形成复方应用。

MAO-B抑制药

司来吉兰

司来吉兰（selegiline），属于单胺氧化酶-B抑制药能迅速通过血-脑屏障，选择性抑制中枢MAO-B，降低脑内多巴胺降解代谢，使多巴胺浓度增加，有效时间延长。本品与左旋多巴合用后，能增加疗效，降低左旋多巴用量，减少外周不良反应，并能消除长期使用左旋多巴出现的"开-关反应"。

> ✍ **知识链接**
>
> 单胺氧化酶（MAO）有A、B两种型，MAO-A主要分布于中枢、肝、胃肠道等，是消化道摄取的单胺类物质代谢中的重要酶，可以使单胺类神经递质失活；MAO-B主要分布于黑质-纹状体，其功能是降解多巴胺。左旋多巴经COMT代谢转化为3-O-甲基多巴（3-O-MD），后者又可与左旋多巴竞争转运载体而影响左旋多巴的吸收和进入脑组织。

COMT抑制药

COMT抑制药主要有硝替卡朋（nitecapone）、托卡朋（tolcapone）、恩他卡朋（entacapone）等，本类药作用强，毒性低。可降低左旋多巴的降解，又可减少3-O-MD对其转运入脑的竞争性抑制作用，提高左旋多巴含量。

（三）多巴胺受体激动药

溴隐亭

溴隐亭（bromocriptine）为D_2类受体激动药。小剂量首先激动结节-漏斗通路D_2受体，抑制催乳素和生长激素分泌，用于治疗泌乳闭经综合征和肢端肥大症。增大剂量可激动黑质-纹状体多巴胺通路的D_2受体，与左旋多巴合用治疗帕金森病可取得较好疗效，能减少症状波动。不良反应有恶心、呕吐、直立性低血压、运动困难和精神症状等。

（四）促多巴胺释放药

金刚烷胺

金刚烷胺（amantadine）的抗帕金森病作用不及左旋多巴，但比中枢抗胆碱类药物好，起效快、维持时间短，对帕金森病的肌肉强直、震颤和运动障碍的缓解作用较强。此外，还有抗病毒作用。长期使用可致下肢出现青斑、踝部水肿等。

🎓 **课堂互动 13-1** ————————————————————————

除抗帕金森病外，金刚烷胺还可用于治疗哪些疾病？

————————————————————————————————

答案解析

二、抗胆碱药

中枢抗胆碱药对早期帕金森病患者有较好的治疗效果，对晚期严重帕金森病患者的疗效差，可与左旋多巴合用。东莨菪碱是较早用于治疗帕金森病的抗胆碱受体药，但外周作用明显，现主要使用合成的中枢抗胆碱药苯海索。

苯海索

苯海索（benzhexol，安坦），口服易吸收，通过拮抗胆碱受体而减弱黑质-纹状体通路中乙酰胆碱的作用，抗震颤效果好，也能改善运动障碍和肌肉强直；外周作用比阿托品弱，不良反应与阿托品相似。临床上主要用于早期轻症患者、对少数不能接受左旋多巴或多巴胺受体激动药的帕金森病患者。

第二节　治疗阿尔茨海默病药

阿尔茨海默病（AD）又称原发性老年痴呆，是一种与年龄高度相关、以进行性认知障碍和记忆力损害为主的中枢神经系统退行性疾病。表现为记忆力、判断力、抽象思维等丧失，但一般不影响运动能力及视力。AD的发病机制与脑内胆碱能功能损伤有关，增强中枢胆碱能神经功能可改善AD症状。

一、胆碱酯酶抑制药

多奈哌齐

多奈哌齐（donepezil）为第二代可逆性胆碱酯酶抑制药，能选择性抑制AChE，增加中枢ACh含量，改善脑细胞功能。用于轻、中度AD的治疗，用于改善患者的认知功能，延缓病情发展。具有用量小、毒性低、价格低廉等优点，且外周不良反应少，患者耐受性较好。常见不良反应有恶心、呕吐、腹泻、乏力、倦怠、肌肉痉挛、食欲缺乏等，还可引起失眠、头晕、流感样胸痛、高血压、血管扩张、失水、尿失禁等。

二、M 胆碱受体激动药

占诺美林

占诺美林（xanomeline）为选择性 M_1 受体激动药。口服易吸收，易透过血-脑屏障，且皮质和纹状体的摄取率较高。能明显改善 AD 患者的认知功能和行为能力。不良反应主要有胃肠道反应及心血管系统反应。

三、其他治疗阿尔茨海默病药

美金刚

N-甲基-D-天冬氨酸（NMDA）型受体是离子型谷氨酸受体，在哺乳动物脑组织中广泛存在。当谷氨酸能神经递质功能障碍，尤其是 NMDA 受体功能损害时会表现神经退行性痴呆的临床症状和疾病进展。

美金刚（memantine）为 NMDA 型受体非竞争性拮抗药，可阻断谷氨酸浓度病理性升高导致的神经元损伤，能明显改善轻、中度血管性痴呆患者的认知能力，且对较严重的患者效果更好。不良反应有幻觉、意识混沌、头晕、头痛和疲倦等。

目标检测

答案解析

一、单选题

1. 下列药物中通过在脑内转化为多巴胺发挥作用的是（　　）
    A. 左旋多巴　　　　B. 多巴胺　　　　　C. 苯妥英钠　　　　D. 安定　　　　　E. 苯海索

2. 能抑制外周多巴脱羧酶，减少左旋多巴在外周的脱羧，从而使进入中枢神经系统的左旋多巴增加的是（　　）
    A. 地西泮　　　　　B. 多巴胺　　　　　C. 苯妥英钠　　　　D. 卡比多巴　　　　E. 苯海索

3. 下列药物的不良反应中可发生"开-关反应"的是（　　）
    A. 卡马西平　　　　B. 肾上腺素　　　　C. 苯妥英钠　　　　D. 左旋多巴　　　　E. 阿托品

4. 苯海索治疗帕金森病的机制是（　　）
    A. 补充纹状体中多巴胺　　　　B. 激动多巴胺受体　　　　C. 兴奋中枢胆碱受体
    D. 阻断中枢胆碱受体　　　　　E. 抑制多巴胺脱羧酶活性

5. 溴隐亭治疗帕金森病的机制是（　　）
    A. 直接激动中枢的多巴胺受体　　B. 阻断中枢胆碱受体　　　C. 抑制多巴胺的再摄取
    D. 激动中枢胆碱受体　　　　　　E. 补充纹状体多巴胺的不足

6. 左旋多巴抗帕金森病的机制是（　　）
    A. 抑制多巴胺的再摄取　　　　B. 激动中枢胆碱受体　　　　C. 阻断中枢胆碱受体
    D. 补充纹状体中多巴胺的不足　E. 直接激动中枢的多巴胺受体

7. 苯海索抗帕金森病的特点是（　　）

　　A．抗震颤疗效好　　　　　　　B．改善僵直疗效好　　　　　C．对动作迟缓疗效好

　　D．对过度流涎无作用　　　　　E．前列腺肥大者可用

8．关于卡比多巴的叙述，下列哪项是错误的（　　）

　　A．不易通过血–脑屏障　　　　B．是芳香氨基酸脱羧酶抑制剂　　C．可提高左旋多巴的疗效

　　D．减轻左旋多巴的外周不良反应　E．单用也有抗帕金森病的作用

9．下列药物中能促进多巴胺释放的是（　　）

　　A．左旋多巴　　　B．多巴胺　　　　C．卡比多巴　　　　D．金刚烷胺　　　E．苯海索

二、简答题

1．抗帕金森药物分为几类？简述各类代表药及其作用机制。

2．试述左旋多巴抗帕金森病的药理作用及临床应用。

（苗久旺）

书网融合……

知识回顾　　　习题

PPT

学习目标

知识要求：
1. 掌握氯丙嗪的药理作用、临床应用及不良反应。
2. 熟悉其他抗精神病药的药理作用特点。
3. 了解抗躁狂症药和抗抑郁症药的药理作用及临床应用。

技能要求：
1. 熟练掌握正确使用抗精神病药的能力。
2. 学会观察抗精神病的疗效及药物不良反应。

第一节　抗精神分裂症药

精神失常是多种原因引起的认知、情感、意志、行为等精神活动不同程度异常的一类疾病，包括精神分裂症（精神病）、躁狂症、抑郁症和焦虑症。治疗这些疾病的药物统称为抗精神失常药。根据临床用途，分为抗精神病药、抗躁狂症药、抗抑郁症药和抗焦虑药。

岗位情景模拟 8

患者，女，35岁。近日发现说话东拉西扯、兴奋躁动，并有幻听、幻觉、妄想等症状，诊断为精神分裂症，并给予氯丙嗪进行治疗。

问题与思考

氯丙嗪为何可以治疗精神分裂症，其对哪种类型的精神分裂症疗效好？

答案解析

抗精神病药主要用于治疗精神分裂症，对躁狂抑郁症的躁狂症状也有一定疗效。根据化学结构可将抗精神病药分为吩噻嗪类、硫杂蒽类、丁酰苯类及其他药物。

一、经典抗精神分裂症药

吩噻嗪类主要有氯丙嗪、奋乃静、氟奋乃静及三氟拉嗪等，其中最早应用于临床的是氯丙嗪。

氯丙嗪

氯丙嗪（Chlorpromazine）又名冬眠灵。

【体内过程】口服或注射均可吸收，但吸收慢而不规则，吸收速度受剂型、胃内食物的影响。血浆蛋白结合率约为90%。易透过血-脑屏障，脑内浓度比血浆浓度高10倍。主要经肝脏代谢，代谢产物及少量原形主要经肾排泄。因可在脂肪组织蓄积，停药后2~6周，甚至更长时间，尿中仍可检出。

【药理作用】

1. 对中枢神经系统的作用

（1）抗精神病作用　氯丙嗪能明显减少动物的自发活动，诱导其入睡，但对刺激有良好的觉醒反应。加大剂量不引起麻醉。同时能抑制动物的攻击行为，使之变得温驯。健康人服用治疗量氯丙嗪后出现安定、镇静、感情淡漠等效应，对周围事物不感兴趣，活动减少。在安静环境中易诱导入睡，醒后神志清楚。精神病患者服用后，在不引起过分镇静的情况下，可迅速控制兴奋、躁狂等症状，继续用药，可使幻觉、妄想、躁狂及精神运动性兴奋逐渐消失，恢复理智，情绪安定，生活自理。该作用一般无耐受性。

> 📎 **知识拓展**
>
> 　　脑内多巴胺通路主要有四条，分别为：①黑质-纹状体通路，能与乙酰胆碱能神经元共同调节肌紧张及共济活动；②中脑-边缘通路，常常影响复杂的情绪与行为；③中脑-皮质通路，该通路与高级精神活动有关；④结节-漏斗通路，该通路与内分泌有关，可抑制促性腺激素的分泌等。

精神分裂症的临床症状是由于中脑-边缘系统和中脑-皮质系统DA功能过强所致，且脑内D_2受体密度特异性增高。吩噻嗪类抗精神病药物的作用主要是通过阻断中脑-边缘系统和中脑-皮质系统的D_2受体而产生的。

（2）镇吐作用　氯丙嗪镇吐作用强大，小剂量能抑制延髓催吐化学感受区的D_2受体，大剂量能直接抑制呕吐中枢。

（3）对体温调节的影响　氯丙嗪抑制下丘脑体温调节中枢，使体温调节失灵，因而体温随环境温度变化而变化。在低温环境中，氯丙嗪不仅能降低发热体温，也能降低正常体温。

（4）加强中枢抑制药的作用　氯丙嗪可加强麻醉药、镇静催眠药及镇痛药的作用。上述药物与氯丙嗪合用时，应适当减量，以免加深对中枢神经系统的抑制。

2. 对自主神经系统的作用
氯丙嗪具有明显的 α 受体阻断作用，可翻转肾上腺素的升压作用，还可抑制血管运动中枢，并有直接舒张血管平滑肌的作用，因而扩张血管、降低血压。但反复用药降压作用减弱，故不适于高血压的治疗。氯丙嗪可阻断M胆碱受体，但作用弱，无治疗意义。

3. 对内分泌系统的作用
氯丙嗪减少下丘脑释放催乳素抑制因子，使催乳素分泌增加，引起乳房肿大及泌乳；抑制促性腺激素的分泌，使卵泡刺激素和黄体生成素释放减少，引起排卵延迟；抑制促肾上腺皮质激素和生长激素的分泌。

【临床应用】

1. 精神分裂症
氯丙嗪对急、慢性精神分裂症均有效，对精神分裂症阳性患者疗效较好，能解除患者的躁狂、幻觉、妄想状态。但对于精神分裂症中情感淡漠类型的患者疗效差。

课堂互动 14-1

精分裂症的阳性症状和阴性症状的区别？

答案解析

2. **呕吐及顽固性呃逆** 氯丙嗪能对抗药物如强心苷类等所致的呕吐，对尿毒症、胃肠炎、放射病引起的呕吐有效。但对晕船、晕车等晕动病所致的呕吐无效。也可用于顽固性呃逆。

3. **人工冬眠和低温麻醉** 氯丙嗪在物理降温配合下，可将体温降到正常水平以下，使机体进入"冬眠"状态，降低基础代谢及机体对各种病理刺激的反应，提高组织耐缺氧能力。常用氯丙嗪、异丙嗪、哌替啶组成冬眠合剂，用于治疗严重感染，如中毒性高热、惊厥、甲状腺危象和低温麻醉等。

【不良反应及用药注意】

1. **一般不良反应** 本品安全范围大，但长期大量应用，不良反应较多。有嗜睡、无力、视力模糊、鼻塞、心动过速、口干、便秘等中枢神经及自主神经系统反应，长期应用可致乳房肿大、闭经及生长减慢等。

2. **锥体外系反应** 是本类药物最主要的不良反应，其发生率与药物剂量、疗程和个体因素有关。其表现为：①帕金森病：表现为肌张力增高、面容呆板（面具脸）、动作迟缓、运动困难、肌肉震颤、流涎等；②静坐不能：患者出现坐立不安，反复徘徊；③急性肌张力障碍：多出现于用药后 1~5 天，由于舌、面、颈及背部肌肉痉挛，患者出现强迫性张口、伸舌、斜颈、呼吸运动障碍及吞咽困难。以上 3 种反应是由于氯丙嗪拮抗了黑质-纹状体通路 D_2 样受体，使纹状体中的多巴胺功能减弱，ACh 的功能增强而引起的，可用中枢性胆碱受体阻断药苯海索缓解。④迟发性运动障碍：出现较晚，表现为不自主、有节律的刻板运动，出现口-舌-颊三联征，如吸吮、舐舌、咀嚼等。若早期发现及时停药可以恢复，但也有停药后仍难恢复，可用氯氮平治疗。应用抗胆碱药反可使之加重。

3. **过敏反应** 常见皮疹、药热、光敏性皮炎等。也有少数患者出现急性粒细胞缺乏症。

4. **急性中毒** 一次吞服大剂量（1~2g）氯丙嗪后，可发生急性中毒，出现昏睡、血压下降达休克状态，并出现心动过速、心电图异常，应立即对症治疗。

其他吩噻嗪类药物有奋乃静（perphenazine）、氟奋乃静（fluphenazine）、三氟拉嗪（trifluoperazine）及硫利达嗪（thioridazine）等，其共同特点是抗精神病作用强，镇静作用弱，锥体外系反应明显。其中以氟奋乃静和三氟拉嗪疗效较好，最为常用，而奋乃静疗效较差。硫利达嗪疗效不及氯丙嗪，镇静作用强，不易发生锥体外系反应。

氯普噻吨

氯普噻吨（chlorprothixene）又名泰尔登，对抗精神分裂症的幻觉、妄想作用比氯丙嗪弱，但镇静作用强，抗肾上腺素作用和抗胆碱作用较弱。有较弱的抗抑郁作用。适用于伴有焦虑或焦虑性抑郁的精神分裂症、焦虑性神经官能症、更年期抑郁症等。锥体外系反应与氯丙嗪相似但较轻，锥体外系反应少。

氟哌啶醇

氟哌啶醇（haloperidol）抗精神病作用及锥体外系反应均较强，镇静作用弱。因抗躁狂、抗幻觉、妄想作用显著，适用于治疗以兴奋、躁动、幻觉、妄想为主的精神分裂症及躁狂症。镇吐作用较强，用于多种疾病及药物引起的呕吐，对持续性呃逆也有效。锥体外系反应高达80%，常见急性肌张力障碍和静坐不能。长期大量应用时可致心肌损伤。

同类药物氟哌利多（droperidol）的作用短暂，临床用于增强镇痛药作用，如与芬太尼合用作安定镇痛。

五氟利多

五氟利多（penfluridol）为长效抗精神病药。口服后8~16小时血药浓度达峰值，给药一次，作用可维持1周。疗效与氟哌啶醇相似，但无明显镇静作用。常见不良反应有锥体外系反应。适用于急、慢性精神分裂症，尤其适用于慢性患者维持与巩固疗效。

二、非典型抗精神分裂症药

舒必利

舒必利（Sulpiride）对急、慢性精神分裂症有较好疗效，对长期用其他药物无效的难治病例也有一定疗效。无明显镇静作用，对自主神经系统影响较小，不良反应少，锥体外系反应轻微。本药还有抗抑郁作用，可用于治疗抑郁症。

氯氮平

氯氮平（Clozapine）抗精神病作用较强，对应用其他药物无效的病例本药仍可能有效，对精神分裂症阳性症状和阴性症状均有效。也明显改善长期应用氯丙嗪所引起的迟发性运动障碍，原有精神疾病也可得到控制。几无锥体外系反应，但可引起严重粒细胞减少。

利培酮

利培酮（Risperidone）能拮抗多巴胺D_2受体，还能拮抗$5-HT_2$受体，但不拮抗胆碱受体。有良好的抗精神病作用，可以改善精神分裂症的阳性症状，也可改善阴性症状，锥体外系反应较轻。已成为治疗精神分裂症的一线药物。

第二节　抗躁狂症药

抗躁狂症药主要用于治疗躁狂症。通常认为躁狂症的发病机制是由脑内5-羟色胺（5-HT）缺乏，而NA增多。上述抗精神病药物也可用来治疗躁狂症。临床最常用的是碳酸锂（Lithium carbonate）。

碳酸锂

【体内过程】碳酸锂口服吸收快而完全，不易通过血-脑屏障，起效较慢，主要经肾排泄，大部分在近曲小管与钠竞争中吸收，钠摄入增加可促进其排泄，钠摄入减少可导致体内锂潴留，易引起中毒。

【**药理作用及临床应用**】治疗量锂盐对健康人精神活动几无影响，但对躁狂症发作者则有显著疗效，使言语、行为恢复正常。锂盐可抑制脑内NA及DA的释放，并促进其再摄取，使突触间隙NA浓度降低，从而产生抗躁狂作用。主要用于治疗躁狂症。对精神分裂症的兴奋躁动也有效，与抗精神病药合用疗效较好，可减少抗精神病药的剂量。

【**不良反应及注意事项**】锂盐不良反应较多，有恶心、呕吐、腹泻、疲乏、震颤、口干、多尿。继续治疗1~2周症状逐渐减轻或消失。还有抗甲状腺作用，可引起甲状腺功能低下或甲状腺肿，停药后可恢复。锂盐中毒时，主要表现为中枢神经症状，如意识障碍、昏迷、肌张力增高、深反射亢进、共济失调、震颤及癫痫发作。可采用静脉注射生理盐水加速锂盐的排泄，减少中毒反应。

第三节 抗抑郁症药

抗抑郁症药是一类用于治疗情绪低落、抑郁、消极的药物。抑郁症的发病机制通常认为是由于脑内5-HT和NA均缺乏。抗抑郁症药包括三环类抗抑郁药、NA再摄取抑制药、5-HT再摄取抑制药及其他抗抑制药。

一、三环类抗抑郁药

米帕明

米帕明（imipramine）又名丙米嗪。

【**体内过程**】口服易吸收，但个体差异大。2~8小时血药浓度达峰，广泛分布于全身各组织，以脑、肝、肾及心肌分布较多。主要在肝代谢，经肾排泄。

【**药理作用**】

1. **中枢神经系统** 抑郁症患者连续用药后情绪提高、精神振奋。本药起效较慢，连用2~3周才见效。作用机制可能是通过抑制突触前膜对NA和5-HT的再摄取，使突触间隙NA、5-HT浓度升高而发挥抗抑郁作用。

2. **自主神经系统** 治疗量米帕明能阻断M胆碱受体，引起阿托品样作用。

3. **心血管系统** 米帕明能降低血压，抑制多种心血管反射，易致心律失常，引起体位性低血压及心动过速。心电图中T波低平或倒置。对心肌有奎尼丁样作用，心血管疾病患者慎用。

【**临床应用**】主要用于各型抑郁症的治疗。对内源性、反应性及更年期抑郁症疗效较好，而对精神分裂症的抑郁状态疗效较差。

【**不良反应**】最常见的不良反应有口干、便秘、视力模糊、心悸等阿托品样作用。中枢神经方面表现为乏力、肌肉震颤。用量过大有可能转为躁狂状态。个别患者出现皮疹、粒细胞减少等过敏反应，偶见皮疹、粒细胞缺乏及黄疸等过敏反应。易致尿潴留及眼内压升高，故前列腺肥大及青光眼患者禁用。

阿米替林

阿米替林（amitriptyline）对5-HT再摄取的抑制作用明显强于对NA再摄取的抑制；镇静作用和抗胆碱作用也较强。主要用于治疗各型抑郁症或抑郁状态。对内因性抑郁症和更年期抑郁症疗效较好；对反应性抑郁症及神经症的抑郁状态亦有效；对兼有焦虑和抑郁状态的患者，疗效优于米帕明；也用于治疗小儿遗尿症。不良反应与米帕明相似，但较严重。

多塞平

多塞平（doxepin）又名多虑平，作用与丙米嗪类似，抗抑郁作用比后者弱，抗焦虑作用强，镇静作用和对血压影响也比丙米嗪强，但对心脏影响小。对伴有焦虑症状的抑郁症疗效最佳，焦虑、紧张、情绪低落、行动迟缓等症状数日后即可缓解，显效需2~3周。也可用于治疗消化性溃疡。不良反应与米帕明相似，一般不用于儿童和孕妇，老年患者应适当减量。

二、NA 再摄取抑制药

地昔帕明

地昔帕明（desipramine）抑制NA摄取的效率为是抑制5-HT摄取的100倍以上；对多巴胺的摄取也有一定的抑制作用；对 α 受体和M受体的拮抗作用较弱；有轻度镇静作用，缩短REMS，但延长了深睡眠。主要用于内因性、围绝经期综合征、反应性及神经性抑郁症；与米帕明相比，不良反应较少。

三、5-HT 再摄取抑制药

氟西汀

氟西汀（fluoxetine）是一种强效选择性5-HT再摄取抑制药，比抑制NA摄取作用强200倍。口服吸收良好，血浆蛋白结合率高，主要经肝代谢。主要用于治疗抑郁症，也用于神经性贪食症的治疗。不良反应轻，偶有胃肠道症状。

目标检测

答案解析

一、单选题

1. 氯丙嗪不适用于下列哪种原因所致的呕吐（　　）
   A. 妊娠早期　　　　B. 药物　　　　C. 晕动病　　　　D. 胃肠炎　　　　E. 放射病
2. 氯丙嗪、异丙嗪及哌替啶组成的复方主要用于（　　）
   A. 抑郁症　　　　B. 精神分裂症　　　C. 人工冬眠　　　D. 心绞痛　　　　E. 高血压
3. 氯丙嗪引起的低血压应该用下列哪种药物对抗（　　）
   A. 肾上腺素　　　B. 去甲肾上腺素　　C. 多巴胺　　　　D. 异丙肾上腺素　　E. 山莨菪碱
4. 既能阻断 α 受体又能阻断M受体的药物是（　　）
   A. 阿托品　　　　B. 氯丙嗪　　　　C. 乙酰胆碱　　　D. 去甲肾上腺素　　E. 酚苄明
5. 治疗躁狂症的首选药物是（　　）
   A. 丙米嗪　　　　B. 氯丙嗪　　　　C. 氯硝西泮　　　D. 尼可刹米　　　　E. 碳酸锂

6. 治疗抑郁症最常选用的药物是（　　）

　　A．氯丙嗪　　　　B．碳酸锂　　　　C．丙米嗪　　　　D．氯氮平　　　　E．奋乃静

7. 患者，女，28岁。常出现幻觉、妄想、思维破裂等症状，该患者可以选用的药物是（　　）

　　A．丙米嗪　　　　B．地昔帕明　　　　C．碳酸锂　　　　D．氯丙嗪　　　　E．氟西汀

8. 患者，女，26岁。因患有精神分裂症，长期使用氯丙嗪治疗，治疗期间出现肌张力增高、面具脸、动作迟缓、肌肉震颤、流涎等症状，请问该症状属于哪类不良反应（　　）

　　A．急性肌张力障碍　B．帕金森病　　　C．静坐不能　　　D．迟发性运动障碍 E．过敏反应

9. 长期使用氯丙嗪造成锥体外系反应是因为其阻断了哪条通路的多巴胺受体（　　）

　　A．中脑–边缘　　　　　　　B．中脑–皮质　　　　　　　C．黑质–纹状体

　　D．结节–漏斗　　　　　　　E．导水管周围灰质

10. 下列药物中，几乎没有锥体外系反应的是（　　）

　　A．奋乃静　　　　B．氟奋乃静　　　C．氯氮平　　　D．氯丙嗪　　　E．三氟拉嗪

二、简答题

1. 简述氯丙嗪对中枢神经系统的药理作用。

2. 氯丙嗪有哪些临床应用和不良反应？

3. 比较氯氮平、利培酮等药比氯丙嗪优越的地方。

（苗久旺）

书网融合……

知识回顾　　习题

疼痛是由物理、化学或生物学等因素所致伤害性刺激而产生的痛苦感觉，常伴有不愉快的情绪以及呼吸和循环等方面的变化。疼痛也是机体的一种保护性机制，是临床许多疾病的常见症状。剧烈疼痛不仅给患者带来痛苦和紧张不安等情绪反应，还可引起机体生理功能紊乱，甚至诱发休克，需要使用镇痛药控制。由于疼痛及其特点是很多疾病的重要表现和诊断依据，故在诊断尚未明确之前，应慎用镇痛药，以免掩盖病情，贻误诊断和治疗。

按痛觉冲动的发生部位，疼痛可分为躯体痛、内脏痛和神经性痛三种类型。躯体痛是由于身体表面和身体深层组织的痛觉感受器受到各类伤害性刺激所致，又可分为急性痛（亦称锐痛）和慢性痛（亦称钝痛）两种。前者为尖锐而定位清楚的刺痛，伤害性刺激达到阈值后立即发生，刺激撤除后很快消失；后者为强烈而定位模糊的"烧灼痛"，发生较慢，持续时间较长。内脏痛是由于内脏器官、体腔壁浆膜及盆腔器官组织部位的痛觉感受装置受到炎症、压力、摩擦或牵拉等刺激所致。神经性痛是由于神经系统损伤或受到肿瘤压迫或浸润所致。

镇痛药（analgesies）是指作用于中枢神经系统特定部位，在患者意识状态下选择性地解除或减轻疼痛，并同时缓解疼痛引起的不愉快情绪的药物。因大部分药物镇痛作用与激动阿片受体有关，且易产生药物依赖性或成瘾性，故称阿片类镇痛药或麻醉性镇痛药、成瘾性镇痛药。本类药中的绝大多数被归入管制药品之列，其生产、运输、销售和使用必须严格遵守《麻醉药品和精神药品管理条例》的各项规定。

第一节　阿片生物碱类镇痛药

阿片为罂粟科植物罂粟未成熟蒴果的干燥物，内含20多种生物碱，其中吗啡、可待因和罂粟碱最为常用。吗啡、可待因均属于菲类生物碱。德国学者Sertürner于1803年首次从阿片中分离出来吗啡，后证明其有镇痛等作用。罂粟碱属于异喹啉类生物碱，主要作用为松弛平滑肌、舒张血管。

岗位情景模拟9

　　患者，女，45岁。近日因右上腹剧烈疼痛而入院，入院后，确诊为因胆囊炎所致胆绞痛，医生给予哌替啶和阿托品进行治疗。

问题与思考

治疗胆绞痛时，为何合用哌替啶和阿托品？

答案解析

吗　啡

吗啡（morphine）是阿片中的主要生物碱，含量约为10%。

【体内过程】口服易吸收，首过消除明显，生物利用度低，约为25%，故常注射给药。经皮下注射吸收后约1/3与血浆蛋白结合，游离型吗啡迅速分布于全身，仅有少量通过血–脑屏障，但足以发挥中枢性药理作用，也可通过胎盘屏障进入胎儿体内。主要在肝内与葡萄糖醛酸结合而失活，结合物及少量游离型吗啡于24小时内自肾排泄，少量经乳腺排泄。

【药理作用】

1. 对中枢神经系统的作用

（1）镇痛作用　吗啡具有强大的镇痛作用，并能改善由疼痛所带来的不良情绪。对各种疼痛均有效，但对持续性慢性钝痛作用大于间断性锐痛，对损伤、炎症及肿瘤等所致的疼痛疗效优于神经性疼痛。通常皮下注射5~10mg能明显减轻或消除疼痛，不影响意识和其他感觉。一次给药后，镇痛作用可持续4~6小时。

（2）镇静、致欣快作用　表现为嗜睡、精神朦胧、理智障碍等，在安静环境易诱导入睡，但易被唤醒。提高对疼痛的耐受力。还可产生欣快感，表现为满足感和飘然欲仙等，且对正处于疼痛折磨的患者十分明显，导致精神上和躯体上非常舒适，这可能是导致吗啡滥用的原因之一。

（3）镇咳作用　吗啡可直接抑制咳嗽中枢产生强大的镇咳作用，但易产生耐受性和依赖性，临床上用于镇咳时常用可待因代替。

（4）抑制呼吸作用　吗啡可抑制呼吸，减慢呼吸频率、降低潮气量、减少每分通气量，其中以减慢呼吸频率最为明显，急性中毒时呼吸频率可减慢至3~4次/分钟。吗啡的呼吸抑制作用与其降低呼吸中枢对CO_2的敏感性和抑制呼吸中枢均有关。呼吸肌麻痹导致的严重呼吸抑制是吗啡急性中毒致死的主要原因之一。

（5）其他　吗啡可收缩瞳孔括约肌，使瞳孔缩小，尤其是在吗啡中毒时，瞳孔极度缩小至针尖样大小，这是吗啡中毒的特征之一。可兴奋延髓催吐化学感受区，引起恶心、呕吐。

2. 对平滑肌的作用

（1）胃肠道平滑肌　吗啡可提高胃肠平滑肌张力，减慢胃蠕动和延迟排空，减弱小肠及大肠推进性蠕动，提高回盲瓣及肛门括约肌张力，并抑制消化腺的分泌，可引起便秘。

（2）胆道平滑肌　吗啡可引起胆道奥迪括约肌痉挛性收缩，使胆道排空受阻，胆囊内压提高，可引起上腹不适甚至诱发胆绞痛。因此，胆绞痛、肾绞痛患者宜联用阿托品。

（3）支气管平滑肌　大剂量可引起支气管收缩，诱发或加重支气管哮喘。

（4）其他　吗啡能提高输尿管平滑肌及膀胱括约肌张力，可引起尿潴留；降低子宫平滑肌张力，使收缩频率和收缩幅度降低，可延长产程。

3. 对心血管系统的作用
吗啡能扩张血管，降低外周阻力，可引起直立性低血压。因抑制呼吸可使CO_2蓄积，引起脑血管扩张，导致脑血流增加和颅内压增高。

4. 对免疫系统的作用
吗啡对免疫系统有抑制作用，能够降低机体的免疫力，也可抑制人类免疫缺陷病毒（human immunodeficiency virus，HIV）蛋白诱导的免疫反应，因此吗啡吸食者易致HIV感染。

【作用机制】吗啡的镇痛作用发现较早，但对吗啡镇痛机制研究的突破性进展始于1963年我国学者证明吗啡镇痛作用部位在第三脑室周围灰质。国外学者相继发现并证实了脑内和脊髓内分布有 μ、κ、δ 阿片受体。脑啡肽、β-内啡肽和强啡肽等内源性配体也相继被发现。随后内源性镇痛系统被提出，是由脑啡肽神经元、内源性阿片肽和阿片受体共同组成。痛觉传入神经末梢通过释放 SP、谷氨酸等递质，将痛觉冲动传入中枢，产生疼痛反应；脑啡肽神经元会释放阿片肽，继而激动阿片受体，通过一系列反应，产生镇痛作用。吗啡等阿片受体激动药可模拟内源性阿片肽的功能，减轻疼痛反应。

吗啡对中枢神经系统药理作用与其激活脑内不同部位的阿片受体有关，其中丘脑、脑室、导水管周围灰质及脊髓胶质区的阿片受体与其镇痛作用；杏仁核、纹状体、下丘脑及边缘系统的阿片受体与其镇静作用有关；蓝斑核中的阿片受体与其致欣快感作用有关；延髓孤束核中的阿片受体与其镇咳作用有关；中脑盖前核的阿片受体与其缩瞳作用有关。

知识拓展

吗啡镇痛部位的发现

1803 年德国化学家从阿片中分离得到吗啡，并于 1925 年确定其化学结构，后验证吗啡为阿片镇痛作用的主要成分，后来吗啡也成为临床上普遍应用的强效镇痛药。但很长一段时间，对于注射吗啡后产生镇痛作用的确切机制仍不清楚。

我国邹冈教授等老一辈药理学家对吗啡的作用机制的研究做出了杰出的贡献。经过实验研究，邹冈教授推测吗啡作用于侧脑室周围的脑结构，并设法缩小药液分布的范围，将微量吗啡注射到侧脑室周围结构以及皮层下和痛觉可能有关的结构，最终发现注入第三脑室周围灰质以后镇痛作用最明显。根据这些实验结果，邹冈教授提出了第三脑室周围灰质是吗啡产生镇痛作用部位的最新观点。1962 年，邹冈和其导师张昌绍教授共同在《生理学报》上发表了这一研究成果。随后又在家兔第三脑室周围灰质注射微量烯丙吗啡（吗啡过量的解毒药），发现能对抗吗啡产生的镇痛作用，进一步证实了吗啡在脑内产生镇痛作用的部位。1964 年这两项研究合并成一篇论文，发表在《中国科学》上，受到国内外学者的高度重视，被反复引用，并被德国药理学原副会长的 Hertz 等国际著名药理学家誉为研究吗啡作用原理的"里程碑"。

1999 年美国科学家 Mackie 等人在国际著名期刊《神经科学动态》上发表悼念邹冈的文章中指出："邹冈的研究工作在 20 世纪 70 年代初推动了重要的内源性镇痛物质脑啡肽和内啡肽的发现，这些发现证明机体具有自己的镇痛回路，它们可以被调节或者用药物激活以达到治疗目的，从而改变了科学家有关痛和镇痛的观念。"

【临床应用】

1. **镇痛**　吗啡对多种疼痛均有效，可用于治疗严重创伤、烧伤、手术等引起的剧痛和晚期癌症疼痛；对内脏平滑肌痉挛引起的疼痛，如胆绞痛和肾绞痛需联用阿托品等解痉药。久用易成瘾，除晚期癌痛外，一般仅短期用于其他镇痛药无效的剧痛。

2. **心源性哮喘**　心源性哮喘是由于左心衰竭而突发急性肺水肿，肺换气功能降低，体内缺氧导致 CO_2 潴留引起的呼吸困难。除应用强心苷类、氨茶碱及吸氧外，静脉注射吗啡常可产生良好效果。吗啡治疗心源性哮喘的机制包括：吗啡扩张外周血管，降低外周阻力，减轻心脏前、后负荷，有利于肺水肿的消除；镇静作用可消除或减轻患者的焦虑、恐惧情绪；吗啡还可降低呼吸中枢对 CO_2 的敏感性，缓解急促浅表的呼吸，利于心源性哮喘的治疗。

课堂互动 15-1

你知道心源性哮喘和支气管哮喘的发病原因有什么不同吗？

答案解析

3. 止泻　可联合复方樟脑酊用于治疗急、慢性消耗性腹泻。因腹泻常伴有细菌感染，故应同时服用抗生素类药物。

【不良反应】

1. 一般不良反应　治疗量可引起眩晕、恶心、呕吐、便秘、排尿困难、呼吸抑制、尿少、直立性低血压等。本品可使胆道压力增高甚至诱发胆绞痛等。

2. 耐受性及依赖性　连续使用治疗量的吗啡 2~3 周即可产生耐受性。还可产生精神和生理依赖性，患者有强迫用药的愿望，停药可出现戒断症状，如流泪、流涕、烦躁不安、失眠、呕吐、腹痛、腹泻、出汗，甚至虚脱、意识丧失等，因此本药应该在医生正确指导下使用，杜绝滥用。

3. 急性中毒　吗啡过量可引起急性中毒，主要表现为昏迷、严重呼吸抑制以及瞳孔缩小。其中呼吸麻痹是致死的主要原因。吗啡的中毒量为 60mg，致死量为 250mg。常伴有血压下降、严重缺氧以及尿潴留。抢救措施为人工呼吸、适量给氧以及静脉注射阿片受体阻断药纳洛酮。

【禁忌证】严重肝功能不全者及婴儿、新生儿禁用。吗啡能通过胎盘进入胎儿体内以及对抗缩宫素对子宫的兴奋作用而延长产程，因此禁用于分娩止痛；吗啡可经乳汁排泄，故禁用于哺乳期妇女止痛；由于抑制呼吸、抑制咳嗽反射以及释放组胺可致支气管收缩，故禁用于肺源性心脏病及支气管哮喘患者；由于可升高颅内压，故颅脑损伤所致颅内压增高者禁用。

哌替啶

哌替啶（pethidine）又名度冷丁，是目前临床常用的人工合成镇痛药。

【体内过程】本品口服或注射易吸收，临床常用注射给药，皮下或肌内注射吸收与起效快。血浆蛋白结合率约为 60%，能透过胎盘屏障。在肝内转化为哌替啶酸及去甲哌替啶，去甲哌替啶有中枢兴奋作用，这可能是其中毒时出现肌肉震颤、抽搐甚至惊厥的原因。代谢产物及少量药物原形经肾排泄，少量可经乳腺排泄。

【药理作用】哌替啶主要激动 μ 型阿片受体，药理作用与吗啡基本相同，但较弱。主要特点为：镇痛效价强度为吗啡的 1/7~1/10，作用持续时间短于吗啡，为 2~4 小时；镇静、致欣快、呼吸抑制和扩血管作用与吗啡相似。对平滑肌和括约肌的张力的影响较吗啡弱，且作用时间短，较少引起便秘和尿潴留。但大剂量哌替啶也可引起支气管平滑肌收缩。本品有轻微兴奋子宫作用，但对妊娠末期子宫正常收缩无影响，也不对抗缩宫素的作用，故不延缓产程。

【临床应用】

1. 镇痛　常代替吗啡用于镇痛，本品因几乎不影响子宫平滑肌收缩，故可用于分娩止痛；用于内脏绞痛时需联用阿托品类解痉药。

2. 心源性哮喘　因本品有镇静、扩血管等作用，也可用于心源性哮喘的治疗。

3. 麻醉前给药　具有镇静和减少麻醉药用量的作用，提高麻醉安全性，用于麻醉前给药。

4. 人工冬眠　本品可与氯丙嗪和异丙嗪组成冬眠合剂，用于人工冬眠。

【不良反应及用药注意】少数患者可有震颤、肌肉痉挛、惊厥等，中毒解救时可配合抗惊厥药。耐受性和依赖性较吗啡弱。治疗量可致恶心、呕吐、眩晕、出汗、口干、心悸和直立性低血压等。剂量过大可明显抑制呼吸。

芬太尼

芬太尼（fentanyl）为 μ 受体激动剂，属短效镇痛药。起效快，静脉注射后维持约10分钟；肌内注射15分钟起效，维持1~2小时。作用与吗啡相似，镇痛效力是吗啡的100倍。临床主要用于麻醉辅助用药和静脉复合麻醉，与氟哌利多合用用于神经阻滞镇痛术，用于外科小手术。不良反应有眩晕、恶心、呕吐及胆道括约肌痉挛。大剂量应用可产生明显肌肉僵直，可用纳洛酮对抗。反复用药可产生依赖性。静脉注射过快可引起呼吸抑制。不宜与单胺氧化酶抑制药合用。重症肌无力、支气管哮喘、颅脑受损引起昏迷的患者以及2岁以下儿童禁用。

舒芬太尼（sufentanil）和阿芬太尼（alfentanil）均为芬太尼的类似物，舒芬太尼镇痛作用更强，是吗啡的1000倍，而阿芬太尼弱于芬太尼。两药起效快，维持时间短。

美沙酮

美沙酮（methadone）为 μ 受体激动药，药理作用与吗啡相似，镇痛作用强度相当，持续时间较长，镇静作用较弱，耐受性与成瘾性发生较慢，戒断症状略轻。对呼吸、缩瞳、胃肠道平滑肌及胆道平滑肌的作用也较吗啡弱。由于本品能先在血管外组织结合再缓慢释放，其戒断症状出现较慢。口服美沙酮后再注射吗啡不能引起原有的欣快感，亦不出现戒断症状。主要用于吗啡和海洛因成瘾的脱毒治疗，也用于创伤、手术及癌症晚期等所导致的剧痛。不良反应有恶心、呕吐、便秘、头晕和直立性低血压等。长期用药可致淋巴细胞数增多、血浆白蛋白和糖蛋白以及催乳素含量升高。禁用于分娩止痛。

第二节　阿片受体部分激动药

喷他佐辛

喷他佐辛（pentazocine）又名镇痛新，为阿片受体部分激动药，可激动 κ 受体和拮抗 μ 受体。

【体内过程】本品口服、皮下和肌内注射均易吸收，口服首过消除明显。血浆蛋白结合率约为60%，能透过胎盘屏障，主要经肝脏代谢，代谢速率个体差异较大，是其镇痛效果个体差异大的主要原因。大部分以代谢物形式和少量以原形经肾脏排泄。

【药理作用】镇痛作用为吗啡的1/3，呼吸抑制作用为吗啡的1/2，呼吸抑制程度并不随剂量增加而加重，故相对较为安全。对胃肠道平滑肌及胆道平滑肌的作用也较吗啡弱，不引起便秘，升高胆囊内压不明显。对心血管系统的作用与吗啡不同，大剂量可加快心率和升高血压，这与升高血中儿茶酚胺浓度有关。不易产生药物依赖性，已被列入非麻醉药品管理范围。

【临床应用】适用于各种慢性疼痛，对剧痛的止痛效果不及吗啡，也可用于产科止痛。

【不良反应】常见嗜睡、眩晕、出汗、轻微头痛，也可引起烦躁、幻觉、噩梦、血压升高、心率增快、思维障碍和发音困难等不良反应。反复用药，也导致依赖性，但戒断症状较轻。

第三节　其他镇痛药

曲马多

曲马多（tramadol）为中枢性镇痛药，镇痛效力与喷他佐辛相当，镇痛作用强度约为吗啡的1/3，呼吸抑制作用弱，对胃肠道无影响，也无明显的心血管作用。适用于中、重度急、慢性疼痛，如手术、创伤、分娩及肿瘤晚期等疼痛。不良反应有多汗、头晕、恶心、呕吐、面部潮红、心动过速等。

布桂嗪

布桂嗪（bucinnazine）镇痛效力约为吗啡的1/3，呼吸抑制和胃肠道作用较轻。主要用于偏头痛、三叉神经痛、炎症性及外伤性疼痛、关节痛、痛经及晚期癌疼痛。不良反应有眩晕、恶心、困倦等神经系统反应，停药后即消失。

罗通定

罗通定（rotundine）为中药延胡索中所含的生物碱四氢帕马丁的左旋体。

本药有镇静、安定、镇痛和中枢性肌肉松弛作用。镇痛作用较哌替啶弱，但较解热镇痛药作用强，成瘾性小。对慢性持续性钝痛效果较好，对创伤或手术后疼痛或晚期癌症的止痛效果较差。主要用于内脏钝痛、一般性头痛以及脑震荡后头痛，也可用于痛经及分娩止痛。本类药物对产程及胎儿均无不良影响。

第四节　阿片受体阻断剂

纳洛酮

纳洛酮（naloxone）对阿片受体有较强的亲和力，但几乎无内在活性，对各型阿片受体都有竞争性拮抗作用，作用强度依次为 μ > κ > δ 受体。口服易吸收，但因口服时首过消除明显，故常静脉给药。临床可用于阿片类药物急性中毒，解救呼吸抑制及其他中枢抑制症状。本药能诱发戒断症状，可用于阿片类成瘾者的鉴别诊断。也可试用于急性乙醇中毒、休克、脊髓损伤、中风以及脑外伤等。

纳曲酮

纳曲酮（naltrexone）与纳洛酮相似，口服易吸收，作用强度是纳洛酮的2倍，且作用维持时间较长。临床主要用于阿片生物碱类药物成瘾者的脱毒治疗。

目标检测

答案解析

一、单选题

1. 吗啡中毒致死的主要原因是（　　）
   A．昏睡　　　　　　B．肌肉震颤　　　　C．血压降低　　　　D．呼吸肌麻痹　　　　E．心律失常

2. 吗啡禁用于（　　）
   A．癌性疼痛　　　　B．心源性哮喘　　　C．支气管哮喘　　　D．烧伤　　　　　　　E．胆绞痛

3. 肝癌晚期患者的剧烈疼痛，可以选用的镇痛药物是（　　）
   A．双氯芬酸　　　　B．阿司匹林　　　　C．可待因　　　　　D．哌替啶　　　　　　E．吲哚美辛

4. 下列属于阿片受体阻断药的是（　　）
   A．吗啡　　　　　　B．可待因　　　　　C．纳洛酮　　　　　D．哌替啶　　　　　　E．美沙酮

5. 胆绞痛发作，疼痛难忍，宜选用的药物是（　　）
   A．阿托品＋阿司匹林　　　　　　　B．哌替啶＋阿司匹林　　　　　　C．罗通定＋阿司匹林
   D．阿托品＋哌替啶　　　　　　　　E．阿托品＋吲哚美辛

6. 下列不属于哌替啶临床应用的是（　　）
   A．癌症剧痛　　　　B．心源性哮喘　　　C．严重烧伤后疼痛　　D．人工冬眠　　　　E．缩瞳

7. 成瘾性极小，未被列入麻醉药品的是（　　）
   A．芬太尼　　　　　B．喷他佐辛　　　　C．美沙酮　　　　　D．可待因　　　　　　E．吗啡

8. 与吗啡的镇痛机制有关的是（　　）
   A．阻断阿片受体　　　　　　　　　B．激动中枢的阿片受体　　　　　C．抑制中枢PG合成
   D．抑制外周PG合成　　　　　　　　E．以上均不是

9. 下列可用于人工冬眠的药物是（　　）
   A．吗啡　　　　　　B．哌替啶　　　　　C．喷他佐辛　　　　D．美沙酮　　　　　　E．硫喷妥钠

10. 镇痛药严格控制使用的主要原因是（　　）
    A．低血压　　　　　B．急性中毒　　　　C．成瘾性强　　　　D．抑制呼吸　　　　　E．价格昂贵

11. 患者，女，34岁。因大面积烧伤入院，经清创处理后，医生针对患者出现的严重疼痛给予吗啡治疗，下列作用中与吗啡无关的是（　　）
    A．直立性低血压　　B．呼吸抑制　　　　C．便秘　　　　　　D．腹泻　　　　　　　E．镇咳

12. 患者，男，58岁。近日突感身体不适，发生剧烈咳嗽，咯出粉红色泡沫样液痰，入院查体，诊断为心源性哮喘，该患者可选用下列哪个药物治疗（　　）
    A．阿司匹林　　　　B．阿托品　　　　　C．芬太尼　　　　　D．吗啡　　　　　　　E．东莨菪碱

13. 下列药物禁用于支气管哮喘的是（　　）
    A．特布他林　　　　B．异丙肾上腺素　　C．氨茶碱　　　　　D．沙丁胺醇　　　　　E．吗啡

14. 连续反复应用吗啡可引起的不良反应是（　　）
    A．恶心、呕吐、便秘　　　　　　　B．易产生耐受性和依赖性　　　　C．血压升高
    D．呼吸肌麻痹　　　　　　　　　　E．呼吸急促

二、简答题

1. 简述吗啡对中枢神经系统的药理作用。

2．简述哌替啶的临床用途。

3．吗啡在治疗胆绞痛时为何要联用阿托品？

（苗久旺）

书网融合……

知识回顾　　习题

第十六章　解热镇痛抗炎药

PPT

知识要求：

1. 掌握解热镇痛抗炎药的共同药理作用和作用机制，阿司匹林的药理作用、临床应用及不良反应。

2. 熟悉常用解热镇痛药的药理作用特点和临床应用及其在复方中的应用。

3. 了解其他解热镇痛抗炎药作用特点和临床应用。

技能要求：

1. 熟练掌握正确使用解热镇痛抗炎药的能力。

2. 学会观察解热镇痛抗炎药的疗效及药物不良反应。

岗位情景模拟 10

　　患者，男，20岁。近日因感冒导致发热，体温为40℃，采用物理降温方法无效，医生给予对乙酰氨基酚片进行治疗，30分钟后，体温降低为36.5℃。

问题与思考

请问对乙酰氨基酚有何药理作用？

答案解析

第一节　解热镇痛抗炎药的基本药理作用

　　解热镇痛抗炎药（antipyretic-analgesic and anti-inflammatory drugs）是一类具有解热、镇痛作用，大部分还有抗炎、抗风湿作用的药物。本类药物作用机制相同，即抑制环氧酶（cycloxygenase，COX），从而减少前列腺素（prostaglandins，PGs）的生物合成。因化学结构及其抗炎作用不同于糖皮质激素，故将这类药物又称为非甾体抗炎药（non-steroidal anti-inflammatory drugs，NSAIDs）。

一、解热作用

　　正常体温受下丘脑体温调节中枢调控，通过调节产热和散热过程，使体温维持在正常水平。外热原（细菌、病毒、内毒素等）可使白细胞或炎症组织产生内热原，如白细胞介素（IL-1β、IL-6等）、干扰素（IFN-α、IFN-β）和肿瘤坏死因子（TNF-α）等，激活环氧酶（COX），使下丘脑PGE_2合成增加，体温调定点上移，产热增加、散热减少，使体温升高。

NSAIDs抑制COX，减少PG的合成，使体温调定点恢复至正常水平，发挥解热作用。本类药能降低发热者的体温，但对正常人的体温几无影响，是临床上常用的解热药物。

二、镇痛作用

当组织受损或炎症时，局部产生并释放某些致痛化学物质如缓激肽、PG等，作用于神经末梢，引起疼痛。NSAIDs的镇痛机制主要是通过抑制病变部位COX而减少PG的合成，进而减轻疼痛。本类药物镇痛作用部位主要在外周，对中等程度的疼痛有较好的镇痛效果，久用不产生耐受性和依赖性。

三、抗炎和抗风湿作用

PG是参与炎症反应的重要生物活性物质，可致血管扩张和组织水肿，与缓激肽等协同致炎。在炎症组织（包括类风湿关节炎组织）中，均发现有大量前列腺素。NSAIDs主要通过抑制前列腺素的合成而产生抗炎作用。对于慢性炎症疾病，如风湿性关节炎，此类药物可改善症状，但不能根治。

> #### ✍ 知识拓展
>
> COX是前列环素化合物生物合成的关键酶，主要有两种类型：环氧酶-1（COX-1）和环氧酶-2（COX-2）。COX-1分布于胃肠道、血管、血小板及内脏等，具有保护胃肠、调节血小板聚集、降低外周血管阻力等生理功能。COX-2需要经过诱导产生，细胞因子与炎症介质能诱导COX-2表达，增加PG合成，参与机体炎症反应等病理过程。
>
> 目前认为，NSAIDs对COX-1的抑制构成了其不良反应的毒理学基础，对COX-2的抑制是其发挥药效的基础。选择性抑制COX-2是治疗炎症的新途径。近年来研究发现，还存在其他的COX亚型。新的COX亚型COX-3已经被发现，但其作用有待进一步研究。

第二节　常用解热镇痛抗炎药

一、非选择性环氧酶抑制药

（一）水杨酸类

阿司匹林

阿司匹林（aspirin）又名乙酰水杨酸。

【体内过程】口服易吸收，药物剂型、pH值、食物等均可影响其吸收，吸收后迅速被水解为水杨酸盐并分布于各组织，可进入关节腔、脑脊液、乳腺，易通过胎盘屏障。主要在肝脏代谢，经肾排泄。碱性尿可促进其解离，减少肾小管的重吸收而增加排泄，故水杨酸类药物中毒时，可用碳酸氢钠碱化尿液以加速其排泄。

【药理作用及临床应用】

1. **解热镇痛作用**   阿司匹林解热镇痛作用较强，常与其他药物制成复方制剂用于感冒发热及其他原因引起的发热症状，用于头痛、牙痛、关节痛、肌肉痛、神经痛及痛经等中等程度的疼痛。

2. **抗炎、抗风湿作用**   大剂量（每日3~4g）阿司匹林的抗炎、抗风湿作用较强，可使急性风湿热患者于24~48小时内退热，关节红肿及疼痛缓解，血沉下降。由于控制急性风湿热的疗效迅速而确实，故也可用于鉴别诊断。对类风湿关节炎也可迅速镇痛，消退关节炎症，减轻关节损伤。

3. **抑制血小板聚集、抑制血栓形成作用**   小剂量（75~150mg）阿司匹林时可抑制血小板COX-1，减少TXA_2的生成而抗血小板聚集，较大剂量（300mg）时也能抑制血管内皮的COX-1，使前列环素（PGI_2）减少，可抑制血栓形成。因此，临床常用小剂量（每日50~100mg）阿司匹林治疗缺血性心脏病、房颤、脑缺血病、人工心脏瓣膜或手术后的血栓形成等。

【不良反应】

1. **胃肠道反应**   最为常见。口服可引起恶心、呕吐、上腹部不适等，较大剂量或长期服用易诱发胃炎、胃溃疡和胃出血，也可使原有溃疡病症状加重。饭后服用或使用肠溶片可减轻胃肠道反应。阿司匹林引起胃肠道反应的原因是其直接刺激局部胃黏膜细胞，并抑制胃壁组织COX-1，而减少前列腺素如PGE_2的生成，胃壁前列腺素对胃黏膜细胞有保护作用。合成PGE_1的衍生物米索前列醇可减少胃溃疡的发生率。

🖥 **课堂互动 16-1** ——————————————————————————

阿司匹林应该什么时间服用？

————————————————————————————————

答案解析

2. **凝血障碍**   小剂量阿司匹林可能诱发出血倾向，大剂量时因抑制凝血酶原合成引起出血，用维生素K可以预防。手术前1周应停用，以防出血。

3. **过敏反应**   少数患者发生荨麻疹、血管神经性水肿等。支气管哮喘患者可能诱发哮喘发作，称为阿司匹林哮喘。其发生原因是COX被抑制，由花生四烯酸生成的白三烯等致敏物质增多，导致支气管收缩，进而诱发哮喘。

4. **水杨酸反应**   长期大剂量使用易致中毒，表现有头痛、眩晕、恶心、呕吐、耳鸣、听力下降等，总称为水杨酸反应。须及时停药，同时使用碳酸氢钠碱化血液和尿液。

5. **瑞夷综合征（Reye syndrome）**   儿童患病毒性感染应用阿司匹林可能发生致死性脑病，伴有肝脂肪变性及功能障碍，称为瑞夷综合征。发生率低，但死亡率高。表现为发热、呕吐、惊厥、颅内压升高、昏迷等症状，可有一过性的肝功能异常。故14岁以下儿童病毒感染者禁用。

6. **肾损伤**   对正常肾功能无明显影响。但对老年人，尤其是伴有心、肝、肾功能损害者，可引发肾脏损害，如血管收缩性肾衰竭、肾乳头坏死、间质性肾炎等。

【药物相互作用】与香豆素、磺酰脲、糖皮质激素等合用，因发生血浆蛋白的置换作用，能延长出血时间，诱发低血糖反应、溃疡等。与氨茶碱、碳酸氢钠等碱性药物合用可降低阿司匹林疗效；与酸性药物合用可增强阿司匹林疗效。

（二）苯胺类

对乙酰氨基酚

对乙酰氨基酚（acetaminophen）又名扑热息痛。

【体内过程】口服易吸收，主要经肝脏代谢，大部分与葡萄糖醛酸结合，少量与硫酸结合失效后经肾排泄。

【药理作用及临床应用】对乙酰氨基酚的解热镇痛作用强度与阿司匹林相似，但几乎无抗炎抗风湿作用。主要用于发热、头痛、女性痛经、肌肉痛、神经痛、关节痛等。对胃的刺激较阿司匹林轻，临床最为常用，也可与其他成分组成复方应用。

【不良反应及用药注意】不良反应很少，偶见过敏反应，如皮疹、药热及黏膜损害。但大剂量可发生严重的肝肾的毒性反应。

（三）吲哚类

吲哚美辛

吲哚美辛（indometacin）又名消炎痛。

【体内过程】口服易吸收，约90%与血浆蛋白结合。主要经肝脏代谢，代谢物由尿、胆汁及粪便排出。

【药理作用】引哚美辛是目前最强的COX抑制药，具有显著的抗炎抗风湿和解热镇痛作用。其抗炎抗风湿作用强于阿司匹林，而解热镇痛作用接近阿司匹林。对COX-1和COX-2均有强大的抑制作用。

【临床应用】适用于风湿、类风湿关节炎、强直性脊柱炎、急性痛风，还可用于肌腱炎、滑囊炎、创伤性骨膜炎；也可应用于癌症发热及其他原因引起的不易控制的发热。

【不良反应】不良反应较多而严重，因此其临床应用受到限制。35%~50%患者出现不良反应，而约有20%患者因不良反应严重而被迫停药。大多数不良反应与剂量过大有关。

1. **胃肠道反应**　常见恶心、呕吐、腹痛、气胀、腹泻、消化性溃疡，甚至胃出血等。
2. **中枢神经系统反应**　约1/4以上的患者有头痛、眩晕、精神失常等。
3. **造血系统反应**　可引起白细胞减少、溶血性贫血、再生障碍性贫血、血小板减少性紫癜。
4. **过敏反应**　本药与阿司匹林有交叉过敏反应，表现为皮疹、血管神经性水肿、呼吸困难等。
5. **肝肾等损害**　可引起肝炎、黄疸等肝功能损伤，也可引起间质性肾炎、肾乳头坏死及肾功能不全等。

【禁忌证】对阿司匹林过敏者、哺乳期妇女、儿童以及抑郁症、消化性溃疡、癫痫、帕金森病及肾病患者禁用。孕妇忌用。

（四）异丁芬酸类

舒林酸

舒林酸（sulindac）药理作用和临床应用与吲哚美辛相似，作用强度比吲哚美辛弱，但比阿司匹林强。主要用于治疗类风湿关节炎、骨关节病、关节强直性脊柱炎。不良反应有恶心、呕吐、腹泻及便秘等。

（五）芳基乙酸类

双氯芬酸

双氯芬酸（diclofenac）因抑制PG合成而具有解热镇痛和抗炎抗风湿作用。主要用于风湿性、类风湿关节炎。双氯芬酸二乙胺乳胶剂广泛用于缓解肌肉、软组织扭伤、拉伤等疼痛。主要不良反应是胃肠道反应，偶见肝功能异常、白细胞减少等。肝、肾功能损害，消化性溃疡，对阿司匹林过敏者以及妊娠早期禁用。

（六）芳基丙酸类

布洛芬

布洛芬（ibuprofen）口服吸收完全，经1~2小时血药浓度达峰值，血浆蛋白结合率达99%，分布广泛，主要经肝脏代谢，经肾排泄。有解热镇痛及抗炎作用，抗炎作用更突出。主要用于风湿性、类风湿关节炎，骨关节炎，强直性脊柱炎，还可用于头痛、牙痛、肌肉痛、术后痛、痛经等。

与阿司匹林及吲哚美辛比较，布洛芬较少发生胃肠道反应，可有皮疹等过敏反应，也可有头痛、眩晕、视力模糊等。

（七）烯醇酸类

吡罗昔康

吡罗昔康（piroxicam）抑制COX的作用与吲哚美辛相等。适用于治疗风湿性及类风湿关节炎、强直性脊柱炎及急性痛风等。胃肠道不良反应少见，剂量过大或长期服用可致消化性溃疡，甚至出血。偶见造血系统损害，如再生障碍性贫血、粒细胞减少。

二、选择性 COX-2 抑制药

塞来昔布

塞来昔布（celecoxib）是第一个上市的选择性COX-2抑制药，对COX-2的抑制作用强，而对COX-1无明显影响，也不影响TXA_2的合成。本品口服吸收迅速，达峰时间3小时，血浆蛋白结合率高，绝大多数以羧酸和葡萄糖醛酸结合物的形式从尿和粪便中排出，肝、肾功能不全者其排泄明显减慢。主要用于治疗骨关节炎、风湿性关节炎和骨关节炎，也可用于术后急性疼痛、牙痛、痛经等。不良反应少而轻，但仍会影响肝肾功能，用药期间要定期检查肝肾功能。

目标检测

答案解析

一、单选题

1. 解热镇痛抗炎药的作用机制是（ ）

A．直接抑制中枢神经系统　　　　B．抑制PG的生物合成　　　　C．减少PG的分解代谢

D．阻断PG受体　　　　　　　　E．直接对抗PG的生物活性

2．下列哪种药可发生水杨酸反应（　　）

A．阿司匹林　　　B．对乙酰氨基酚　　C．吲哚美辛　　　　D．布洛芬　　　　E．萘普生

3．下列不属于非甾体抗炎药的是（　　）

A．地塞米松　　　B．阿司匹林　　　　C．吲哚美辛　　　　D．尼美舒利　　　E．双氯芬酸

4．在解热镇痛抗炎药中，对PG合成酶抑制作用最强的是（　　）

A．阿司匹林　　　B．对乙酰氨基酚　　C．吲哚美辛　　　　D．布洛芬　　　　E．萘普生

5．阿司匹林通过抑制下列哪种酶而发挥解热镇痛作用（　　）

A．肝药酶　　　　B．脂肪氧合酶　　　C．磷脂酶　　　　　D．环氧酶　　　　E．单胺氧化酶

6．阿司匹林小剂量服用可预防脑血栓形成，是因为下列哪项作用（　　）

A．抑制前列腺素合成酶，减少TXA_2的生成　　　　B．稳定溶酶体膜

C．解热作用　　　　　　　　　　　　　　　　　　D．抗炎作用

E．水杨酸反应

7．有解热镇痛药作用，但是无抗炎、抗风湿作用的药物是（　　）

A．塞来昔布　　　B．对乙酰氨基酚　　C．吲哚美辛　　　　D．布洛芬　　　E．阿司匹林

8．过量可引起肝损害的解热镇痛药是（　　）

A．阿司匹林　　　B．对乙酰氨基酚　　C．吲哚美辛　　　　D．布洛芬　　　E．萘普生

9．患者，女，26岁。因天气转冷未注意保暖，出现头痛、发热等症状，采用物理降温措施后，症状未减轻，体温39℃。该患者可选择哪种药（　　）

A．吗啡　　　　　B．对乙酰氨基酚　　C．阿托品　　　　　D．氯丙嗪　　　E．地西泮

10．患者，男，53岁。患有冠心病，为预防发作。下列最适合该患者的药物是（　　）

A．对乙酰氨基酚　B．布洛芬　　　　　C．阿司匹林　　　　D．尼美舒利　　　E．吡罗昔康

11．用阿司匹林预防血栓时，应该选择哪种剂量（　　）

A．50~100mg　　B．300mg　　　　　C．400mg　　　　　D．500mg　　　　E．600mg

12．属于选择性抑制环氧酶-2的药物是（　　）

A．塞来昔布　　　B．吲哚美辛　　　　C．对乙酰氨基酚　　D．双氯芬酸　　　E．阿司匹林

五、简答题

1．解热镇痛药的共同药理作用和作用机制是什么？

2．阿司匹林有哪些不良反应？

3．比较阿司匹林和吗啡在镇痛方面的差异。

4．比较阿司匹林和氯丙嗪在降低机体体温方面的差异。

（苗久旺）

书网融合……

PPT

学习目标

知识要求：

1. 熟悉咖啡因、尼可刹米、山梗菜碱的作用、临床应用及不良反应。
2. 了解常用促大脑功能恢复药的作用及应用。

技能要求：

1. 熟练掌握正确使用常用中枢兴奋药的能力。
2. 学会观察中枢兴奋药的疗效及药物不良反应。

岗位情景模拟 11

患者，女，56岁，意识障碍1小时。患者于入院3小时前吞服大量吗啡缓释片，被家人发现送入院。体格检查：体温36℃，脉搏69次/分，呼吸8次/分，血压95/70mmHg；口唇发绀，昏睡状态，瞳孔扩大。诊断为急性吗啡中毒。除常规处理外，予以尼可刹米0.5g快速静脉注射，用药过程中患者出现了肌肉强直表现。

问题与思考

1. 该患者注射尼可刹米时为什么会出现肌肉强直？
2. 此时应如何处理？应用尼可刹米需要注意哪些事项？

答案解析

第一节　中枢兴奋药

中枢兴奋药（central stimulants）是一类可选择性兴奋中枢神经系统，提高中枢神经系统功能活动的药物。按其作用部位可分为以下三类。

①主要兴奋大脑皮质的药物，如咖啡因、哌甲酯等。

②主要兴奋延髓呼吸中枢的药物，又称呼吸兴奋药，如尼克刹米、洛贝林等。

③主要兴奋脊髓的药物，如士的宁等，因此类药物毒性较大，临床应用非常有限。本章仅介绍前两类药物。

中枢兴奋药对中枢神经系统不同部位有一定的选择性，随剂量的增加，其作用范围也随之扩大，甚至引起中枢神经系统广泛兴奋而导致惊厥。因此，严格控制用药剂量和用药间隔时间是该类药物合理应用的关键。

一、主要兴奋大脑皮质的药物

咖啡因

咖啡因（caffeine）是咖啡豆和茶叶中的主要生物碱，属于黄嘌呤类生物碱。临床常用制剂为苯甲酸钠咖啡因（又称安钠咖，为咖啡因与苯甲酸钠构成的复盐）

【药理作用】咖啡因具有兴奋中枢神经系统和心肌、松弛平滑肌及利尿等作用，兴奋中枢作用较强，外周作用较弱。

1. **中枢神经系统作用** 咖啡因兴奋中枢神经系统的范围与剂量有关。小剂量能兴奋大脑皮质，可缓解疲劳、振奋精神、思维活跃，提高工作效率；较大剂量时，能直接兴奋延髓呼吸中枢和血管运动中枢，增加呼吸中枢对CO_2的敏感性，使呼吸加快，血压升高，在呼吸中枢受抑制时该作用尤为显著。达到中毒剂量则可引起中枢神经系统广泛兴奋，导致惊厥。

2. **心血管系统作用** 咖啡因可直接兴奋心脏，使心肌收缩力加强，心率加快；也可直接扩张血管使血压下降。但这些心血管的外周作用常被兴奋迷走中枢及血管运动中枢的作用所掩盖，故无实际应用意义。咖啡因对脑血管有收缩作用，减少脑血流量，减轻脑血管搏动幅度，可缓解头痛症状。

3. **其他作用** 咖啡因可舒张支气管平滑肌，并拮抗组胺、毒蕈碱引起的支气管痉挛；还可舒张胆道及胃肠道平滑肌。亦可通过增加肾小球滤过率，减少肾小管对Na^+的重吸收而产生利尿作用；还具有促进胃酸分泌的作用。

【临床应用】主要用于对抗严重传染病和中枢抑制药（如镇静催眠药、抗组胺药、阿片类镇痛药等）中毒所引起的昏睡、呼吸和循环抑制，可肌内注射安钠咖。咖啡因还与解热镇痛药组成口服复方制剂治疗一般性头痛，与麦角胺配伍治疗偏头痛。

📝 **知识拓展**

偏头痛（migraine）是临床最常见的原发性头痛类型，多起病于儿童和青春期，女性多见，月经期容易发作，而妊娠期或绝经后发作减少或停止。偏头痛的病因尚不明确，可能与遗传、内分泌、饮食及精神等多方面因素有关，临床以发作性中重度、搏动样头痛为主要表现，头痛多为偏侧，一般持续4~72小时，可伴有恶心、呕吐，光、声刺激或日常活动均可加重偏头痛，安静环境、充足休息可缓解头痛。目前无特效治疗方法，可根除偏头痛，最有效的治疗方式是在偏头疼的间隙期避免诱发因素进行预防。偏头痛的治疗目的是减轻或终止头痛发作，缓解伴发症状，预防头痛复发。大多数患者预后良好，偏头痛可随年龄的增长而症状逐渐缓解，部分患者可在60~70岁时偏头痛不再发作。

【不良反应及注意事项】治疗量不良反应较少。药物过量可引起烦躁不安、失眠、心悸、头痛、恶心、呕吐，可致惊厥，故婴幼儿高热宜选用不含咖啡因的解热复方制剂。因可增加胃酸分泌，消化性溃疡患者不宜使用。长期应用可产生耐受性和依赖性。

课堂互动 17-1

在我国纯咖啡因及安钠咖制剂均被列为第二类精神药品管制。贩卖、运输、制造咖啡因属刑事罪行，但在日常生活中我们可饮用的咖啡饮料中亦含有咖啡因，为什么咖啡的购买消费没有受到严格管制？

答案解析

哌甲酯

哌甲酯（methylphenidate）也称利他林，化学结构与具有中枢兴奋作用的苯丙胺相似，作用性质也相似，但交感作用弱，中枢兴奋作用较温和。治疗量下可兴奋大脑皮质和皮质下中枢，能振奋精神，消除疲劳，解除中枢神经轻度抑制。较大剂量能兴奋延髓呼吸中枢，过量则可致惊厥发作。临床常用于巴比妥类及其他中枢抑制药过量中毒的救治，也用于轻度抑郁症、小儿遗尿症、儿童多动综合征等。

治疗量时不良反应较少，偶有焦虑、失眠、兴奋、心悸、口干等。大剂量尤其是注射给药时可引起血压升高、头痛、眩晕，甚至惊厥。久用可产生耐受和精神依赖，儿童长期应用可影响其生长发育，故6岁以下儿童不宜使用。癫痫及高血压患者禁用。

二、主要兴奋呼吸中枢的药物

尼可刹米

尼可刹米（nikethamide，可拉明）作用相对温和，安全范围较大，一次静脉给药仅维持5~10分钟，属短效呼吸中枢兴奋剂，临床常需重复间歇给药。

【药理作用】治疗量可直接兴奋延髓呼吸中枢，也可刺激颈动脉体和主动脉体化学感受器而反射性兴奋呼吸中枢，提高呼吸中枢对CO_2的敏感性，使呼吸加深加快。另外，对大脑皮质、血管运动中枢和脊髓的兴奋作用较弱，一般不易引起惊厥。

【临床应用】常用于各种原因引起的中枢性呼吸抑制。对吗啡中毒引起的呼吸抑制及肺源性心脏病引起的呼吸衰竭效果较好，对吸入性全麻药中毒次之，对巴比妥类中毒效果较差。

【不良反应及注意事项】治疗量不良反应较少，过量可致血压升高、心动过速、咳嗽、呕吐、出汗、肌震颤等。中毒时可致惊厥，可静脉注射地西泮解救。

洛贝林

洛贝林（lobeline，山梗菜碱）是从山梗菜中提取的生物碱，现已能人工合成。

【药理作用】治疗量洛贝林对呼吸中枢无直接兴奋作用，可通过兴奋颈动脉体和主动脉体化学感受器，反射性兴奋呼吸中枢，使呼吸加深加快。维持时间短，每次给药仅维持数分钟，但安全范围大，不易引起惊厥。

【临床应用】主要用于新生儿窒息、小儿感染性疾病引起的呼吸衰竭、一氧化碳中毒引起的窒息及中枢抑制药中毒引起呼吸抑制的救治。

【不良反应及注意事项】剂量过大可兴奋迷走神经中枢，导致心动过缓和传导阻滞。中毒量则可兴奋交感神经节和肾上腺髓质，导致血压升高、心动过速，也可引起惊厥。

二甲弗林

二甲弗林（dimefline，回苏灵）可直接兴奋呼吸中枢，其作用较尼可刹米强100倍。起效快，但维持时间短。临床用于各种原因引起的中枢性呼吸抑制，对肺性脑病有较好的苏醒作用。本药安全范围小，过量易引起惊厥，小儿尤易发生。静脉给药需稀释后缓慢注射。有惊厥史者、吗啡中毒者慎用，孕妇禁用。

多沙普仑

多沙普仑（doxapram）为人工合成的新型呼吸中枢兴奋药，作用机制和维持时间与尼可刹米相似。具有起效快、作用强、安全范围大、疗效确切等优势。临床用于治疗麻醉药或中枢抑制药引起的呼吸抑制、急性肺通气不全。药物过量可致心律失常、惊厥等。

第二节　促大脑功能恢复药

吡拉西坦

吡拉西坦（piracetam）为 γ-氨基丁酸的环形衍生物，能直接兴奋大脑皮质，具有激活、保护、修复脑细胞的作用；能增强记忆，保护缺氧脑组织；能促进大脑对氨基酸和磷脂的吸收，促进蛋白质的合成及对葡萄糖的利用，促进ATP的合成。吡拉西坦具有选择性高、无镇静或精神兴奋作用、无依赖性等优势。临床可用于脑动脉硬化、脑外伤后遗症、阿尔茨海默病、药物及一氧化碳中毒所致的思维障碍及儿童智力低下等。不良反应轻微，个别可有口干、食欲减退、呕吐等消化道反应。

甲氯芬酯

甲氯芬酯（meclofenoxate，氯酯醒）主要兴奋大脑皮质，能促进脑细胞代谢，增加脑细胞对糖类的摄取利用，对抑制状态的中枢神经兴奋作用较为明显。临床用于治疗颅脑外伤后昏迷、新生儿缺氧症、阿尔茨海默病、小儿遗尿、乙醇中毒和脑动脉硬化及中毒所致的意识障碍等。

胞磷胆碱

胞磷胆碱（citicoline）为胆碱和胞苷的衍生物，能促进卵磷脂的合成而改善细胞代谢，增加脑组织血流量及对氧的摄取利用，可促进脑组织功能的恢复；还能增强脑干网状结构上行激活系统及锥体系统的功能，改善运动麻痹，并有一定作用的促苏醒作用。临床主要用于急性脑外伤和脑手术后的意识障碍、脑梗死急性期的意识障碍。

目标检测

答案解析

一、单选题

1. 能直接兴奋和反射兴奋呼吸中枢的药物是（　　）

A．咖啡因　　　　B．尼可刹米　　　　C．洛贝林　　　　D．二甲弗林　　　　E．吡拉西坦

2．中枢兴奋药主要应用于（　　）

A．呼吸肌麻痹所致呼吸抑制　　　B．中枢性呼吸抑制　　　　　C．低血压状态

D．支气管哮喘所致呼吸困难　　　E．惊厥后出现的呼吸抑制

3．以下不属于中枢兴奋药的是（　　）

A．咖啡因　　　　B．洛贝林　　　　C．尼可刹米　　　　D．二甲弗林　　　　E．吗啡

4．一氧化碳中毒宜选用（　　）

A．咖啡因　　　　B．贝美格　　　　C．洛贝林　　　　D．二甲弗林　　　　E．甲氯芬酯

5．可用于治疗偏头痛的药物是（　　）

A．哌甲酯　　　　B．吡拉西坦　　　　C．洛贝林　　　　D．二甲弗林　　　　E．咖啡因

6．尼可刹米对下列哪种呼吸衰竭疗效较差（　　）

A．巴比妥类中毒　　B．肺源性心脏病　　C．硫酸镁中毒　　D．吸入麻醉药中毒　E．吗啡中毒

7．治疗新生儿窒息的首选药是（　　）

A．可拉明　　　　B．回苏灵　　　　C．咖啡因　　　　D．洛贝林　　　　E．胞磷胆碱

8．主要通过刺激颈动脉体和主动脉体的化学感受器，反射性兴奋呼吸中枢的药物是（　　）

A．尼可刹米　　　　B．二甲弗林　　　　C．洛贝林　　　　D．哌甲酯　　　　E．咖啡因

9．吗啡急性中毒引起的呼吸抑制，最宜选用的中枢兴奋药是（　　）

A．咖啡因　　　　B．二甲弗林　　　　C．甲氯芬酯　　　　D．洛贝林　　　　E．尼可刹米

10．用于治疗儿童多动症的药物是（　　）

A．咖啡因　　　　B．哌甲酯　　　　C．二甲弗林　　　　D．山梗茶碱　　　　E．甲氯芬酯

（11~12题共用题干）

患者，男，65岁，退休矿工，因职业病于15年前退休，因呼吸道感染入院，入院后第3天出现呼吸困难，发绀，神志不清，PO_2 50mmHg，PCO_2 56mmHg。查体：T 36.2℃，P 81次/分钟，BP 90/56mmHg。诊断为呼吸衰竭。

11．下列药物适合该患者选用的是（　　）

A．咖啡因　　　　B．哌甲酯　　　　C．尼可刹米　　　　D．洛贝林　　　　E．吡拉西坦

12．关于该药物的作用部位下列叙述正确的是（　　）

A．脊髓兴奋药　　　　B．反射性兴奋药　　　　C．主要兴奋大脑皮质药

D．兴奋延髓　　　　E．兴奋呼吸中枢

二、简答题

1．简述中枢兴奋药的分类及代表药。

2．临床应用呼吸兴奋药时应注意哪些问题？

（陈根林）

书网融合……

知识回顾　　　习题

PPT

学习目标

知识要求：

1. 掌握呋塞米、氢氯噻嗪和螺内酯的利尿作用、临床应用及不良反应。
2. 熟悉氨苯蝶啶及甘露醇的作用特点、临床应用及不良反应。
3. 了解其他利尿药的药理作用、应用及不良反应。

技能要求：

1. 熟练掌握正确使用常用利尿药的能力。
2. 学会观察常用利尿药的疗效及药物不良反应。

🧑‍⚕️ 岗位情景模拟 12

患者，女，12岁。因血尿、少尿、水肿5天就诊。血压155/95mmHg，尿蛋白（++）。结合其他辅助检查，诊断为"急性肾小球肾炎"。医嘱：呋塞米40mg静脉注射，每日2次。数日后尿量增加、水肿减轻，血钾3.0mmol/L（正常值3.5~5.5mmol/L），并出现低血钠、低血氯。

问题与思考

1. 使用呋塞米治疗的目的是什么？其作用机制是什么？
2. 患者为什么会出现低血钾、低血钠、低血氯？如何处理？

答案解析

　　利尿药（diuretics）是一类作用于肾脏，可促进Na^+、Cl^-等电解质及水的排出，增加尿量的药物。临床上主要用于治疗各种原因引起的水肿，也可用于高血压、心功能不全等非水肿性疾病的治疗。

　　临床上常用的利尿药较多，根据其作用部位、化学结构和作用机制可分为以下几类。

　　1. 袢利尿药（loop diuretics）　主要作用于髓袢升支粗段，利尿作用强，也称为高效能利尿药。常用药物有：呋塞米、依他尼酸、布美他尼等。

　　2. 噻嗪类利尿药（thiazide diuretics）　主要作用于远曲小管近端，利尿作用温和，也称为中效能利尿药。常用药物有：氢氯噻嗪、氢噻酮等。

　　3. 保钾利尿药（potassium-retaining diuretics）　主要作用于远曲小管远端和集合管，利尿作用弱，也称为低效能利尿药。常用的有：螺内酯、氨苯蝶啶、阿米洛利等。

　　4. 碳酸酐酶抑制药（carbonic anhydrase inhibitors）　主要作用于近曲小管，抑制该部位的碳酸酐酶，利尿作用较弱。常用药物有：乙酰唑胺。

　　5. 渗透性利尿药（osmotic diuretics）　又称脱水药，通过提高血浆和尿液渗透压而产生组织脱水和利尿作用。常用药物有：甘露醇、山梨醇等。

第一节　利尿药作用的生理学基础

尿液的生成过程包括肾小球滤过、肾小管和集合管的重吸收及分泌。目前临床常用的利尿药主要通过影响肾小管及集合管的重吸收及分泌功能而产生利尿作用。

一、肾小球滤过

血液在肾脏有效滤过压的作用下，除蛋白质和血细胞外，其他成分滤过形成原尿。正常人每天的原尿生成量可达180L，但排出的终尿量仅为1~2L，由此可见，约99%的原尿在肾小管被重吸收。另外能增加肾脏有效滤过压的药物即可产生一定的利尿作用，但其作用较弱。目前临床常用的利尿药主要是通过减少肾小管对水、电解质的重吸收而发挥利尿作用的。

二、肾小管重吸收及分泌

1. **近曲小管**　原尿中60%~65%的Na^+在近曲小管被重吸收，近曲小管是Na^+重吸收的主要部位。近曲小管重吸收Na^+主要是通过近曲小管顶质膜（管腔面）的Na^+-H^+交换系统完成，该转运系统将H^+由小管细胞分泌到小管液中，并将小管液中的Na^+与H^+按$1:1$的比例交换回胞内。进入胞内的Na^+由基侧质膜的钠泵（Na^+-K^+-ATP酶）泵出细胞，进入间质。分泌进入小管腔的H^+则与HCO_3^-结合形成H_2CO_3，H_2CO_3在管腔侧的碳酸酐酶（carbonic anhydrase，CA）催化下生成CO_2和H_2O，CO_2以简单扩散的方式迅速进入细胞，在胞内CA的催化下与H_2O生成H_2CO_3，然后H_2CO_3再解离成H^+与HCO_3^-，生成的H^+用于Na^+-H^+交换。

乙酰唑胺可抑制CA活性，从而减少H^+生成，使Na^+-H^+交换减少，产生利尿作用。但由于近曲小管以下各区段肾小管会出现代偿性重吸收增多现象，故该类机制的药物利尿作用较弱。

2. **髓袢**　髓袢升支粗段可重吸收原尿中30%~35%的Na^+，是高效利尿药的重要作用部位。髓袢升支粗段NaCl的重吸收主要由管腔膜侧的Na^+-K^+-$2Cl^-$共同转运子（cotransporter）完成。进入细胞内的Na^+被基膜侧的Na^+-K^+-ATP酶主动转运进入髓质间质，该过程可使细胞内K^+浓度增高，反渗到原尿，使管腔侧带正电，驱动Ca^{2+}和Mg^{2+}通过上皮间孔重吸收。因此，抑制Na^+-K^+-$2Cl^-$共转运体，可使NaCl大量排出，亦可使Ca^{2+}和Mg^2排出增加。

Na^+被重吸收至髓质间质后，与尿素共同参与维持了髓质组织间液的高渗状态，同时由于髓袢升支粗段对水不通透，致管腔中的尿液稀释而呈低渗，当这种低渗尿液流经远曲小管到达位于高渗区的集合管时，在抗利尿激素（antidiuretic hormone，ADH）调节下，小管液中的大量水分被重吸收，使管腔中的尿液不断浓缩。

袢利尿药如呋塞米、布美他尼等选择性阻断Na^+-K^+-$2Cl^-$共同转运子，使NaCl的重吸收受到抑制，既降低了肾脏的稀释功能，又降低了肾脏的浓缩功能，从而产生强大的利尿作用。

3. **远曲小管**　该区段可重吸收原尿中10%的Na^+，而对水的通透性差，重吸收很少，进一步稀释了小管液。在远曲小管初始段，管腔液中的NaCl的重吸收主要依赖管腔膜上Na^+-Cl^-共同转运子，可将管腔液中的Na^+和Cl^-转运到细胞内。噻嗪类利尿药如氢氯噻嗪等可通过阻断Na^+-Cl^-共同转运子而产生利尿作用。

4. **集合管**　集合管可重吸收原尿2%~5%的Na^+，其重吸收方式主要通过由醛固酮调节的Na^+-K^+交换进行。具有醛固酮拮抗作用的药物或直接抑制 Na^+-K^+ 交换的药物，即可在促进 Na^+ 的排出致利尿作用，同时具有 K^+ 潴留作用，如螺内酯、氨苯蝶啶等，也称为保钾利尿药。

第二节　常用利尿药

一、袢利尿药

袢利尿药也称为高效能利尿药，临床常用药物有呋塞米、布美他尼、依他尼酸、托拉塞米等。本类药物间的化学结构并不相同，但其作用机制、作用及不良反应较为相似。

呋塞米

呋塞米（furosemide）又称速尿，是目前最常用的袢利尿药。口服吸收良好，起效快，服药后 1 小时呈现利尿，2 小时达作用高峰，可维持 6~8 小时。静脉注射后 10~15 分钟呈现利尿，30~45 分钟达作用高峰，可维持 2~3 小时。大部分药物以原形经近曲小管分泌排泄，小部分药物在肝内代谢或经胆汁排出，反复给药不易在体内蓄积。肾功能不全者和老年人血浆半衰期延长。

【药理作用】

1. **利尿作用**　呋塞米可抑制髓袢升支粗段管腔上皮细胞膜上的 $Na^+-K^+-2Cl^-$ 共同转运子，使小管液中 Na^+、K^+、Cl^- 浓度增高，降低肾的稀释功能；同时由于髓质间液高渗状态下降，肾浓缩功能也降低，促进 Na^+、K^+、Cl^- 和水的大量排出；由于到达下游肾单位节段的 Na^+ 增加，使 Na^+-K^+ 和 H^+-Na^+ 交换代偿性增加，可致 K^+ 和 H^+ 丢失增多，可引起低血钾和低氯性碱中毒；同时也可增加 Ca^{2+}、Mg^{2+} 的排泄。

2. **扩血管作用**　呋塞米可扩张肾血管，降低肾血管阻力，增加肾血流量。此作用与前列腺素 E_2 有关。呋塞米可促进肾脏细胞磷脂花生四烯酸去酯化，促进前列腺素的产生，引起局部血管扩张，对受损的肾组织有较好保护作用。此外，呋塞米还可直接扩张小动脉，降低外周阻力；扩张小静脉，降低回心血量，减轻心脏负荷，对心力衰竭的患者，可减轻肺充血、肺水肿。

【临床应用】

1. **严重水肿**　可用于治疗各类心、肝、肾性水肿等，但对水电解质平衡有较大影响，主要用于其他利尿药无效而急需利尿的严重患者。呋塞米静脉注射可作为急性肺水肿的首选药，由于利尿和扩张血管作用，降低血容量和外周阻力，减少回心血量，降低左心负荷，迅速缓解肺水肿症状；对于脑水肿患者，由于强大利尿作用，使血容量减少，血浆渗透压增高，有助于消除脑水肿，降低颅内压，尤其适用于脑水肿合并心力衰竭患者。

2. **急、慢性肾衰竭**　急性肾衰早期静脉注射呋塞米，能增加肾血流量和尿量，可使肾小管得到冲洗，解除肾小管内小结晶阻塞，减少肾小管萎缩及坏死；并有促进 K^+ 排泄，降低血钾的作用，因此对急性肾衰竭早期有较好的防治作用；可用于防治各种原因如休克、中毒、麻醉意外、失水、循环功能不全所致的急性肾衰竭。大剂量也可用于治疗慢性肾衰竭，可使尿量增加，水肿减轻。

3. **加速某些毒物排泄**　呋塞米配合静脉输液，可加速中毒药物随尿排出。可用于某些经肾排泄药物中毒的救治，如水杨酸类、巴比妥类、碘化物等药物中毒。

4. **其他**　可用于高钙血症、高钾血症的治疗。

【不良反应及注意事项】

1. **水与电解质紊乱** 多因过度利尿所引起，表现为低血容量、低血钾、低血钠、低氯碱血症等。其中以低血钾最为常见，表现为恶心、呕吐、腹胀、肌无力及心律失常等，严重时可引起心肌、骨骼肌及肾小管的器质性损害及肝昏迷，故用药期间应注意补钾或联用保钾利尿药，可避免或减少低血钾的发生。呋塞米能降低髓袢升支粗段 Mg^{2+}、Ca^{2+} 重吸收的驱动力，增加镁的排泄，长期应用可致低血镁，应注意补充。由于 Ca^{2+} 在远曲小管被重吸收，较少发生低血钙。

2. **耳毒性** 大剂量静脉注射呋塞米可引起眩晕、耳鸣、听力减退或暂时性耳聋。肾功能不全者尤易发生，甚至发生永久性耳聋。需避免与有耳毒性的药物如氨基糖苷类抗生素联用，以免增加耳毒性。

3. **胃肠道反应** 表现为恶心、呕吐、上腹部不适，大剂量时尚可出现胃肠出血。久服可诱发溃疡，宜餐后服用。

4. **其他** 长期用药时可出现代谢紊乱，如高尿酸血症、高血糖、血脂异常（升高 LDL 胆固醇和甘油三酯、降低 HDL 胆固醇）等；少数患者可发生血小板、粒细胞减少，溶血性贫血等；另外还可出现过敏反应，与磺胺类存在交叉过敏现象。

布美他尼

布美他尼（bumetanide）可口服或静脉注射，口服吸收迅速且较安全，其生物利用度约为80%。口服后30分钟显效，1小时利尿最为显著，作用可持续4~5小时。静脉内给药后10分钟显效，30分钟作用达高峰，维持时间较短约2小时。药物在体内代谢约占50%，少量代谢物随尿排出，大部分随胆汁排出；另一半以原形自尿液排出，主要是经肾小管分泌。布美他尼的作用强度约为呋塞米的40倍，目前主要作为呋塞米的替代药物，用于治疗各种顽固性水肿。对呋塞米治疗无效的肾衰患者，改用布美他尼可能有效。不良反应与呋塞米相似而较轻，对糖代谢影响也较轻，糖尿病患者服用时症状未见加剧；耳毒性仅为呋塞米的1/6。

二、噻嗪类利尿药

噻嗪类利尿药的化学结构多包含噻嗪核，故称为噻嗪类利尿药，氢氯噻嗪（hydrochlorothiazide）是本类药物的原形药物，噻嗪类利尿药还包括氯噻嗪（chlorothiazide）；其他药物如吲哒帕胺（indapamide）、美托拉宗（metolazone）、氯噻酮（chlortalidone）等，虽无噻嗪环但有磺胺结构，它们的利尿作用与噻嗪类相似，也称为类噻嗪类利尿药。本类利尿机制相同，利尿作用较弱，起效慢，但作用较持久，毒性低，临床应用较为广泛，其中以氢氯噻嗪最为常用。

氢氯噻嗪

【体内过程】 本类药脂溶性较高，口服吸收良好，生物利用度约为70%，一般口服后2小时呈现利尿，4~6小时达作用高峰，并持续12~18小时。主要以原形通过肾小球滤过及近曲小管分泌而排泄，少量由胆汁排泄，$t_{1/2}$ 为8~10小时。药物可透过胎盘，亦可进入乳汁。

【药理作用】

1. **利尿作用** 氢氯噻嗪通过抑制远曲小管近端 Na^+-Cl^- 共同转运子，使原尿中 Na^+ 重吸收减少而发挥利尿效应。其利尿作用温和而持久，由于到达远曲小管末段和集合管 Na^+ 增加，导致 Na^+-K^+ 交换代偿性增强，使 K^+ 排泄也增多。此外，氢氯噻嗪还可增强 Ca^{2+} 重吸收，减少 Ca^{2+} 在管腔中的沉积。其确切原因不明，可能与肾小管内皮细胞内失 Na^+，基膜侧 Na^+-Ca^{2+} 交换加强有关。

2. **抗利尿作用**　可明显减轻尿崩症患者的尿量及口渴症状，可能与增加 NaCl 的排出，导致血浆渗透压的降低有关，从而减轻口渴感，并减少饮水量。

3. **降压作用**　用药早期可通过利尿，减少血容量而降压，长期用药则通过扩张外周血管而产生降压作用。可单独应用或和其他抗高血压药合用。

🖋 **知识拓展**

　　尿崩症可分成两类：中枢性尿崩症和肾性尿崩症。前者是由于下丘脑-神经垂体病变引起精氨酸加压素（AVP）又称抗利尿激素（ADH）不同程度的缺乏所致；后者则是由于多种病变引起肾脏对 AVP 敏感性缺陷导致。二者均可引起肾小管重吸收水的功能障碍，临床表现为烦渴多饮、多尿、低比重尿或低渗尿。患者尿量较多，每日可达 4~20L，且尿比重常在 1.005 以下，尿渗透压一般低于 300mOsm/L（正常值为 600~800mOsm/L），严重者可低于 60~70mOsm/L。尿崩症的治疗可采用替代疗法，即补充 AVP；还可应用其他抗利尿药物，如氯磺丙脲、氢氯噻嗪、卡马西平等。对于继发性尿崩症患者，应尽量治疗原发病，如不能根治也可使用上述药物治疗。

【**临床应用**】

1. **水肿**　可用于各种类型的水肿。①对轻、中度心源性水肿疗效较好，可消除组织水肿，降低血容量，减轻心脏负荷；②肝性水肿在应用时要注意低血钾可诱发肝昏迷；③对肾性水肿的疗效与肾功能损伤程度有关，轻者效果好，重者则差。

2. **高血压**　本类药物是治疗高血压的基础药物之一，可与其他降压药联合用药，多制成复方制剂应用，可减少其他降压药剂量，纠正水钠潴留等不良反应。

3. **尿崩症**　可用于肾性尿崩症的治疗，对于加压素无效的中枢性尿崩症，单独应用难以奏效，可以与氯磺丙脲联合应用。

4. **高尿钙伴肾结石**　可抑制高尿钙引起的肾结石的形成。

【**不良反应及注意事项**】

1. **电解质紊乱**　可致低血钾、低血钠、低血镁、低氯血症、代谢性碱血症等，以低钾血症多见，用药期间应注意补充钾盐或合用保钾利尿药。

2. **高尿酸血症**　药物由近曲小管分泌而影响尿酸排泄，导致高尿酸血症，停药后可恢复，痛风患者应慎用。

3. **代谢紊乱**　可致高血糖、高脂血症，多与剂量有关。抑制胰岛素的分泌，减少组织对糖的利用，致血糖升高。长期用药可使血清甘油三酯及低密度脂蛋白胆固醇增加，同时伴有高密度脂蛋白的减少。糖尿病、高脂血症患者慎用。

4. **过敏反应**　与磺胺类药物存在交叉过敏现象，可出现光敏性皮炎、血小板减少性紫癜和再生障碍性贫血，但发生率低。禁用于对磺胺过敏者。

三、保钾利尿药

保钾利尿药主要包括两类：一类是醛固酮拮抗药，代表药物是螺内酯（spironolactone）、依普利酮（eplerenone）。一类是肾小管上皮细胞 Na^+ 通道抑制药，常用药物如氨苯蝶啶和阿咪洛利。

螺内酯

螺内酯（spironolactone），化学结构与醛固酮相似，是人工合成的甾体化合物，其口服吸收迅速，大部分药物在肝内代谢，主要代谢物为坎利酮（canrenone），亦具有抗醛固酮作用。螺内酯的利尿作用出现较慢，服药后2~3天利尿作用才达高峰。$t_{1/2}$为13~14小时，停药后2~3天仍有利尿作用。可通过胎盘，可由乳汁排出。

【药理作用及机制】螺内酯是一种醛固酮拮抗药，可竞争远曲小管和集合管细胞内的醛固酮受体，干扰远曲小管远端和集合管的K^+-Na^+交换，减少Na^+、Cl^-、水的重吸收，降低管腔负电位，减少K^+向小管腔的分泌，表现出排Na^+保K^+作用，属保钾利尿药。其利尿效应与体内醛固酮的水平相关，当体内醛固酮增高时利尿作用才明显。螺内酯尚能减少H^+分泌，增加Ca^{2+}排泄。

【临床应用】

1. **治疗与醛固酮升高有关的顽固性水肿** 对肝硬化和肾病综合征水肿患者疗效较好。由于利尿作用较弱，较少单用，常与袢利尿药或噻嗪类利尿药合用以增强利尿效果并可防止低血钾的不良反应。

2. **充血性心力衰竭** 螺内酯用于心力衰竭的治疗不仅限于通过排Na^+、利尿消除水肿，而且通过抑制心肌纤维化等多方面的作用而改善患者的状况及预后。

【不良反应】长期应用可引起高血钾，尤其当肾功能不良时，故严重肝、肾功能不全及高血钾者禁用。此外，还有性激素样作用，可引起男性乳房发育和性功能障碍、女性月经紊乱等停药后可消失。

氨苯蝶啶和阿米洛利

【药理作用】氨苯蝶啶（triamterene）与阿米洛利（amiloride）结构不同，但具有相似的排Na^+保K^+效应，不具有拮抗醛固酮作用，而是直接抑制远曲小管和集合管的K^+-Na^+交换，减少Na^+的再吸收，使管腔液的负电位降低，减少了K^+和H^+的分泌，从而产生排Na^+、利尿、保K^+的作用。因对醛固酮没有拮抗作用，其作用亦不受体内醛固酮的影响。

【临床应用】常与常与中、高效利尿药合用于心力衰竭、肝硬化及慢性肾炎等引起的顽固性水肿或腹水。

【不良反应】不良反应较少。长期服用可引起高钾血症。肾功能不良者、糖尿病患者、老年人较易发生。另外，氨苯蝶啶还抑制二氢叶酸还原酶，导致叶酸缺乏，可引起巨幼红细胞性贫血。

四、碳酸酐酶抑制药

碳酸酐酶广泛分布于肾皮质、胃黏膜、胰腺、红细胞、眼和中枢神经系统，其可可催化二氧化碳和水生成碳酸。碳酸酐酶抑制药的利尿作用主要源于抑制近曲小管的分泌H^+作用，使Na^+-H^+交换减少，从而发挥排Na^+作用并排出大量的碳酸氢盐，易引起代谢性酸中毒。药物虽然在近曲小管抑制了Na^+重吸收，但由于到达远端肾小管Na^+大量增加而代偿性增加Na^+重吸收，并且代偿性加强Na^+-H^+交换，故该类药物利尿作用较弱，属低效能利尿药，同时本类药往往易引起代谢性酸中毒和低血K^+症，因此其利尿作用已被其他利尿药代替。

乙酰唑胺

乙酰唑胺（acetazolamide）口服后吸收良好，2小时左右血药浓度达峰值，作用可持续约12小时。

在体内不代谢，全部以原形经肾小管分泌而排除，24小时内完全排出。

【药理作用】在近曲肾小管内非竞争性抑制碳酸酐酶，抑制碳酸在肾小管上皮细胞内离解为H^+及HCO_3^-，伴随肾小管H^+的分泌及HCO_3^-、Na^+重吸收减少。尿内HCO_3^-、Na^+、K^+及水排出均增加，利尿作用不强，尿液呈碱性。乙酰唑胺利尿作用有自限性的特点，长期给药后随着细胞外液HCO_3^-浓度降低，肾小管中的HCO_3^-浓度也逐渐减少，利尿作用也明显减弱。乙酰唑胺抑制睫状体碳酸酐酶，因房水生成减少减慢可降低青光眼患者的眼内压，还可减低脉络丛产生脑脊液的速率。

【临床应用】利尿效能低，作用弱，易引起代谢性酸中毒，现已少用。乙酰唑胺主要用于青光眼、预防和治疗高山病及某些对其他抗癫痫药无效的顽固性癫痫。

【不良反应】可出现过敏反应、代谢性酸中毒、尿结石等。严重不良反应少见。

五、渗透性利尿药

渗透性利尿药又称脱水药，利尿机制与其他利尿药物有所区别，详见表18-2-1。常用药物包括甘露醇、山梨醇、高渗葡萄糖等。静脉用药后，可迅速提高血浆渗透压，促使组织内水分向血浆转移，引起组织脱水。本类药物一般具有下列特点：①不易从血管透入组织液中；②易经肾小球滤过；③不易被肾小管重吸收。

表18-2-1　各类利尿药的特点比较

类别	代表药	作用机制	利尿应用	其他应用	主要不良反应
高效利尿药（袢利尿药）	呋塞米	抑制髓袢升支粗段Na^+-K^+-$2Cl^-$同向转运体	各种严重水肿、急性肾衰竭	高钙血症、加速毒物排出	水电解质紊乱、低钾血症、耳毒性、代谢紊乱
中效利尿药	氢氯噻嗪	抑制远曲小管Na^+-Cl^-同向转运体	各种轻中度水肿	高血压、尿崩症等	水电解质紊乱、低钾血症、代谢紊乱
低效利尿药	螺内酯	醛固酮受体阻断药	醛固酮增高相关的水肿、肝性水肿	和高、中效利尿药合用	高钾血症、性激素样反应
渗透性利尿药	甘露醇	升高集合管尿液渗透压，水分重吸收减少	急性肾衰竭	脑水肿、青光眼	心功能不全

甘露醇

甘露醇（mannitol）口服不吸收，可引起渗透性腹泻，可用作泻药。作为脱水药须静脉给药，临床常用20%的高渗溶液静脉注射或快速静脉滴注。

【药理作用】

1. 脱水作用　20%甘露醇静脉注射后，能迅速提高血浆渗透压，产生组织脱水作用，可有效降低颅内压和眼内压。

2. 利尿作用　静脉滴注甘露醇10~20分钟后出现利尿作用，持续6~8小时。利尿作用是通过①脱水作用使血容量扩大，肾血流量增多而提高了肾小球滤过率；②增加肾小管及集合管内渗透压，使水在近曲小管、髓袢降支及集合管的重吸收减少，产生渗透性利尿作用，引起尿量增加。

　　课堂互动 18-1

　　渗透性利尿药和前述的利尿药均可使尿量增加，它们在利尿作用及应用上有哪些差别？

答案解析

【临床应用】

　　1. **脑水肿**　是治疗脑水肿、降低颅内压的首选药物。临床用于脑肿瘤、脑外伤、脑组织炎症等引起的脑水肿。

　　2. **青光眼**　可作为急性青光眼的应急治疗，或青光眼术前使用以降低眼内压。

　　3. **预防急性肾衰竭**　避免或减轻少尿、无尿对肾小管的损伤，有效防止肾小管萎缩、坏死。但已确诊为急性肾小管坏死的无尿患者禁用。

【不良反应及注意事项】

　　1. 静脉注射过快，可引起一过性头痛、眩晕、畏寒和视力模糊；同时由于脱水作用引起血容量迅速增多，可导致急性肺水肿与心衰，应立即停药，慢性心功能不全者应禁用。

　　2. 大剂量连续用药可引起水和电解质紊乱，常见稀释性低钠血症，偶见高钾血症。活动性颅内出血者禁用。

山梨醇

　　山梨醇（sorbitol）是甘露醇的同分异构体，易溶于水，常用25%高渗溶液。其药理作用及临床应用同甘露醇。因本药进入体内后部分在肝内转化为果糖而失去脱水作用，故脱水作用较弱。

高渗葡萄糖

　　50%的高渗葡萄糖（hypertonic glucose）静脉注射后产生脱水及渗透性利尿作用，但因其易被代谢，且可从血管弥散到组织中，故脱水作用持续时间较短。作用亦较弱。单独用于脑水肿时，可引起颅内压回升而引起反跳，临床用于治疗脑水肿时，一般与甘露醇联用。

目标检测

答案解析

一、单选题

　　1. 治疗急性肺水肿宜首选的药物是（　　）

　　　A. 氯噻酮　　　　　B. 氢氯噻嗪　　　　C. 螺内酯　　　　　D. 氨苯蝶啶　　　　E. 呋塞米

　　2. 下列药物利尿效能最强的是（　　）

　　　A. 螺内酯　　　　　B. 氢氯噻嗪　　　　C. 呋塞米　　　　　D. 氨苯蝶啶　　　　E. 乙酰唑胺

　　3. 不能与有耳毒性的氨基糖苷类抗生素合用的药物是（　　）

　　　A. 依他尼酸　　　　B. 氢氯噻嗪　　　　C. 螺内酯　　　　　D. 氨苯蝶啶　　　　E. 乙酰唑胺

　　4. 下列药物中属于保钾利尿药的是（　　）

　　　A. 氢氯噻嗪　　　　B. 布美他尼　　　　C. 螺内酯　　　　　D. 呋塞米　　　　　E. 吲达帕胺

5. 具有抗利尿作用的利尿药是（　　）

　　A. 呋塞米　　　　B. 氢氯噻嗪　　　　C. 螺内酯　　　　D. 氨苯蝶啶　　　　E. 氯噻酮

6. 治疗脑水肿可首选（　　）

　　A. 依他尼酸　　　B. 氢氯噻嗪　　　　C. 螺内酯　　　　D. 甘露醇　　　　E. 山梨醇

7. 呋塞米与强心苷合用易出现室性早搏主要是因为（　　）

　　A. 高尿酸血症　　B. 低镁血症　　　　C. 低氯性碱血症　　D. 低钾血症　　　　E. 低钙血症

8. 可用于防治急性肾衰竭的药物是（　　）

　　A. 乙酰唑胺　　　B. 氢氯噻嗪　　　　C. 螺内酯　　　　D. 氨苯蝶啶　　　　E. 呋塞米

9. 对有高血钾的水肿患者，禁用（　　）

　　A. 呋塞米　　　　B. 氢氯噻嗪　　　　C. 螺内酯　　　　D. 布美他尼　　　　E. 氯噻酮

10. 对于肝性水肿的治疗，应首选的利尿药是（　　）

　　A. 氢氯噻嗪　　　B. 乙酰唑胺　　　　C. 呋塞米　　　　D. 布美他尼　　　　E. 螺内酯

11. 醛固酮增多症引起的顽固性水肿宜选用（　　）

　　A. 氢氯噻嗪　　　B. 呋塞米　　　　　C. 螺内酯　　　　D. 氨苯蝶啶　　　　E. 乙酰唑胺

12. 可引起高尿酸血症的利尿药是（　　）

　　A. 阿米洛利　　　B. 氢氯噻嗪　　　　C. 螺内酯　　　　D. 氨苯蝶啶　　　　E. 乙酰唑胺

13. 关于脱水药的叙述，错误的是（　　）

　　A. 迅速降低血浆渗透压　　　　B. 易经肾小球滤过　　　　C. 不易被肾小管重吸收

　　D. 在体内不被或少被代谢　　　E. 不易从血管渗入组织液中

14. 呋塞米具有强大而迅速的利尿作用，其作用机制是（　　）

　　A. 增加肾小球的滤过率　　　　　　　　　B. 抑制近曲小管对 Na^+ 的重吸收

　　C. 抑制髓袢升支粗段对 NaCl 的重吸收　　D. 竞争性拮抗醛固酮

　　E. 直接抑制远曲小管和集合管的 Na^+–K^+ 交换

15. 某，男，69岁，有充血性心衰病史，发生呼吸急促、水肿，诊断为充血性心力衰竭，下列利尿药中适于立即选用的是（　　）

　　A. 甘露醇　　　　B. 氨茶碱　　　　　C. 呋塞米　　　　D. 氨苯蝶啶　　　　E. 螺内酯

16. 患者刘某，肾病史12年，因下肢水肿就诊，医生给予呋塞米静脉注射，注射后患者出现眩晕、耳鸣等反应，此反应属于（　　）

　　A. 过敏反应　　　B. 不良反应　　　　C. 电解质紊乱　　D. 肾毒性　　　　E. 耳毒性

（17~19题共用备选答案）

　　A. 氢氯噻嗪　　　B. 甘露醇　　　　　C. 乙酰唑胺　　　D. 螺内酯　　　　E. 呋塞米

17. 肝性水肿时应首选（　　）

18. 动物行肾上腺切除术后，应用无效的利尿药是（　　）

19. 青光眼术前可选用（　　）

（20~22题共用备选答案）

　　A. 螺内酯　　　　B. 甘露醇　　　　　C. 氢氯噻嗪　　　D. 阿米洛利　　　　E. 依他尼酸

20. 治疗特发性高尿钙伴尿结石应选用（　　）

21. 糖尿病患者应慎用（　　）

22. 具有耳毒性的药物是（　　）

二、简答题

1. 简述利尿药与脱水药在作用机制及应用的区别。

2. 简述呋塞米的药理作用及不良反应。

3. 简述氢氯噻嗪的药理作用及临床应用。

（陈根林）

书网融合……

知识回顾　　习题

第十九章 抗高血压药

PPT

学习目标

知识要求：

1. 掌握利尿药、钙通道阻滞药、β 受体阻断药、ACE 抑制药及血管紧张素 Ⅱ 受体阻断药的作用、临床应用及不良反应。

2. 熟悉常用抗高血压药的分类及代表药物。

3. 了解其他抗高血压药的作用特点、临床应用及主要不良反应；抗高血压药物合理应用原则。

技能要求：

1. 熟练掌握正确使用常用抗高血压药的能力。

2. 学会观察常用抗高血压药的疗效及不良反应。

高血压是指在未应用抗高血压药的情况下，收缩压 ≥ 140mmHg 和/或舒张压 ≥ 90mmHg。高血压包括原发性及继发性两类。原发性高血压，也称高血压病，其发病原因不明，与遗传、环境等因素有关，其占高血压患者的 90% 以上；继发性高血压，其血压的升高多有明确而独立的病因或由某种疾病所致一种临床表现，约占 10%。血压的持续升高可引起全身小动脉管壁增厚硬化，管腔狭窄，心、脑、肾等靶器官损害并致功能障碍；而短期内血压急剧升高，常可引起进行性靶器官功能不全，包括高血压脑病、颅内出血、急性左心衰竭伴肺水肿等，需立即降压治疗，防止靶器官进一步损害。

凡能够降低动脉血压，主要用于治疗高血压的药物，称为抗高血压药（antihypertensive）。研究表明合理应用抗高血压药物，有效控制血压可减少患者的心、脑、肾等并发症的发病率，从而降低了死亡率，延长寿命。

岗位情景模拟 13

患者，男性，65 岁，患慢性肾炎 5 年，血压 165/105mmHg。为延缓肾功能进行性恶化，积极控制血压。给予口服，氨氯地平 5mg，每日 1 次；依那普利 20mg，每日 1 次；螺内酯 20mg，每日 2 次。联合应用 1 周后，患者出现下肢软弱无力，疲乏，感觉异常等症状。血生化检查：血钾为 5.8mmol/L。

问题与思考

1. 该患者用药后出现上述症状及血钾升高的可能原因是什么？

2. 该患者的处方用药是否合理？为什么？

答案解析

第一节　抗高血压药物的分类

动脉血压的决定因素包括心排出量和外周血管阻力，其中心排出量受心功能、回心血量和血容量的影响，而外周血管阻力则取决于小动脉的紧张度。二者主要接受交感神经系统、肾素–血管紧张素–醛固酮系统（RAAS）的调节，从而使血压维持在一定范围内。抗高血压药通过作用于上述不同环节使血压下降，根据药物主要作用部位，可分成以下几类。

1. **利尿药**　如氢氯噻嗪、吲达帕胺等。

2. **交感神经抑制药**

（1）中枢性抗高血压药　如可乐定、甲基多巴等。

（2）神经节阻断药　如美加明等。

（3）去甲肾上腺素能神经末梢阻断药　如利血平等。

（4）肾上腺素受体阻断药　如普萘洛尔、美托洛尔、卡维地洛等。

3. **肾素–血管紧张素系统抑制药**

（1）血管紧张素转化酶抑制药（ACEI）　如卡托普利、依那普利等。

（2）血管紧张素Ⅱ受体（AT_1受体）阻断药　如氯沙坦、缬沙坦等。

（3）肾素抑制药　如阿利吉仑等。

4. **钙通道阻滞药**　如硝苯地平、氨氯地平等。

5. **血管扩张药**　如硝普钠、肼屈嗪、米诺地尔等。

临床的常用降压药物包括5类：利尿药、β受体阻断药、钙通道阻滞药、血管紧张素转换酶抑制药和血管紧张素受体Ⅱ阻断药。这些药物降压作用可靠，不良反应少，受到临床广泛认可，也称为一线降压药；而其他降压药因不良反应多，临床较少单独应用，但在复方制剂及联合用药时仍可应用。

第二节　常用抗高血压药物

一、利尿药

利尿药的降压机制尚未完全明确，一般认为利尿药初期降压机制是通过排钠利尿、降低容量负荷，而达到降压效果；但长期应用利尿药，患者的血容量及心输出量会逐渐恢复至正常水平，而血压仍可持续降低，其原因可能包括：①因排钠而使血管平滑肌细胞内Na^+的含量降低，并通过Na^+–Ca^{2+}交换机制，使胞内Ca^{2+}量减少；②诱导动脉壁产生某些扩血管物质，如激肽，前列腺素等。利尿药种类较多，作为降压药临床多选用中效利尿药，以氢氯噻嗪最为常用。

氢氯噻嗪

【药理作用】氢氯噻嗪（hydrochlorothiazide）其降压作用特点：①缓慢、温和、持久；②无水钠潴留现象；③不易产生耐受性；④不引起直立性低血压；⑤钠盐的摄入量可影响降压效果。⑥与其他降压药联用，可增强降压效果又可减轻不良反应。

【临床应用】可单独用于治疗轻度高血压；与其他抗高血压药合用可治疗中、重度高血压；对钠敏感型高血压、老年收缩期高血压及高血压合并心功能不全者疗效显著。

【不良反应】长期用可引起低血钠、低血钾、低血镁；降低糖耐量；引起高脂血症和高尿酸血症等，使用低剂量的氢氯噻嗪，则代谢方面的影响较小。

吲达帕胺

吲达帕胺（indapamide）为类噻嗪类药物，具中等程度排Na^+利尿及阻滞Ca^{2+}内流作用，作用持续时间较长，每日一次用药即可，降压同时不影响脂质代谢。目前广泛用于轻、中度高血压，尤其适用于伴有水肿及高脂血症的高血压患者。不良反应较轻，有上腹不适、食欲减退、腹泻及头痛、嗜睡、皮疹等，可致血糖及血尿酸轻度升高，长期用药可引起血K^+降低，但较轻微。

二、β 受体阻断药

β 受体阻断药均有良好的抗高血压作用，临床常用的有普萘洛尔（propranolol）、美托洛尔（metoprolol）、阿替洛尔（atenolol）、拉贝洛尔（labetalol）、卡维地洛（carvedilol）等。

【药理作用】β 受体阻断药阻断心肌 $β_1$ 受体，抑制心肌收缩性并减慢心率，使心输出量减少；抑制肾脏分泌并释放肾素；也能阻断某些支配血管的去甲肾上腺素能神经突触前膜的 $β_2$ 受体，抑制其正反馈作用而减少去甲肾上腺素的释放，降低外周交感神经活性，从而降低血压。另外卡维地洛（carvedilol）为 α、β 受体阻断药，还可通过扩张外周血管，降低血压。

【临床应用】对轻、中度高血压有效，对高血压伴心绞痛者还可减少发作。此外，对伴有心输出量及肾素活性偏高者疗效较好。普萘洛尔的剂量个体差异较大，一般宜从小量开始，以后逐渐递增。选择性 $β_1$ 受体阻断药美托洛尔、阿替洛尔用治高血压优于普萘洛尔，它们在低剂量时主要作用于心脏，而对支气管的影响小，适用于伴有阻塞性肺疾病者。

【不良反应】见第九章第二节。

🎓 课堂互动 19-1 —————————————————————————————————————

美托洛尔用于治疗高血压相较于普萘洛尔有哪些优势？

——

答案解析

三、钙通道阻滞药

钙通道阻滞药是一类能选择性阻滞钙通道，抑制细胞外Ca^{2+}内流，降低细胞内Ca^{2+}浓度的药物。胞内Ca^{2+}浓度下降，对心肌可产生抑制效应，表现为负性肌力、负性频率、负性传导；还可引起血管平滑肌松弛效应；亦可影响其他Ca^{2+}参与的病理过程，如抗动脉粥样硬化、抑制血小板聚集等。本类药广泛用于高血压、心绞痛、心律失常等心血管系统疾病的治疗。钙通道阻滞药分类参见表19-2-1。其中三种代表药，硝苯地平、维拉帕米、地尔硫草对心血管作用比较见表19-2-2。

表19-2-1 钙通道阻滞药的分类

类别		代表药
I 选择性钙通道阻滞药	苯烷胺类	维拉帕米（verapamil）
	地尔硫䓬类	地尔硫䓬（diltiazem）
	二氢吡啶类	硝苯地平（nifedipine）
II 非选择性钙通道阻滞药	氟桂利嗪类	氟桂利嗪（flunarizine）
	普尼拉明类	普尼拉明（prenylamine）
	其他类	哌克昔林（perhexiline）

表19-2-2 三种钙通道阻滞药心血管效应的比较

	负性肌力	负性频率	扩张冠脉	扩张外周血管
硝苯地平	–	–	+++	+++
维拉帕米	+	++	+++	++
地尔硫䓬	+	+	+++	+

（注："–"为无作用；"+~+++"为作用的强弱）

硝苯地平

【药理作用】硝苯地平（nifedipine）对血管有显著扩张作用，而对心肌作用较弱，因此降压时伴轻度的反射性心率加快，心排出血量增多，与 β 受体阻断药联合应用可减弱此反应，并可加强降压作用。对正常血压无影响，而对高血压患者的降压作用显著。口服起效快，降压作用持续时间较短，血压下降急剧，波动较大，对心、脑、肾等靶器官的血流量影响较大。

【临床应用】可单用于轻、中、重度高血压，如血压不能控制可合用利尿药或 β 受体阻断药。临床应用的硝苯地平剂型较多，如普通制剂、缓释剂、控释剂等，普通制剂疗效持续时间短，血压波动较大，不利于靶器官保护。其缓释剂或控释剂起效缓慢，降压平稳，较普通制剂有明显优势。

【不良反应】不良反应多见踝、足与小腿的水肿，此类水肿为毛细血管前血管扩张而不是水钠潴留所致。一般卧床休息或停药1~2天后可消退。还可引起眩晕、头痛、颜面潮红、心悸及乏力等反应。短效制剂可能会加重心肌缺血。

尼群地平

尼群地平（nitrendipine）作用与硝苯地平相似，对血管作用较强，降压作用温和而持久，适用于各型高血压。每日口服1~2次。不良反应与硝苯地平相似。

氨氯地平

氨氯地平（amlodipine）口服吸收良好。降压作用较硝苯地平平缓，且持续时间显著延长，可持续24小时平稳降压。适用于各型高血压的治疗。不良反应有头痛、眩晕、心悸、水肿等。

四、血管紧张素转化酶抑制药

高血压患者体内肾素–血管紧张素–醛固酮系统（RAAS）多存在活性增高，导致血中局部产生的血管紧张素Ⅱ（AngⅡ）增加。AngⅡ效应广泛：可收缩血管、刺激醛固酮释放、增加血容量、升高血压；还能促进血管平滑肌及心肌细胞增殖，加速心血管病理重构。血管紧张素转化酶抑制剂（angiotensin converting enzyme inhibitors，ACEI）可通过抑制AngⅡ的合成，从而产生降压等心血管保护作用。

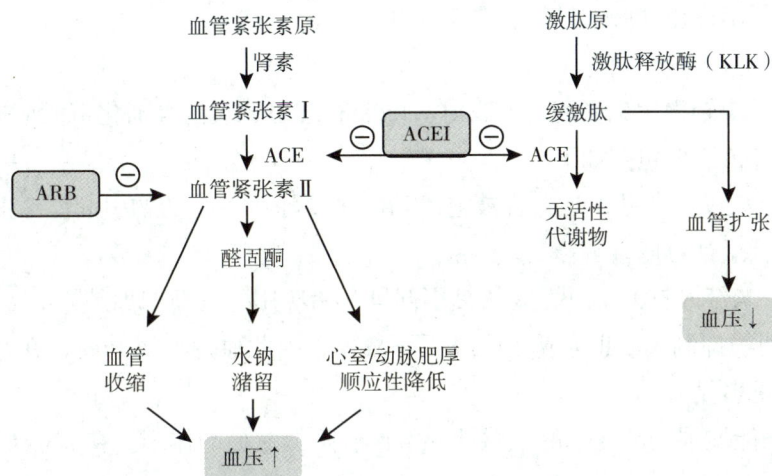

图19-1　血管紧张素转化酶抑制药（ACEI）及血管紧张素Ⅱ受体阻断药（ARB）作用环节

自1981年第一个ACEI药物卡托普利临床应用以来，现已被批准上市的该类药物至少有17种。常用药物如卡托普利（captopril），依那普利（enalapril），雷米普利（ramipril），赖诺普利（lisinopril）及培哚普利（perindopril）等，本类药物的药理作用、临床应用及不良反应较为相似。

卡托普利

【体内过程】口服吸收快，生物利用度为75%，给药后1小时血药浓度可达峰值；血浆蛋白结合率约30%。在体内分布较广，但不易透过血–脑屏障；$t_{1/2}$为2小时，约50%的药物以原形从肾脏排出，其余部分则以代谢物形式从肾脏排泄。

【药理作用】

1. **抑制 AngⅡ 生成**　药物可通过抑制ACE的活性，减少了AngⅡ的生成，从而降低了AngⅡ收缩血管、刺激醛固酮释放、增加血容量、升高血压与促心血管重构的效应，有利于高血压、心力衰竭的防治。

2. **心血管保护作用**　有抗心肌缺血与心肌梗死作用，能减轻心肌缺血再灌注损伤，保护心肌对抗自由基的损伤；还有保护血管内皮细胞的作用，能逆转高血压、心力衰竭、动脉硬化与高血脂引起的内皮细胞功能损伤。

3. **增加对胰岛素的敏感性**　能增加糖尿病患者胰岛素受体的敏感性。

4. **其他**　因ACE可降解缓激肽，故卡托普利可致体内缓激肽蓄积，缓激肽可促进NO和PGI_2的生成，后两者均有舒张血管、降低血压、抗血小板聚集、抗心血管细胞增生和重构效应。

【临床应用】

1. **治疗高血压**　轻中度高血压患者单用即可控制血压，若与利尿药合用，效果更佳。此外，可减轻心肌肥厚，阻止或逆转心血管病理性重构，保护心、肾、脑等器官功能，对伴有心衰或糖尿病、肾病的高血压患者，可作首选。

2. 治疗充血性心力衰竭　卡托普利能降低心衰患者死亡率，改善充血性心力衰竭预后，延长寿命，是有效和安全的治疗充血性心力衰竭的药物，能降低患者病死率，改善预后。

3. 治疗心肌梗死　卡托普利能减轻缺血再灌注损伤，对缺血心肌有保护作用。心肌梗死患者早期应用能改善心功能和降低病死率。

4. 治疗糖尿病性肾病　对1型和2型糖尿病，无论有无高血压均能改善或阻止肾功能的恶化，其肾脏保护作用是其舒张肾出球小动脉的结果，与降压作用无关。

【不良反应】

卡托普利的不良反应轻微，患者耐受性良好。除偶有恶心、腹泻等消化道反应或头昏、头痛、疲倦等中枢神经系统反应外，主要包括如下。

1. 咳嗽　无痰干咳较为常见，是患者被迫停药的主要原因。与药物引起缓激肽和前列腺素等在肺内蓄积有关。吸入色甘酸钠可以缓解。

2. 首剂低血压　老年人较为常见，宜从最小剂量开始应用，逐渐增加剂量。

3. 高血钾　因药物抑制Ang II生成，使醛固酮减少，因此血钾可以升高，在肾功能下降与同时服用保钾利尿药的患者更多见。

4. 低血糖　本药能增强对胰岛素的敏感性，常伴有降低血糖的作用。在1型与2型糖尿病患者均有此作用。

5. 肾功能损伤　在肾动脉阻塞或肾动脉硬化造成的双侧肾血管病患者，药物可致肾功能损伤加重，血肌酐浓度升高。原因在于Ang II可通过收缩出球小动脉维持肾灌注压，而药物可抑制Ang II的生成，舒张出球小动脉，降低肾灌注压，导致肾小球滤过率与肾功能降低。卡托普利禁用于双侧肾动脉狭窄患者。

6. 其他　卡托普利可致味觉障碍、皮疹与白细胞减少等与其他含–SH的药物（如青霉胺）相似的反应；个别患者用药初期在口唇、鼻及面部等部位形成血管神经性水肿，需加强监察。另外本类药物可致畸胎，故妊娠期妇女禁用。

五、血管紧张素 II 受体阻断药

血管紧张素 II 受体分两型，即 AT_1 受体和 AT_2 受体。目前发现的 Ang II 受体拮抗药主要为 AT_1 受体阻断药，可拮抗 Ang II 已知的所有作用，发挥与 ACEI 相似的降压作用，也可抑制心血管细胞肥大增殖，防治心血管重构。AT_1 受体阻断药不影响缓激肽的代谢，故不存在 ACEI 类药物的血管神经性水肿、咳嗽等不良反应。临床常用的有氯沙坦（losartan）、缬沙坦（valsartan）、厄贝沙坦（irbesartan）等。

氯沙坦

【体内过程】口服易吸收，生物利用度为33%，口服后有14%的氯沙坦在肝内转化为活性代谢物 E-3174。大部分药物及活性代谢物在体内被肝脏细胞色素 P_{450} 代谢，仅少量氯沙坦与 E-3174 以原形随尿排泄。

【药理作用】氯沙坦对 AT_1 受体有选择性拮抗作用，氯沙坦对肾脏血流动力学的影响与 ACEI 类药物相似，能拮抗 Ang II 对肾脏入球小动脉与出球小动脉的收缩作用。对高血压、糖尿病伴肾功能不全患者有保护作用。长期应用还能抑制心血管增生增厚，延缓或逆转重构。

【临床应用】与 ACEI 相似，可用于高血压、充血性心力衰竭、心肌梗死、糖尿病性肾病的治疗。

【不良反应】氯沙坦的不良反应较少，少数患者用药后可出现有头痛，头晕，乏力等，一般不影响血脂血糖，也不引起直立性低血压。应避免与保钾利尿药合用。孕妇、哺乳期妇女及肾动脉狭窄者禁用。

第三节　其他抗高血压药物

一、交感神经抑制药

（一）作用于中枢部位的抗高血压药

可乐定

【体内过程】可乐定（clonidine，可乐宁），口服吸收良好，生物利用度约 75%，口服 30 分钟后起效，可持续 6~8 小时。在体内分布广泛，易透过血–脑屏障。$t_{1/2}$ 为 5~13 小时，约 50% 在肝代谢，并通过肾脏排出。

【药理作用】可乐定可激动延髓嘴端腹外侧区（RVLM）的咪唑啉受体，降低交感神经张力，而产生降压效应；降压作用中等偏强。可乐定对中枢 α_2 受体的激动则可引起镇静、嗜睡等作用，减少自发性活动，并显著延长巴比妥类的催眠时间。它还能抑制胃肠道的分泌和运动，因此适用于伴有溃疡病的高血压患者。

【临床应用】可用于治疗中度高血压，特别是其他药无效时可选用；与利尿药合用可用于治疗重度高血压。口服也可用于预防偏头痛或作为阿片类成瘾者的戒毒药，此外，可乐定滴眼液用于青光眼、高眼压症。

【不良反应】常见不良反应有口干，发生原因是作用于胆碱能神经末梢上的 α_2 受体，减少 ACh 的释放和过量唾液的分泌所致。此外还有镇静、嗜睡反应，影响驾车和机械操作。其他如头痛、便秘、腮腺痛等反应，停药后能自行消失。久用可导致水、钠潴留，为降压后肾小球滤过率减少的结果，合用利尿药可减轻。

（二）α 受体阻断药

哌唑嗪

【体内过程】哌唑嗪（prazosin）口服易吸收，生物利用度为 60%，$t_{1/2}$ 为 2.5~4 小时。但口服后降压作用可持续 10 小时，与血浆蛋白结合率达 97%，在肝中代谢，经肾脏排泄。

【药理作用】哌唑嗪是人工合成的喹唑啉类衍生物，能选择性地阻断突触后膜 α_1 受体，舒张静脉及小动脉，发挥中等偏强的降压作用。它与酚妥拉明不同，降压时并不加快心率，并且能增加血中 HDL 浓度，减轻冠脉病变。

【临床应用及不良反应】适用于各型高血压，单用治疗轻、中度高血压，重度高血压合用 β 受体阻断药及利尿药可增强降压效。不良反应有眩晕、疲乏、虚弱等，首次给药可致严重的体位性低血压，晕厥、心悸等，称"首剂现象"，在直立体位，饥饿、低盐时较易发生。将首次剂量减为0.5mg，并于临睡前服用，可避免发生。

（三）去甲肾上腺素能神经末梢阻滞药

利血平

利血平（reserpine）是印度萝芙木所含的一种生物碱，在外周神经系统通过抑制去甲肾上腺素能神经末梢囊泡对NA的摄取，逐渐耗竭囊泡内NA，从而起到抗交感作用，降压效应缓慢、温和、持久；但该药可透入脑组织，亦可耗竭中枢神经系统的NA，故中枢不良反应较多，如可致镇静、嗜睡、抑郁部分患者还可出现焦虑、失眠，多梦等。另外本药的交感神经功能抑制可致副交感神经兴奋症状，可出现鼻塞、胃酸分泌过多、胃肠蠕动亢进、心率减慢等。活动性胃溃疡、溃疡性结肠炎、抑郁症，尤其是有自杀倾向的抑郁症患者禁用。

二、血管扩张药

直接作用于血管平滑肌的抗高血压药如肼屈嗪（hydralazine）等，能直接松弛血管平滑肌，降低外周阻力，纠正血压上升所致的血流动力学异常。与其他类降压药不同的是，本类药物不抑制交感神经活性，不引起直立性低血压等。该类药物的不良反应较多，一般不单独用于治疗高血压，仅在利尿药、β受体阻断药或其他降压药无效时才加用该类药。

硝普钠

【体内过程】硝普钠（sodium nitroprusside）遇光易破坏，故用于滴注的药液需新鲜配制和避光。本药口服不吸收，需静脉给药，静滴1分钟即可起效，停药5分钟内血压回升。在体内产生的CN^-在肝中被转化成SCN^-，后者基本无毒，经肾排泄。

【药理作用】硝普钠属硝基扩张血管药，作用机制与硝酸酯类相似，可在血管平滑肌细胞内产生NO，继而激活鸟苷酸环化酶（GC），增加胞内cGMP水平而扩张血管。可直接扩张小动脉和小静脉。

【临床应用】可用于高血压急症的治疗，如高血压脑病、嗜铬细胞瘤手术前后阵发性高血压、外科麻醉期间进行控制性降压等。也可用于治疗急性心力衰竭、急性肺水肿。由于该药能扩张动、静脉，降低前、后负荷而改善心功能，可用于伴急性心肌梗死或左室功能衰竭的严重高血压患者。

> ✍ **知识拓展**
>
> 高血压危象（Hypertension crisis）包括高血压急症及亚急症。高血压急症是指原发性或继发性高血压患者，在一些因素的作用下血压骤然、显著升高，同时伴有进行性心、脑、肾、视网膜等重要靶器官功能不全的表现。收缩压或舒张压急剧升高，无靶器官急性损伤者定义为高血压亚急症。靶器官损害是区别高血压急症与高血压亚急症的关键。患者血压的高低并不完全代表患者的危重程度，是否出现靶器官损害及哪个靶器官受累不仅是高血压急症诊断的重点，也直接决定治疗方案的选择，并决定患者的预后。对于高血压亚急症，需要密切监测，调整口服降压药、逐渐控制血压；而针对高血压急症，需要快速、平稳降压，减轻靶器官损害，并积极查找病因。

【不良反应】本药静脉滴注常有眩晕、头痛、肌肉颤搐、烦躁、反射性心动过速及心律失常，与血压降低过快过剧有关，一般调整静脉给药速度，反应可逐步减轻消失；硝普钠连用数日后，可致SCN⁻在体内蓄积中毒，出现运动失调，视力模糊，谵妄，眩晕，头痛，意识丧失等严重反应，因此用药期间宜监测SCN⁻的浓度。

第四节　抗高血压药物的合理应用

一、抗高血压药物治疗的目标

有效的降压治疗可以最大限度地降低心脑血管病发病及死亡总危险。高血压治疗的主要目标是血压达标，普通患者血压降至140/90mmHg以下；老年（≥65岁）患者的血压降至150/90mmHg以下；青年或糖尿病、脑血管病、稳定型冠心病、慢性肾病患者血压降至130/80mmHg以下；如能耐受，建议患者尽可能降至120/80mmHg以下。在治疗高血压的同时，积极处理患者自身的其他疾患，有利于实现降压目标。一般情况下，1~2级高血压争取在4~12周内血压逐渐达标，并坚持长期达标；若患者治疗耐受性差或老年人达标时间可适当延长。目前高血压的治疗提倡应用长效制剂，平稳降压，减低血压波动对血管的损伤。

二、个体化药物治疗

降压治疗应遵循给药方案个体化的原则，临床一般依据患者血压水平、相关危险因素、靶器官损害及相关临床疾病将高血压分为低危、中危、高危和极高危状态（表19-4-1），根据患者病情，实施分层治疗治疗。如低危、中危患者通常无临床症状，一般先以生活方式干预为主导治疗，当无效时考虑药物治疗；若伴代谢综合征可考虑首选ACEI或ARB；若无代谢综合征，但有心率偏快，可选用β受体阻断药。而对于高危组患者一经发现须尽快进行药物治疗，还需考虑患者自身情况用药，如伴有心脏靶器官损害（左室肥厚），通常应用ACEI或ARB联合非二氢吡啶类的钙通道阻滞药，或在β受体阻断药的基础治疗上联合CCB治疗；若伴有肾脏靶器官损害（蛋白尿），可以ACEI或ARB作为基础抗高血压药物，如在血压仍未能达标（<130/80mmHg）可联合应用CCB。

表19-4-1　高血压危险分层标准

其他危险因素和病史	血压（mmHg）		
	1级（轻度）	2级（中度）	3级（重度）
Ⅰ 无其他危险因素	低危	中危	高危
Ⅱ 1~2个危险因素	中危	中危	极高危
Ⅲ ≥3个危险因素，或伴靶器官损害/糖尿病	高危	高危	极高危
Ⅳ ACC*	极高危	极高危	极高危

*ACC：有关的临床情况（包括临床有表现的心血管疾病和肾脏疾病）

三、联合用药

治疗过程中出现下列情况，需要联合治疗：2级以上高血压；高危以上高血压患者；单药治疗血压仍未达标者。目前临床联合降压方式及方案有两种。

1. 固定复方制剂与规格的联合　我国传统的固定复方制剂如复方利血平氨苯蝶啶片、复方降压片、珍菊降压片；新型的固定复方制剂如氯沙坦氢氯噻嗪、厄贝沙坦氢氯噻嗪、缬沙坦氢氯噻嗪等均用于单药控制不良的高血压。这类联合使用方便，患者依从性好，但剂量调节不方便。

2. 药物临时组合的联合　应用时可根据疾病和血压的控制情况及时调整药物剂量和品种，一般以联合产生协同作用、降低不良反应为原则。我国高血压防治指南推荐以下4种组合方案：①ACEI/ARB+噻嗪类利尿药；②CCB+ACEI/ARB；③CCB+噻嗪类利尿药；④CCB+β受体阻断药。

目标检测

答案解析

一、单选题

1. 有关ACEI的叙述，错误的是（　　）
   A. 减少血管紧张素Ⅱ的生成　　　B. 抑制缓激肽降解　　　C. 减轻心室扩张
   D. 增加醛固酮的生成　　　E. 降低心脏前、后负荷

2. 厄贝沙坦的降压作用机制是（　　）
   A. 阻断血管紧张素Ⅱ受体　　　B. 阻断α₁受体　　　C. 阻断β受体
   D. 阻断钙通道　　　E. 抑制血管紧张素转化酶

3. 伴有前列腺肥大的高血压患者宜选用的降压药物是（　　）
   A. 特拉唑嗪　　　B. 哌唑嗪　　　C. 乌拉地尔　　　D. 拉贝洛尔　　　E. 肼屈嗪

4. 高血压伴有心绞痛者宜选用（　　）
   A. 普萘洛尔　　　B. 可乐定　　　C. 利血平　　　D. 硝普钠　　　E. 哌唑嗪

5. 长期用药突然停药会导致血压升高的抗高血压药物是（　　）
   A. 氢氯噻嗪　　　B. 普萘洛尔　　　C. 哌唑嗪　　　D. 维拉帕米　　　E. 卡托普利

6. 硝苯地平的降压作用机制是（　　）
   A. 阻断血管紧张素Ⅱ受体　　　B. 阻断α₁受体　　　C. 阻断β受体
   D. 阻断钙通道　　　E. 抑制血管紧张素转化酶

7. 可引起"首剂现象"的降压药物是（　　）
   A. 哌唑嗪　　　B. 硝苯地平　　　C. 卡托普利
   D. 普萘洛尔　　　E. 可乐定

8. 可延缓高血压患者肾功能损害进展的药物是（　　）
   A. 肼屈嗪　　　B. 利血平　　　C. 卡托普利
   D. 普萘洛尔　　　E. 氢氯噻嗪

9. 依那普利的降压作用机制是（　　）
   A. 阻断血管紧张素Ⅱ受体　　　B. 阻断α₁受体　　　C. 阻断β受体
   D. 阻断钙通道　　　E. 抑制血管紧张素转化酶

10. 能逆转心肌肥厚的降压药是（　　）
    A. 卡托普利　　　B. 硝普钠　　　C. 哌唑嗪
    D. 利血平　　　E. 普萘洛尔

11. 血管紧张素转化酶抑制药最常见的不良反应是（　　）

　　　A. 刺激性干咳　　　　　　　B. 肾功能损害　　　　　　C. 肝功能损害

　　　D. 直立性低血压　　　　　　E. 白细胞减少

12. 伴糖尿病的高血压患者不宜选用（　　）

　　　A. 硝苯地平　　　　　　　　B. 卡托普利　　　　　　　C. 氢氯噻嗪

　　　D. 可乐定　　　　　　　　　E. 肼屈嗪

13. 患者，男，62岁。高血压病史20年，近日出现上腹部疼痛，经内镜检查诊断为胃溃疡，除应用抗消化性溃疡药外，不宜选用的降压药物为（　　）

　　　A. 卡托普利　　　B. 可乐定　　　C. 利血平　　　D. 硝苯地平　　　E. 氢氯噻嗪

14. 患者，男，62岁。高血压25年，突发头痛、失语，血压210/120mmHg。此时宜选用的降压药物为（　　）

　　　A. 卡托普利　　　B. 氢氯噻嗪　　　C. 硝普钠　　　D. 维拉帕米　　　E. 美托洛尔

15. 患者，男，49岁。嗜烟酒。在一次体检中发现自己患了高血压，且伴有左心室肥厚。适宜选用的降压药物为（　　）

　　　A. 血管平滑肌舒张药　　　　B. 利尿药　　　　　　　　C. 神经节阻断药

　　　D. 中枢性降压药　　　　　　E. 血管紧张素转化酶抑制药

（16~19题共用备选答案）

　　　A. 拉贝洛尔　　　　　　　　B. 美托洛尔　　　　　　　C. 普萘洛尔

　　　D. 酚妥拉明　　　　　　　　E. 哌唑嗪

16. 选择性阻断 α_1 受体的抗高血压药是（　　）

17. 对 α_1、α_2 受体均可阻断，可用于嗜铬细胞瘤患者的高血压危象的是（　　）

18. 选择性阻断 β_1 受体的抗高血压药是（　　）

19. 阻断 β_1 和 β_2 受体，又阻断 α_1 受体的抗高血压药是（　　）

（20~23题共用备选答案）

　　　A. 硝普钠　　　B. 卡托普利　　　C. 普萘洛尔　　　D. 尼莫地平　　　E. 哌唑嗪

20. 增加机体对胰岛素敏感性的药物为（　　）

21. 伴有脑血管痉挛的高血压患者宜选用（　　）

22. 降低血清总胆固醇、甘油三酯、LDL和升高HDL的抗高血压药为（　　）

23. 促进NO释放，扩张血管的药物是（　　）

二、简答题

1. 常用抗高血压药包括哪几类？请各举一代表药。

2. 简述硝苯地平的降压特点？

3. 简述卡托普利的降压机制及其适应证。

（陈根林）

书网融合……

知识回顾　　　　习题

第二十章　治疗心力衰竭的药物

学习目标

知识要求：

1. 掌握强心苷类药物的药理作用、临床应用及不良反应。

2. 熟悉血管紧张素转化酶抑制药、血管紧张素Ⅱ受体阻断药和β受体阻断药的作用特点与临床应用。

3. 了解非苷类正性肌力药和减轻心脏负荷药的作用特点与临床应用。

技能要求：

1. 熟练掌握强心苷中毒的解救方法。

2. 学会为不同患者选择合适种类的药物进行治疗。

心力衰竭（heart failure，HF）是因各种心脏疾病而导致心功能不全的一种临床综合征。多指心肌收缩力下降，故心排血量不能满足机体代谢需要，导致全身组织、器官血液灌流不足，同时伴有体循环和（或）肺循环淤血的表现，称收缩性心力衰竭；少数情况下，心肌收缩力可维持正常心排血量，但左心室充盈压异常升高致肺静脉回流受阻、肺循环淤血，称舒张性心力衰竭。心力衰竭时常伴有体循环和（或）肺循环的被动性充血，也称充血性心力衰竭（congestive heart failure，CHF）。心力衰竭按发生过程可分为急性心力衰竭和慢性心力衰竭。

岗位情景模拟 14

患者，男，68岁。因胸闷，持续性憋喘，近日加重入院。患者5年前因劳累突发心前区压榨样疼痛，放射至双上肢及后背，伴有大汗、恶心，在当地医院就诊，诊断为"急性心肌梗死"。保守治疗后出院。1个月前，无明显诱因出现胸闷、憋气，影响睡眠。就诊于当地医院，诊断为"陈旧性心肌梗死、心力衰竭"，住院治疗好转后出院。5天前，胸闷、憋喘加重，夜间呼吸困难，常有憋醒，纳差。结合体格检查和辅助检查结果，诊断为心力衰竭Ⅳ级、陈旧性心肌梗死、室性期前收缩、原发性高血压3级。药物治疗方案为：呋塞米20mg静脉注射，1日1次；氢氯噻嗪25mg口服，1日1次；培哚普利2mg口服，1日1次；地高辛0.125mg口服，1日1次；阿托伐他汀20mg口服，睡前服用。

问题与思考

1. 治疗方案中使用地高辛的目的是什么？

2. 使用地高辛的过程中应注意什么？

答案解析

第一节　概　述

一、充血性心力衰竭的病理生理

（一）心脏功能及结构变化

1. **功能变化**　心力衰竭是由各种心脏疾病引起的心肌受损，可表现为左心、右心或全心功能障碍。收缩性心力衰竭患者多见，其临床表现为心肌收缩力减弱，心输出量减少，射血分数下降明显，组织器官血液灌流不足，正性肌力药物对此类患者效果良好；舒张性心力衰竭患者少见，其临床表现为心室充盈异常，心室舒张受限且不协调，心室顺应性下降，心输出量减少，心室舒张末期压增高，体循环和（或）肺循环淤血，射血分数下降不明显或可维持正常，正性肌力药物对此类患者效果差。

2. **结构变化**　心力衰竭患者的心肌长期处于超负荷状态，心肌缺血、缺氧，心肌细胞能量代谢受阻，心肌过度牵张，心肌细胞内Ca^{2+}超载等改变引发心肌细胞凋亡、心肌细胞肥大、心肌细胞外基质堆积，胶原量增加，胶原网被破坏，心肌组织纤维化等，心肌组织重构，临床表现为心肌肥厚，心腔扩大，心脏收缩和舒张功能障碍。

（二）神经及内分泌改变

1. **交感神经系统激活**　心力衰竭时，心肌收缩力减弱、心输出量减少，反射性激活交感神经系统。心衰早期，交感神经系统兴奋可代偿性改善外周供血不足；但交感神经系统长期兴奋可引起心肌后负荷增加、耗氧量上升、心肌肥厚，诱发心律失常甚至猝死。此外，高浓度NA可诱发心肌细胞凋亡、坏死。

2. **肾素–血管紧张素–醛固酮系统（RAAS）激活**　心力衰竭时，肾血流量减少，激活RAAS，起到一定的代偿作用；但RAAS长期兴奋，会引起全身小动脉收缩，促进醛固酮释放引起水钠潴留、低钾，进而增加心脏负荷、加重心力衰竭。RAAS兴奋还可诱发心肌肥厚，心室重构。

3. **精氨酸加压素（arginine vasopressin，AVP）增多**　心力衰竭患者血中AVP增加，其通过特异受体（V_1）与G蛋白偶联，从而激活磷脂酶C（PLC），生成IP_3和DAG，提高血管平滑肌细胞中Ca^{2+}浓度，使血管收缩，心脏负荷增加。

4. **内皮素（endothelin，ET）增多**　心力衰竭时，低氧、氧自由基、Ang Ⅱ等多种刺激因素促使心内膜下心肌产生更多内皮素。内皮素可引起正性肌力作用、血管强烈收缩及心室重构。

5. **其他**　心力衰竭患者体内肾上腺髓质素（adrenomedullin，AM）、心房脑钠肽（brain natriuretic peptide，BNP）和钠尿肽（atrial natriuretic peptide，ANP）分泌增多，产生舒张血管、减少水钠潴留等作用，可改善心力衰竭的病理状态。

（三）心肌肾上腺素受体信号转导变化

交感神经系统兴奋是心力衰竭时早期最常见的变化，交感神经长期兴奋可致心肌 β 受体信号转导发生变化。

1. **$β_1$受体下调**　心力衰竭患者的心肌 $β_1$ 受体数目减少、密度降低，减轻NA对心肌的损伤。

2. **兴奋性Gs蛋白与 $β_1$ 受体脱偶联**　心力衰竭时Gs数量或活性下降，Gi蛋白数量增多或活性升高，Gs/Gi比值下降，故心脏对 $β_1$ 受体激动药的反应性降低。腺苷酸环化酶（AC）活性下降，cAMP减少，

细胞内 Ca^{2+} 减少，心肌收缩力下降。

3. G蛋白偶联受体激酶（GRKs）活性增加　GRKs只能使被激动剂占领并与G蛋白相偶联的受体磷酸化，形成磷酸化受体。后者与阻碍素（arrestin）的抑制蛋白结合后，与G蛋白脱偶联，使受体脱敏。

二、治疗心力衰竭药物的分类

根据药物的作用及机制，将治疗心力衰竭的药物分为以下几类。

1. 肾素－血管紧张素－醛固酮系统抑制药

（1）血管紧张素转化酶抑制药　如卡托普利、依那普利等。

（2）血管紧张素Ⅱ受体阻断药　如氯沙坦、缬沙坦等。

2. 利尿药　氢氯噻嗪、呋塞米等。

3. β 受体阻断药　美托洛尔、卡维地洛等。

4. 正性肌力药

（1）强心苷类药　如地高辛等。

（2）非苷类正性肌力药　如米力农、维司力农等。

5. 扩血管药　硝普钠、硝酸异山梨酯、肼屈嗪等。

📋 **课堂互动 20-1**

复习利尿药和受体阻断药相关知识，结合心力衰竭的病理生理，分析利尿药和 β 受体阻断药为何可用于治疗心力衰竭？

答案解析

第二节　常用的治疗心力衰竭的药物

一、肾素－血管紧张素－醛固酮系统（RAAS）抑制药

RAAS抑制药包括血管紧张素转化酶抑制药（ACEI）和血管紧张素Ⅱ受体阻断药（ARB）两类，是治疗心功能不全的常用药物。

（一）血管紧张素转化酶抑制药

ACEI临床常用于治疗CHF的有卡托普利（captopril）、依那普利（enalapril）、贝那普利（benazapril）、培哚普利（perindopril）等。

【药理作用】

1. 降低心脏负荷　ACEI可抑制血管紧张素转化酶（ACE），使血管紧张素Ⅰ（AngⅠ）无法转化成血管紧张素Ⅱ（AngⅡ），减少醛固酮释放和血管收缩，降低外周阻力，减轻心脏前后负荷；ACEI还能抑制缓激肽的降解，使缓激肽数量升高，进一步扩张血管，减少外周阻力、降低心脏后负荷。

2. 抑制心肌及血管重构　AngⅡ和醛固酮是促进心肌细胞增生，导致心肌和血管重构的主要因素。小剂量ACEI即可减少AngⅡ和醛固酮的生成，防止和逆转心肌与血管重构，改善心功能。

3. **对血流动力学的影响**　ACEI能降低全身血管阻力，使心输出量增加，左室充盈压和舒张末压降低，室壁张力降低，改善心脏舒张功能，降低肾血管阻力，增加肾血流量。

4. **降低交感神经活性**　Ang Ⅱ作用于交感神经突触前膜的血管紧张素受体（AT_1受体）促进NA释放，并促进交感神经节的神经传递功能；作用于中枢神经系统的AT_1受体，促进中枢交感神经的信号传递，加重心肌负荷及心肌损伤。ACEI能减少Ang Ⅱ的生成。Ang Ⅱ减少可下调心衰时β受体数量，增加Gs蛋白量，增强AC活性，直接或间接降低儿茶酚胺和精氨酸加压素浓度，提高副交感神经张力，改善心功能。

【临床应用】

1. **治疗CHF**　可以消除或缓解CHF症状、提高运动耐力和生活质量，防止和逆转心肌肥厚、降低病死率，延缓尚未出现症状的早期患者的进展，是治疗CHF的一线药物。

2. **治疗高血压**　详见第十九章。

【不良反应】详见第十九章第二节。

（二）血管紧张素Ⅱ受体阻断药（ARB）

本类药物通过阻断AT_1受体的效应，预防及逆转心血管的重构；不影响缓激肽代谢过程。常用药物包括氯沙坦（losartan）、缬沙坦（valsartan）及厄贝沙坦（irbesartan）、奥美沙坦（olmesartan）等。本类药物对CHF的作用与ACEI相似，不易引起咳嗽、血管神经性水肿等。

二、利尿药

利尿药是治疗CHF的基础药物，通过促进Na^+和水的排泄，减少血容量，降低心脏前负荷，改善心脏功能；降低静脉压，消除或缓解静脉淤血及其所引发的肺水肿和外周水肿。对CHF伴有水肿或有明显淤血者尤为适用。轻度CHF可单用噻嗪类；中、重度CHF可用袢利尿药或噻嗪类与保钾利尿药合用；严重CHF宜静脉注射袢利尿药呋塞米。

三、β受体阻断药

大量研究证明，长期应用β体阻断药可改善CHF的症状，提高患者的生活质量，降低死亡率。常用药物有卡维地洛（carvedilol）、比索洛尔（bisoprolol）和美托洛尔（metoprolol）等。

【药理作用】

1. **对神经系统的作用**　β受体阻断药通过阻断心脏β受体，降低交感神经张力，抑制儿茶酚胺对心脏的毒性作用，保护心肌；抑制RAAS，减轻心脏前后负荷，逆转或减缓心肌重构、肥厚和心肌成纤维化。

2. **抗心律失常与抗心肌缺血作用**　β受体阻断药对心功能的影响是双向的，应用初期使心率减慢、心输出量下降、血压下降、心功能恶化；长期用药后，能明显改善心功能，纠正血流动力学变化。

【临床应用】β受体阻断药可防止扩张型心肌病及缺血性CHF恶化、改善心功能降低引起的猝死和降低心律失常的发生率。应用初期使血压下降、心率减慢、心输出量下降、心功能恶化，应注意选择适应证、从小剂量开始试用、并与强心苷联合应用以消除其负性肌力作用。

严重心动过缓、严重左室功能减退、明显房室传导阻滞、低血压及支气管哮喘者慎用或禁用。

四、正性肌力药

（一）强心苷类正性肌力药

强心苷（cardiac glycosides）是一类由苷元和糖结合而成，具有强心作用的苷类化合物，选择性作用于心脏，增强心肌收缩力。因其从洋地黄类植物中提取，故又称洋地黄类药物。常用的药物有地高辛（digoxin）、洋地黄毒苷（digitoxin）、和毒毛花苷K（strophanthin K）。

强心苷类药物化学结构相似，作用、性质、用途、不良反应也相似。它们侧链的不同导致代谢有所差异，见表20-1。

表20-1　常用强心苷类药物的代谢过程比较表

药物	半衰期（h）	口服吸收率（%）	血浆蛋白结合率(%)	肝肠循环（%）	肾排泄（%）
地高辛	33~36	60~85	25	6.8	60~90
洋地黄苷	120~168	90~100	97	27	10
毒毛花苷K	12~19	不良	5	少	90~100

【药理作用】

1. **正性肌力作用**　强心苷对心脏具有高度选择性，能显著加强衰竭心脏的收缩力，增加心输出量，缓解心衰的症状。强心苷的正性肌力作用有3个特点：①加快心肌收缩速度，使收缩期缩短，舒张期相对延长。②增加衰竭心脏的排出量，强心苷增强心肌收缩力，直接增加心排出量；另通过减压反射，降低交感神经张力，使血管舒张，心排出量增加。不增加健康心脏的搏出量。③降低衰竭心脏的耗氧量，强心苷能够加强心肌收缩力，使心肌耗氧量增加。但对衰竭心脏而言，心肌收缩力的增强可使心排出量增加，心室容积缩小，室壁张力下降，使心肌耗氧量减少；同时，反射性兴奋迷走神经，使心率减慢，也可降低耗氧量，所以使衰竭心脏的心肌总耗氧量降低。

强心苷正性肌力作用的机制是其与心肌细胞膜上的Na^+-K^+-ATP酶结合并抑制其活性，抑制Na^+外流和K^+内流，使细胞内Na^+浓度增加，K^+浓度降低；细胞内增多的Na^+通过Na^+-Ca^{2+}双向交换机制，使细胞内Ca^{2+}浓度增加，从而使心肌收缩力增强。

2. **减慢心率作用**　治疗量的强心苷使心搏出量增加，反射性兴奋迷走神经，抑制窦房结，使心率减慢；强心苷也可以通过增加心肌对迷走神经的敏感性，使心率减慢。治疗量的强心苷对正常心率影响较小，对心率加快及伴有房颤的心功能不全者可显著减慢心率。

3. **对传导和心肌电生理的影响**　治疗量时，强心苷反射性兴奋迷走神经，降低窦房结自律性，减慢房室传导；强心苷因兴奋迷走神经，促进K^+外流，使心房肌细胞静息电位加大，加快心房的传导速度，缩短心房的有效不应期。

4. **利尿作用**　强心苷增加了肾血流量和肾小球的滤过功能。强心苷可直接抑制肾小管Na^+-K^+-ATP酶，减少肾小管对Na^+的重吸收，促进钠和水排出，发挥利尿作用。

【临床应用】

1. **治疗心力衰竭**　强心苷对有心房纤颤伴心室率快的心力衰竭疗效最佳；对瓣膜病、风湿性心脏病（高度二尖瓣狭窄的病例除外）、冠状动脉粥样硬化性和高血压心脏病所导致的心功能不全疗效较好；对肺源性心脏病、活动性心肌炎或严重心肌损伤疗效较差，且容易中毒。

2. 治疗心律失常

（1）心房纤颤 心房纤颤的主要危害在于心房过多的冲动传至心室，引发心室率过快，导致循环障碍。强心苷主要通过直接作用于房室结或兴奋迷走神经减慢房室传导、增加房室结中隐匿性传导、减慢心室率、增加心排血量，改善循环障碍。

（2）心房扑动 心房扑动的冲动更易于传至心室，故心室率快且难控制。强心苷通过缩短心房的有效不应期，使心房扑动变为纤颤，通过抑制房室传导减少心室率。

（3）阵发性室上性心动过速 强心苷可增强迷走神经功能，降低心房的兴奋性以终止阵发性室上性心动过速。

【不良反应】强心苷治疗安全范围小，一般治疗量已接近中毒剂量的60%，且个体差异大，易发生不同程度的毒性反应，当伴有低血钾、高血钙、低血镁、心肌缺氧、酸碱失衡、发热、肾功能不全、高龄及合并用药等因素时尤易发生。

1. 心脏反应 此反应为强心苷最严重的不良反应，约有半数患者发生各种类型心律失常。

（1）快速型心律失常 最多见和最早见的是室性早搏，也可发生二联律、三联律及心动过速，甚至室颤。这是由于强心苷抑制Na^+-K^+-ATP酶及细胞内钙超负荷引起迟后除极有关。

（2）房室传导阻滞 强心苷提高迷走神经兴奋性，并抑制Na^+-K^+-ATP酶，使细胞内缺钾，静息膜电位变小（负值减少），零相除极速率降低，从而引发生传导阻滞。

课堂互动 20-2

房室传导阻滞可选用哪些药物进行治疗？为何强心苷引起的房室传导阻滞更适合选用阿托品治疗？

答案解析

（3）窦性心动过缓 强心苷因抑制窦房结、降低其自律性而发生窦性心动过缓。当使心率降至60次/分以下，应立即停药。

氯化钾是防治强心苷中毒所致的快速型心律失常的有效药物。K^+能竞争性抑制强心苷与心肌细胞膜上的Na^+-K^+-ATP酶结合，减轻或阻止毒性的发生和发展。轻者可口服钾盐，重者可静脉缓慢滴注钾盐。

对严重快速型心律失常患者应使用苯妥英钠。苯妥英钠能与强心苷竞争Na^+-K^+-ATP酶并具有抗心律失常的作用。利多卡因可用于治疗强心苷中毒所引起的室性心动过速和心室纤颤。

对强心苷中毒所引起的心动过缓和房室传导阻滞等缓慢型心律失常，不宜补钾，可用M受体阻断药阿托品治疗。

地高辛抗体的Fab片段对强心苷有强大亲和力和高度选择性，使强心苷与Na^+-K^+-ATP酶解离，对严重中毒效果明显。

2. 胃肠道反应 为最常见的早期中毒症状，表现为厌食、恶心、呕吐及腹泻等。剧烈呕吐可导致失钾而加重强心苷中毒，应注意及时补钾或停药。

3. 神经系统反应 临床表现为眩晕、头痛、疲倦、失眠、幻觉及视觉障碍（如黄视、绿视症及视物模糊）等症状。视觉异常通常是强心苷中毒的先兆，也是停药的指征之一。

（二）非苷类正性肌力药

非苷类正性肌力药包括拟交感神经药和磷酸二酯酶抑制药等。这类药物可能增加心衰患者的病死率，故不作常规治疗用药。

多巴酚丁胺

多巴酚丁胺（dobutamine）通过激动 β_1 受体，增强心肌收缩力，增加心排出量，降低血管阻力，改善衰竭心脏功能。主要用于强心苷疗效不佳的严重左心室功能不全和心肌梗死后 CHF 患者。血压下降明显者不宜使用。

多巴胺

多巴胺（dopamine）小剂量通过激动 DA 受体，扩张肾、肠系膜及冠状血管，增加肾血流量和肾小球滤过率，促进 Na^+ 的排泄。较大剂量激动 β 受体，并促使 NA 的释放，抑制其再摄取，增加外周血管阻力、增强心肌收缩力、增加心输出量。大剂量时激动 α 受体，使血管收缩，心脏后负荷增高。故多巴胺多用于急性心力衰竭，常作静脉滴注。

氨力农和米力农

氨力农（amrinone，氨吡酮）和米力农（milrinone，甲氰吡酮）均为双吡啶类衍生物，是磷酸二酯酶抑制药。它们通过抑制磷酸二酯酶活性，提高心肌 cAMP 含量，从而促进 Ca^{2+} 内流，增强心肌收缩力并舒张血管。氨力农的不良反应较严重，常见的有恶心、呕吐，心律失常，血小板减少和肝损害等。米力农为氨力农的替代品，对磷酸二酯酶的抑制作用强 20 倍，不良反应较氨力农少，有室上性及室性心律失常、低血压、心绞痛样疼痛及头痛等，现仅供短期静脉给药治疗急性心力衰竭。

五、血管扩张药

血管扩张药通过扩张静脉，使静脉回心血量减少，降低心脏的前负荷，降低肺楔压及左心室舒张末压等，缓解肺部淤血症状；扩张小动脉，降低外周阻力，降低心脏的后负荷，增加心输出量，增加动脉供血，缓解组织缺血症状，弥补或抵消因小动脉扩张而可能发生的血压下降和冠状动脉供血不足等影响。

硝酸酯类

硝酸甘油（nitroglycerin）和硝酸异山梨酯（isosorbide dinitrate）的主要作用是扩张静脉，使静脉容量增加，减轻肺淤血、呼吸困难。还可选择性地舒张心外膜的冠状血管，增加患者冠脉血流而提高其心室的收缩和舒张功能，解除心衰症状。

肼屈嗪

肼屈嗪（hydralazine）能扩张小动脉，降低心脏后负荷，增加心输出量，增加肾血流量。因反射性激活交感神经及 RAAS，故不宜长期单独应用。主要用于肾功能不全或对 ACEI 不能耐受的 CHF 患者。

硝普钠

硝普钠（sodium nitroprusside）能扩张小静脉和小动脉，降低心脏前、后负荷。口服无效，静脉滴注后2~5分钟起效，可快速控制症状。静脉滴注适用于危急的CHF患者。

📖 知识拓展

Verquvo的活性药理成分为Vericiguat，它是第一个被批准用于治疗心力衰竭的可溶性鸟苷酸环化酶（sGC）刺激剂。心力衰竭患者由于一氧化氮（NO）可用性受损，导致sGC刺激不足而诱发心肌和血管功能障碍。Vericiguat能够特异性恢复有缺陷的NO-sGC-cGMP通路，该药不依赖NO也能增加细胞内cGMP水平，改善心脏功能。结合其他疗法，Vericiguat用于治疗心衰恶化后射血分数低于45%的症状性CHF患者，可降低死亡率，延长寿命。

目标检测

答案解析

一、单选题

1. 强心苷正性肌力作用的机制是（　　）

A. 增加心肌物质代谢 　　 B. 影响心肌收缩蛋白 　　 C. 增加心肌能量供应

D. 影响心肌调节蛋白 　　 E. 增加兴奋时心肌细胞内的Ca^{2+}量

2. 关于强心苷的作用，下列说法错误的是（　　）

A. 能够治疗阵发性室上性心动过速 　　 B. 能够治疗心房纤颤

C. 能够治疗心房扑动 　　 D. 可加快房室传导

E. 能将心房扑动转化为心房纤颤

3. 强心苷治疗慢性心功能不全的最基本作用是（　　）

A. 增加心肌收缩力 　　 B. 增加心室工作效率 　　 C. 降低心率

D. 提高心率 　　 E. 使已扩大的心室容积缩小

4. 下列关于强心苷对心肌耗氧量的影响描述正确的是（　　）

A. 可减少正常和衰竭心脏的心肌耗氧量 　　 B. 仅减少衰竭心脏的心肌耗氧量

C. 可增加正常和衰竭心脏的心肌耗氧量 　　 D. 仅减少正常人的心肌耗氧量

E. 对正常和衰竭心脏的心肌耗氧量均无明显影响

5. 对血管扩张药治疗心力衰竭的原理描述最确切的是（　　）

A. 降低外周阻力 　　 B. 降低心肌耗氧量 　　 C. 降低心脏前后负荷

D. 增加心排出量 　　 E. 增加心肌耗氧量

6. 下列能有效防止和逆转心衰患者心肌重构的药物是（　　）

A. 米力农 　　 B. 强心苷 　　 C. 氢氯噻嗪

D. 多巴酚丁胺 　　 E. 依那普利

7. 强心苷引起的最严重的不良反应是（　　）

A. 低血镁 　　 B. 低血钙 　　 C. 酸碱失衡

D. 心脏毒性 　　 E. 发热

8. 对强心苷中毒所引起的心动过缓和房室传导阻滞等缓慢型心律失常且不宜补钾可选用（   ）

    A. 利多卡因   B. 普鲁卡因   C. 阿托品

    D. 苯妥英钠   E. 地高辛抗体Fab片段

9. 强心苷的早期中毒症状是（   ）

    A. 室性早搏   B. 视觉障碍   C. 胃肠道反应

    D. 窦性心动过缓   E. 中枢神经系统反应

10. 下列药物能够治疗慢性心功能不全且连续使用1周后可能出现刺激性干咳的是（   ）

    A. 卡托普利   B. 氯沙坦   C. 硝普钠

    D. 氨力农   E. 多巴酚丁胺

11. 下列药物能够治疗慢性心功能不全且支气管哮喘患者、严重心动过缓患者禁用的是（   ）

    A. 卡托普利   B. 氯沙坦   C. 硝普钠

    D. 氨力农   E. 普萘洛尔

12. 利尿药治疗心力衰竭的药理作用不包括（   ）

    A. 逆转心室肥厚   B. 缓解肺水肿   C. 促进水钠排泄

    D. 消除或缓解静脉充血   E. 降低心脏前后负荷

13. 治疗轻度心衰宜选用的利尿药是（   ）

    A. 螺内酯   B. 氢氯噻嗪   C. 阿米洛利

    D. 氨苯蝶啶   E. 甘露醇

（14~17题共用备选答案）

    A. 卡托普利   B. 氯沙坦   C. 硝普钠

    D. 氨力农   E. 多巴酚丁胺

14. 通过抑制血管紧张素转化酶，可改善慢性心功能不全症状并逆转心肌肥厚增生的是（   ）

15. 通过阻断AT_1受体，可改善慢性心功能不全症状并降低病死率的是（   ）

16. 激动β_1受体，增加慢性心功能不全患者心肌收缩力的是（   ）

17. 抑制磷酸二酯酶，增加细胞内cAMP含量，缓解慢性心功能不全症状的是（   ）

三、简答题

1. 具有正性肌力作用的药物有哪几类，请比较他们作用机制的差异。

2. 同时可以用于治疗高血压和慢性心功能不全的药物有哪几类？请分别举例说明。

3. ACEI类药物治疗慢性心功能不全的特点有哪些？

（于宜平）

书网融合……

知识回顾   习题

第二十一章 抗心律失常药

学习目标

知识要求:

1. 掌握奎尼丁、普萘洛尔、胺碘酮、维拉帕米的临床应用、不良反应及注意事项。

2. 熟悉抗心律失常药的分类及代表药。

3. 了解其他抗心律失常药的作用特点及临床应用。

技能要求:

1. 熟练掌握心律失常药物分类并具有合理用药的能力。

2. 学会判断药物的不良反应并掌握相应的解救措施。

心律失常主要指心动节律和频率的异常。心律正常时,心脏协调而有规律地收缩、舒张,将血液泵向全身;心律失常时,心脏泵血功能障碍,影响全身组织、器官的供血。某些类型的心律失常如心室颤动,可危及生命,必须及时救治。心律失常的治疗方式包括药物治疗和非药物治疗(起搏器、电复律、导管消融和手术等)。抗心律失常药在救治心律失常中起着极其重要的作用,但也会诱发心律失常。故欲正确合理使用抗心律失常药,首先要掌握心脏电生理特征、心律失常发生原理和药物作用机制。

第一节 心律失常的电生理学基础

一、正常心脏电生理特性

正常的心脏冲动自窦房结产生,依次经过心房、房室结、房室束及浦肯野纤维,最终到达心室肌,引起心脏节律性收缩。

1. 心肌细胞膜电位 心肌细胞在静息状态时,细胞膜内外离子分布不均匀,呈极化状态,此时为心肌细胞静息电位。心肌细胞膜内电位负于膜外,为 $-60mV$(窦房结)至 $-90mV$(房室肌)。当心肌细胞兴奋时,引发除极和复极过程,即形成动作电位。心肌动作电位分为以下 5 个时相。

0 相(除极期):细胞膜 Na^+ 通道开放,大量 Na^+ 快速内流引起除极,动作电位从 $-90mV$ 迅速上升到 $+30mV$。

1 相(快速复极初期): K^+ 短暂外流, Cl^- 内流。

2相（缓慢复极期）：Ca^{2+}缓慢内流，K^+缓慢外流，复极过程缓慢，形成平台，故又称平台期。

3相（快速复极末期）：K^+快速外流，膜负电位增大，迅速恢复到静息电位水平。0相至3相的时程合称为动作电位时程（APD）。

4相（静息期）：心房肌、心室肌的非自律细胞的膜电位维持在静息水平。

窦房结、房室结和浦肯野纤维的自律细胞中Na^+或Ca^{2+}缓慢持续内流，发生舒张期自发性缓慢除极，当恢复到阈电位水平时，可引发下一次动作电位。自律细胞没有1相、2相，动作电位由0相和3相构成。

2. 快反应及慢反应电活动   正常心脏工作肌和房室传导系统细胞的膜电位大，除极和传导速率快，称快反应电活动，除极由Na^+内流引发。房室结和窦房结细胞膜电位较小，除极速度和传导速度慢，动作电位幅度小，称慢反应电活动，除极主要由Ca^{2+}内流引发。

3. 膜反应性和传导速度   膜反应性指静息电位与动作电位的0相最大上升速率之间的关系。膜反应性是决定传导速度的重要因素，通常其反应性越高，0相上升速度越快，动作电位振幅越大，冲动传导速度越快；反之则传导越慢。（图21-1-1，图21-1-2）

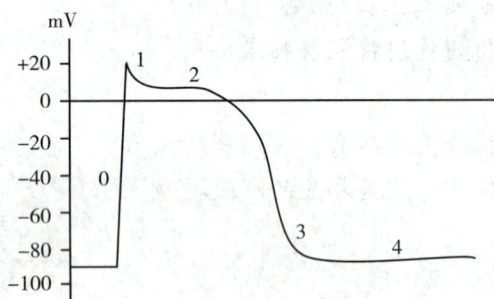

图21-1-1   心室肌动作电位

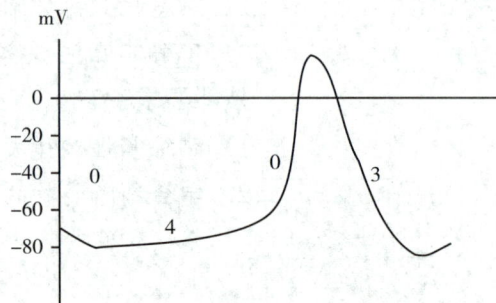

图21-1-2   窦房结动作电位

4. 有效不应期   心肌的有效不应期（ERP）是指心肌除极至复极，当膜电位到-60mV这段时间。当膜电位未回复到-60mV时，即使受到电刺激也不能产生下一次动作电位，动作电位不能扩布。因此，当ERP延长时，心脏不易发生快速型心律失常。

二、心律失常发生的电生理机制

冲动形成异常和冲动传导障碍均可导致心律失常发生。

1. 冲动形成异常

（1）自律性增高   当动作电位4相（静息期）自动除极加速、最大舒张电位变小或阈电位负值增大可使冲动形成增多，引起快速型心律失常。当交感神经活性增高，或处于低血钾、缺血/缺氧的条件下，异位潜在起搏点活动增强，冲动形成增多。

（2）后除极   是指心肌细胞在一个动作电位0相除极后产生一个提前的除极化，后除极的扩布可诱发心律失常。

2. 冲动传导障碍

（1）单纯性传导障碍   主要包括传导减慢、传导阻滞等。

（2）折返激动   指冲动经传导通路折回原处并反复运行的现象（图21-1-3），是引发阵发性心动过速、心房或心室纤颤/扑动等快速型心律失常的重要原因。

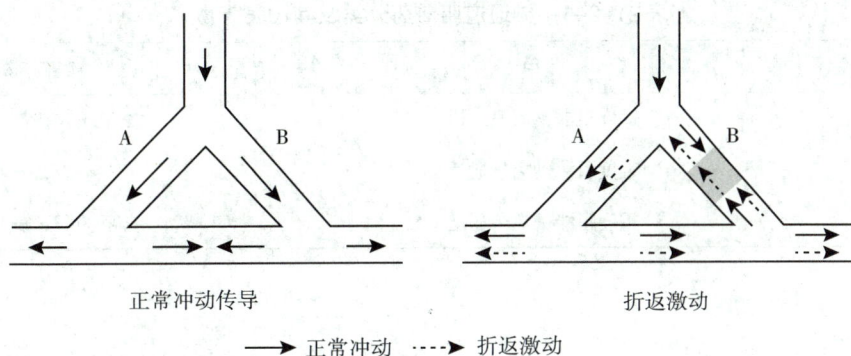

正常冲动传导　　　　　　　　　折返激动

——➤ 正常冲动　·····➤ 折返激动

图21-1-3　折返激动示意图

课堂互动 21-1

根据心律失常的电生理基础，请思考药物可以通过哪些途径治疗心律失常？

答案解析

第二节　抗心律失常药的基本电生理作用及药物分类

一、抗心律失常药的基本电生理作用

目前治疗心律失常的药物主要通过降低心肌组织的异常自律性、减少后除极、调节传导性或有效不应期等途径起效。

1. **降低自律性**　抗心律失常药物通过延长动作电位、减慢4相除极速率、提高动作电位阈值、增大静息膜电位绝对值方式降低异常自律性。钠通道阻滞药阻滞钠通道，提高快反应细胞动作电位阈值；钙通道阻滞药抑制Ca^{2+}通道，提高慢反应细胞动作电位阈值。

2. **减少后除极**　钙通道阻滞药通过减少细胞内Ca^{2+}浓度，减少迟后除极的发生，钠通道阻滞药抑制迟后除极的0相除极化。

3. **延长有效不应期**　药物延长有效不应期或改变传导性可消除折返。钙通道阻滞药和β受体阻断药可减慢房室结传导，消除房室结折返引起的室上性心动过速；钙通道阻滞药和钾通道阻滞药可延长慢反应细胞的有效不应期，钠通道阻滞药和钾通道阻滞药可延长快反应细胞的有效不应期。

课堂互动 21-2

回顾已学章节，兼有抗心律失常作用的药物有哪些？

答案解析

二、抗心律失常药的分类

根据药物对心肌细胞膜离子通道的选择性，将治疗快速型心律失常的药物分为以下四类。

（一）I类药钠通道阻滞药

钠通道阻滞药又分为Ia、Ib、Ic三个亚型。其具体分类及代表药物见表21-2-1。

表21-2-1   钠通道阻滞药分类及其代表药物

类别	作用	代表药物
Ia	适度阻滞钠离子通道	奎尼丁、普鲁卡因胺
Ib	轻度阻滞钠离子通道	利多卡因、苯妥英钠
Ic	重度阻滞钠离子通道	普罗帕酮、氟卡尼

（二）Ⅱ类β受体阻断药

Ⅱ类药物通过抑制心肌细胞β受体，减少交感神经兴奋所致的起搏电流、钠电流和L型钙电流，使4相舒张期自动除极速率减慢，降低自律性，使0相除极速率减慢，减慢传导速度。代表药有普萘洛尔、美托洛尔等。

（三）Ⅲ类延长动作电位时程药

阻滞多种钾离子通道，延长动作电位时程和有效不应期。代表药是胺碘酮等。

（四）Ⅳ类钙通道阻滞药

抑制钙离子通道，降低窦房结自律性，减慢房室结传导性，防止细胞内钙超载。代表药有维拉帕米和地尔硫革。

第三节   常用抗心律失常药

一、I类钠通道阻滞药

（一）Ia类

奎尼丁

奎尼丁（quinidine）是从金鸡纳树皮中提取的生物碱，是Ia类代表药。口服后几乎全部被胃肠道吸收，1~2小时达药峰浓度，生物利用度70%~80%。血浆蛋白结合率约80%，组织中药物浓度较血药浓度高10~20倍，心肌细胞中浓度尤高。$t_{1/2}$为5~7小时。主要经过肝药酶氧化代谢，20%以原形随尿液排出。

【药理作用】

1. **降低自律性**   通过抑制4相Na^+内流和后除极Ca^{2+}内流，降低异位节律点的自律性，减少异位节律点冲动。对心房纤颤疗效较好。对窦房结功能不全有明显抑制作用，对正常窦房结自律性影响小。

2. **减慢传导速度**   阻滞0相Na^+内流，使心房肌、心室肌和浦肯野纤维的传导速度减慢，使单向阻滞变为双向阻滞，从而消除折返。

3. **延长不应期**   阻滞Na^+内流，使心房肌、心室肌和浦肯野纤维的有效不应期延长，减少折返形成。

4. **其他**   具有解除迷走神经对房室结的抑制、使心率加快、房室传导加快的抗胆碱样作用。因此，使用奎尼丁治疗心房纤颤或心房扑动时，应先用强心苷或β受体阻断药抑制房室结传导，防止心室率过快。

【临床应用】奎尼丁为广谱抗心律失常药，适用于心房扑动、心房纤颤、室性或室上性心动过速的转复与预防，频发室性和室上性期前收缩的治疗。

【不良反应】1/3~1/2患者发生腹泻，是奎尼丁最常见的不良反应；腹泻引起低血钾可加重奎尼丁所致的心动过速。血浆奎尼丁浓度过高可引起"金鸡纳反应"，表现为头痛、头晕、耳鸣、恶心、腹泻、视物模糊等症状。奎尼丁引起的心脏毒性较严重，表现为房室及室内传导阻滞，少数患者可出现Q-T间期延长和心动过速。奎尼丁阻断α受体，可使血管扩张、心肌收缩力减弱而使血压下降。奎尼丁的抗胆碱作用可增加窦性频率、加速房室传导，治疗心房扑动时会加快心室率。心、肝、肾功能不全，低血压患者慎用；重度房室传导阻滞、高血钾、严重心肌受损患者禁用。

奎尼丁可使地高辛血药浓度升高；与双香豆素、华法林竞争血浆蛋白，使后者抗凝血作用增强；肝药酶诱导剂苯巴比妥加速奎尼丁在肝中的代谢。

🖋 知识拓展

最早，人们用金鸡纳的树皮治疗疟疾。早在1749年，法国医师Jean-Baptirte试着用金鸡纳治疗"无法救治的心悸"并获得成功，但可惜的是，这一发现并未受到当时医学界的重视。

1826年，法国药师佩雷蒂尔和卡文顿经过大量的实验，从金鸡纳树皮中提取出奎宁。奎尼丁是奎宁的旋光异构体，也是金鸡纳树皮中的一种天然生物碱。1914年，温克巴哈医生就奎尼碱对心律失常的治疗作用做了详细而生动的报告，他写道：1912年，一位荷兰人到我诊所求治心房颤动。而当时我对这种疾病无能为力，患者却告诉我，当他的疾病发作时服用奎尼丁便可以改善。后来患者发病时，我们给予奎尼丁，它果然起效了。这是人们从实践中偶然得来的经验。1918年Frey受到前人的启发，发现奎尼丁对心律失常的疗效最佳。这一疗效后来得到其他医生的证实，从此，奎尼丁在临床上广泛用于治疗心律失常，直到今天。

天然植物是挖掘药物的巨大宝库，其化学成分是我们研发新药的重要来源。对于临床的偶然发现的新药应认真对待、详细记录并精心设计、小心求证，才能把握研发新药的良机。

普鲁卡因胺

普鲁卡因胺（procainamide）属于Ia类抗心律失常药。口服吸收迅速且完全，1小时达到药峰浓度，静脉注射4分钟、肌内注射0.5~1小时达到药峰浓度。生物利用度约80%，$t_{1/2}$为3~4小时。

【药理作用】该药的心脏电生理作用与奎尼丁相似，但无明显拮抗胆碱及α受体的作用。普鲁卡因胺阻滞开放状态的钠通道，降低心肌自律性，减慢传导，延长大部分心脏组织的动作电位时程和有效不应期。

【临床应用】静脉注射或静脉滴注用于室上性和室性心律失常急性发作的治疗，对室性和房性心律失常均有效。

【不良反应】长期应用引起胃肠道反应、过敏反应、幻觉、精神失常等，少数患者出现红斑狼疮综合征。静脉给药的血药浓度>10μg/ml时可引起低血压和传导减慢，N-乙酰普鲁卡因胺的血浆药物浓度>30μg/ml时可发生尖端扭转型心动过速。禁忌证同奎尼丁。

（二）Ib类

利多卡因

利多卡因（lidocaine）为 Ib类代表药物。利多卡因首过消除明显，生物利用度低，以静脉滴注给药。与血浆蛋白结合率约70%，体内分布广泛。主要在肝内代谢，$t_{1/2}$ 为2小时。

【药理作用】

1. **降低自律性**　阻滞 Na^+ 内流，使浦肯野纤维4相除极速率减慢，降低自律性。

2. **改善传导速度**　当细胞外液 K^+ 浓度升高时，利多卡因可抑制 Na^+ 内流，减慢传导速度，单向阻滞转变为双向阻滞，从而消除折返；当细胞外液 K^+ 浓度降低或心肌部分除极时，加快传导速度，消除单向阻滞，从而中止折返。

3. **有效不应期延长**　促进3相 K^+ 外流，相对延长 ERP 而消除折返；促进 ERP 均一，消除折返。

【临床应用】各种原因引起的室性心律失常，对急性心肌梗死所致的室性心律失常，可做首选药。静脉给药能迅速达到有效血药浓度，立即缓解症状，特别适用于危急病例，对室上性心律失常效果差。

🏫 **课堂互动 21-3** ————————————————————

根据前面学过的知识，利多卡因除了可以抗心律失常，临床上还有什么应用？

答案解析

【不良反应】肝功能不全患者静脉注射过快，可出现头晕、嗜睡、激动不安、感觉异常等症状。大剂量时引起房室传导阻滞、心率减慢、低血压。眼球震颤是利多卡因中毒的早期信号。严重心功能不全、心动过缓、贫血、白细胞减少者禁用。

苯妥英钠

苯妥英钠（phenytoin sodium）作用与利多卡因相似，也能抑制 Na^+ 内流，促进 K^+ 外流，作用于浦肯野纤维，降低其自律性。与强心苷竞争 Na^+-K^+-ATP酶，恢复因强心苷中毒引起的传导抑制。用于室性心律失常，对强心苷中毒引起室性心律失常有效；对心肌梗死、心脏手术、心导管术等引起的室性心律失常也有效。常见不良反应有头晕、眩晕、震颤、共济失调等，甚至呼吸抑制；快速静脉注射易引起低血压，低血压时慎用；高浓度可致心动过缓，窦性心动过缓及二、三度房室传导阻滞者禁用。

美西律

美西律（mexiletine）与利多卡因相似，用于治疗室性心律失常，对心肌梗死后急性室性心律失常效果好。短期用药可见胃肠道不适，长期用药可致神经症状，如震颤、复视、共济失调、精神失常等。房室传导阻滞、窦房结功能不全、有肝病、癫痫史、低血压病史者慎用。

（三）Ic类

普罗帕酮

普罗帕酮（propafenone）是广谱抗心律失常药，能够明显抑制 Na^+ 内流，降低自律性，减慢传导速度。减慢心房、心室和浦肯野纤维的传导。延长心肌细胞动作电位时程和有效不应期。口服用于防治室性、室上性心律失常，静脉注射可中止阵发性室性、室上性心动过速、预激综合征伴室上性心动过速、电转复后室颤发作等。常见不良反应有胃肠道反应、口干、头痛、口腔金属味等，偶见红斑狼疮样综合征、粒细胞减少等。对本药过敏、严重心动过缓、传导阻滞者禁用。

👨‍⚕️ 岗位情景模拟 15

患者，女，35岁。自述心慌、头晕，近2年频发，有晕厥病史13年。体格检查：体温36.4℃，心率65次/分，血压100/58mmHg。营养不良，精神差。心电图显示短阵室性心动过速，尖端扭转型室性心动过速，Q-T间期延长，心脏彩超显示心内结果大致正常。生化检验：钾4.02mmol/L，镁1.21mmol/L，醛固酮101.97pg/ml。诊断为心律失常，长Q-T间期综合征，频发室性期前收缩，尖端扭转型室速。经住院治疗有所改善，出院时带药：美托洛尔47.5mg，口服，1天1次，门冬氨酸钾镁片2片，口服，1天3次。

问题与思考

1. 本案选择美托洛尔的原因是什么？
2. 美托洛尔还可用于哪些疾病的治疗？

答案解析

二、Ⅱ类β受体阻断药

β受体阻断药能够阻断心肌β₁受体并阻滞Na^+通道，促进K^+通道开放，缩短复极时程等作用。代表药有普萘洛尔（propranolol）、美托洛尔（metoprolol）、阿替洛尔（atenolol）、纳多洛尔（nadolol）、醋丁洛尔（acebutolol）等。

普萘洛尔

普萘洛尔（propranolol）降低窦房结、心房和浦肯野纤维自律性，使儿茶酚胺所致的迟后除极减少、房室结传导减慢，房室交界细胞的有效不应期延长。主要治疗室上性心律失常，尤其伴有交感神经兴奋、甲状腺功能亢进或嗜铬细胞瘤等引起的窦性心动过速；对运动或情绪激动引起的心律失常也有效。长期用药，突然停药可引起反跳现象，宜逐渐减量停药。糖尿病、高脂血症患者慎用，窦性心动过缓、严重房室传导阻滞、支气管哮喘患者禁用。

美托洛尔

美托洛尔（metoprolol）是选择性β₁受体阻断药，作用与普萘洛尔相似。对窦房结、房室结的自律性和传导性均有抑制作用，有膜稳定性。临床用于室上性心律失常。禁用于严重房室传导阻滞、心动过缓、心力衰竭患者，支气管哮喘、肝或肾功能不良者慎用。

三、Ⅲ类延长动作电位时程药

胺碘酮

胺碘酮（amiodarone）的结构与甲状腺素相似，脂溶性高，口服、静脉注射均可，生物利用度

35%~65%。在肝脏代谢，其主要代谢物去乙胺碘酮也具有生物活性。停药后作用仍可维持1~3个月。胺碘酮是肝药酶CYP3A4的代谢底物。

【药理作用】胺碘酮抑制K^+通道，减少3相K^+外流，延长APD和ERP，进而消除折返。阻滞0相Na^+和Ca^{2+}内流，使浦肯野纤维和房室结的传导速度减慢。阻滞4相Na^+和Ca^{2+}内流，同时抑制β受体效应，降低窦房结和浦肯野纤维的自律性。

【临床应用】胺碘酮是广谱抗心律失常药，可用于心房纤颤、心房扑动、室性和室上性心动过速等快速型心律失常。对持续性心房纤颤的疗效不如奎尼丁或电复律术。静脉给药用于室颤、室性心动过速的急救。

【不良反应】常见的不良反应有窦性心动过缓、房室传导阻滞、Q-T间期延长等，偶见尖端扭转型室性心动过速。静脉给药时常发生低血压。房室结和窦房结病变患者使用可能引起明显心动过缓和传导阻滞。长期应用引起角膜褐色微粒沉着，一般不影响视力，停药后可自行恢复。少数患者发生甲状腺功能亢进或减退、间质性肺炎或肺纤维化、肝坏死等。房室传导阻滞及Q-T间期延长者禁用。

> **📝 知识拓展**
>
> 决奈达隆（Dronedarone）是一种新型抗心律失常药物，是胺碘酮的脱碘衍生物，属于Ⅲ类抗心律失常药物，具有多通道阻滞作用。决奈达隆的细胞电生理特性与胺碘酮相似，能够抑制Na^+、Ca^{2+}内流以及K^+外流，对阵发性或持续性心房颤动（房颤）患者可减少房颤的复发，降低房颤总负荷，与其他抗心律失常药物比较疗效较好，安全性更佳；还能减少阵发性或持续性房颤患者的再住院风险。此外，决奈达隆还是一种非竞争性β受体阻断药，有轻度负性肌力作用。2019年国产决奈达隆在中国上市。

四、Ⅳ类钙通道阻滞药

维拉帕米

维拉帕米（verapamil）首过效应明显，生物利用度仅10%~30%，血浆蛋白结合率高达90%。

【药理作用】选择性阻滞心肌Ca^{2+}通道，抑制Ca^{2+}内流，可降低窦房结自律性，降低缺血时心房、心室和浦肯野纤维的异常自律性，减少或消除后除极所致触发活动；减慢房室结传导，有利于消除房室结折返，减慢心房扑动、心房颤动时加快的心室率；延长窦房结、房室结的有效的ERP。

【临床应用】是治疗阵发性室上性心动过速的首选药。对急性心肌梗死、心肌缺血及强心苷中毒引起的室性期前收缩，室上性和房室结折返激动引起的心律失常均有效。

【不良反应】常见的不良反应有便秘、腹胀、腹泻、头痛、瘙痒等。静脉给药可引起窦性心动过缓、低血压，甚至窦性停搏。心源性休克、严重房室传导阻滞、心功能不全患者禁用此药，老年人、肾功能不全者慎用。

地尔硫䓬

地尔硫䓬（diltiazem）药理作用、临床应用与维拉帕米相似，可抑制房室结和窦房结功能，减慢房室传导，延长ERP，用于阵发性室上性心动过速。

第四节　抗心律失常药的临床用药原则

心律失常是临床的一种症状，严重情况可能引发生命危险。我们在选择抗心律失常药物时应综合考虑患者心律失常的具体类型和危急程序，引发心律失常的诱因，患者肝肾功能及基础疾病、药物不良反应等因素，选择药物应遵循以下用药原则：

（1）先考虑单一用药，再考虑联合用药。

（2）以小剂量控制病情，避免过量中毒。

（3）优先考虑降低病情危险性，缓解症状次之。

（4）充分重视药物的不良反应，及药物在抗心律失常的同时可能使原有病情恶化或引发新的心律失常发作。药物是防治快速型心律失常的主要手段，快速型心律失常类型较多，应根据类型合理选择药物，见表21-4-1。

表21-4-1　快速型心律失常的药物选择

心律失常类型	选用药物
窦性心动过速	β受体阻断药或维拉帕米
房性期前收缩	β受体阻断药、维拉帕米、胺碘酮等
心房扑动、心房纤颤	减慢心室率：β受体阻断药、钙通道阻滞药或强心苷等 转律：胺碘酮、普罗帕酮等
心室纤颤	利多卡因、普鲁卡因胺和胺碘酮等
阵发性室上性心动过速	维拉帕米（急性发作时首选）、β受体阻断药、胺碘酮、普罗帕酮等
阵发性室性心动过速	利多卡因、胺碘酮、普罗帕酮、普鲁卡因胺、美西律等
室性期前收缩	急性心肌梗死：利多卡因、β受体阻断药 强心苷中毒：苯妥英钠 其他情况：胺碘酮、普鲁卡因胺、美西律等

目标检测

答案解析

一、单选题

1. 治疗阵发性室上性心动过速的首选药是（　　）

　　A. 胺碘酮　　　　　B. 阿托品　　　　　C. 利多卡因　　　　　D. 维拉帕米　　　　　E. 奎尼丁

2. 治疗室性心律失常的首选药是（　　）

　　A. 胺碘酮　　　　　B. 阿托品　　　　　C. 利多卡因　　　　　D. 维拉帕米　　　　　E. 奎尼丁

3. 强心苷中毒所致的室性期前收缩选择下列哪个药物治疗效果最佳（　　）

　　A. 胺碘酮　　　　　B. 阿托品　　　　　C. 利多卡因　　　　　D. 维拉帕米　　　　　E. 奎尼丁

4. 普萘洛尔禁用于（　　）

　　A. 支气管哮喘　　　　　　　B. 甲状腺功能亢进　　　　　　　C. 窦性心动过速

　　D. 心房纤颤　　　　　　　　E. 心绞痛

5．利多卡因抗心律失常作用之一是（　　）

    A．延长 APD 和 ERP   B．仅缩短 ERP   C．相对延长 ERP

    D．仅缩短 APD   E．以上都不是

6．利多卡因对下列哪种心律失常无效（　　）

    A．心室纤颤   B．室上性心律失常

    C．室性早搏   D．强心苷中毒引发的室性心律失常

    E．心肌梗死引发的室性心律失常

7．不能阻滞钠通道的抗心律失常药是（　　）

    A．普鲁卡因胺   B．利多卡因   C．普罗帕酮   D．苯妥英钠   E．普萘洛尔

8．属于 Ic 类的抗心律失常药物是（　　）

    A．胺碘酮   B．维拉帕米   C．普罗帕酮   D．奎尼丁   E．普萘洛尔

9．引起金鸡纳反应的常用抗心律失常药物是（　　）

    A．胺碘酮   B．维拉帕米   C．普罗帕酮   D．奎尼丁   E．普萘洛尔

10．长期使用可能引起红斑狼疮样症状的抗心律失常药是（　　）

    A．胺碘酮   B．维拉帕米   C．普罗帕酮   D．奎尼丁   E．普鲁卡因胺

11．患者，女，58 岁。近日，因胃溃疡开始使用西咪替丁，出现窦性心动过缓。诊断为房性心律失常，医生给予胺碘酮治疗。胺碘酮的不良反应包括：①角膜变化，②肺毒性，③血糖升高，④甲状腺功能障碍，⑤心动过缓（　　）

    A．①②④⑤   B．①③⑤   C．②④⑤   D．③④⑤   E．①②③④

（12~15 题共用备选答案）

    A．奎尼丁   B．利多卡因   C．普萘洛尔   D．胺碘酮   E．钙拮抗药

12．属于 Ia 类抗心律失常药的是（　　）

13．属于 Ib 类抗心律失常药的是（　　）

14．属于 II 类抗心律失常药的是（　　）

15．属于 III 类抗心律失常药的是（　　）

（16~18 题共用备选答案）

    A．奎尼丁   B．利多卡因   C．普萘洛尔   D．苯妥英钠   E．钙拮抗药

16．相对延长有效不应期，且具有局麻作用的药物是（　　）

17．有抗胆碱作用和阻断 α 受体的抗心律失常药物是（　　）

18．属于 Ib 类抗心律失常药且具有抗癫痫作用的药物是（　　）

二、简答题

1．请列举常用的抗心律失常药的分类及其代表药物。

2．简述抗心律失常药物的基本电生理作用。

（于宜平）

书网融合……

知识回顾   习题

第二十二章 | 调血脂药

PPT

学习目标

知识要求：

1. 掌握他汀类药物的药理作用、临床应用和不良反应。
2. 熟悉其他调血脂药物的作用特点及临床应用。
3. 了解调血脂药物的分类。

技能要求：

1. 熟练掌握调血脂药物分类并具有对症用药的能力。
2. 学会判断药物的不良反应并能采用相应的解救措施。

血脂是血清中胆固醇（cholesterol，Ch）、甘油三酯（triglyceride，TG）、磷脂（phospholipid，PL）和游离脂肪酸（free cholesterol，FFA）等的总称。总胆固醇（total cholesterol，TC）分为游离胆固醇（free cholesterol，FC）及胆固醇酯（cholesteryl ester，CE）。

血脂不溶于水，与载脂蛋白（apolipoprotein，apo）结合形成脂蛋白（lipoprotein，LP）才能被运输至组织进行代谢。脂蛋白分为乳糜微粒（chylomicron，CM）、极低密度脂蛋白（very low density lipoprotein，VLDL）、低密度脂蛋白（low density lipoprotein，LDL）、中密度脂蛋白（intermediate density lipoprotein，IDL）和高密度脂蛋白（high density lipoprotein，HDL）。各种脂蛋白在血浆中以基本恒定的浓度维持相互平衡，一旦比例失调则为脂代谢紊乱或失常，可能引发动脉粥样硬化。高脂血症一般分为六种类型，见表22-1。

表22-1　高脂血症的类型

分型	高脂蛋白血症类型	脂蛋白变化	脂质变化
I	高三酰甘油血症，外源性，最少见	CM↑	TC↑、TG↑↑↑
IIa	自发性家族性高胆固醇血症，较常见	LDL↑	TC↑↑↑
IIb	自发性家族性高胆固醇血症，较常见	VLDL、LDL↑	TC↑↑、TG↑↑
III	高胆固醇血症及高三酰甘油血症，较少见	IDL↑	TC↑↑、TG↑↑
IV	高三酰甘油血症，内源性，最常见	VLDL↑	TG↑↑
V	高三酰甘油血症，外源和内源混合型	CM、VLDL↑	TC↑、TG↑↑↑

注：TC　总胆固醇；TG　三酰甘油；↑浓度增加

第一节 调血脂药

根据药物作用机制不同，调血脂药可分为主要降低LDL和TC的药物、主要降低TG及VLDL的药物、降低Lp的药物等。临床常用的药物有他汀类、贝特类、胆汁酸结合树脂类、烟酸类、胆固醇吸收抑制剂等。

岗位情景模拟 16

患者，女，47岁。身高150cm，体重75kg，BMI 33.33。自诉近2日出现头晕、高血压、血脂升高，入院就诊。患者劳累后出现头晕，无恶心、呕吐症状，视物无旋转现象。体格检查：体温36℃，脉搏66次/分，血压166/89mmHg，心音无明显异常，双肺无明显异常。实验室检查：TC 6.65mmol/L，TG 3.47mmol/L，HDL-C 0.95mmol/L，LDL-C 4.65mmol/L，空腹血糖9.00mmol/L，空腹血糖7.47mmol/L，饭后2小时血糖16.20mmol/L，糖化血红蛋白7.7%。诊断为2型糖尿病，原发性高血压（高危），混合型高脂血症。经入院治疗，出院后继续服用药物：缬沙坦氨氯地平片85mg，阿托伐他汀钙片20mg，阿卡波糖片50mg，甘精胰岛素121U，拜阿司匹林片100mg。

问题与思考

1. 案例中能够降血脂的药物有哪些？其作用机制如何？

2. 该药能降低血脂相关的哪些参数？

答案解析

一、他汀类

常用的他汀类（statins）药物有洛伐他汀（lovastatin）、普伐他汀（pravastatin）和辛伐他汀（simvastatin）、阿托伐他汀（atorvastatin）等。他汀类药物首过消除效应明显，大部分由肝脏CYP3A4代谢，经胆汁由肠道排出，少部分由肾排出。

【药理作用】

1. **调血脂作用** 治疗量时，对低密度脂蛋白胆固醇（low density lipoprotein cholesterol，LDL-C）的降低作用最强，TC次之，对TG的降低作用很弱；高密度脂蛋白胆固醇（high density lipoprotein cholesterol，HDL-C）略有升高。连续用药2周出现明显疗效，4~6周达高峰，长期应用可保持疗效。常用他汀类药物调血脂的作用特点见表22-1-1。

表22-1-1 常用他汀类药物调血脂的作用特点

药物及剂量	脂蛋白、血脂改变			
	TC	TG	LDL-C	HDL-C
洛伐他汀（10mg/d）	30.0% ↓	20.1% ↓	37.9% ↓	3.0% ↑
普伐他汀（20mg/d）	23.7% ↓	12.0% ↓	34.5% ↓	3.1% ↑
辛伐他汀（10mg/d）	27.4% ↓	18.3% ↓	35.5% ↓	4.2% ↑

他汀类药物是羟甲基戊二酸单酰辅酶 A（3-hydroxy-3-methylglutaryl CoA，HMG-CoA）还原酶抑制药。HMG-CoA 还原酶是肝细胞合成内源性胆固醇过程中的限速酶，他汀类药物或其代谢产物与 HMG-CoA 化学结构相似，可形成竞争性抑制作用，减少胆固醇的合成。通过负反馈调节引起肝细胞表面 LDL 受体代偿性合成增加或活性增强，血浆中大量 LDL 被摄取，经 LDL 受体代谢为胆汁酸后排出体外，降低血浆 LDL 水平；进而引起 VLDL 代谢加快，加之肝合成和释放 VLDL 减少，导致 VLDL 及 TG 下降。HDL 升高可能是 VLDL 减少的间接结果。

2. **其他作用**　他汀类药物能够改善血管内皮功能，提高血管内皮对扩血管物质的反应性；抑制血管平滑肌细胞（vascular smooth muscle cells，VSMCs）的增殖和迁移，并促进 VSMCs 凋亡；降低血浆 C 反应蛋白，减轻动脉粥样硬化过程的炎症反应；抑制单核-巨噬细胞的黏附和分泌功能；通过抑制血小板聚集和提高纤溶活性发挥抗血栓作用；抗氧化作用及减少动脉粥样硬化过程中的炎症反应等，这些作用均有助于抗动脉粥样硬化。也可通过降低胆固醇、减轻肾损伤等途径保护肾功能。

【临床应用】

1. **调节血脂**　是治疗 Ⅱa、Ⅱb 和 Ⅲ 型高脂蛋白血症的首选药，改善 2 型糖尿病和肾病综合征引起的高胆固醇血症。

2. **肾病综合征**　通过降低胆固醇，抗炎、减少细胞增殖、免疫抑制等作用保护肾功能。

3. **预防心脑血管疾病**　增加粥样斑块的稳定性或使斑块缩小，减少缺血性脑卒中、心绞痛发作、心肌梗死的发生等急性事件发生。对冠心病一级和二级预防也有效且安全，可降低冠心病发病率和死亡率。

4. **其他**　缓解器官移植后的排斥反应，治疗骨质疏松症，抑制血管成形术后再狭窄等。

【不良反应】大剂量应用时可出现胃肠道反应、皮肤潮红、头痛、失眠等，偶见无症状性转氨酶升高，停药可恢复正常。较严重的不良反应是引起横纹肌溶解，表现为肌痛、无力、发热，甚至引起急性肾衰竭，阿托伐他汀、辛伐他汀、洛伐他汀发生率相对较高。孕妇、儿童、哺乳期妇女及肝、肾功能异常者不宜应用。有肝病史者慎用。

【药物相互作用】与经 CYP3A4 代谢的药物或酶抑制药合用时，提高他汀类药物血药浓度，增加肌病风险。与香豆素类抗凝药同时应用，可能延长凝血酶原时间，应调整抗凝血药的剂量。与胆固醇吸收抑制药合用，可产生良好的协同作用；与胆汁酸结合树脂类合用，降低血清 TC 和 LDL-C 的效应增强；与贝特类或烟酸联合应用，降低 TG 的效应增强，同时增加肌病的发生率。

二、贝特类

目前常用的贝特类（fibrates）药物有吉非贝齐（gemfibrozil）、苯扎贝特（benzafibrate）和非诺贝特（fenofibrate）特等。贝特类药物是治疗以 TG 增高为主的高脂血症的首选药。口服吸收快而完全，在血液中与血浆蛋白结合，不易分布到外周组织，大部分在肝与葡萄糖醛酸结合，少量以原形经肾排出。

【药理作用】降低血浆中 TG、TC、VLDL-C、LDL-C，升高 HDL-C。各种贝特类的作用强度不同，吉非贝齐、非诺贝特和苯扎贝特作用较强。非调脂作用有抗凝血、抗血栓和抗炎作用等，共同发挥抗动脉粥样硬化的效应。

【临床应用】主要用于以 TG 或 VLDL 升高为主的原发性高脂血症，如 Ⅱb、Ⅲ、Ⅳ 型高脂血症，亦可用于低 HDL 和高动脉粥样硬化性疾病风险的高脂蛋白血症患者。

【不良反应】主要为胃肠道反应，如食欲不振、恶心、腹胀等。有的患者表现出乏力、头痛、失眠、皮疹、阳痿等。少见肌痛、尿素氮增加、转氨酶升高等，停药后可恢复。

与他汀类合用会增加横纹肌溶解的风险。患肝胆疾病、孕妇、儿童及肾功能不全者禁用。

能够增强口服抗凝药的抗凝活性。

三、胆汁酸结合树脂类

胆汁酸结合树脂类药物又称胆酸螯合剂，不易被消化酶分解，通过与胆汁酸结合阻止胆汁酸的肝肠循环，使其排出体外，促进 Ch 的转化和消耗，降低 TC 和 LDL 水平，使 HDL 升高。胆汁酸结合树脂类药物常用的有考来烯胺（cholestyramine）和考来替泊（colestipol）。

【药理作用】胆固醇在肝中代谢成胆汁酸，其中 95% 经肝肠循环被重吸收。考来烯胺和考来替泊口服不被吸收，在肠道通过离子交换与胆汁酸结合阻滞胆汁酸在肠道的重吸收和肝肠循环，促进其排出；消耗 Ch，降低血浆中的 TC 和 LDL-C，其强度与剂量有关，但对 TG、VLDL、HDL 的影响较小。

【临床应用】适用于 II$_a$、II$_b$ 型和家族性杂合子高脂蛋白血症。起效较慢，服用后 4~7 天起效，2 周达最大效果。与他汀类药物合用，有协同作用。

【不良反应】具有特殊刺激性臭味，易引起恶心、呕吐、食欲减退、便秘、腹胀、嗳气等胃肠道症状。影响脂溶性维生素、叶酸、铁剂等药物的吸收。偶见转氨酶升高、高氯酸血症或脂肪痢等。

课堂互动 22-1

他汀类与胆汁酸结合树脂类药物相比，降血脂作用有哪些不同？

答案解析

四、烟酸类

口服吸收迅速且完全，生物利用度高达 95%。常用的烟酸类药物有烟酸（nicotinic acid）、阿昔莫司（acipimox）等。

烟　酸

【药理作用】烟酸即维生素 B$_3$，主要抑制脂肪细胞中脂肪酶活性，使 TG 不易分解为游离脂肪酸，肝脏缺少合成 TG 的原料，VLDL 的合成和释放减少，LDL 也减少。因为 TG 浓度降低，HDL 分解代谢减少，故烟酸升高 HDL，这有利于胆固醇的逆向转运，阻止动脉粥样硬化病变的发展。此外，烟酸还抑制 TXA$_2$ 的生成，增加 PGI$_2$ 的生成，发挥抑制血小板聚集和扩张血管的作用。

【临床应用】烟酸对 II、IV 型高脂血症作用最好。适用于混合型高脂血症、高胆固醇血症、低 HDL 血症及高 Lp（a）血症。与他汀类或贝特类合用可增效。

【不良反应】最常见的不良反应为皮肤潮红及瘙痒等，也可引起肝脏损害、高尿酸血症、高血糖、棘皮症等。烟酸刺激胃黏膜，可诱发或加重消化道溃疡，餐时或餐后服用为宜。溃疡病、糖尿病及肝功能异常者禁用。

阿昔莫司

为烟酸的异构体，药理作用类似烟酸，口服吸收快而完全。明显降低血浆中 TG，使 HDL 升高，与胆汁酸结合树脂合用可加强其降低 LDL-C 的作用。用于 II$_b$、III 和 IV 型高脂血症，高 Lp（a）血症及 2 型糖尿病伴有高脂血症患者，也可降低血浆纤维蛋白和全血黏度。不良反应少而轻。

五、胆固醇吸收抑制药

依折麦布

依折麦布（ezetimibe）与小肠上皮刷状缘上的NPCIL1蛋白（在肠道吸收胆固醇的过程中起关键作用）特异性结合，而抑制饮食和胆汁中胆固醇的吸收，不影响胆汁酸和其他物质的吸收。与他汀类合用可增效，且能够进一步降低心血管事件发生率。不良反应轻微且多为一过性，与他汀类合用可致头痛、乏力、恶心、腹痛、腹胀、腹泻、便秘、ALT和AST升高、肌痛等。

六、其他

普罗布考

普罗布考（probucol，丙丁酚）是疏水性抗氧化剂。

【体内过程】口服吸收利用度低于10%，且不规则，饭后服用可提高其吸收率，吸收后主要蓄积于脂肪组织（可达血药浓度的100倍）和肾上腺。血清中浓度较低，血清中95%药物分布于脂蛋白的疏水核。服药后4天内90%药物由粪便排出，2%经尿排泄。

【药理作用】

1. **抗氧化作用** 普罗布考能抑制ox-LDL的生成及其引起的内皮细胞损伤、单核细胞向内皮下游走、VSMCs增殖及迁移、清道夫受体摄取ox-LDL成泡沫细胞等。

2. **调血脂作用** 使血浆中TC和LDL-C下降，HDL-C及ApoAI同时明显下降，对血浆TG和VLDL几乎无影响。与他汀类或胆汁酸结合树脂合用可增强调血脂作用。

3. **对动脉粥样硬化病变的影响** 普罗布考在体内分布于各脂蛋白，阻断脂质过氧化，减少脂质过氧化物的产生，减缓AS病变的一系列过程；同时能抑制HMG-CoA还原酶，使Ch合成减少、LDL的清除增加，使血浆LDL-C水平降低。通过提高胆固醇酯转移蛋白和ApoE的血浆浓度，使HDL颗粒中Ch减少，HDL颗粒变小，提高HDL数量和活性，增加HDL的转运效率，使Ch逆转运清除加快。较长期应用可使冠心病发病率降低，已形成的动脉粥样硬化病变停止发展或消退，黄色瘤明显缩小或消除。

【临床应用】用于各型高胆固醇血症，包括纯合子、杂合子家族性高胆固醇血症及黄色瘤患者。对肾病综合征或糖尿病引起的Ⅱ型高脂蛋白血症也有效。持续服药可使肌腱黄色瘤消退，阻滞AS病变发展或促进病变消退，冠心病发病率降低。可预防PTCA后的再狭窄。

【不良反应】不良反应少而轻，引起胃肠道不适，表现为腹泻、腹胀、腹痛、恶心等，偶有嗜酸性粒细胞增多、肝功能异常、高血糖、高尿酸血症、血小板减少、肌病等。极为少见的严重不良反应为Q-T间期延长。室性心律失常、Q-T间期延长、血钾过低者、心肌损伤者，孕妇及小儿禁用。

> 📖 **知识拓展**
>
> 2019年1月，依洛尤单抗（瑞百安）获批动脉粥样硬化性心血管疾病（ASCVD）二级预防，这是我国首个前蛋白转化酶枯草溶菌素9（PCSK9）抑制剂。PCSK9抑制剂是一种新型的降血脂药物，也是他汀不耐受的替代药物之一。它可以有效降低LDL-C，有效降低心血管疾病发生率，在临床上常与他汀类药物联合使用。

　　PCSK9抑制剂降脂的机制包括：可在肝细胞内直接结合低密度脂蛋白受体，免疫复合物再受到溶酶体降解，降解后的低密度脂蛋白受体循环利用减少；进入体内循环的PCSK9抑制剂，能够阻滞LDL-C功能，导致其吸收减少；PCSK9抑制剂可减少LDL-C的降解，增加低密度脂蛋白受体数量，增加LDL-C清除率。

　　PCSK9抑制剂具有一个非常明显的优点就是用药周期长，比如因利司然（inclisiran）每半年注射一次即可。在效果上，针对他汀类药物无效的动脉粥样硬化性心血管疾病患者，因利司然可以将LDL-C下降约50%。此外，研究发现PCSK9抑制剂还有抗血栓的作用。

第二节　调血脂药的合理应用

一、改善生活方式

　　对于血浆脂质代谢紊乱的患者，首先要进行饮食控制和生活方式调节，避免其他心血管危险因子的进一步恶化，无论是否进行药物治疗都应坚持控制饮食和改善生活方式，生活方式干预是预防动脉粥样硬化性心血管疾病的基本措施。主要内容包括降低胆固醇和脂肪酸的摄入，多吃蔬菜、水果、高膳食纤维及富含n-3型脂肪酸的鱼类；规律性进行有氧运动，控制体重；控制其他心血管危险因素等。

二、药物应用原则

　　1. **对症选药**　高胆固醇血症患者，可选用他汀类和胆汁酸结合树脂类药；高三酰甘油血症患者，可选用贝特类和烟酸类药物；血脂异常和ASCVD一级和二级预防，可选用他汀类防治，应尽早治疗。

　　2. **联合用药**　当出现以下情况时可考虑联合用药：用一种药物治疗不能使LDL和VLDL降至正常范围；LDL和VLDL同时升高；胆汁酸结合树脂治疗高胆固醇血症过程中，VLDL显著升高；Lp（a）升高和其他高脂血症并存。

　　（1）他汀类与依折麦布合用　依折麦布可显著提高他汀类药物的疗效，可减少他汀类药物的用药量，减少肌病、横纹肌溶解等不良反应发生。

　　（2）他汀类与贝特类药物合用　适用于糖尿病、代谢综合征伴有血脂异常的混合型高脂血症患者。

　　（3）他汀类与烟酸类药合用　常规他汀类药物加之小剂量烟酸可显著升高HDL-C，且不引起严重不良反应。但又一定升高血糖风险，故合用时应加强血糖监测。

　　（4）他汀类与胆汁结合树脂类药合用　合用后协同降低血清中LDL-C水平。因胆汁结合树脂类药服用不便，此方案仅用于其他治疗无效的不能耐受者。

　　3. **定期监测**　监测血脂、肌酐酶等指标及肌痛等临床症状，以掌握药物治疗效果和不良反应等情况。

目标检测

答案解析

一、单选题

1. 治疗Ⅱa、Ⅱb和Ⅲ型高脂蛋白血症的首选药是（　　）

    A．洛伐他汀　　　　B．考来烯胺　　　　C．普罗布考　　　　D．烟酸　　　　E．吉非贝齐

2. 考来烯胺的降脂作用机制主要是（　　）

    A．抑制脂肪分解　　　　　　B．抑制细胞对LDL的修饰　　　　C．抑制肝脏胆固醇转化

    D．阻止胆汁酸在肠道中的重吸收　　E．增加蛋白酶的活性

3. 下列药物是治疗以TG增高为主的高脂血症的首选药是（　　）

    A．HMG–CoA还原酶抑制剂　　　B．苯氧酸类　　　　　　C．抗氧化剂

    D．贝特类　　　　　　　　E．胆汁酸螯合剂

4. 下列对贝特类叙述错误的是（　　）

    A．能明显降低TG、VLDL–C　　B．可升高TC、LDL–C　　　C．可升高HDL–C

    D．可增加纤溶酶活性　　　　E．主要用于原发性高三酰甘油血症

5. 现有调脂药中降低LDL作用最强的一类药是（　　）

    A．他汀类药　　　　　　B．胆固醇吸收抑制剂　　　　C．抗氧化剂

    D．贝丁酸类　　　　　　E．胆汁酸结合树脂

6. 他汀类药物引起的横纹肌溶解特点不包括（　　）

    A．洛伐他汀、辛伐他汀、阿托伐他汀发生横纹肌溶解的概率较高

    B．横纹肌溶解表现为肌肉疼痛、无力等

    C．各种他汀类均可能引起

    D．升高他汀类药物血药浓度的药物相互作用会增加横纹肌溶解的危险性

    E．脂溶性他汀引起CPK升高的可能性明显低于水溶性他汀

（7~9题共用备选答案）

    A．他汀类药　　　　B．普罗布考　　　　C．阿替洛尔　　　　D．依折麦布　　　　E．考来烯胺

7. 在降血脂的同时抗氧化的药物是（　　）

8. 属于羟甲基戊二酰辅酶A还原剂的药物是（　　）

9. 属于胆汁酸结合树脂类药物的是（　　）

二、简答题

请列举调血脂类药物的分类及其代表药物。

（于宜平）

书网融合……

知识回顾　　习题

PPT

学习目标

知识要求：

1. 掌握硝酸酯类药、β 受体阻断药和钙通道阻滞药的抗心绞痛的作用机制、作用特点、临床应用及不良反应。

2. 熟悉硝酸酯类与 β 受体阻断药联合用药的目的意义及注意事项。

3. 了解心绞痛的发生机制、临床表现与分型。

技能要求：

1. 熟练掌握根据适应证合理选择抗心绞痛药物及处置不良反应的能力。

2. 学会观察各类抗心绞痛药物的不良反应，能正确指导患者合理用药。

心绞痛（angina pectoris）是因冠状动脉供血不足引起的心肌急剧的、暂时的缺血缺氧综合征，其典型临床表现为阵发性胸骨后压榨性疼痛并向左上肢放射。心绞痛持续发作得不到及时缓解，则可能发展为急性心肌梗死，故应采取有效的治疗措施及时缓解心绞痛。

临床上依据病情不同将心绞痛分为三种类型：①劳力型心绞痛：在冠状动脉狭窄的基础上，由劳累、情绪波动或其他增加心肌耗氧量的因素所诱发的短暂胸痛发作，休息或舌下含服硝酸甘油可以缓解，可分为稳定型心绞痛、初发型心绞痛及恶化型心绞痛3类。②自发性心绞痛：是由于冠状动脉痉挛使心肌供氧明显减少所致，心绞痛发作与心肌耗氧量无明显关系，多发生于安静状态，发作时症状重，疼痛持续时间长，且不易被硝酸甘油所缓解。包括卧位型心绞痛、变异型心绞痛、中间综合征以及梗死后心绞痛4类。③混合型心绞痛：其特点是在心肌耗氧量增加或无明显增加时都可能发生。临床常将初发型、恶化型及自发性心绞痛通称为不稳定型心绞痛。

心绞痛症状发生的病理生理机制是心肌组织耗氧与供氧之间失平衡，致心肌暂时缺血缺氧，代谢产物（乳酸、丙酮酸、组胺、K^+）在心肌组织聚积，刺激心肌自主神经传入纤维末梢引起疼痛。心肌的供氧主要与动、静脉的氧分压差和冠状动脉的血流量有关，通常情况下前者变化不大，因心肌细胞摄取血液氧含量可达65%~75%，已接近极限。而后者又与冠状动脉的阻力、灌注压、侧支循环及心室舒张时间有关。其中，尤以冠状动脉阻力的影响最为重要，阻力越小，冠状动脉的供血、供氧量越多。心肌的耗氧与心室壁张力、心率和心肌收缩力有关，心室壁张力越大、心率越快、心肌收缩力越强，心肌耗氧量越大。抗心绞痛药物主要是通过扩张外周血管降低心脏前后负荷以减少心肌耗氧，另外通过扩张冠脉血管、开放侧支循环以增加心肌供氧来改善心肌的耗氧与供氧之间的失衡。临床常用的抗心绞痛药物有硝酸酯类、β 受体阻断药、钙通道阻滞药。

第一节　硝酸酯类

患者，男性，66岁。因活动后心前区疼痛2年，加重2个月入院。患者2年前开始上4层楼时出现心前区疼痛，呈闷痛，伴左上肢酸痛，每次持续几十秒至1分钟，休息约1分钟可缓解，每个月发作1~2次。2个月前开始在用力、情绪激动时出现心前区闷痛，持续达10分钟，伴冷汗、头昏、乏力，同时有整个左上肢酸痛或不适，心前区疼痛与左上肢疼痛同时发作、消失，有时左上肢疼痛较心前区疼痛先发1~2分钟，经休息或含服硝酸甘油3~5分钟方可缓解，每个月发作5~6次。有原发性高血压病史10年，血压控制不详。嗜烟（20支/天，30年），少量饮酒。诊断：不稳定型心绞痛。

问题与思考

1. 为什么硝酸甘油可以缓解心绞痛疼痛？
2. 还有哪些药物可以用于治疗本病？

答案解析

硝酸甘油

硝酸甘油（nitroglycerin）是硝酸酯类的代表药，于1867年开始用于心绞痛的治疗，由于其具有起效迅速、疗效肯定、使用方便和经济实惠等特点，至今仍是防治心绞痛最常用的药物。

【体内过程】口服给药首过消除达90%以上，因脂溶性高，舌下含服极易通过口腔黏膜吸收，1~2分钟显效，5分钟作用达高峰，作用维持20~30分钟。硝酸甘油也可经皮肤吸收，将2%的硝酸甘油软膏或贴膜剂睡前涂抹在前臂或贴在胸部皮肤，可获得更持久的作用。本药主要经肝代谢，经肾排泄。

【药理作用】硝酸甘油的基本作用是松弛平滑肌，以对血管平滑肌的松弛作用最明显。

1. **降低心肌耗氧量**　小剂量的硝酸甘油即可明显扩张较大的静脉血管，从而减少回心血量，降低心脏前负荷，使左心室容积缩小，右心室压力下降，室壁张力下降，心肌耗氧量降低。稍大剂量的硝酸甘油也可舒张较大的动脉血管，使外周阻力降低，心脏后负荷减轻，左心室内压和心室壁张力降低，从而降低心肌耗氧量。但血管舒张的同时，使得血压下降，进而可反射性兴奋心脏导致心率加快和收缩力加强，反而会导致心绞痛加重，因此在用药时需合理控制药物剂量。

2. **扩张冠状血管，增加缺血区血流量**　冠状动脉按功能可分为输送血管、阻力血管和侧支血管3类，冠状动脉粥样硬化病变主要发生在输送血管。当冠状动脉因粥样硬化或痉挛而发生狭窄时，缺血区发生缺血、缺氧，局部代谢产物堆积，该区域的阻力血管处于舒张状态。硝酸甘油选择性扩张较大的心外膜血管、输送血管及侧支血管，而对阻力血管的舒张作用较弱。用药后，血液将顺压力差从输送血管和扩张的侧支血管流向缺血区，从而增加缺血区的血液供应（图23-1-1）。

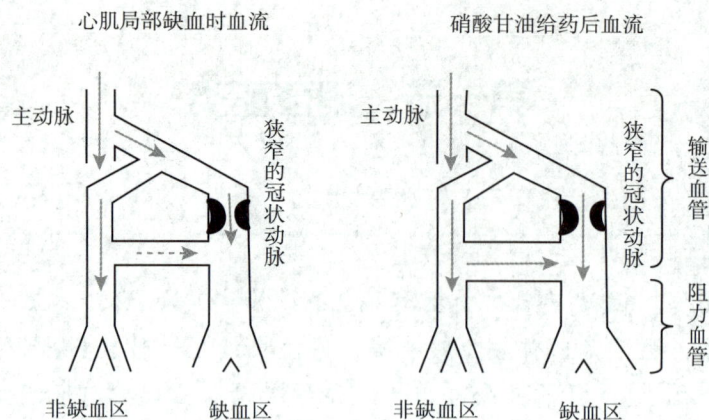

图23-1-1　硝酸甘油对冠脉血流分布的影响

3. **降低左室充盈压，增加心内膜供血**　冠状动脉从心外膜呈直角分支，贯穿心室壁成网状分布于心内膜下。因此，心内膜下血流容易受心室壁肌张力及室内压力的影响。当心绞痛发作时，因心肌组织缺血缺氧、左室舒张末期压增高，使得心外膜与心内膜血流的压力差减小，导致心内膜下区域缺血更为严重。硝酸甘油扩张静脉血管，减少回心血量，降低心室内压；扩张动脉血管，减少外周阻力，降低心室壁张力，从而增加了心外膜向心内膜的有效灌注压，有利于血液从心外膜流向心内膜缺血区。

4. **促进内源性因子释放，保护缺血的心肌细胞**　硝酸甘油通过释放一氧化氮（NO），进一步促进前列环素（PGI_2）和降钙素基因相关肽（CGRP）等物质的生成与释放，对缺血的心肌细胞产生有效保护作用。

【作用机制】硝酸甘油的分子中$-O-NO_2$是发挥疗效的关键基团，在平滑肌细胞内，经谷胱甘肽转移酶的催化释放出NO，NO可激活鸟苷酸环化酶（CC），使细胞内环磷酸鸟苷（cGMP）含量增加，进一步激活cGMP依赖的蛋白激酶，减少细胞内Ca^{2+}释放和细胞外Ca^{2+}内流，细胞内Ca^{2+}浓度的减少可使肌球蛋白轻链去磷酸化，而松弛血管平滑肌。

【临床应用】

1. **心绞痛**　对各类心绞痛，舌下含服硝酸甘油可预防发作并迅速控制症状，疗效确切可靠，常作为各型急性心绞痛患者的必备药和首选药。

2. **急性心肌梗死**　常采用静脉给药，及早应用可通过抑制血小板聚集和黏附，缩小梗死范围，减轻心肌缺血损伤。要限制剂量，以免血压过度降低，导致心、脑等重要器官灌注压过低，从而加重缺血。

3. **急、慢性心功能不全**　应用硝酸甘油后可降低心脏前、后负荷，辅助治疗急、慢性心功能不全。

【不良反应】

1. **不良反应**　血管扩张引起面颈部皮肤潮红、局部发热、搏动性头痛、眼压升高、反射性心率加快，严重者出现直立性低血压、晕厥等。

2. **高铁血红蛋白血症**　剂量过大或持续用药时可发生，表现为呕吐、发绀等。

3. **耐受性**　连续用药2~3周后可出现耐受性，须适当增加剂量才能维持原有疗效，但停药或换用其他药物1~2周后耐受性可消失。耐受性的出现可能与细胞生成NO的过程中需要消耗–SH，硝酸甘油使–SH耗竭所致。现多主张采用小剂量、间歇给药，以减少耐受性的发生。

【禁忌证】颅脑损伤、颅内出血、严重肝肾功能障碍、心肌梗死伴有心动过速者慎用。严重低血压、青光眼、梗阻性心肌病及对本类药物过敏者禁用。

【药物相互作用】其他血管扩张药、钙通道阻滞药、β受体阻断药、三环类抗抑郁药及乙醇等药物可增强本类药物的降压效应。

硝酸异山梨酯和单硝酸异山梨酯

硝酸异山梨酯（isosorbide dinitrate，消心痛）和单硝酸异山梨酯（isosorbide mononitrate）其与硝酸甘油的作用和机制相似，其特点是作用较弱、显效较慢而维持时间较长。舌下含服的生物利用度较硝酸甘油低（缓释片略高），一次给药，硝酸异山梨酯2~5分钟起效，15分钟达最大效应，维持30~60分钟；单硝酸异山梨酯口服$t_{1/2}$约为5小时，作用持续时间8小时。两药均可用于心绞痛的预防和心肌梗死后心力衰竭的长期治疗。不良反应同硝酸甘油，但较轻。

思政课堂

丹参入药，在我国有悠久历史。但丹参的有效成分到底是什么却困扰着医学界，为此中国科学院上海药物研究所研究员王逸平带领科研团队开始了长达10余年的艰苦攻关。经过夜以继日地工作，王逸平在实验测试中发现丹参乙酸镁的生物活性特别强。经过进一步研究，他大胆推测这可能就是丹参中最主要的药用成分。于是，王逸平带领团队以丹参乙酸镁为质量控制标准，来研制丹参多酚酸盐粉针剂。经临床使用证明，丹参多酚酸盐粉针剂可治疗冠心病、心绞痛等疾病，临床疗效显著，高效、安全、质量稳定可控，被评为最具市场竞争力的医药品种，成为我国中药现代化研究的典范。

王逸平曾说"药学研究的每一份付出，都能为百姓生命健康带来一丝希望。"他生前最大愿望是做出世界各地临床医生首选的新药。

王逸平始终不忘初心、胸怀大爱，把解除人民群众病痛作为人生追求，几年、几十年孜孜不倦的努力，追求卓越、锐意创新；他坚韧执着、奋发忘我，以顽强的毅力和乐观的精神，与病魔不懈抗争25年；他投身科研，谱写了一曲感人至深的中药现代化奋进者之歌。我们要学习王逸平的敬业精神和职业态度，践行医学生誓言，为人类医学事业做出自己的贡献。

第二节　β受体阻断药

β受体阻断药可使心绞痛患者心绞痛发作次数减少，增加患者运动耐量，减少心肌耗氧量，改善缺血区代谢和缩小心肌梗死范围。现已作为一线防治心绞痛的药物，其中普萘洛尔（propranolol）、美托洛尔（metoprolol）和阿替洛尔（atenolol）在临床最为常用。

【抗心绞痛作用】

1. **降低心肌耗氧量**　心肌缺血者在心绞痛发作时，心肌局部和血中儿茶酚胺含量均显著增加，激动β受体使心肌收缩力增强、心率加快、血管收缩，左心室后负荷增加，从而使心肌耗氧量增加。β

受体阻断药阻断心脏的 β_1 受体，使心肌收缩力减弱、心率减慢及血压降低，因而明显减少心肌耗氧量。但因抑制心肌收缩力使心室容积扩大、室壁张力增加、心室射血时间延长，导致心肌耗氧量增加，但总效应仍是心肌耗氧量降低。

2. **增加缺血区供血**　β 受体阻断药阻断冠状动脉血管的 β_2 受体，非缺血区血管收缩明显，阻力增高，促使血液从非缺血区流向已代偿性扩张的缺血区；加之用药后心率减慢，心室舒张期相对延长，垂直于心室壁内外的血管受压减轻，有利于血液流向相对容易缺血的心室壁内侧，从而改善缺血区的血液供应。

3. **改善心肌代谢**　β 受体阻断药可改善心肌缺血区对葡萄糖的摄取与利用，进而改善糖代谢，减少机体耗氧量；还可抑制脂肪分解酶活性，减少游离脂肪酸的生成；并能促进氧合血红蛋白的解离，增加包括心肌在内的全身组织的供氧。

【临床应用】适用于对硝酸酯类药不敏感或疗效差的稳定型心绞痛患者，用药后可明显减少发作次数，对伴有高血压及快速型心律失常者尤为适用；对近期有心肌梗死症状的患者，用本药后可降低发病率，缩小梗死范围，减少病死率。由于本药有收缩冠状动脉血管的作用，故不能单独用于变异型心绞痛。

β 受体阻断药与硝酸酯类常联合使用，用于心绞痛的治疗。既可增强疗效，又能减轻各自单用时的不良反应。其原因是两类药都能降低心肌耗氧量，合用后能取得协同作用；β 受体阻断药能对抗硝酸酯类引起的反射性心率加快、心肌收缩力增强；硝酸酯类则可对抗 β 受体阻断药所致的心室容积增大，射血时间延长。临床上常选用作用时间相近的药物，通常以普萘洛尔与硝酸异山梨酯合用。需注意两类药物都可降低血压，合用时应适当减少剂量，避免因血压过低导致冠状动脉灌注压降低，反而不利于缓解心绞痛。

👐 **课堂互动 23-1**

　临床上常常把硝酸酯类药物与 β 受体阻断药合用治疗心绞痛，请同学们思考其利弊关系及注意事项。

答案解析

【不良反应】主要为心脏抑制，可出现心动过缓、房室传导阻滞，甚至发生心力衰竭。
【禁忌证】禁用于支气管哮喘、心动过缓、房室传导阻滞、严重心功能不全者。

📖 **知识拓展**

　丹参是活血化瘀的中药，从丹参根提取的丹参注射液与丹参片在我国用于治疗心脑血管疾病已有30多年的历史，收到了良好的疗效。目前认为丹参对心血管系统的作用主要有：①强心，加强心肌收缩力、改善心脏功能，不增加心肌耗氧量；②扩张冠脉与外周血管，增加血流量；③抗血栓形成，提高纤溶酶活性，抑制血小板聚集；④改善微循环，促进组织的修复与再生。

第三节　钙通道阻滞药

　钙通道阻滞药是临床用于预防和治疗心绞痛的常用药，特别是对变异型心绞痛疗效最佳。常用药物有硝苯地平（nifedipin，心痛定）、维拉帕米（verapamil，异搏定）、地尔硫草（diltiazem，硫氮酮）和普尼拉明（prenylamine，心可定）等。

【抗心绞痛作用】

1. 降低心肌耗氧量 本类药通过阻滞细胞膜上钙通道，抑制Ca^{2+}内流，从而使心肌收缩力减弱、心率减慢，血管平滑肌松弛、血压下降、外周阻力减小，心脏前、后负荷降低，心肌耗氧量降低。

2. 舒张冠脉血管 本类药可扩张冠状动脉中的输送血管和小阻力血管，开放侧支循环，改善缺血区的血液供应，有利于缓解心绞痛。

3. 保护缺血心肌细胞 心肌缺血时，心肌细胞外大量的Ca^{2+}内流，致线粒体内Ca^{2+}超负荷，失去氧化磷酸化的能力，促使细胞凋亡或死亡。钙通道阻滞药通过抑制Ca^{2+}内流，保护缺血的心肌细胞免受"钙超载"损伤。

4. 抑制血小板聚集 本类药物降低血小板内的Ca^{2+}浓度，抑制血小板聚集、黏附，从而防止血栓形成。

【临床应用】变异型心绞痛是本类药物的最佳适应证，也可用于稳定型心绞痛，对伴有支气管哮喘及外周血管痉挛性疾病者效果好。慎用于急性心肌梗死患者。

硝苯地平对血管尤其是冠状动脉和外周小动脉的扩张作用明显，故对变异型心绞痛疗效好，伴高血压者尤佳，与β受体阻断药合用可增强疗效；维拉帕米常用于稳定型心绞痛，因扩张冠状动脉的作用较弱，故不宜单独用于变异型心绞痛，与β受体阻断药合用虽可取得协同作用，但因两者均可抑制心肌收缩力和传导系统，故应慎用于伴有心力衰竭及传导阻滞的患者；地尔硫草对各型心绞痛均可用，疗效介于硝酸甘油和维拉帕米之间，也有抑制心肌收缩力和传导的作用，所以慎用于心绞痛伴心力衰竭及传导阻滞者。

【不良反应及注意事项】硝苯地平等二氢吡啶类药物最常见不良反应由扩血管引起，可致反射性心率加快、心肌收缩力增强，减弱其抗心绞痛作用，严重者可加重心绞痛发作。

目标检测

答案解析

一、单选题

1. 心绞痛急性发作时硝酸甘油常用的给药方法是（ ）

A. 口服 B. 吸入 C. 皮下注射 D. 软膏涂皮肤 E. 舌下含服

2. 下列关于钙离子通道阻滞药治疗心绞痛的叙述，哪项不正确（ ）

A. 减弱心肌收缩力 B. 减慢心率 C. 改善缺血区的供血

D. 增加室壁张力 E. 扩张小动脉而降低后负荷

3. 下列哪项不是硝酸甘油的不良反应（ ）

A. 头痛 B. 眼压升高 C. 颅内压升高 D. 面颈皮肤潮红 E. 心率变慢

4. 对心肌有保护作用的抗心绞痛药是（ ）

A. 普萘洛尔 B. 硝苯地平 C. 硝酸异山梨酯 D. 硝酸甘油 E. 阿替洛尔

5. 伴高血压和哮喘的心绞痛患者，宜选用（ ）

A. 硝酸异山梨酯 B. 麻黄碱 C. 普萘洛尔 D. 硝苯地平 E. 阿替洛尔

6. 下列关于普萘洛尔与硝酸甘油合用治疗心绞痛的理论依据，哪项是错误的（　　）

  A. 防止心率加快   B. 增加心室容积   C. 协同降低心肌耗氧量

  D. 避免冠脉痉挛   E. 增加心肌血供

7. 不具有扩张冠状动脉的药物是（　　）

  A. 硝苯地平   B. 硝酸甘油   C. 硝酸异山梨酯   D. 普萘洛尔   E. 维拉帕米

8. 某患者，男，58岁，劳累后短暂胸骨后闷痛4个月，近日与人产生矛盾，心情郁闷，饮酒后突感心前区闷痛，有窒息感，出冷汗，脸色苍白，应选用下列何药治疗（　　）

  A. 氨茶碱   B. 硝酸甘油   C. 地高辛   D. 胺碘酮   E. 维拉帕米

9. 患者，男，65岁，有冠心病史，近2周感冒后自觉胸闷、气短、心悸，夜间不能平卧，咳嗽，伴有白色泡沫状痰。入院诊断为冠心病，心功能不全。宜选用下列何药治疗（　　）

  A. 维拉帕米   B. 普萘洛尔   C. 硝酸异山梨酯   D. 肾上腺素   E. 利多卡因

10. 患者刘某，男，58岁，冠心病史10余年，间断胸骨后或心前区疼痛5个月，每次发作持续2~3分钟，诊断为冠心病心绞痛，入院治疗。上午因与家人生气突感心前区闷痛，医生嘱用硝酸甘油。指导患者用药，下列哪项不妥（　　）

  A. 嘱患者舌下含服

  B. 含服后应坐位，不可突然改变体位

  C. 舌下含化后，如有灼热、舌麻等刺激感说明药物已失效

  D. 用药后出现头痛、面颈皮肤潮红、头晕，系药物的不良反应，不必紧张

  E. 在棕褐色小瓶中保存

11. 能增大心室容积的药物是（　　）

  A. 普萘洛尔   B. 硝酸甘油   C. 美托洛尔   D. 维拉帕米   E. 地尔硫䓬

12. 普萘洛尔不宜用于（　　）

  A. 稳定型心绞痛   B. 变异型心绞痛   C. 伴有高血压的心绞痛

  D. 兼有心律失常的心绞痛   E. 心肌梗死

13. 硝酸甘油治疗心绞痛，最重要的作用是（　　）

  A. 扩张冠状动脉阻力血管   B. 消除患者恐惧感   C. 扩张外周血管

  D. 改善心内膜供血   E. 抑制心脏，降低心肌耗氧量

14. 普萘洛尔禁用于（　　）

  A. 心绞痛   B. 高血压   C. 甲状腺功能亢进症

  D. 心律失常   E. 支气管哮喘

15. 硝酸甘油控制心绞痛急性发作常用的给药方法是（　　）

  A. 口服   B. 肌内注射   C. 舌下含化   D. 吸入   E. 静脉注射

16. 心肌缺血最易发生的位置是（　　）

  A. 心外膜   B. 心内膜   C. 侧支血管   D. 输送血管   E. 阻力血管

17. 导致心绞痛发作的主要原因是（　　）

  A. 心脏的供氧与耗氧间的失衡   B. 心脏供氧增加   C. 心脏耗氧量降低

  D. 冠状动脉血流量增加   E. 心率加快

18. 普萘洛尔治疗心绞痛时，不具有的作用是（　　）

  A. 心肌收缩力减弱   B. 心率减慢   C. 心脏舒张期延长

  D. 心室容积增大   E. 扩张血管

19. 硝酸甘油对下列平滑肌的松弛作用最明显的是（　　）

    A. 支气管　　　　　B. 胃肠道　　　　　C. 胆囊　　　　　D. 血管　　　　　E. 膀胱

20. 患者，男，56岁。在医院诊断为稳定型心绞痛，急性发作时应首选（　　）

    A. 普萘洛尔　　　　B. 硝酸甘油　　　　C. 美托洛尔　　　　D. 维拉帕米　　　　E. 地尔硫䓬

二、简答题

1. 试述硝酸酯类与普萘洛尔联合应用治疗心绞痛的临床意义及注意事项。

2. 为什么钙通道阻滞药可用于治疗心绞痛？

3. 简述硝酸甘油抗心绞痛的药理学基础。

4. 简述硝酸甘油产生耐受性的机制及预防办法。

（于　森）

书网融合……

知识回顾　　　习题

PPT

学习目标

知识要求:

1. 掌握肝素、华法林及铁制剂的药理作用、临床应用及不良反应。

2. 熟悉叶酸、维生素B_{12}、尿激酶、链激酶的药理作用、临床应用及不良反应。

3. 了解抗血小板药、促凝血药、血容量扩充药的药理作用和临床应用。

技能要求:

1. 熟练掌握正确使用抗凝血药、促凝血药,防止不良反应的发生。

2. 学会观察药物的不良反应,并能够合理应对。

血液系统担负着运输氧、二氧化碳和营养物质、维持内环境稳态和防御保护等功能。生理状态下,机体内血液凝固、抗凝和纤维蛋白溶解过程维持动态平衡,使循环系统中的血液处于流动状态,当平衡被打破或血细胞数量、功能的改变就会导致多种疾病,如血栓、出血性疾病、贫血、粒细胞减少、再生障碍性贫血等。作用于血液系统的药物是指用于调节和控制血液流动性,维持机体正常血液循环的药物。本章内容包括抗凝血药、抗血小板药、纤维蛋白溶解药、促凝血药、抗贫血药及造血细胞生长因子和血容量扩充药。

第一节 抗凝血药

血液凝固是由多种凝血因子参与的一系列蛋白质的有限水解活化反应。按瀑布学说,血液凝固过程可通过内源性凝血途径和外源性凝血途径完成。抗凝血药(anticoagulants)是通过影响凝血因子,从而阻止血液凝固过程的药物,临床主要用于血栓栓塞性疾病的预防和治疗(图24-1-1)。

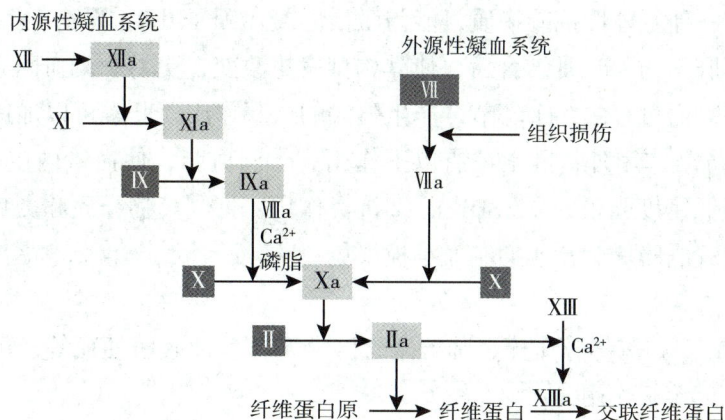

图24-1-1　凝血过程及抗凝药作用靶点

一、体内、体外抗凝血药

肝　素

岗位情景模拟18

患者，女性，34岁，已婚。主诉：近1年前无明显诱因出现面色苍白、头晕、乏力，近2个月病情加重伴心悸。曾到医院门诊部检查，并给予铁制剂口服治疗1周。患者进食正常，无挑食习惯。睡眠好，体重无明显变化。尿色无异常，无便血和黑便，无鼻出血和齿龈出血。既往身体健康，无胃病史，无药物过敏史。结婚8年，月经初潮13岁，7天/28天，末次月经2周前，近2年月经量增多，近1年来更加明显。查体：T 36.5℃，P 106次/分，R 20次/分，BP 124/72mmHg，一般状态好，口唇苍白，贫血貌，皮肤黏膜无出血点，浅表淋巴结不大，巩膜无黄染，心肺无异常，肝脾不大。实验室检查：血液检查：Hb 64g/L，RBC 3.6×10^{12}/L，MCV 78fl，MCH 18pg，MCHC 299g/L，HCT 28%，RDW 18%，外周血涂片红细胞以小红细胞为主；WBC 5.6×10^9/L，分类：Nsg 68%，L 25%，M 2%，PLT 240×10^9/L，Ret 2.0%。尿蛋白（－），镜检无异常，大便隐血（－），血清铁9.5μmol/L（9~27μmol/L）。初步诊断：缺铁性贫血。

问题与思考

1. 患者需要选用什么药物治疗，为什么？
2. 患者用药后期需要注意什么？

答案解析

肝素（heparin）最初是从动物的肝脏中发现的一种具有抗凝血作用的物质，因此被命名为肝素。分子量为5~30kDa，是大分子强极性化合物，呈酸性，带大量负电荷。药用肝素多由猪肠黏膜和猪、牛肺脏中提取。

【体内过程】肝素是高极性大分子化合物，不易通过生物膜，故口服不吸收，常静脉注射给药，注射后抗凝作用立即发生。大部分经肝脏分解代谢，代谢物从尿中排出。$t_{1/2}$因剂量增加而延长，个体差异较大，常规治疗量下$t_{1/2}$为1~1.5小时。

【药理作用】

1. **抗凝血**　肝素主要是通过增强抗凝血酶Ⅲ（AT-Ⅲ）活性而发挥作用强大而迅速的体内、体外抗凝血作用。AT-Ⅲ是一种生理性抗凝物质，能与激活的凝血因子Ⅱa、Ⅸa、Ⅹa、ⅪⅠa、ⅫⅠa等形成复合物，使其失去活性。肝素与AT-Ⅲ结合后，使其构型发生改变，更易和凝血因子结合形成复合物，加速凝血因子失活，抑制凝血过程的多个环节，产生强大的抗凝作用，肝素可以加速这种反应千倍以上。

2. 其他作用　除抗凝作用外，肝素还有以下作用：①调血脂，使血管内皮细胞释放脂蛋白酯酶，水解血中乳糜微粒和极低密度脂蛋白（VLDL）；②抗炎作用，抑制炎症介质和炎症细胞的活动；③抑制血管平滑肌增殖，抗血管内膜增生；④抑制血小板聚集。

【临床应用】

1. 血栓栓塞性疾病　如深静脉血栓、肺栓塞、脑栓塞及急性心肌梗死等，可防止血栓的形成和扩大，但对已形成的血栓无溶解作用。

2. 弥散性血管内凝血（DIC）　早期应用可防止微血栓形成，从而避免纤维蛋白原及凝血因子耗竭所致的继发性出血。

3. 体外抗凝　可用于心血管手术、心导管检查、体外循环、血液透析等。

4. 缺血性心脏病　某些不稳定型心绞痛在抗心绞痛药基础上可加用肝素等抗凝血药预防急性冠脉栓塞的发生。

【不良反应】

1. 自发性出血　是肝素的主要不良反应，表现为各种黏膜出血、关节腔积血和伤口出血等。应仔细观察，控制剂量及监测凝血时间或部分凝血活酶时间（partial thromboplastin time，PTT），使PTT维持在正常值（50~80秒）的1.5~2.5倍，可减少这种出血的危险。肝素轻度过量，停药即可，如严重出血，可缓慢静脉注射鱼精蛋白（protamine）解救，后者是强碱性蛋白质，带有正电荷，与肝素结合成稳定的复合物而使肝素失活。每1.0~1.5mg的鱼精蛋白可使100U的肝素失活，但每次剂量不可超过50mg。

🎓 **课堂互动 24-1**

肝素过量特别容易引起出血，一旦患者出现这个不良反应我们应该如何处理，为什么？

答案解析

2. 血小板减少症　发生率可达5%。一般是肝素引起的一过性血小板聚集作用所致，多数发生在给药后7~10天，与免疫反应有关，停药后约4天可恢复。

【药物相互作用】肝素为酸性药物，与碱性药物合用会失活；与阿司匹林、非甾体类抗炎药、右旋糖酐、双嘧达莫合用，可增加出血危险；与糖皮质激素类药合用可导致胃肠出血；与胰岛素、磺酰脲类药物合用可导致低血糖；与血管紧张素转化酶抑制剂合用可引起高血钾。

低分子量肝素

低分子量肝素（low molecular weight heparin，LMWH）分子量比肝素小，一般分子量低于7kDa，但生物利用度高，半衰期较长。可选择性拮抗凝血因子Ⅹa的活性，而对凝血酶和其他凝血因子影响小，引起出血的危险性小，不易引起血小板减少。LMWH将逐渐取代普通肝素，用于深部静脉血栓形成和肺栓塞的预防和治疗、急性心肌梗死、不稳定型心绞痛、血液透析及体外循环等。

常用制剂有依诺肝素（enoxaparin）、替地肝素（tedelparin）、弗希肝素（fraxiparin）、洛吉肝素（logiparin）和洛莫肝素（lomoparin）等。

依诺肝素

依诺肝素为第一个上市的 LMWH，分子量为 3.5~5.0kDa，具有强大而持久的抗血栓形成作用。临床主要用于深部静脉血栓、外科手术和整形外科（如膝、髋关节置换术）术后防止深静脉血栓形成，血液透析时防止体外循环发生凝血。与普通肝素相比，抗凝剂量较易掌握，不良反应轻，作用持续时间长。本品毒性小，较少出现出血，若出现严重出血可用鱼精蛋白对抗，偶见血小板减少。禁用于对本品过敏和严重肝、肾功能障碍患者。

二、体内抗凝血药

香豆素类

香豆素类（coumarin）药物的分子中都含有 4-羟基香豆素的基本结构，口服后在体内参与生化反应才发挥抗凝作用，故又称为口服抗凝药，常用药物有双香豆素（dicoumarol）、华法林（warfarin，苄丙酮香豆素）和醋硝香豆素（acenocoumarol，新抗凝）等（表 24-1-1）。

【体内过程】华法林口服吸收快而完全，生物利用度几乎达 100%，可透过胎盘屏障，影响胎儿凝血系统及骨骼正常发育，主要经肝代谢，代谢物由肾排出。双香豆素口服吸收慢而不规则，并且受食物影响，血浆蛋白质结合率为 90%~99%，因此与其他血浆蛋白结合率高的药物同服时，可增加双香豆素的游离型药物浓度，使抗凝作用增强，甚至诱发出血。醋硝香豆素作用较双香豆素强而快，口服吸收也快，大部分原形经肾排出。

表 24-1-1　香豆素类抗凝血药的半衰期及作用时间

药物	华法林	醋硝香豆素	双香豆素
每日量（mg）	5~15	4~12	25~150
$t_{1/2}$（h）	10~60	8	10~30
持续时间（d）	3~5	2~4	4~7

【药理作用】香豆素类是维生素 K 的竞争性拮抗药，在肝脏抑制维生素 K 由环氧型向氢醌型转化，从而阻止维生素 K 的反复利用，影响含有谷氨酸残基的凝血因子 Ⅱ、Ⅶ、Ⅸ、Ⅹ 的羧化作用，使这些因子停留在无凝血活性的前体阶段，从而影响凝血过程。对已合成的上述因子无抑制作用，因而抗凝作用出现较慢，且体外无抗凝作用。口服后 12~24 小时出现作用，停药后作用可维持 3~4 天。

【临床应用】主要用于防治血栓栓塞性疾病，如预防心房颤动和心脏瓣膜病所致血栓栓塞、心瓣膜修复术后的血栓形成，以及髋关节手术后静脉血栓等。一般采用与肝素同用，1~3 天香豆素类药物发挥作用后停用肝素，继续使用香豆素类维持治疗的序贯疗法。

【不良反应】香豆素类过量易致自发性出血，如鼻出血、牙龈出血、皮肤瘀斑及内脏出血等，严重者可引起颅内出血，使用药物期间必须测定凝血酶原（prothrombin time，PT）时间，一般控制在 18~24 秒（正常为 12 秒）较好，并据此调整剂量。如用量过大引起出血时，应立即停药并注射维生素 K 或输入新鲜血液。偶见皮肤和软组织坏死，一般发生在用药后 2~7 天。本类药物有致畸作用，孕妇禁用。

【药物相互作用】阿司匹林、保泰松与血浆蛋白的结合率高，可使血浆中游离香豆素类浓度升高，抗凝作用增强，甚至诱发出血；口服大量广谱抗生素可抑制肠道产生维生素 K 的菌群，减少维生素 K

的生成，增强香豆素类的作用；肝病时凝血因子合成减少，也会增强香豆素类的作用；肝药酶诱导剂苯巴比妥、苯妥英钠、利福平等能加速香豆素类的代谢，降低其抗凝作用，胺碘酮等肝药酶抑制剂可增强其凝血作用。

三、体外抗凝血药

枸橼酸钠

枸橼酸钠（sodium citrate）中的枸橼酸根离子，能与血浆中的 Ca^{2+} 形成难解离的可溶性络合物，使血浆中的 Ca^{2+} 浓度降低，血液凝固受阻，仅用于体外血液保存，防止输血瓶中血液凝固。因枸橼酸根离子在体内很快被氧化，失去络合 Ca^{2+} 的作用，故体内无抗凝作用。大量输血时或输血速度过快，机体来不及氧化枸橼酸根离子，可引起低钙血症，导致手足抽搐、心功能不全、血压降低，新生儿及幼儿输血时容易发生，必要时用钙盐对抗。

第二节　抗血小板药

血小板最先在血管损伤处形成止血栓子，也参与了导致心肌梗死、卒中和周围血管栓塞疾病的病理性血栓的形成。抗血小板药（antiplatelet drugs）又称血小板抑制药，是将调节血小板生理功能的活性物质作为药物作用的靶点，从而抑制血小板黏附、聚集和释放等功能，阻止血栓形成的药物，用于防治心、脑血管或外周血管血栓栓塞性疾病。临床应用的有四类。

一、抑制血小板花生四烯酸代谢的药物

阿司匹林

【药理作用】阿司匹林（aspirin）为花生四烯酸代谢过程中的环氧酶（COX）抑制剂，小剂量阿司匹林（40~80mg/d）可抑制血小板中环氧酶活性中心丝氨酸残基乙酰化，使血栓素 A_2（TXA_2）合成减少，抑制血小板的聚集，防止血栓形成（图24-2-1）。

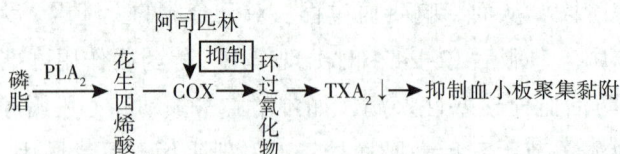

$$磷脂 \xrightarrow{PLA_2} 花生四烯酸 \longrightarrow COX \xrightarrow{过氧化物} TXA_2 \downarrow \rightarrow 抑制血小板聚集黏附$$

（阿司匹林 抑制 COX）

图24-2-1　阿司匹林抑制血栓形成的机制

【临床应用】推荐剂量为40mg/d或80mg隔日一次。临床用于慢性稳定型心绞痛、心肌梗死的一级和二级预防，脑梗死、脑卒中或短暂性脑缺血的二级预防。可使一过性脑缺血发作后患者脑卒中的发生率和病死率降低，对一过性脑缺血患者可减少其发病率。

【不良反应】阿司匹林抗血栓最大效应在50~320mg/d，再增大剂量不仅不会起到增效作用反而使疗效降低，因为剂量过大会抑制前列环素的合成，也会导致患者出现出血的不良反应。

利多格雷

利多格雷（ridogrel）是强大的TXA_2合成酶抑制剂和中度TXA_2受体阻断剂，由于抑制TXA_2合成酶可减少TXA_2生成并使血管内PG环氧化物堆积，而增高PGI_2水平，从而抑制血栓生成。试验发现可降低心肌梗死患者的再栓塞、反复心绞痛及缺血性脑卒中的发生率。可用于预防急性动脉栓塞。不良反应较轻，有轻度胃肠反应，易耐受。

二、增加血小板内 cAMP 的药物

双嘧达莫

双嘧达莫（dipridamole）又称潘生丁（persantin），对胶原、ADP、肾上腺素及低浓度凝血酶诱导的血小板聚集有抑制作用。其机制有：①抑制磷酸二酯酶，减少cAMP水解，使血小板内细胞内cAMP含量增加；②激活腺苷酸环化酶，增加血小板内cAMP含量；③增强PGI_2活性；④轻度抑制血小板COX，使TXA_2合成减少。临床用于心脏人工瓣膜置换者以防止血栓，使冠脉畅通。与华法林合用预防心肌梗死再发作及修复心脏瓣膜时的血栓形成。不良反应为胃肠道刺激，由于扩张血管可有头痛、眩晕、潮红等，对少数不稳定型心绞痛可由于扩张冠脉，产生"窃流"现象而诱发心绞痛，与华法林合用时应注意监测凝血酶原时间，以避免出血。

依前列醇

依前列醇（epoprostenol）为人工合成的前列环素，具有强大的抗血小板聚集及松弛平滑肌作用。能抑制ADP、胶原纤维、花生四烯酸等诱导的血小板聚集和释放。半衰期仅3~5分钟，且抑制血小板聚集的剂量能引起明显的低血压，故临床应用受到限制。主要用于体外循环以防止血小板减少、血栓性血小板减少性紫癜、微血栓形成导致的出血倾向。

同类药物伊洛前列素（iloprost）在内环境中稳定，其作用比依前列醇强，临床用于防治急性心肌梗死和外周血管闭塞性疾病等。

三、抑制血小板活化的药物

噻氯匹定

噻氯匹定（ticlopidine）能选择性及特异性干扰ADP介导的血小板活化，抑制血小板聚集和黏附。作用机制是：①抑制ADP诱导的α-颗粒分泌，抑制血管壁损伤的黏附反应；②抑制ADP诱导的血小板膜GPⅡb/Ⅲa受体复合物与纤维蛋白原结合位点的暴露；③拮抗ATP对腺苷酸环化酶的抑制作用。故该药是血小板活化、黏附和α-颗粒分泌的抑制剂。

用于预防脑卒中、心肌梗死及外周动脉血栓栓塞性疾病的复发，其疗效优于阿司匹林。常见不良反应有恶心、腹泻、中性粒细胞减少、骨髓抑制等。同类药物氯吡格雷（clopidogrel）的作用与噻氯匹定相似。

四、血小板膜糖蛋白 $Ⅱ_b$/$Ⅲ_a$ 受体阻断药

血小板膜糖蛋白 $Ⅱ_b$/$Ⅲ_a$ 受体阻断药是一类新的抗血小板聚集药。GP $Ⅱ_b$/$Ⅲ_a$ 受体是引起血小板聚集的黏附蛋白的特异性识别、结合位点，阻断 GP $Ⅱ_b$/$Ⅲ_a$ 受体即可有效抑制各种诱导剂激发的血小板聚集。阿昔单抗（abciximab）是较早的 GP $Ⅱ_b$/$Ⅲ_a$ 受体单克隆抗体，抑制血小板聚集作用明显，对血栓形成、血管再闭塞有明显的治疗作用。相继开发的该类药物有拉米非班（lamifiban）、替罗非班（tirofiban）等。用于急性心肌梗死、溶栓治疗、不稳定型心绞痛的疗效良好。

第三节　纤维蛋白溶解药

纤维蛋白溶解药（fibrinolytics）可使纤维蛋白溶酶原（纤溶酶原）转变为纤维蛋白溶酶（纤溶酶），纤溶酶通过降解纤维蛋白和纤维蛋白原而限制血栓增大和溶解血栓，又称血栓溶解药（thrombolytics）。

链激酶

链激酶（streptokinase，SK）是从 β-溶血性链球菌培养液中提取的一种蛋白质。目前可应用基因工程技术制备重组链激酶（recombinant streptokinase，rSK）。

【药理作用及临床应用】链激酶可与内源性纤溶酶原结合成复合物，促进纤溶酶原转变为纤溶酶，纤溶酶迅速水解血栓中的纤维蛋白，使血栓溶解。用于急性心肌梗死早期治疗；静脉注射可治疗动静脉内新鲜血栓和栓塞，如深静脉栓塞、肺栓塞、眼底血管栓塞等。需早期用药，以血栓形成不超过6小时疗效最佳。但对形成时间较久并已机化的血栓难以发挥作用。

【不良反应及注意事项】可引起自发性出血，表现为一处或多处的皮肤、黏膜出血，偶发颅内出血，可静脉注射抗纤维蛋白溶解药氨甲苯酸等解救；还可引起皮疹、畏寒、发热等过敏反应，甚至过敏性休克；静脉注射速度过快可致低血压。对患有出血性疾病或有出血倾向者、新近创伤、消化道溃疡、伤口愈合中、严重高血压、产妇分娩前后禁用。

尿激酶

尿激酶（urokinase，UK）是从人尿中分离而得的一种蛋白水解酶，无抗原性。能直接激活纤溶酶原，使其成为纤溶酶而溶解纤维蛋白，对新鲜血栓效果好。临床应用和不良反应及禁忌证与链激酶相似，主要用于链激酶无效或过敏患者。

组织型纤溶酶原激活剂

组织型纤溶酶原激活剂（tissue plasminogen activator，t-PA）通过激活血栓中已与纤维蛋白结合的纤溶酶原，使其转变为纤溶酶而溶解血栓。对循环血液中纤溶系统几无影响，较少产生应用链激酶时常见的出血并发症，且对人无抗原性。临床用于治疗急性心肌梗死、脑栓塞和肺栓塞。同类药物还有阿替普酶（alteplase）、西替普酶（silteplase）、瑞替普酶（reteplase）等。

> **知识拓展**
>
> 　　血栓形成（thrombosis）是指在一定条件下，血液有形成分在血管内（多数为小血管）形成栓子，造成血管部分或完全堵塞、相应部位血供障碍的病理过程。依血栓组成成分可分为血小板血栓、红细胞血栓、纤维蛋白血栓、混合血栓等。按发生血栓形成的血管类型可分为动脉血栓、静脉血栓及微血管血栓。
>
> 　　血栓栓塞（thromboembolism）是血栓由形成部位脱落，在随血流移动的过程中部分或全部堵塞某些血管，引起相应组织和（或）器官缺血、缺氧、坏死（动脉血栓）及淤血、水肿（静脉血栓）的病理过程。
>
> 　　以上两种病理过程所引起的疾病，临床上称为血栓性疾病。

第四节　促凝血药

　　促凝血药是一类加速血液凝固过程，抑制纤维蛋白溶解，增强某些凝血因子的合成和活性，促进血液凝固而止血的药物。

一、促进凝血因子生成的促凝血药

维生素K

　　维生素K（vitamin K）为甲萘醌类物质，广泛存在于自然界。维生素K_1来自绿叶植物或谷物，维生素K_2来自肠道细菌合成，两者均为脂溶性维生素，需要胆汁协助吸收。维生素K_3和K_4为人工合成，均为水溶性，可直接吸收。

　　【药理作用】维生素K作为羧化酶的辅酶，参与凝血因子Ⅱ、Ⅶ、Ⅸ、Ⅹ前体在肝内的活化。当维生素K缺乏时，上述凝血因子的前体蛋白不能转化为有活性的凝血因子，血浆中因缺乏凝血因子而导致凝血功能障碍，凝血酶原时间延长，造成出血。

　　【临床应用】

　　1. **治疗维生素K缺乏引起的出血**　包括：①维生素K吸收障碍：如梗阻性黄疸、胆瘘及慢性腹泻等所致的出血；②维生素K合成障碍：如早产儿、新生儿及长期应用广谱抗生素等导致的出血。

　　2. **治疗凝血酶原过低导致的出血**　如长期应用香豆素类、水杨酸类等药物。

　　3. **其他**　维生素K_1、K_3肌内注射有解痉、止痛作用，可用于缓解胆绞痛。

　　【不良反应】维生素K_3、K_4刺激性强，口服易引起恶心、呕吐等胃肠道反应；较大剂量可致新生儿和早产儿溶血性贫血、高胆红素血症及黄疸；葡萄糖-6-磷酸脱氢酶（G-6-PD）缺乏症者可诱发急性溶血性贫血；静脉注射维生素K_1速度过快，可引起面部潮红、呼吸困难、胸痛、虚脱等，一般以肌内注射为宜。

二、抗纤维蛋白溶解药

氨甲苯酸

氨甲苯酸（aminomethylbenzoic acid，PAMBA，对羧基苄胺）为抗纤维蛋白溶解药，低剂量时竞争性阻断纤溶酶原与纤维蛋白结合，防止纤溶酶原的激活。高剂量时能直接抑制纤溶酶的活性，从而抑制纤维蛋白溶解。用于治疗纤维蛋白溶解亢进所致的出血，如肝、脾、肺、前列腺、甲状腺、肾上腺等外伤或手术时的异常出血；也可用于治疗链激酶和尿激酶过量引起的出血。无明显不良反应，过量可致血栓形成，并可诱发心肌梗死。对有血栓形成倾向或有血栓栓塞病史者禁用或慎用。

氨甲环酸（tranexamic acid，AMCHA，凝血酸）作用及临床应用同氨甲苯酸，但作用较强。

三、促血小板生成药

酚磺乙胺

酚磺乙胺（etamsylate，止血敏）能增强毛细血管抵抗力，降低毛细血管通透性，减少血浆渗出；增强血小板黏附性和聚集性；促进血小板释放凝血活性物质，缩短凝血时间。作用迅速，维持时间长，毒性低。适用于防治各种手术前后出血过多、各种内脏出血和皮肤出血，也用于血小板减少性紫癜及过敏性紫癜。可有恶心、头痛、皮疹、暂时性低血压等，偶见静脉注射后过敏反应。

四、作用于血管的促凝血药

垂体后叶素

垂体后叶素（pituitrin）由加压素和缩宫素组成。加压素直接作用于血管平滑肌，使小动脉、小静脉及毛细血管收缩，血流速度减慢，在血管破损处形成血凝块，起到止血作用。用于肺咯血及门脉高压引起的上消化道出血。静脉注射过快，可出现面色苍白、血压升高、胸闷、心悸、过敏反应等。禁用于高血压、冠心病、心功能不全及肺源性心脏病患者。

第五节　抗贫血药及造血细胞生长因子

一、抗贫血药

贫血是指循环血液中血红蛋白量或红细胞数低于正常值时产生的症状，根据病因及发病机制可分为缺铁性贫血（由铁缺乏所致）、巨幼红细胞性贫血（由叶酸或维生素 B_{12} 缺乏所致）和再生障碍性贫血（骨髓造血功能低下所致）。对于贫血的治疗，首先应去除导致贫血的病因，然后选用有针对性的药物进行抗贫血治疗。

铁制剂

常用的口服铁制剂包括硫酸亚铁（ferrous sulfate）、富马酸亚铁（ferrous fumarate）、枸橼酸铁铵（ferric ammonium citrate）、右旋糖酐（iron dextran）、多糖铁复合物（polysaccharide-iron complex）等。

【体内过程】铁的吸收部位主要是在十二指肠和空肠上段，无机铁以 Fe^{2+} 形式吸收，Fe^{3+} 很难吸收，凡能将 Fe^{3+} 还原变成 Fe^{2+} 的物质如胃酸、维生素C、食物中果糖、半脱氨酸等均可促进铁的吸收。胃酸缺乏、服用抗酸药、食物中高磷、高钙、鞣酸等使铁沉淀，影响铁吸收；四环素类药物可与铁络合，也不利于铁的吸收。Fe^{2+} 吸收入血后即被氧化成 Fe^{3+}，并与血浆中的转铁蛋白结合成血浆铁，转运到肝、脾、骨髓等组织，以铁蛋白形式贮存。铁通过肠黏膜细胞脱落及胆汁、尿液、汗液等排出体外。正常人每日失铁量约1mg，可由食物补充。

【药理作用】铁是红细胞成熟阶段合成血红蛋白必不可少的物质。吸收到体内的铁吸附在有核红细胞膜上进入红细胞内的线粒体，与原卟啉结合形成血红素，后者再与珠蛋白结合形成血红蛋白。

【临床应用】铁制剂用于各种原因引起的缺铁性贫血的治疗。

1. **慢性失血**　月经过多、钩虫病、消化性溃疡、痔疮、子宫肌瘤等。

2. **铁需求增加或供给不足**　营养不良、偏食者及妊娠期妇女、哺乳期妇女、发育期儿童等。

3. **铁的吸收障碍**　萎缩性胃炎或慢性腹泻患者，特殊饮食习惯或服药者。

应当注意的是，为使体内贮存铁恢复正常，待血红蛋白正常后尚需减半量继续服药2~3个月。

【不良反应】铁制剂刺激胃肠道，引起恶心、呕吐、上腹部不适、黑便、腹泻等。小儿误服1g以上铁制剂可引起急性中毒，表现为坏死性胃肠炎症状，可有呕吐、腹痛、血性腹泻，甚至休克、呼吸困难、死亡。急救措施以磷酸盐或碳酸盐洗胃，并以特殊解毒剂去铁胺（deferoxamine）注入胃内以结合残存的铁。

叶　酸

叶酸（folic acid）广泛存在于动、植物性食物中，绿色蔬菜中含量最多。动物细胞自身不能合成叶酸，人体所需叶酸只能从植物中摄取。叶酸不耐热，食物烹调后可损失50%以上。

【药理作用】叶酸是机体细胞生长和分裂所必需的物质，食物中的叶酸或叶酸制剂进入体内被还原为具有活性的四氢叶酸，四氢叶酸是一碳单位的传递体，参与骨髓幼红细胞内DNA的合成。

【临床应用】

1. **营养性巨幼红细胞性贫血**　如营养不良、婴儿期、妊娠期对叶酸需要量增加所致巨幼细胞贫血，与维生素B_{12}合用效果更好。

2. **药物性巨幼红细胞性贫血**　如甲氨蝶呤、乙胺嘧啶、甲氧苄啶等所致巨幼细胞贫血。由于此类药物为二氢叶酸还原酶抑制剂，在体内不能使叶酸转变为四氢叶酸，故应用叶酸无效，需用亚叶酸钙（calcium leucovorin）治疗。

3. **其他**　对维生素B_{12}缺乏所致的"恶性贫血"，叶酸仅能纠正异常血常规，不能改善神经损害症状，故治疗时应以注射维生素B_{12}为主，叶酸为辅；孕期补充叶酸可预防神经管缺陷。

维生素B_{12}

维生素B_{12}（vitamin B_{12}）为含钴的复合物，广泛存在于动物内脏、牛奶、蛋黄中。食物中的维生素

B₁₂必须与胃黏膜壁细胞分泌的糖蛋白即"内因子"结合成复合物，才能免受胃液的消化而进入回肠吸收。胃黏膜萎缩所致"内因子"缺乏可影响维生素 B₁₂吸收，引起"恶性贫血"，用维生素 B₁₂治疗此类贫血时，必须采用注射给药。

【药理作用及临床应用】维生素 B₁₂参与体内核酸的合成，促进四氢叶酸类辅酶的循环利用。缺乏时，导致 DNA 合成障碍，影响红细胞成熟；同时参与三羧酸循环，保持有鞘神经纤维功能的完整性。维生素 B₁₂用于治疗恶性贫血和巨幼细胞贫血，治疗恶性贫血时必须与叶酸合用，因为叶酸不能改善神经系统症状；另外用于神经系统疾病（如神经炎、神经萎缩等）、肝脏疾病、再生障碍性贫血的辅助治疗。

【不良反应】一般无毒性，但少数患者可致过敏反应，甚至引起过敏性休克。

【药物相互作用】①叶酸协同治疗巨幼红细胞性贫血；②氯霉素抵消其造血反应；③氨基糖苷类抗生素，抗惊厥药，秋水仙碱能减少肠道对本药的吸收；④考来烯胺、活性炭吸附本药，减少其吸收；⑤氯丙嗪、维生素 C、维生素 K、葡萄糖注射液与本药联用时会发生配伍变化，不能混合给药。

二、造血细胞生长因子

血细胞是由多功能造血干细胞衍生而来，干细胞既能自身分裂，又能在生长因子（growth factors）和细胞因子（cytokine）作用下分化产生各种血细胞生成细胞。目前某些因子可用基因重组技术合成供临床使用。

促红素

促红素（erythropoietin，EPO）又称红细胞生成素，现临床应用的 EPO 为 DNA 重组技术合成，称重组人促红素（recombinant human erythropoietin，r-HuEPO），静脉或皮下注射应用。EPO 与红系干细胞表面上的 EPO 受体结合，导致细胞内磷酸化及 Ca^{2+} 浓度增加，促进红系干细胞增生和成熟，并促使网织红细胞从骨髓中释放入血。贫血、缺氧时肾脏合成和分泌 EPO 迅速增加百倍以上，以促使红细胞生成。但肾脏疾病、骨髓损伤、铁供应不足等均可干扰这一反馈机制。

EPO 对多种原因引起的贫血有效，最佳适应证为慢性肾衰竭和晚期肾病所致的贫血，对骨髓造血功能低下、肿瘤化疗、艾滋病药物治疗及结缔组织病（类风湿关节炎和系统性红斑狼疮）所致的贫血也有效。不良反应少，主要不良反应为与红细胞快速增加、血黏滞度增高有关的高血压，血凝增强等。应用时应经常进行血细胞比容测定。偶可诱发脑血管意外、癫痫发作。

第六节　血容量扩充药

大量失血或失血浆（如烧伤）可使血容量降低，严重者可导致低血容量性休克。迅速有效地扩充血容量是治疗低血容量性休克的基本疗法。血容量扩充药是能使血容量增加、维持血液胶体渗透压的药物。目前最常用的是右旋糖酐。

右旋糖酐

右旋糖酐（dextran）为葡萄糖的聚合物，依聚合的葡萄糖分子数目的不同，分为不同分子量的产品。

临床常用的有中分子右旋糖酐（右旋糖酐70，平均分子量为70kDa）、低分子右旋糖酐（右旋糖酐40，平分子量为40kDa）和小分子右旋糖酐（右旋糖酐10，平均分子量为10kDa）。

【药理作用】

1. **扩充血容量**　右旋糖酐分子量较大，能提高血浆胶体渗透压，从而补充血容量，维持血压。作用强度与维持时间依其分子量大小而逐渐降低。

2. **抗血栓**　低分子和小分子右旋糖酐可抑制血小板聚集，并可降低凝血因子Ⅱ的活性，防止血栓形成。

3. **改善微循环**　低分子和小分子右旋糖酐可抑制红细胞的聚集，又因增加血容量使血液稀释，降低血液黏滞性，改善微循环，防止休克后期弥散性血管内凝血（DIC）。

4. **渗透性利尿**　右旋糖酐从肾脏排泄时，使肾小管管腔内渗透压升高、水重吸收减少而利尿。

【临床应用】

1. **防治低血容量性休克**　中分子右旋糖酐扩充血容量作用强，用于防治急性失血、创伤、烧伤等低血容量性休克的扩容。

2. **防止休克后期的弥散性血管内凝血**　低分子、小分子右旋糖酐改善微循环作用较好，用于中毒性、外伤性、失血性休克，防止休克后期的DIC。

3. **防治血栓栓塞性疾病**　用于防治脑血栓形成、心绞痛、心肌梗死、血栓闭塞性脉管炎及视网膜动静脉血栓等。

【不良反应及注意事项】偶见过敏反应，表现为发热、寒战、呼吸困难，严重者可致过敏性休克；剂量过大或连续应用时少数患者可出现凝血障碍。血小板减少症、出血性疾病患者禁用，心功能不全、肺水肿、肾功能不全者慎用。

【药物相互作用】卡那霉素、庆大霉素和巴龙霉素可增加其肾毒性；与肝素有协同作用而增加出血可能。

目标检测

答案解析

一、单选题

1. 华法林的抗凝特点是（　　）
   - A. 体外有抗凝作用
   - B. 体内有抗凝作用
   - C. 体内、外均有抗凝作用
   - D. 需注射给药
   - E. 起效迅速

2. 铁制剂主要在以下哪个部位吸收（　　）
   - A. 胃
   - B. 十二指肠
   - C. 十二指肠及空肠上段
   - D. 回肠
   - E. 大肠

3. 下列哪种贫血可选择铁制剂治疗（　　）
   - A. 巨幼红细胞性贫血
   - B. 小细胞低色素性贫血
   - C. 溶血性贫血
   - D. 再生障碍性贫血
   - E. 恶性贫血

4. 新生儿出血选用（　　）
   - A. 尿激酶
   - B. 氨甲苯酸
   - C. 维生素K
   - D. 双香豆素
   - E. 凝血因子制剂

5. 关于氨甲苯酸，下列哪项是错误的（   ）

    A. 用于前列腺等手术后出血   B. 用于链激酶过量所引起的出血

    C. 能抑制纤溶酶原激活因子，使纤溶酶生成受阻   D. 过量可产生血栓

    E. 对纤维蛋白溶酶活性不增高的出血也有止血效果

6. 尿激酶过量引起的出血宜选用（   ）

    A. 维生素 K   B. 鱼精蛋白   C. 氨甲苯酸   D. 垂体后叶素   E. 凝血酶

7. 肝素常通过以下哪种途径给药（   ）

    A. 皮下注射   B. 肌内注射   C. 口服   D. 静脉注射   E. 吸入

8. 下列药物注射前需做皮试的是（   ）

    A. 肝素   B. 氨甲苯酸   C. 右旋糖酐   D. 维生素 K   E. 硫酸亚铁

9. 刘某，男，50 岁，因急性心肌梗死入院，医生给予尿激酶静脉滴注治疗，依据是（   ）

    A. 抑制凝血酶原激活物   B. 竞争性拮抗维生素 K 的作用

    C. 激活抗凝血酶Ⅲ，灭活多种凝血因子   D. 激活纤溶酶原使之形成纤溶酶

    E. 扩张毛细血管

10. 男性，30 岁，2 年前做了"胃切除术"，近半年来经常头晕、心悸，体力逐渐下降，诊断为缺铁性贫血。给患者口服铁剂的服药注意事项中错误的是（   ）

    A. 宜于进餐后服用   B. 可与维生素同服

    C. 餐后不要即刻饮茶   D. 如有消化道反应，可与牛奶同服

    E. 血红蛋白正常后，应继续治疗数月

11. 铁制剂与下列何药同服可促进其吸收（   ）

    A. 维生素 A   B. 维生素 B_1 C. 维生素 B_2 D. 维生素 C   E. 维生素 K

12. 肝素用于体内抗凝最常用的给药途径为（   ）

    A. 舌下含服   B. 可与维生素同服   C. 肌内注射   D. 皮下注射   E. 静脉注射

13. 肝素的抗凝作用机制是（   ）

    A. 络合钙离子   B. 抑制血小板聚集   C. 增加抗凝血酶Ⅲ的活性

    D. 激活纤溶酶   E. 影响凝血因子Ⅱ、Ⅶ、Ⅸ、Ⅹ的活化

14. 肝素最常见的不良反应是（   ）

    A. 过敏反应   B. 消化性溃疡   C. 血压升高   D. 自发性骨折   E. 自发性出血

15. 肝素过量可静脉注射对抗的药物是（   ）

    A. 维生素 K   B. 维生素 B_{12} C. 鱼精蛋白   D. 葡萄糖酸钙   E. 氨甲苯酸

16. 肝素及双香豆素均可用于治疗（   ）

    A. 弥散性血管内凝血   B. 血栓栓塞性疾病   C. 体外循环抗凝

    D. 高脂血症   E. 脑出血

17. 抗凝作用慢而持久的药物是（   ）

    A. 肝素   B. 双香豆素   C. 枸橼酸钠   D. 阿司匹林   E. 前列环素

18. 关于双嘧达莫的叙述，正确的是（   ）

    A. 抑制凝血因子合成   B. 激活腺苷酸环化酶，使 cAMP 生成增多

    C. 抑制磷酸二酯酶，使 cAMP 降解减少   D. 激活纤溶酶

    E. 促进抗凝血酶Ⅲ的活性

19. 氨甲苯酸的最佳适应证是（   ）

A．手术后伤口渗血　　　　　B．肺出血　　　　　　　　C．新生儿出血

D．香豆素过量所致出血　　　E．纤溶亢进所致出血

20．下列组合中最有利于铁剂吸收的是（　　）

A．维生素K　　　　B．维生素B_{12}　　　　C．鱼精蛋白　　　　D．葡萄糖酸钙　　　　E．氨甲苯酸

二、简答题

1．试比较肝素与双香豆素的异同点。

2．维生素K可用于哪些情况的出血？为什么？

3．为什么恶性贫血患者用维生素B_{12}必须注射给药？

4．影响铁剂在消化道吸收的因素有哪些？

（于　淼）

书网融合……

知识回顾　　　习题

第二十五章 糖类、盐类及酸碱平衡调节药

PPT

学习目标

知识要求：

1. 掌握葡萄糖、氯化钠、氯化钾、碳酸氢钠、乳酸钠、氨丁三醇、钙盐的药理作用、临床应用和不良反应。
2. 熟悉糖类、盐类及酸碱平衡调节药的特点。
3. 了解具有根据适应证合理选择药物、防治不良反应的能力。

技能要求：

1. 熟练掌握正确使用糖类、盐类及酸碱平衡调节药的能力。
2. 学会观察本类药物的疗效及药物不良反应，并能正确指导患者合理用药。

体液的主要成分是水和电解质。水、电解质和酸碱平衡是人体细胞进行正常代谢所必需的条件，也是维持人体生命特征和各脏器生理功能所必需的条件。水、电解质和酸碱平衡紊乱，会引起严重的后果，甚至危及生命，纠正水和电解质紊乱是临床上重要的治疗手段之一。

第一节 糖 类

葡萄糖

葡萄糖是人体重要的营养成分和主要的热量来源之一，在体内能被氧化成二氧化碳和水以提供能量，每1g葡萄糖可产生16.7kJ热能；或以糖原形式储存，对肝脏具有保护作用。高渗葡萄糖溶液静脉注射可提高血浆渗透压，使组织脱水产生利尿作用。

> **岗位情景模拟 19**
>
> 患者，男，33岁。因高热2天未能进食，自述口渴、口干、全身虚弱、尿少色黄。查体：口舌干燥，皮肤弹性差，眼窝凹陷。实验室检查：尿比重1.0377，血清钠浓度为159mmol/L。诊断为中度高渗性脱水。
>
> **问题与思考**
>
> 该患者应该如何治疗？需要注意哪些问题？
>
> 答案解析

【药理作用及临床应用】

1. **补充热能**　患者因某些原因进食减少或不能进食时，一般可予25%葡萄糖注射液静脉注射，并同时补充体液。葡萄糖用量根据所需热能计算。

2. **全静脉营养疗法**　葡萄糖是此疗法最重要的能量供给物质。在非蛋白质热能中，葡萄糖与脂肪供给热量之比为2∶1。根据补液量的需要，葡萄糖可配制为25%~50%的不同浓度，必要时加入胰岛素，每5~10g葡萄糖加入胰岛素1单位。由于正常应用高渗葡萄糖溶液，对静脉刺激性较大，并需输注脂肪乳剂，故一般选用大静脉滴注。

3. **低血糖症**　重者可先予用50%葡萄糖注射液20~40ml静脉推注。

4. **饥饿性酮症**　严重者应用5%~25%葡萄糖注射液静脉滴注，每日100g葡萄糖可基本控制病情。

5. **失水**　等渗性失水给予5%葡萄糖注射液静脉滴注。

6. **高钾血症**　应用10%~25%注射液，每2~4g葡萄糖加1单位胰岛素输注，可降低血清钾浓度。但此疗法仅使细胞外钾离子进入细胞内，体内总钾含量不变。如不采取排钾措施，仍有再次出现高钾血症的可能。

7. **组织脱水**　采用50%葡萄糖注射液作为高渗溶液，快速静脉注射20~50ml，但作用短暂。临床上应注意防止高血糖，目前少用。

【不良反应】

1. **静脉炎**　常发生于高渗葡萄糖注射液滴注时。

2. **反应性低血糖**　合并使用胰岛素过量，原有低血糖倾向及全静脉营养疗法突然停止时易发生。

3. **高血糖非酮症昏迷**　多见于糖尿病、应激状态、使用大量的糖皮质激素、尿毒症腹膜透析患者腹腔内给予高渗葡萄糖溶液及全营养疗法时。

4. **电解质紊乱**　长期单纯补给葡萄糖时易出现低钾、低钠及低磷血症。

5. **高钾血症**　1型糖尿病患者应用高浓度葡萄糖时偶有发生。

【禁忌证】糖尿病酮症酸中毒未控制者、高血糖非酮症性高渗状态的患者。

第二节　盐　类

一、钠盐

氯化钠

氯化钠（sodium chloride）是一种电解质补充药物。

【药理作用】细胞外液中Na^+占阳离子含量的90%左右，是维持细胞外液容量和渗透压的主要因素。Na^+浓度也是维持细胞兴奋性、神经肌肉应激性的必要条件，此外，Na^+还以$NaHCO_3$形式构成体液缓冲系统，对调节体液的酸碱平衡具有重要作用。正常血清钠浓度一般维持在135~145mmol/L。

【临床应用】

1. **低钠综合征**　体内大量失钠如出汗过多、剧烈吐泻、大面积烧伤、大量失血、强效利尿药的作用以及肾上腺皮质功能不全等，均可引起低钠综合征。表现为全身虚弱、表情淡漠、头痛、肠绞痛、手足痉挛、循环障碍、昏迷甚至死亡。氯化钠等钠盐制剂可补充血容量和 Na^+，用于各种缺钠性脱水症。对于缺钠严重而渗透压明显降低者，适当给予高渗（3%~5%）氯化钠溶液，可补充细胞外液容量并提高细胞内液的渗透压。

2. 外用冲洗液　0.9%氯化钠溶液的渗透压与哺乳类动物的体液渗透压相同，属于等渗溶液，无刺激性。可外用于眼、鼻、手术视野及伤口的冲洗。

3. 其他　可用于频繁呕吐、严重腹泻或服用利尿剂后大量排尿的患者；还可作注射用药的溶剂或稀释剂。

【不良反应及注意事项】过量输入可导致高钠血症，引起组织水肿，故高血压及心、肾功能不全者应慎用，肺水肿者禁用；已有酸中毒倾向的患者，大量应用可引起高氯性酸中毒，应予注意，不宜使用本品。

二、钾盐

氯化钾

氯化钾（potassium chloride）是临床常用的钾制剂。

【药理作用】钾是细胞内最重要的阳离子，是维持细胞内渗透压的重要成分；与细胞外氢离子交换，参与酸碱平衡的调节；是维持神经肌肉和心肌正常功能的必需物质。血浆中钾离子浓度为3.5~5.5mmol/L，当体内缺钾时可产生低钾血症，细胞内 K^+ 外移而细胞外 H^+、Na^+ 内移，引起细胞内酸中毒；另外低血钾还会导致心肌兴奋性升高。

【临床应用】主要用于防治严重呕吐、腹泻、不能进食、长期应用排钾利尿药或肾上腺皮质激素等所引起的低钾血症；也可用于强心苷中毒引起的阵发性心动过速、频发室性期前收缩等心律失常，有传导阻滞者禁用钾盐。

🖐 课堂互动 25-1

高钾血症、低钾血症有哪些危害？

答案解析

【不良反应及注意事项】

1. 胃肠反应　本品有强烈刺激性，口服可引起恶心、呕吐、腹痛，甚至可引起胃肠溃疡、坏死等并发症，故采用10%溶液稀释或餐后服用。

2. 抑制心脏　诱发或加重房室传导阻滞，甚至心搏骤停，故禁止静脉注射。静脉滴注时，浓度不宜超过0.3%，一般滴速不超过1g/h，而且有尿才能补钾。

3. 局部组织坏死　静脉滴注时漏于皮下可致局部组织坏死。

4. 禁忌证　肾衰竭、尿少或尿闭、高钾血症、房室传导阻滞及对钾离子过敏的患者禁用。

第三节　调节酸碱平衡药

一、纠正酸血症药

碳酸氢钠

碳酸氢钠（sodium bicarbonate）为弱碱性物质，口服或静脉注射均可。

【药理作用及临床应用】

1. **纠正代谢性酸中毒**　解离的 HCO_3^- 与 H^+ 结合，使体内 H^+ 浓度降低。是治疗代谢性酸中毒的首选药。

2. **碱化尿液**　本品经肾排泄时使尿液碱化。可用于巴比妥类等药物过量中毒时加速从尿排出、防止磺胺类药物在肾小管析出结晶损害肾脏、增强氨基糖苷类抗生素治疗泌尿道感染的疗效。

3. **降低血钾**　本品可升高血液的pH，促进 K^+ 由细胞外进入细胞内，从而使血钾降低。用于心脏复苏纠正缺氧性酸中毒时所造成的高钾血症，缓解 K^+ 对心脏的抑制，使心肌收缩性及应激性增高。

4. **治疗消化性溃疡**　本品作为弱碱性药物，服用后可中和胃酸，降低胃液酸度，缓解溃疡导致的疼痛，促进溃疡愈合。

【不良反应及注意事项】

1. **刺激性**　本品为弱碱性药物，静脉注射时切勿漏出血管。

2. **代谢性碱血症**　应用过量易引起代谢性碱血症。

3. **水钠潴留及缺钾**　对充血性心力衰竭、急慢性肾衰竭、低钾血症或伴有二氧化碳潴留的患者，补充碳酸氢钠要谨慎。

乳酸钠

乳酸钠（sodium lactate）进入体内后，其乳酸根在有氧条件下，经肝氧化代谢生成碳酸氢钠，增加碱储备，临床上主要用于治疗代谢性酸中毒，也用于高钾血症。因作用不及碳酸氢钠迅速和稳定，一般不做首选，但在高钾血症或普鲁卡因胺、奎尼丁等药物引起的心律失常伴有酸血症者，仍以乳酸钠治疗为宜。过量可引起碱血症，伴有休克、缺氧、肝及心功能不全、乳酸性酸中毒者禁用。

氨丁三醇

氨丁三醇（trometamol）为不含钠的氨基缓冲剂，能摄取氢离子而纠正酸中毒。作用较强，并能透过细胞膜，可在细胞内、外同时纠正酸中毒。常用于急性代谢性及呼吸性酸中毒。不良反应较多而严重，可引起低血糖、低血压、低血钙、高血钾、呼吸抑制、恶心、呕吐等；注射时勿漏出血管，以免引起局部组织坏死。慢性呼吸性酸中毒者、慢性肾性酸中毒、肾功能不全及无尿者禁用。

二、纠正碱血症药

氯化铵

【药理作用及临床应用】

1. **酸化体液**   氯化铵（ammonium chloride）进入体内解离为NH_4^+和Cl^-，NH_4^+迅速经肝脏代谢形成尿素，而Cl^-在体内可置换HCO_3^-，减少体内过量的碱储备而纠正代谢性碱中毒。

2. **酸化尿液** Cl^-经肾脏排出时，可使HCO_3^-重吸收增多，H^+排出增多，使尿液pH降低。可用于有机碱类药物（如氨茶碱）过量中毒。

3. **祛痰作用**   口服可刺激胃黏膜，反射性增加呼吸道腺体分泌而祛痰。

【不良反应】可致恶心、呕吐、胃部不适等症状；过量应用可致高氯性酸中毒，并引起呼吸加强和血液CO_2张力的下降；静脉滴注过快，可引起惊厥和呼吸停止。消化道溃疡及严重肝、肾功能不全者禁用。

🖋 知识拓展

酸碱平衡紊乱

酸碱平衡紊乱主要分为代谢性酸中毒、呼吸性酸中毒、代谢性碱中毒、呼吸性碱中毒和混合型酸碱平衡紊乱5种类型。

正常状态下，机体有一套调节酸碱平衡的机制。疾病过程中，尽管有酸碱物质的增减变化，一般不易发生酸碱平衡紊乱，只有在严重情况下，机体内产生或丢失的酸碱过多而超过机体调节能力，或机体对酸碱调节机制出现障碍时，进而导致酸碱平衡失调。尽管机体对酸碱负荷有很大的缓冲能力和有效的调节功能，但很多因素可以引起酸碱负荷过度或调节机制障碍，导致体液酸碱度稳定性破坏，这种稳定性破坏称为酸碱平衡紊乱。

目标检测

答案解析

一、单选题

1. 临床上防止磺胺类药物肾毒性最常用的尿液碱化剂是（   ）
    A. 乳酸钠   B. 氯化钠   C. 碳酸氢钠   D. 氨丁三醇   E. 氯化铵

2. 对乳酸钠溶液叙述正确的是（   ）
    A. 未纠正酸血症药物   B. 作用比碳酸氢钠迅速   C. 过量造成酸血症
    D. 可用生理盐水稀释   E. 肝病、心功能不全者宜使用

3. 注射氯化钙如有外漏，应立即用何药作局部封闭（   ）
    A. 四环素   B. 泼尼松   C. 普鲁卡因   D. 葡萄糖酸钙   E. 青霉素

4. 可对抗氨基糖苷类抗生素引起的呼吸肌麻痹，并参与凝血过程的药物是（   ）
    A. 氯化铵   B. 葡萄糖酸钙   C. 氯化钾   D. 氨丁三醇   E. 氯化钠

5. 可碱化尿液、促进巴比妥类药物从体内排出的是（   ）
    A. 氯化铵   B. 氯化钾   C. 乳酸钠   D. 碳酸氢钠   E. 葡萄糖酸钙

6. 下列不属于钙盐作用的是（ ）

    A. 抗过敏   B. 促进骨骼发育   C. 降低血压

    D. 维持神经肌肉的兴奋性   E. 对抗镁离子作用

7. 抢救镁盐中毒可选用（ ）

    A. 氯化钠   B. 氯化钾   C. 氯化钙   D. 甘露醇   E. 葡萄糖酸钙

8. 关于碳酸氢钠的叙述，错误的是（ ）

    A. 是治疗代谢性碱中毒的首选药

    B. 降低血钾

    C. 治疗消化性溃疡

    D. 增强氨基糖苷类抗生素治疗泌尿道感染的疗效

    E. 碱化尿液

9. 患儿，男，2岁，因饮食不佳伴有夜惊且发育不良而入院。诊断为佝偻病，治疗药物应选用（ ）

    A. 氯化钾   B. 氯化铵   C. 葡萄糖酸钙   D. 氨丁三醇   E. 氯化钠

10. 患儿，女，5岁，因食用生冷致腹泻、呕吐2日，就诊时表现为虚弱、倦怠、表情淡漠等。治疗药物应选用（ ）

    A. 0.9%氯化钠注射液静脉注射   B. 口服氯化钠溶液   C. 口服碳酸氢钠

    D. 氯化铵静脉滴注   E. 口服葡萄糖酸钙

二、简答题

1. 磺胺类、巴比妥类中毒为何需静脉滴注碳酸氢钠碱化尿液？

2. 应用葡萄糖注射液时有哪些注意事项？

（于 森）

书网融合……

知识回顾   习题

第二十六章　拟组胺药与抗组胺药

PPT

学习目标

知识要求：

1. 掌握常用H_1受体阻断药的药理作用、临床应用及不良反应。
2. 熟悉第一代和第二代H_1受体阻断药的作用特点。
3. 了解组胺及组胺受体兴奋效应。

技能要求：

1. 熟悉掌握正确使用抗组胺药的能力。
2. 学会观察抗组胺药的疗效及药物不良反应，并能正确指导合理用药。

岗位情景模拟 20

　　患者，男性，40岁，职业为长途客运司机。近期因全身皮肤剧烈瘙痒，出现红色丘疹突出于皮肤，到当地医院就诊。经检查后诊断为荨麻疹。

问题与思考

1. 是否可选用H_1受体阻断药治疗？其药理学基础是什么？
2. 若选用H_1受体阻断药治疗，哪些药物较为合适，哪些药物不宜使用？

答案解析

第一节　拟组胺药

　　组胺（histamine）是具有多种生理活性的重要的自身活性物质，广泛分布在体内各组织中，其中以与外界接触的支气管黏膜、皮肤和胃肠黏膜中含量最高。正常情况下，组胺主要以无活性形式（结合型）贮存，当机体发生变态反应或受理化等因素刺激时，组胺以活性形式（游离型）释放，作用于组胺受体产生效应，主要表现为 I 型变态反应。

　　组胺受体分为H_1、H_2、H_3三种亚型，各亚型受体的分布及激动后的效应见表26-1-1。

表26-1-1　组胺受体的分布及效应

受体类型	分布	受体激动后效应
H_1受体	支气管、胃肠、子宫平滑肌	收缩
	皮肤血管、毛细血管	扩张、通透性增加
	心房肌	收缩增强
	房室结	传导减慢
	中枢	觉醒反应
H_2受体	胃壁细胞	胃酸分泌增加
	血管	扩张
	心室肌	收缩增强
	窦房结	心率加快
H_3受体	中枢与外周神经末梢	负反馈调节组胺合成与释放

倍他司汀

倍他司汀（betahistine，抗眩定）是组胺H_1受体激动药，引起血管扩张，但不增加毛细血管的通透性，可促进脑干和迷路的血液循环。主要用于治疗内耳眩晕症，可纠正内耳血管的痉挛，减轻迷路积水，消除耳鸣、眩晕等症状；也可用于治疗急性缺血性脑血管疾病，如脑栓塞、一过性脑供血不足等；对各种原因引起的头痛有缓解作用。可引起胃脘不适、恶心、皮肤瘙痒等不良反应。溃疡病患者慎用，支气管哮喘患者禁用。

第二节　抗组胺药

抗组胺药即组胺受体阻断药（histamine receptor antagonists），是一类能竞争性阻断组胺与其受体结合，产生抗组胺作用的药物。临床常用H_1、H_2、H_3受体阻断药。

一、H_1受体阻断药

目前H_1受体阻断药常用的有：第一代药物如苯海拉明（diphenhydramine）、异丙嗪（promethazine，非那根）、氯苯那敏（chlorpheniramine，扑尔敏）、赛庚啶（cyproheptadine，二苯环庚啶）等；第二代药物如西替利嗪（cetirzine，仙特敏）、氯雷他定（loratadine）、阿司咪唑（astemizole，息斯敏）、阿伐斯汀（acrivastine，新敏乐）、左卡巴斯汀（levocabastine）、特非那定（terfenadine）、非索非那定（fexofenadine）等。

【体内过程】H_1受体阻断药口服吸收好，血药浓度一般在给药后2~3小时达高峰，第一代H_1受体阻断药作用持续时间一般在4~6小时，组织分布广，易透过血-脑屏障进入中枢，故可呈现明显的镇静和抗胆碱作用。第二代H_1受体阻断药不易透过血-脑屏障，无嗜睡作用，阿司咪唑、特非那定和氯雷他定代谢产物具有活性，作用持续时间长达12小时以上。

【药理作用】

1. 阻断H_1受体作用　本类药物能竞争性地阻断H_1受体，完全对抗组胺的收缩支气管及胃肠道平滑肌作用；对组胺所致的毛细血管通透性增强引起的水肿抑制作用较强，但仅能部分对抗其血管扩张和血压下降的作用；对组胺所致的胃酸分泌增多无效。

2. 中枢抑制作用　H_1受体阻断药对中枢的抑制作用可产生镇静和嗜睡。尤以第一代药物苯海拉明和异丙嗪为甚。第二代受体阻滞药物氯雷他定、西替利嗪、非索非那定等不易透过血–脑屏障，无中枢抑制作用，故目前临床上普遍应用。

3. 其他作用　苯海拉明、异丙嗪等具有阿托品样抗胆碱作用，止吐和防晕作用较强。第二代H_1受体阻断药无明显M受体阻断作用。

课堂互动 26-1

本类药物的中枢抑制作用，哪些人群在用药的时候需要注意，应如何正确处理？

答案解析

【临床应用】

1. 变态反应性疾病　对荨麻疹、过敏性鼻炎等疗效较好，可作为首选药，现多用第二代H_1受体阻断药；对昆虫咬伤引起的皮肤瘙痒和水肿有良效；对血清病、药疹和接触性皮炎也有一定疗效；对支气管哮喘疗效差，对过敏性休克无效。

2. 呕吐及晕动病　苯海拉明、异丙嗪对晕动病、放射病呕吐等有止吐作用。预防晕动病一般应在乘车、船前15~30分钟用药。苯海拉明对耳性眩晕症有良好的治疗作用。本类药物有致畸作用，不能用于妊娠呕吐。

3. 其他　苯海拉明和异丙嗪可治疗过敏性疾病引起的失眠，也可与平喘药氨茶碱合用，以对抗氨茶碱中枢兴奋、失眠的不良反应。异丙嗪可作为冬眠合剂的组分用于人工冬眠。

【不良反应及注意事项】

1. 中枢神经系统反应　第一代药物常见嗜睡、乏力、反应迟钝等中枢抑制现象，故机械操作者、驾驶员、高空作业者及精密仪器操作人员应避免使用，以防发生意外。

2. 消化道反应　可引起厌食、恶心、呕吐、腹泻或便秘等，餐后服用可减轻。

3. 其他　少数患者尤其儿童可出现烦躁、失眠、头痛，偶见粒细胞减少及溶血性贫血。

【禁忌证】多数药物具有抗胆碱作用，青光眼、尿潴留、幽门梗阻的患者禁用。

> **知识拓展**
>
> 变态反应（allergy）是指机体对某些抗原初次应答后，再次接受相同抗原刺激时发生的以机体生理功能紊乱或组织损伤为主的特异性免疫应答，又称过敏反应（anaphylaxis）或超敏反应（hypersensitivity），分为4种类型。Ⅰ型：为速发型或过敏性超敏反应，如过敏性鼻炎、皮肤的荨麻疹、支气管哮喘或胃肠过敏绞痛等。Ⅱ型：为抗体依赖性细胞毒性超敏反应，如血小板减少性紫癜、自身免疫性疾病等。Ⅲ型：复合介导型超敏反应，如血清病、自身免疫性疾病、红斑狼疮等。Ⅳ型：为细胞介导的超敏反应，如类风湿关节炎、1型糖尿病（胰岛素依赖型）。

二、H_2受体阻断药

H_2受体阻断药主要包括西咪替丁（cimetidine）、雷尼替丁（rantidine）、法莫替丁（famotidine）、尼扎替丁（nizatidine）和罗沙替丁（roxatidine），主要用于消化性溃疡的治疗。

【体内过程】H_2受体阻断药口服吸收迅速，生物利用度40%~90%，达峰时间为1~3小时。所有H_2受体阻断药血浆蛋白结合率均较低，肝脏代谢不足35%。除西咪替丁有明显肝药酶抑制作用外，其他药物无明显影响。代谢物和原形药均从肾排泄。有严重肝病和肾功能不良者，应调整药物剂量。血浆半衰期介于1.1~4小时，但作用持续时间可达6~8小时。

【药理作用】H_2受体阻断药与组胺竞争H_2受体，减少胃酸分泌。不仅能抑制基础胃酸分泌，也能显著抑制组胺、五肽促胃液素、乙酰胆碱以及进食所致的胃酸分泌，使胃酸分泌量及氢离子浓度和胃蛋白酶量均下降。雷尼替丁的抑酸强度约为西咪替丁的7.5倍，法莫替丁作用更强，约为雷尼替丁的20倍，且维持时间较长。

【临床应用】H_2受体阻断药主要用于胃及十二指肠溃疡和无并发症的胃食管反流病的治疗，也用于应激性溃疡的预防。其他胃酸分泌过多的疾病如胃肠吻合口溃疡、急性胃炎引起的出血也可应用。

【不良反应】H_2受体阻断药不良反应通常较轻，发生率<3%。包括腹泻、头痛、头昏、疲乏、肌痛、便秘等。静脉注射偶见精神恍惚、谵妄、幻觉。西咪替丁可致男性乳房肿大和女性泌乳，也偶致造血障碍。

【药物相互作用】西咪替丁是肝药酶抑制剂可降低华法林、苯妥英钠、β受体阻断药、奎尼丁、利多卡因、三环类抗抑郁药、茶碱、卡马西平、甲硝唑的代谢速度。西咪替丁明显提高维拉帕米口服的生物利用度，使后者药理作用明显增强，甚至出现严重的毒性反应。

目标检测

答案解析

一、单选题

1. 苯海拉明的临床应用不包括（　　）
　　A. 荨麻疹　　　　B. 过敏性鼻炎　　　C. 血管神经性水肿　D. 血清病所致高热　E. 接触性鼻炎

2. 关于H_1受体兴奋时其效应的叙述不正确的是（　　）
　　A. 中枢抑制　　　B. 支气管收缩　　　C. 肠道平滑肌收缩　D. 血管扩张　　　E. 子宫收缩

3. 苯海拉明的作用不包括（　　）
　　A. 镇静　　　　　B. 催眠　　　　　　C. 抗过敏　　　　　D. 抑制胃酸分泌　E. 抗晕止吐

4. H_1受体阻断药疗效最佳的疾病是（　　）
　　A. 支气管哮喘　　　　　　B. 皮肤黏膜过敏症状　　　　C. 血清病高热
　　D. 过敏性休克　　　　　　E. 过敏性紫癜

5. 抗胆碱作用最强的药物是（　　）
　　A. 异丙嗪　　　B. 曲吡那敏　　　C. 氯苯那敏　　　D. 左卡巴斯汀　　E. 苯海拉明

6. 中枢抑制作用最强的药物是（　　）
　　A. 苯海拉明　　B. 左卡巴斯汀　　C. 曲吡那敏　　　D. 氯苯那敏　　　E. 氯雷他定

7. 不具有止吐作用的药物是（　　）
　　A. 苯海拉明　　B. 异丙嗪　　　　C. 氯丙嗪　　　　D. 东莨菪碱　　　E. 氯苯那敏

8. 患者，男，43岁，汽车司机，因腹泻自购复方新诺明，口服1天出现躯干大面积皮肤瘙痒，诊断为"药疹"。应该选用（　　）
　　A. 异丙嗪　　　B. 特非那定　　　C. 氯苯那敏　　　D. 苯海拉明　　　E. 赛庚啶

9. 患者，女，38岁，因准备出差而请医生开药以预防晕车，宜选用的药物是（　　）

　　A. 氯苯那敏　　　　B. 特非那定　　　　C. 西替利嗪　　　　D. 苯海拉明　　　　E. 氯雷他定

10. 患者，男，15岁，不明原因四肢及背部皮肤出现大量荨麻疹，痒感明显。该患者症状与组胺H_1受体激动有关，下列不属于激动H_1受体的是（　　）

　　A. 兴奋支气管平滑肌　　　　　　B. 小动静脉扩张　　　　　　　C. 抑制胃酸分泌

　　D. 增加毛细血管通透性　　　　　E. 兴奋胃肠道平滑肌

11. 下列无明显中枢抑制作用的H_1受体阻断药是（　　）

　　A. 阿司咪唑　　　　B. 异丙嗪　　　　C. 苯海拉明　　　　D. 氯苯那敏　　　　E. 以上均不对

12. 抗组胺药中枢抑制的机制是（　　）

　　A. 阻断外周H_1受体　　　　　　B. 阻断外周H_2受体　　　　　　C. 阻断中枢H_1受体

　　D. 中枢抗胆碱作用　　　　　　　E. 奎尼丁样作用

13. 抗组胺药治疗晕动病和止吐的作用机制是（　　）

　　A. 阻断外周H_1受体　　　　　　B. 阻断外周H_2受体　　　　　　C. 阻断中枢H_1受体

　　D. 中枢抗胆碱作用　　　　　　　E. 奎尼丁样作用

14. 防治晕动病应选用（　　）

　　A. 苯海拉明　　　　B. 阿司咪唑　　　　C. 西咪替丁　　　　D. 左卡巴斯汀　　　　E. 肾上腺素

15. 荨麻疹患者急于开车执行工作任务，宜选用的药物是（　　）

　　A. 苯海拉明　　　　B. 异丙嗪　　　　C. 氯苯那敏　　　　D. 曲吡那敏　　　　E. 氯雷他定

16. 组胺主要存在于人体的（　　）

　　A. 嗜酸性细胞　　　　B. 吞噬细胞　　　　C. 中性粒细胞　　　　D. 肥大细胞　　　　E. 粒细胞

17. H_1受体阻断药不包括（　　）

　　A. 苯海拉明　　　　B. 异丙嗪　　　　C. 氯丙嗪　　　　D. 左卡巴斯汀　　　　E. 氯苯那敏

18. 关于第一代H_1受体阻断药的叙述，不正确的是（　　）

　　A. 对中枢抑制作用强　　　　　　B. 受体特异性差　　　　　　　C. 有明显镇静作用

　　D. 有抗胆碱作用　　　　　　　　E. 无嗜睡作用

19. 关于第二代H_1受体阻断药的叙述，不正确的是（　　）

　　A. 大多长效　　　　　　　　　　B. 无嗜睡作用　　　　　　　　C. 对鼻塞效果较差

　　D. 有明显镇静作用　　　　　　　E. 对喷嚏、清涕和鼻痒效果好

20. H_1、H_2受体激动后均可引起（　　）

　　A. 肠蠕动增强　　　　　　　　　B. 血管扩张　　　　　　　　　C. 心率减慢

　　D. 支气管平滑肌收缩　　　　　　E. 胃酸分泌减少

二、简答题

1. 比较第一代和第二代H_1受体阻断药的作用。

2. 简述H_1受体阻断药的临床应用。

（于　森）

书网融合……

知识回顾　　　习题

学习目标

知识要求：

1. 掌握平喘药的分类及选择性 β_2 受体激动药、氨茶碱等的药理作用及作用特点。

2. 熟悉镇咳药的分类及可待因、喷托维林、右美沙芬、苯丙哌林、苯佐那酯等镇咳药的作用特点。

3. 了解祛痰药的分类及氯化铵、乙酰半胱氨酸、羧甲司坦、溴己新等作用特点。

技能要求：

1. 具备根据患者的病情、年龄、并发症等选用镇咳药、祛痰药、平喘药的能力。

2. 学会吸入剂的使用方法和注意事项并且能指导患者。

呼吸系统疾病是指主要病变在气管、支气管、肺部和胸腔的一类疾病。常见呼吸系统疾病有上呼吸道感染、支气管炎、支气管哮喘、慢性阻塞性肺疾病（COPD）、重症肺炎、肺气肿、肺癌、肺结核等。咳嗽、咳痰和喘息是呼吸系统疾病常见的症状。在呼吸系统疾病的治疗药物中，除了使用抗菌药物等治疗原发疾病外，常应用平喘药、镇咳药、祛痰药消除或缓解呼吸道症状。

岗位情景模拟 21

患者，女，57 岁。哮喘病史 45 年，平时经常服用氨茶碱进行治疗。5 天前因哮喘重度急性发作入院。给予静脉滴注甲泼尼龙，射流雾化吸入支气管扩张药联合静脉滴注氨茶碱（0.5g，每日 2 次）治疗。用药后患者现体温正常，咳嗽、咯痰、气喘症状明显改善，但出现烦躁不安、头痛、谵妄等症状。

问题与思考

1. 氨茶碱为什么可以治疗哮喘？

2. 患者出现烦躁不安、头痛、谵妄等症状的原因是什么？

答案解析

第一节　平喘药

支气管哮喘是由多种细胞（如嗜酸性粒细胞、肥大细胞、中性粒细胞、平滑肌细胞、气道上皮细胞等炎症细胞和结构细胞）及细胞组分参与的气道慢性炎症性疾病。这种慢性炎症导致气道高反应性和重塑，出现广泛多变的可逆性气流受限，引起反复发作性的喘息、气急、咳嗽等症状。支气管哮喘的发病与变态反应、气道慢性炎症、气道高反应性及自主神经功能紊乱等有关。治疗的药物包括抗炎平喘药、支气管扩张药和抗过敏平喘药等。

一、抗炎平喘药

气道炎症几乎是所有哮喘类型的共同特征，也是临床症状和气道高反应的基础。使用糖皮质激素治疗呼吸系统疾病已有半个多世纪的历史，对某些呼吸系统疾病的治疗效果十分显著。糖皮质激素的主要药理作用有抗炎、抗免疫、抗过敏、抗休克等。长期全身应用糖皮质激素不良反应较多且严重，故除重症哮喘及哮喘持续状态口服或注射给药外，目前多采用吸入型糖皮质激素，常用的药物有倍氯米松、布地奈德、氟替卡松等。长期吸入后少数患者发生声音嘶哑、口腔咽喉部念珠菌感染。每次用药后漱口，使药物在咽喉部残留减少可降低不良反应发生率。

二、支气管扩张药

支气管扩张药是常用的平喘药，包括 β 肾上腺素受体激动药、茶碱类和抗胆碱药。

> **✍ 知识拓展**
>
> 吸入给药为平喘药的首选给药途径。通过吸入给药，药物可以直接到达靶器官、起效快、用药量小、全身不良反应少。目前常用的四种吸入装置有：定量压力气雾剂、定量压力气雾剂+储物罐、干粉吸入器、射流雾化器。这四种吸入装置在剂量输出稳定性、使用和携带是否方便、经济性等方面各有优缺点，应根据患者的具体情况进行选择。

（一）β 肾上腺素受体激动药

β 肾上腺素受体激动药通过激动支气管平滑肌上的 β_2 受体，使支气管扩张而平喘。β 肾上腺素受体激动药分为非选择性 β 受体激动药和选择性 β_2 受体激动药。非选择性 β 受体激动药如肾上腺素、麻黄碱、异丙肾上腺素等，对 β_1 和 β_2 受体选择性低，易兴奋心脏，引起心悸等不良反应。临床常用于哮喘治疗的是选择性 β_2 受体激动药，代表药物有沙丁胺醇、特布他林、沙美特罗、福莫特罗等，常规剂量给药很少引起心血管系统不良反应。常用药物特点见表27-1-1。

表27-1-1　常用的选择性 β_2 受体激动药

药物	作用特点	临床应用	不良反应
沙丁胺醇（salbutamol）	气雾吸入5~15分钟起效，1~1.5小时作用达高峰，作用持续3~6小时，支气管扩张作用比异丙肾上腺素强约10倍	防治支气管哮喘、喘息型支气管炎和肺气肿患者的支气管痉挛	偶见恶心、头痛、头晕、心悸、手指震颤等，剂量过大可见心动过速和血压波动

续表

药物	作用特点	临床应用	不良反应
特布他林（terbutaline）	气雾吸入5~30分钟起效，1~2小时作用达高峰，作用持续4~7小时，支气管扩张作用与沙丁胺醇相近	用于支气管哮喘、喘息型支气管炎和慢性阻塞性肺部疾患时的支气管痉挛	少数患者可见手指震颤、头痛、头晕、失眠、心悸及胃肠障碍等
克仑特罗（clenbuterol）	气雾吸入5~10分钟起效，作用持续2~4小时，支气管扩张作用约为沙丁胺醇的100倍	防治支气管哮喘、喘息型慢性支气管炎、肺气肿等导致的支气管痉挛	轻度心悸、手指震颤、头晕等
沙美特罗（salmeterol）	气雾吸入10~20分钟起效，2小时血药浓度达高峰，作用持续12小时左右，支气管扩张作用与沙丁胺醇相当	用于哮喘、喘息型支气管炎和可逆性气道阻塞	偶见恶心、呕吐、震颤、心悸、头痛及口咽部刺激症状等
福莫特罗（formoterol）	气雾吸入2~5分钟起效，2小时血药浓度达高峰，作用持续12小时左右，支气管扩张作用较沙丁胺醇强且持久，尚有明显的抗炎作用	用于慢性哮喘、慢性阻塞型肺病的维持治疗与预防发作，特别是夜间哮喘、运动性哮喘	偶见心动过速、室性早搏、胸部压迫感、面部潮红、头痛、头晕、肌肉震颤等

（二）茶碱类

氨茶碱（aminophylline）为茶碱和乙二胺的复合物，属于甲基黄嘌呤类衍生物。

【药理作用】

1. 平喘　氨茶碱能松弛支气管平滑肌，抑制过敏介质释放，解痉的同时还可抑制支气管黏膜充血水肿。其平喘机制主要有：①抑制磷酸二酯酶，使细胞内cAMP水平升高而舒张支气管平滑肌；②阻断腺苷受体，拮抗腺苷的支气管收缩作用；③促进肾上腺髓质释放内源性儿茶酚胺，间接发挥拟肾上腺素作用；④增强膈肌和肋间肌的收缩力，消除呼吸肌疲劳；⑤抑制肥大细胞、嗜酸性粒细胞等的功能，减少炎症介质释放。

2. 强心利尿　氨茶碱能增强心肌收缩力，增加心输出量，增加肾血流量，提高肾小球滤过率，减少肾小管对钠和水的重吸收。

3. 其他作用　舒张冠状动脉、舒张外周血管、松弛胆管平滑肌和兴奋中枢。

【临床应用】

1. 支气管哮喘和喘息型支气管炎　氨茶碱的支气管扩张作用不如 β_2 受体激动药，一般情况不宜采用。口服用于慢性支气管哮喘的预防和维持治疗；静脉注射用于重症哮喘和哮喘持续状态，常与糖皮质激素配伍使用。

2. 急性心功能不全和心源性哮喘　氨茶碱的强心、利尿作用有利于改善心功能不全患者的心脏功能；增强呼吸肌收缩力，减少呼吸肌疲劳也有利于缓解心源性哮喘。

3. 胆绞痛　氨茶碱松弛胆管平滑肌作用有利于治疗胆绞痛。

【不良反应】常见恶心、呕吐、胃部不适、食欲减退、头痛、烦躁、失眠等。

（三）抗胆碱药

迷走神经在维持呼吸道平滑肌张力上有重要作用，尤其是位于呼吸道平滑肌、气管黏膜下腺体及血管内皮细胞的 M_3 受体，兴奋时可直接收缩平滑肌，使呼吸道口径缩小。异丙托溴铵（ipratropium bromide）拮抗气道平滑肌 M_3 受体，抑制胆碱能神经对气道平滑肌的作用，松弛平滑肌，扩张气道，改善通气功能。主要用于缓解慢性阻塞性肺病引起的支气管痉挛、喘息状态，尤其适用于不能耐受 β 受体激动药产生的肌肉震颤、心动过速的患者。常见的不良反应有口干、头痛、鼻黏膜干燥等，偶见眼干、支气管痉挛、心悸、尿潴留等。青光眼患者禁用。

三、抗过敏平喘药

（一）肥大细胞膜稳定剂

色甘酸钠（sodium cromoglicate）的主要作用是稳定肥大细胞膜，阻止肥大细胞脱颗粒释放组胺、白三烯、5-羟色胺、缓激肽及慢反应物质等过敏介质，从而预防过敏反应的发生。此外，色甘酸钠还可以阻断引起支气管痉挛的神经反射，降低哮喘患者的气道高反应性。可用于预防各型哮喘发作。但是色甘酸钠无松弛支气管平滑肌作用和 β 受体激动作用，也无直接拮抗组胺、白三烯等过敏介质作用和抗炎作用，故对正在发作的哮喘无效。

（二）H₁受体阻断药

酮替芬（ketotifen）为强效的抗组胺和过敏介质阻释剂，不仅抑制肥大细胞、嗜碱性粒细胞及中性粒细胞释放组胺和白三烯，还抑制哮喘患者的气道高反应性。对过敏性、感染性和混合性哮喘均有预防发作作用，也可用于喘息性支气管炎、过敏性咳嗽、过敏性鼻炎、过敏性结膜炎及过敏性皮炎等的治疗。常见不良反应有镇静、嗜睡、疲倦、乏力、头晕、口鼻干燥等。

（三）白三烯受体阻断剂

半胱氨酰白三烯是花生四烯酸经5-脂氧酶代谢途径产生的一组强效炎症介质，在哮喘发作时的气道炎症反应过程中起着重要作用。白三烯受体阻断剂扎鲁司特、孟鲁司特等通过与支气管平滑肌等部位的白三烯受体选择性结合，进而阻断白三烯引起的支气管收缩、黏膜水肿等，从而改善哮喘相关症状和肺功能。

扎鲁司特（zafirlukast）对抗原、阿司匹林、运动及冷空气等所致的支气管痉挛均有较好疗效，可减少糖皮质激素及 β₂受体激动药的用药剂量，可用于慢性轻度至中度支气管哮喘的预防和治疗、糖皮质激素抵抗性哮喘或严重哮喘时加用本品以维持控制哮喘发作或用于减少糖皮质激素的用量。

> **课堂互动 27-1**
>
> 各类平喘药有何特点？临床上应如何根据患者的病情合理选用？

答案解析

第二节　镇咳药

咳嗽是一种防御性反射活动，可以清除呼吸道分泌物和气道异物，保持呼吸道通畅，因此痰液较多或痰液黏稠者一般不宜使用镇咳药。但是剧烈频繁咳嗽严重影响患者的生活和休息，甚至引起手术创口裂开、腹直肌撕裂、气胸等并发症，需要应用镇咳药。目前常用的镇咳药根据其作用部位不同，可分为中枢性镇咳药和外周性镇咳药。

一、中枢性镇咳药

中枢性镇咳药通过直接抑制延髓咳嗽中枢而发挥镇咳作用。

可待因

可待因（codeine，甲基吗啡）为阿片类生物碱之一，能直接抑制延髓咳嗽中枢，其镇咳作用为吗啡的 1/4，镇痛作用为吗啡的 1/12~1/7。其镇静、呼吸抑制、便秘、耐受性和依赖性等作用也都比吗啡弱。临床用于各种原因引起的剧烈干咳及中等程度疼痛的镇痛，尤其适用于胸膜炎干咳伴有胸痛的患者。不良反应有恶心、呕吐、便秘、眩晕等，大剂量可致烦躁不安、瞳孔缩小、呼吸抑制、低血压等，长期应用可产生耐受性和依赖性。多痰患者及孕妇禁用。

喷托维林

喷托维林（pentoxyverine）又名咳必清、维静宁，为中枢性和外周性镇咳药。对咳嗽中枢有选择性抑制作用，有轻度的阿托品样作用及局部麻醉作用，可轻度抑制支气管内感受器及传入神经末梢，大剂量对痉挛的支气管平滑肌有解痉作用，因此兼具有末梢镇咳作用。镇咳作用强度是可待因的 1/3，无成瘾性，适用于各种原因引起的干咳和百日咳。有轻度头晕、口干、恶心、腹胀、便秘等不良反应。青光眼和心功能不全的患者慎用。

课堂互动 27-2

痰多的患者为什么不宜使用镇咳药？

答案解析

右美沙芬

右美沙芬（dextromethorphan）通过抑制延髓咳嗽中枢而镇咳，镇咳强度与可待因相等或略强。无镇痛作用，治疗量不抑制呼吸，长期应用无耐受性和成瘾性。有头晕、头痛、轻度嗜睡、口干、便秘等不良反应。

二、外周性镇咳药

外周性镇咳药通过抑制咳嗽反射弧中的感受器、传入神经、传出神经或效应器中任一环节发挥镇咳作用，有些药物兼具中枢和外周镇咳作用。

苯丙哌林

苯丙哌林（benproperine）为外周性和中枢性镇咳药，抑制延髓咳嗽中枢外，还可阻断肺、胸膜牵张感受器产生的肺–迷走神经反射，并且具有罂粟碱样平滑肌松弛作用。镇咳作用较可待因强 2~4 倍，持续 4~7 小时，不抑制呼吸。有口干、胃脘部烧灼感、食欲不振、乏力、头晕等不良反应。

苯佐那酯

苯佐那酯（benzonatate）化学结构与丁卡因相似，有较强的局麻作用，通过抑制肺牵张感受器及感觉神经末梢，抑制肺–迷走神经反射，阻断咳嗽冲动的传入而镇咳。镇咳作用强度略低于可待因，不抑制呼吸，反而使支气管哮喘患者呼吸加深加快，每分通气量增加。用于各种原因引起的刺激性干咳、阵咳等，也可用于支气管镜、喉镜或支气管造影前预防咳嗽。有嗜睡、恶心、眩晕、胸部紧迫感、麻木感等不良反应。

第三节　祛痰药

痰是呼吸道炎症的产物，可刺激呼吸道黏膜引起咳嗽，加重感染。祛痰药可稀释痰液或溶解黏痰，使之易于咯出。

一、痰液稀释药

氯化铵

氯化铵（ammonium chloride）是强酸弱碱盐，口服后可刺激胃黏膜的迷走神经末梢，引起轻度恶心，反射性地使气管、支气管腺体分泌增加。部分氯化铵经呼吸道排出后，由于盐类渗透压作用而带出水分，使痰液稀释而易于咯出。氯化铵吸收入血后可酸化血液、尿液，用于纠正代谢性碱中毒。临床主要用于急性呼吸道炎症时痰液黏稠不易咯出者，常与其他镇咳祛痰药配成复方制剂使用。不良反应有恶心、呕吐、胃痛等。

二、黏痰溶解药

痰液的黏性主要来自于分泌物中的黏蛋白和DNA。气管、支气管腺体和杯状细胞分泌的酸性黏蛋白（白色黏痰主要成分）由二硫键等化学键交叉连接构成凝胶网而增加痰液黏度。同时，呼吸道感染时大量炎症细胞破坏释放的DNA与黏蛋白结合，增加痰液黏度，形成脓性痰。因此，破坏黏蛋白中的二硫键、降解痰液中的DNA可降低痰液黏度使其易于咯出。

乙酰半胱氨酸

乙酰半胱氨酸（acetylcysteine）为巯基化合物，具有较强的溶解黏痰作用。其分子中所含的巯基能使酸性黏蛋白中的二硫键断裂，从而降低痰液黏稠度，还可使脓性痰液中的DNA纤维断裂，所以半胱氨酸不仅能溶解白色黏痰，也能溶解脓性痰，降低黏滞性，易于咯出。主要用于急慢性支气管炎、支气管扩张、肺炎、肺气肿等引起的痰液黏稠、呼吸困难者。可引起恶心、呕吐、呛咳、支气管痉挛等不良反应。支气管痉挛可用异丙肾上腺素缓解。

羧甲司坦

羧甲司坦（carbocisteine）主要在细胞水平影响支气管腺体的分泌，使低黏度唾液黏蛋白分泌增加，高黏度岩藻黏蛋白分泌减少，从而使痰液的黏滞度降低而易于咯出。临床用于慢性支气管炎、支气管哮喘等引起的痰液黏稠、咳痰困难者。不良反应有头晕、恶心、胃部不适、胃肠道出血等。消化道溃疡患者慎用。

溴己新

溴己新（bromhexine）有较强的溶解黏痰作用，作用于支气管腺体，抑制痰液中酸性黏多糖蛋白合成，并使痰液中的黏蛋白纤维断裂，降低痰液的黏稠度易于咯出。溴己新还能促进呼吸道黏膜的纤毛运动并兼有恶心性祛痰作用。临床常用于慢性支气管炎、哮喘、支气管扩张、矽肺等有白色黏痰不易咯出的患者。脓痰患者需加用抗生素控制感染。偶见恶心、胃部不适等不良反应。

目标检测

答案解析

一、单选题

1. 对支气管炎症过程有显著抑制作用的平喘药是（　　）
   A. 肾上腺素　　　　B. 倍氯米松　　　C. 异丙肾上腺素　　D. 沙丁胺醇　　　E. 异丙托溴铵

2. 糖皮质激素治疗哮喘的主要机制是（　　）
   A. 提高中枢神经系统兴奋性　　　B. 激动支气管平滑肌 β_2 受体　　　C. 抗炎、抗过敏作用
   D. 激活腺苷酸环化酶　　　E. 阻断M受体

3. 为减少不良反应，使用糖皮质激素平喘时最适宜的给药方式是（　　）
   A. 口服　　　　B. 气雾吸入　　　C. 肌内注射　　　D. 皮下注射　　　E. 静脉注射

4. 选择性激动 β_2 受体的平喘药是（　　）
   A. 异丙肾上腺素　　B. 克仑特罗　　　C. 孟鲁司特　　　D. 色甘酸钠　　　E. 布地奈德

5. 与异丙肾上腺素比较，沙丁胺醇最突出的优点是（　　）
   A. 气雾吸入起效快　　　　B. 适合口服给药　　　　C. 兴奋心脏作用明显
   D. 对 α 受体无作用　　　E. 对 β_2 受体选择性高

6. 对哮喘发作无效的药物是（　　）
   A. 沙丁胺醇　　　B. 异丙托溴铵　　　C. 麻黄碱　　　D. 丙酸倍氯米松　　E. 色甘酸钠

7. 预防过敏性哮喘最好选用的药物是（　　）
   A. 麻黄碱　　　　B. 氨茶碱　　　　C. 色甘酸钠　　　D. 沙丁胺醇　　　E. 肾上腺素

8. 色甘酸钠的平喘机制是（　　）
   A. 阻断半胱氨酰白三烯受体　　　B. 抑制磷酸二酯酶　　　C. 阻断腺苷受体
   D. 阻断M受体　　　E. 稳定肥大细胞膜

9. 对孟鲁司特的药理作用叙述正确的是（　　）
   A. 阻断半胱氨酰白三烯受体　　　B. 抑制磷酸二酯酶　　　C. 阻断腺苷受体
   D. 抑制环氧酶　　　E. 抑制5-脂氧酶

10. 对心源性哮喘和支气管哮喘均可选用的药物是（　　）
    A. 异丙肾上腺素　　B. 沙丁胺醇　　　C. 色甘酸钠　　　D. 地塞米松　　　E. 氨茶碱

11. 具有镇咳作用的药物是（　　）

　　A. 右美沙芬　　　　B. 酮替芬　　　　　C. 溴己新　　　　　　D. 乙酰半胱氨酸　　E. 氨茶碱

12. 可待因主要用于治疗（　　）

　　A. 剧烈的刺激性干咳　　　　　B. 上呼吸道感染引起的咳嗽　　　　C. 肺炎引起的咳嗽

　　D. 痰多引起的咳嗽　　　　　　E. 支气管哮喘

13. 胸膜炎干咳伴有胸痛的患者最适合选用的镇咳药是（　　）

　　A. 右美沙芬　　　　B. 苯佐那酯　　　　C. 喷托维林　　　　D. 可待因　　　　E. 苯丙哌林

14. 具有成瘾性的镇咳药是（　　）

　　A. 右美沙芬　　　　B. 乙酰半胱氨酸　　C. 溴己新　　　　　D. 可待因　　　　E. 愈创甘油醚

15. 右美沙芬属于下述何种药物（　　）

　　A. 祛痰药　　　　　　　　　B. β肾上腺素受体激动药　　　　　C. 糖皮质激素类药

　　D. 非成瘾性中枢性镇咳药　　E. M受体阻断药

16. 刺激胃黏膜的迷走神经末梢，反射性地使气管、支气管腺体分泌增加的药物是（　　）

　　A. 氨茶碱　　　　　B. 乙酰半胱氨酸　　C. 氯化铵　　　　　D. 溴己新　　　　E. 苯佐那酯

17. 下列可治疗碱血症的药物是（　　）

　　A. 乙酰半胱氨酸　　B. 碳酸氢钠　　　　C. 氯化铵　　　　　D. 溴己新　　　　E. 氨茶碱

18. 具有溶解黏痰作用的药物是（　　）

　　A. 右美沙芬　　　　B. 乙酰半胱氨酸　　C. 氯化铵　　　　　D. 可待因　　　　E. 苯佐那酯

二、简答题

1. 简述 β_2 受体激动药的平喘作用机制。

2. 论述氨茶碱平喘的作用机制。

3. 论述平喘药的分类及其代表药物。

（贾彦敏）

书网融合……

知识回顾　　　习题

第二十八章 作用于消化系统的药物

PPT

学习目标

知识要求：

1. 掌握抗消化性溃疡药的分类及各类代表药物的药理作用、临床应用和主要不良反应；掌握硫酸镁在不同给药途径时的药理作用。

2. 熟悉常用的助消化药及促胃肠动力药的药理作用及临床应用。

3. 了解常用的止泻药、利胆药、止吐药等的药理作用及临床应用。

技能要求：

1. 熟练掌握正确选用抗消化性溃疡药、助消化药等消化系统常用药物的能力。

2. 学会分析消化系统疾病用药的合理性。

消化系统由食管、胃、肠、胰腺、肝脏和胆囊等组成，其基本功能是对食物进行消化、吸收，提供机体所需的物质和能量。消化系统疾病在我国发病率很高，常见的有消化性溃疡、胃食管反流病、胃炎、胆囊炎、胰腺炎等。近年来，随着细胞生物学、分子生物学、免疫学等的发展，药物治疗消化系统疾病的疗效不断提高。

岗位情景模拟 22

男，42岁，有吸烟嗜好。因反复上腹部疼痛10余年，复发1周求诊。患者上腹痛多发生于每年秋冬季节，夏季很少发病，饥饿时疼痛明显，进餐后疼痛缓解，腹痛发作期间有夜间痛醒经历。查体：全腹平坦，无肌紧张，未触及异常包块，剑突下略偏右有压痛，无反跳痛。胃镜检查：十二指肠球部前壁见直径约0.8cm类圆形溃疡，底附着厚白苔，边缘整齐，无隆起，有皱襞集中现象。Hp（＋）。病理诊断：符合溃疡表现。临床诊断：十二指肠溃疡。

问题与思考

1. 列举治疗消化性溃疡药的分类？

2. 除了药物治疗，我们还需要嘱咐患者采取哪些一般性治疗措施？

答案解析

第一节 抗消化性溃疡药

消化性溃疡主要是指发生在胃和十二指肠的慢性溃疡，即胃溃疡和十二指肠溃疡。

一、抗酸药

胃酸由胃壁细胞分泌，可激活胃蛋白酶原、使食物中的蛋白质变性等多种生理作用。胃蛋白酶是主细胞分泌的蛋白酶原经盐酸激活转变而来，能降解蛋白质分子。消化性溃疡的最终形成与胃酸-胃蛋白酶自身消化密切相关，由于胃蛋白酶活性受胃酸制约，因此胃酸的存在是溃疡病发生的决定因素。抗酸药是弱碱性无机化合物，口服后在胃内能直接中和胃酸，降低胃内容物酸度和胃蛋白酶活性，使胃灼热、疼痛等症状迅速得到缓解。常用的碱性抗酸药见表28-1-1。

表28-1-1　常用碱性抗酸药作用比较

药物	抗酸强度	起效快慢	持续时间	溃疡面保护	碱血症	产生 CO_2	影响排便
碳酸氢钠	弱	快	短	-	+	+	-
氢氧化铝	较强	较快	持久	+	-	-	便秘
三硅酸镁	弱	慢	较长	+	-	-	轻泻
铝碳酸镁	较强	快	长	+	-	-	-
碳酸钙	较强	快	持久	-	-	+	便秘
氧化镁	强	慢	持久	-	-	-	轻泻

目前临床常用的抗酸药多为复方制剂。

> ✎ **知识拓展**
>
> 胃、十二指肠黏膜除了经常接触高浓度胃酸外，还受到胃蛋白酶、药物、幽门螺杆菌（还有胆盐、乙醇）等有害物质的侵袭。但在正常情况下，胃、十二指肠黏膜能够抵御这些侵袭因素的损害，维护黏膜的完整性。这是因为胃、十二指肠黏膜具有一系列防御机制，包括黏液-碳酸氢盐屏障、黏膜屏障、黏膜血流量、细胞更新、前列腺素和表皮生长因子等。侵袭因素和防御因素就像天平的两端，当侵袭因素的作用增强或防御因素的作用减弱，两端失去平衡就会发生消化性溃疡。抗消化性溃疡药就是通过抑制胃酸分泌、增强胃黏膜屏障功能、抗幽门螺杆菌等较大提高了消化性溃疡的治愈率。

二、抑制胃酸分泌药

胃壁细胞分泌胃酸受乙酰胆碱、组胺、胃泌素的影响，乙酰胆碱激动 M_1 受体，组胺激动 H_2 受体，胃泌素激动胃泌素受体均可影响胃壁细胞上的 H^+-K^+-ATP酶（质子泵），使胃酸分泌增多。相反，阻断 M_1 受体、H_2 受体、胃泌素受体或抑制质子泵，使胃酸分泌减少。

（一）选择性 M_1 受体阻断药

哌仑西平

哌仑西平（pirenzepine）是选择性抗胆碱药，对胃壁细胞 M_1 受体有高度亲和力，而对心肌、平滑肌、唾液腺等部位的 M_2、M_3 受体亲和力低，故一般剂量仅能抑制胃酸分泌。用于治疗胃、十二指肠溃疡，能明显缓解溃疡病症状，降低抗酸药用量。有轻度口干、腹泻、便秘、恶心、头晕、头痛、视物模糊、心动过速等不良反应，多与剂量过大有关，停药后即消失。

（二） H_2 受体阻断药

H_2 受体阻断药通过选择性阻断胃壁细胞上的 H_2 受体而减少胃酸的分泌，降低胃酸和胃蛋白酶的活性。H_2 受体阻断药抑制胃酸分泌的作用较抗胆碱药强而持久，不良反应少。常用的药物有西咪替丁、雷尼替丁、法莫替丁、罗沙替丁等。

（三）胃泌素受体阻断药

丙谷胺

丙谷胺（proglumide）为胃泌素受体阻断药，其化学结构与胃泌素相似，能竞争性阻断胃壁细胞上的胃泌素受体，从而抑制胃酸和胃蛋白酶分泌，对胃黏膜有保护和促进愈合的作用。可用于胃溃疡、十二指肠溃疡、胃炎等的治疗。由于抑制胃酸分泌作用弱，临床已不单独用于溃疡病的治疗。

（四）质子泵抑制药

质子泵抑制药是一类特异性地作用于胃黏膜壁细胞，降低 H^+–K^+–ATP 酶活性，从而减少胃酸分泌的一类药物，临床常用的有奥美拉唑（omeprazole）、泮托拉唑（pantoprazole）、兰索拉唑（lansoprazole）、雷贝拉唑（rabeprazole）、埃索美拉唑（esomeprazole）等，是目前治疗各种胃酸相关疾病最有效的药物。

奥美拉唑

奥美拉唑（洛赛克）为第一代质子泵抑制药，是一种选择性弱碱性药物，容易浓集于酸性环境中，特异性地作用于胃黏膜壁细胞质子泵所在部位，抑制 H^+–K^+–ATP 酶活性，阻断胃酸分泌的最后步骤，使胃壁细胞中的 H^+ 不能转运到胃腔，对基础胃酸和组胺、五肽胃泌素等刺激引起的胃酸分泌都有很强的抑制作用，并且作用较持久。奥美拉唑还有一定的抗幽门螺杆菌作用，对胃溃疡和十二指肠溃疡的治愈率高，复发率低。临床主要用于治疗胃和十二指肠溃疡、反流性食管炎、卓-艾综合征等。不良反应少，主要有恶心、腹泻、便秘、上腹痛等。需要注意的是本药长期使用可能引起萎缩性胃炎、高胃泌素血症、胃黏膜肿瘤样增生等。严重肝功能不全者慎用、肾功能不全者禁用。

三、胃黏膜保护药

胃黏膜屏障包括细胞屏障和黏液–HCO_3^- 屏障，这种屏障可以保护胃黏膜免受胃酸和胃蛋白酶的侵袭，促进组织修复和溃疡愈合。此外，胃黏膜的血流量、前列腺素、表皮生长因子等因素也参与胃黏膜的保护。目前常用的药物有硫糖铝、胶体铋剂、前列腺素及其衍生物等。

硫糖铝

硫糖铝（sucralfate）又名胃溃宁，为白色或类白色粉末，无臭，几乎无味。口服后在胃液这个酸性条件下可以聚合成胶冻状，黏附于胃、十二指肠黏膜或溃疡表面形成保护屏障；能抑制胃蛋白酶的活性，减轻胃蛋白酶对胃黏膜蛋白质的分解；还能刺激胃黏膜合成前列腺素，诱导表皮生长因子在溃疡区积聚，促进溃疡的愈合。此外，硫糖铝还有一定的抗幽门螺杆菌的作用。临床用于治疗胃和十二指肠溃疡、反流性食管炎、胃炎等。不良反应较轻，主要是便秘。需要注意本品只有在酸性的环境才能发挥保护作用，因此不能与抗酸药和胃酸分泌抑制药合用，以免影响疗效。

枸橼酸铋钾

枸橼酸铋钾（bismuth potassium citrate）为一种组成不定的铋复合物，口服后既不能中和胃酸，也不抑制胃酸分泌，而是能在胃液这个酸性条件下，形成一种坚固的氧化铋胶体沉淀在溃疡表面或者溃疡基底肉芽组织处形成保护膜，从而阻隔胃酸、胃蛋白酶及食物等对溃疡面的侵蚀作用。此外，硫糖铝还可抑制胃蛋白酶的活性，改善胃黏膜的血流量，促进内源性前列腺素释放，一定程度上抑制幽门螺杆菌的生长，这些因素都有利于促进溃疡的修复和愈合。临床主要用于胃和十二指肠溃疡、糜烂性胃炎、幽门螺杆菌感染相关疾病的治疗。不良反应少，可使舌、粪染黑，偶有恶心。需要注意含铋制剂有发生神经毒性的危险，肝肾功能不全者应慎用。不宜与抗酸药、牛奶、四环素等同服。

米索前列醇

米索前列醇（misoprostol）为PGE_1衍生物，口服吸收迅速，能与胃壁细胞和胃黏膜表浅细胞基底侧的前列腺素受体结合，抑制胃酸和胃蛋白酶分泌，对基础胃酸分泌、五肽胃泌素等前列腺素合成酶抑制药引起的胃酸分泌均有抑制作用。同时能促进黏液和HCO_3^-盐分泌，增加胃黏膜血流，促进胃黏膜受损上皮细胞的重建和增殖，从而增强黏膜屏障功能。临床主要用于胃溃疡、十二指肠溃疡、急性胃炎及阿司匹林等非甾体抗炎药引起的消化道出血。不良反应有恶心、上腹部不适、腹泻、腹痛等。因其能兴奋子宫平滑肌，故孕妇禁用。

四、抗幽门螺杆菌药

幽门螺杆菌寄居在胃和十二指肠的黏液层和黏膜细胞之间，能分解黏液，破坏黏膜屏障的保护作用，引发溃疡。幽门螺杆菌已被公认为是消化性溃疡病的主要诱因，93%~97%的十二指肠溃疡，70%的胃溃疡的发生均与幽门螺杆菌感染有关。因此，杀灭幽门螺杆菌被认为是治疗消化性溃疡的重要手段。但临床单用抗菌药对幽门螺杆菌疗效差，故目前多采用抗菌药、质子泵抑制药与含铋制剂联合给药。常用的抗幽门螺杆菌药物有：阿莫西林、甲硝唑、克拉霉素、左氧氟沙星等。

🍎 **思政课堂**

　　1979年，42岁的澳大利亚病理学家Robin Warren在慢性胃炎黏膜组织切片上观察到一种弯曲状细菌，并发现与这种细菌临近的胃黏膜总是有炎症存在，因而意识到这种细菌与慢性胃炎的发生可能存在密切的关系。1981年，Robin Warren邀请年仅30岁的澳大利亚内科医生Barry Marshall合作，他们研究了100例接受胃镜检查及活检的胃病患者，证实了胃炎与这种细菌的存在相关。经过多次体外细菌培养试验的失败后，1982年4月，他们终于从胃黏膜活检样本中成功培养和分离出了这种细菌，并提出Hp涉及胃炎和消化性溃疡的病因学。1984年，Marshall和Warren在《柳叶刀》上发表了那篇石破天惊的论文"胃炎和消化性溃疡患者胃部发现的不明弯曲杆菌"。但是这种观点并未得到临床医生的认可，Marshall在一次学术会议上发表幽门螺杆菌学说后，遭到了各国消化科医生的反对。Marshall一怒之下，回到澳大利亚，拿起一大杯含大量幽门螺杆菌的培养液一饮而尽。几天后，他开始腹痛呕吐。5天后的清晨，他被痛醒。10天后他的胃镜显示了胃炎和大量幽门螺杆菌的存在。1985年，他将他们的研究发表在澳大利亚医学杂志上。不可思议的是，文章仍然没有得到应得的重视。这篇文章被冷落了近10年。直到1989年，这个细菌才被正式命名为幽门螺杆菌。1993~1996年，全美的医学界开始转变观念。1994年，美国NIH发表了新的指南，承认大多数再发性消化性溃疡可能因幽门螺杆菌所致，建议使用抗生素治疗。2005年，Marshall和Warren因为这一发现获得了诺贝尔医学奖。

　　从幽门螺杆菌的发现过程我们发现对任何疾病的认识都是一个历经千辛万苦、曲折的探索过程，实践与理论的互动促进科学的发展，科学研究需要耐得住寂寞，临床工作更需要持之以恒的态度。

第二节　助消化药

　　助消化药是促进胃肠道消化过程的药物，大多数助消化药本身就是消化液中的主要成分或者能促进消化液的分泌，或者制止肠道过度发酵。常用的药物见表28-2-1。

表28-2-1　常用助消化药

药物	药理作用	临床应用	不良反应
稀盐酸	增加胃液酸度，提高胃蛋白酶活性	胃酸缺乏症、发酵性消化不良等	刺激胃黏膜，可有腹胀、嗳气等，宜饭前或饭中稀释后口服
胃蛋白酶	分解蛋白质、水解多肽	进食蛋白性食物过多引起的消化不良、胃蛋白酶缺乏症、消化功能减退	在碱性环境中活性降低，不宜与抗酸药同服
胰酶	含胰蛋白酶、胰淀粉酶、胰脂肪酶，消化蛋白质、淀粉、脂肪等，增进食欲	消化不良、食欲减退、胰液分泌不足的替代疗法	在酸性环境中易破坏，宜用肠溶片。因为能消化口腔黏膜，不宜嚼服

续表

药物	药理作用	临床应用	不良反应
乳酶生	在肠内分解糖类生成乳酸，使肠内酸度升高，抑制腐败菌繁殖，防止肠内发酵，减少产气	消化不良、腹胀、小儿饮食失调引起的腹泻	乳酶生本身是活乳酸菌干燥剂，不宜与抗乳酸杆菌的抗生素或吸附剂合用
干酵母	含 B 族维生素	营养不良、消化不良、食欲缺乏、胃肠胀气及腹泻等	剂量过大可引起腹泻

第三节　胃肠运动功能调节药

一、促胃肠动力药

促胃肠动力药是能增加胃肠道推进性蠕动的一类药物。胃肠道推进性蠕动与乙酰胆碱、多巴胺、5-羟色胺等神经递质关系密切，目前临床常用的胃肠动力药甲氧氯普胺、西沙比利、多潘立酮就是通过拮抗 5-羟色胺受体或多巴胺受体发挥作用的，用于胃肠动力低下引起的胃肠疾病的治疗。

甲氧氯普胺

甲氧氯普胺（metoclopramide）又名胃复安，通过拮抗延髓催吐化学感受区的多巴胺受体（D_2）产生强大的中枢性镇吐作用；并能阻断胃肠壁多巴胺受体，增强胃及上部肠段的蠕动，加速胃和小肠的蠕动和排空，从而改善胃肠功能。本品口服经胃肠道吸收后起效迅速，生物利用度约为 70%，$t_{1/2}$ 为 4~6 小时，肝肾功能不全者半衰期延长。主要用于急性颅脑损伤，脑部肿瘤手术，脑外伤后遗症，肿瘤的放疗、化疗及药物引起的呕吐；也可用胃肠功能紊乱、海空作业、钡餐检查等所致呕吐及糖尿病性胃轻瘫、胃下垂。

不良反应有困倦、嗜睡、头晕等，大剂量或长期应用可导致锥体外系反应，主要表现为帕金森，可用抗胆碱药苯海索等治疗。孕妇禁用。

西沙必利

西沙必利（cisapride）为一种全胃肠动力药，通过激动 5-HT_4 受体增强食管、胃、十二指肠蠕动，改善胃窦-十二指肠的协调功能，防止胃-食管、胃-十二指肠反流，加速胃、十二指肠排空速度，并可促进小肠和大肠的蠕动。主要用于治疗胃轻瘫综合征、功能性上消化道不适、胃食管反流病、慢性功能性便秘等。不良反应有瞬时性腹部痉挛、肠鸣、腹泻、昏厥和严重的心律失常等。

多潘立酮

多潘立酮（domperidone）又名吗丁啉。能选择性阻断胃肠道的 D_2 受体，而起到促胃肠动力的作用，还能协调幽门收缩，抑制恶心、呕吐，防止食物反流，但对结肠作用很小。口服生物利用度较低，$t_{1/2}$ 为 7~8 小时，主要在肝脏代谢。主要用于各种原因（偏头痛、颅外伤、放疗及非甾体抗炎药等）引起的恶心、呕吐，胃轻瘫（尤其是糖尿病性胃轻瘫）及胃排空延缓、反流性胃炎、反流性食管炎等胃肠运动障碍性疾病。不良反应轻，偶见头晕、头痛、嗜睡、倦怠、神经过敏等。

二、胃肠解痉药

胃肠解痉药又称为抑制胃肠动力药，其主要作用是减弱胃肠道蠕动功能，松弛食管和胃肠道括约肌，减慢胃排空、小肠转运和结肠蠕动速度，使胃肠内容物通过延缓。临床所用药物大多属于M受体阻断药，包括颠茄类生物碱及其衍生物和人工合成代用品，如阿托品、山莨菪碱、溴丙胺太林等。

第四节 止吐药

呕吐是许多疾病的常见症状，也可由放疗、化疗而诱发。虽然呕吐是机体的一种保护性反射，但是剧烈而持久的呕吐会给患者带来痛苦，造成水、电解质紊乱和营养物质的丢失，可用止吐药对症治疗。

临床常用的止吐药种类很多，包括M胆碱阻断药（东莨菪碱、苯海索等）、H_1受体阻断药（苯海拉明）、D_2受体阻断药（氯丙嗪）及胃肠动力药（甲氧氯普胺、西沙比利、多潘立酮等）。

第五节 泻药与止泻药

一、泻药

泻药是一类能促进肠内容物顺利排出的药物，根据其作用机制的不同分为容积性泻药、刺激性泻药和润滑性泻药三类。

（一）容积性泻药

容积性泻药是一些口服后不易被肠道吸收而又易溶于水的盐类物质，服用后能使肠腔内渗透压升高，从而阻止肠道对水分的吸收，使肠内容物容积增大，机械性刺激肠黏膜，加强肠管蠕动而促进排便。如硫酸镁、硫酸钠（硫酸钠是中药芒硝的主要成分）等。

硫酸镁

硫酸镁（magnesium sulfate）在不同的给药途径时，呈现不同的药理作用，口服导泻、利胆，注射抗惊厥、降血压，外用热敷消炎去肿。

【药理作用及临床应用】

1. **导泻** 口服硫酸镁后，由于Mg^{2+}和SO_4^{2-}不易被肠道吸收，使肠内渗透压升高而保有大量水分，肠腔容积增大，机械性刺激肠壁蠕动增加而导泻。服用硫酸镁后配合大量饮水，2~4小时即可排便。主要用于急性便秘、排出肠内毒物及寄生虫、外科手术或结肠镜检查前清洁肠道等。

2. **利胆** 口服高浓度硫酸镁溶液（33%）或用导管直接导入十二指肠，能刺激肠黏膜，反射性地引起胆总管括约肌松弛，胆囊收缩，促进胆囊排空，产生利胆作用。可用于阻塞性黄疸，慢性胆囊炎的治疗。

3. **抗惊厥** 注射硫酸镁后，血中Mg^{2+}浓度升高，可抑制中枢神经系统和松弛骨骼肌，产生抗惊厥作用。肌松作用是由于Mg^{2+}竞争性拮抗了Ca^{2+}参与的运动神经末梢ACh的释放，阻断了神经-肌肉接头。临床多用于治疗破伤风和子痫所导致的惊厥。

4. **降压** 注射给药，过量Mg^{2+}可直接松弛血管平滑肌，使血管舒张，血压下降。用于治疗高血压危象、高血压脑病及妊娠高血压综合征等。

课堂互动 28-1

请分析硫酸镁在不同的给药途径时为什么会呈现不同的药理作用？

答案解析

【不良反应】口服大量高浓度硫酸镁可能导致组织脱水，静脉滴速过快或静脉注射可引起血压降低或呼吸暂停，可用10%葡萄糖酸钙注射液静脉注射进行解救。中枢抑制药中毒不能用硫酸镁导泻，以防加重中枢抑制。

（二）刺激性泻药

刺激性泻药本身或其代谢产物有刺激肠壁的作用，能使肠道蠕动增加，促进排便。如酚酞、比沙可啶。

酚　酞

酚酞（phenolphthalein）口服后在肠内遇到胆汁或碱性肠液会形成可溶性钠盐，刺激结肠黏膜，促进肠蠕动，并且具有阻止肠内水分被肠壁吸收的作用。主要用于习惯性顽固性便秘，或用作各种肠道检查前的肠道清洁剂。

（三）润滑性泻药

润滑性泻药多为油类，能通过润滑肠壁并软化大便，使粪便易于排出，如开塞露、液状石蜡。

液状石蜡

液状石蜡（liquid paraffin）又名石蜡油，服用后不吸收，能使粪便稀释变软，并润滑肠壁，使粪便易于排出，但长期服用可干扰脂溶性维生素的吸收。

二、止泻药

腹泻是一种常见症状，是指排便次数明显增加、粪质稀薄、水分增加或含未消化食物及脓血、黏液。腹泻一般采用对因治疗，但是剧烈而持久的非感染性腹泻会引起水、电解质紊乱、消化及营养障碍等，可适当给予止泻药减少肠道蠕动或保护肠道免受刺激而达到止泻目的。

地芬诺酯

地芬诺酯（diphenoxylate）为人工合成的哌替啶衍生物，有较弱的阿片样作用，无镇痛作用。对肠道作用类似吗啡，能直接作用于肠道平滑肌，通过抑制肠黏膜感受器而减弱肠蠕动，使肠内容物通过延迟，有利于肠内水分的吸收。常用于急慢性功能性腹泻和慢性肠炎的治疗。不良反应较少，偶见恶心、呕吐、口干、腹部不适等，长期大剂量服用可产生依赖性。

洛哌丁胺

洛哌丁胺（loperamide）又名苯丁哌胺、易蒙停。化学结构类似氟哌啶醇和哌替啶，对肠道平滑肌的作用与地芬诺酯相似，主要作用于胃肠道 μ 阿片受体，抑制肠道平滑肌收缩，减少肠蠕动，止泻作用强而迅速；还可减少肠壁神经末梢乙酰胆碱的释放，抑制肠蠕动；抑制前列腺素、霍乱毒素等引起的肠过度分泌；延长食物在小肠的停留时间，促进对水、电解质等的吸收。适用于各种原因引起的急、慢性腹泻，尤其是其他止泻药效果不显著的慢性功能性腹泻。不良反应较轻，主要有皮疹、瘙痒、口干、腹胀、头晕、乏力等。

双八面体蒙脱石

双八面体蒙脱石（dioctahedral smectite）是从天然蒙脱石中提取的，有层纹状结构及非均匀性电荷分布。口服后可均匀的覆盖在整个肠腔表面，对消化道内的病毒、细菌及其产生的毒素具有极强的吸附、固定作用；能增强黏膜屏障，提高对攻击因子（H^+、胃蛋白酶、胆盐、乙醇等）的防御功能。临床主要用于急慢性腹泻，尤其是儿童急性腹泻；也可用于食管炎、胃炎、结肠炎及肠道菌群失调症等的治疗。少数患者用药后可出现轻微便秘。

药用炭

药用炭（medicinal charcoal）又名活性炭、白陶土。为不溶性粉末，服用后能减轻肠内容物对肠壁的刺激，使肠蠕动减少而止泻，还能吸附胃肠内大量气体、毒物。主要用于腹泻、胃肠胀气、食物中毒等的治疗。

第六节　利胆药

利胆药是指能促进胆汁分泌或胆囊排空的药物。

熊去氧胆酸

熊去氧胆酸（ursodeoxycholic acid）口服后，通过抑制胆固醇在肠道内的重吸收和降低胆固醇向胆汁中的分泌，使胆汁中胆固醇的饱和度降低，胆固醇结石逐渐溶解；还能刺激胆汁分泌。临床主要用于胆囊收缩功能正常的胆固醇性结石、胆汁淤积性肝病、胆汁反流性胃炎、胆汁缺乏性脂肪泻等的治疗，也可用于预防药物性结石。

苯丙醇

苯丙醇（phenylpropanol）又名利胆醇，有促进胆汁分泌的作用，服用后能促进泥沙样小结石的排出，降低血中胆固醇含量，促进消化，减轻腹胀、腹痛、恶心、厌油等症状，增加食欲。临床主要用于胆囊炎、胆石症、高胆固醇血症和胆道感染的治疗。

去氢胆酸

去氢胆酸（dehydrocholic acid）是半合成的胆酸氧化的衍生物，其主要作用是促进胆汁的分泌，能增加胆汁中的水分和胆汁总量，使胆汁变稀，还能促进对脂肪的消化吸收。主要用于胆囊炎、胆石症、急慢性胆道感染、胆囊及胆道功能失调等的治疗。不良反应有口干、皮肤瘙痒等。

目标检测

答案解析

一、单选题

1. 能在溃疡表面形成胶体保护膜的抗酸药（　）

A. 氧化镁　　　B. 氢氧化镁　　　C. 碳酸钙　　　D. 三硅酸镁　　　E. 碳酸氢钠

2. 下列药物能抑制胃酸分泌的是（　）

A. 哌仑西平　　　B. 硫糖铝　　　C. 氢氧化铝　　　D. 枸橼酸铋钾　　　E. 三硅酸镁

3. 丙谷胺是（　）

A. H_1受体阻断药　　　B. H_2受体阻断药　　　C. H^+-K^+-ATP酶抑制药

D. M胆碱受体阻断药　　　E. 胃泌素受体阻断药

4. 雷尼替丁治疗消化性溃疡的主要作用机制是（　）

A. 阻断M胆碱受体，减少胃酸分泌

B. 抑制胃壁细胞H^+-K^+-ATP酶，减少胃酸分泌

C. 阻断胃泌素受体，减少胃酸分泌

D. 阻断H_2受体，减少胃酸分泌

E. 抑制幽门螺杆菌

5. 兰索拉唑治疗消化性溃疡的主要作用机制是（　）

A. 阻断M胆碱受体，抑制胃酸分泌　　　B. 阻断H_2受体，抑制胃酸分泌

C. 阻断胃泌素受体，抑制胃酸分泌　　　D. 抑制H^+-K^+-ATP酶，减少胃酸分泌

E. 保护胃黏膜

6. 具有抗幽门螺杆菌作用的药物是（　）

A. 西咪替丁　　　B. 丙谷胺　　　C. 阿托品　　　D. 氢氧化铝　　　E. 甲硝唑

7. 多潘立酮发挥止吐作用的机制是（　）

A. 激动中枢多巴胺受体　　　B. 阻断外周多巴胺受体　　　C. 激动外周多巴胺受体

D. 阻断中枢胆碱受体　　　E. 阻断外周M受体

8. 对肿瘤化疗和放疗引起的呕吐疗效好的是（　）

A. 苯海拉明　　　B. 氯丙嗪　　　C. 昂丹司琼　　　D. 阿托品　　　E. 多潘立酮

9. 阻断延髓催吐化学感受区的D_2受体，具有止吐作用的药物是（　）

A. 氢氧化镁　　　B. 硫糖铝　　　C. 硫酸镁　　　D. 地芬诺酯　　　E. 甲氧氯普胺

10. 对非甾体类抗炎药引起的消化性溃疡有特效的药物是（　）

A. 米索前列醇　　　B. 昂丹司琼　　　C. 硫糖铝　　　D. 多潘立酮　　　E. 三硅酸镁

11. 具有增强胃黏膜屏障功能的药物是（　）

A. 四环素　　　B. 庆大霉素　　　C. 碳酸氢钠　　　D. 硫糖铝　　　E. 克拉霉素

12. 适用于治疗老人、幼儿便秘的泻药是（　）

A. 液状石蜡　　　B. 大黄　　　C. 酚酞

D. 硫酸镁　　　E. 羧甲基纤维素

13. 排除肠内毒物应选用（　）

A. 口服硫酸镁   B. 注射硫酸镁   C. 口服比沙可啶

D. 口服大黄   E. 甘油直肠给药

14. 抗幽门螺杆菌的药物不包括（　　）

A. 雷尼替丁   B. 甲硝唑   C. 克林霉素   D. 阿莫西林   E. 四环素

15. 硫酸镁的药理作用不包括（　　）

A. 促进肠内毒物和虫体排出   B. 利胆   C. 抗惊厥

D. 降低血压   E. 中枢兴奋

16. 患者，男性，45岁，因长期工作繁忙，饮食不规律而造成胃溃疡，请问宜选用的药物是（　　）

A. 甲氧氯普胺   B. 西咪替丁   C. 异丙嗪   D. 昂丹司琼   E. 阿司咪唑

17. 用于治疗胃、十二指肠溃疡的药物是（　　）

A. 间羟胺   B. 酚酞   C. 毛果芸香碱   D. 哌仑西平   E. 美卡拉明

18. 与肠液形成钠盐促进肠蠕动而起作用的药物是（　　）

A. 间羟胺   B. 酚酞   C. 毛果芸香碱   D. 哌仑西平   E. 美卡拉明

19. 奥美拉唑属于（　　）

A. H^+-K^+-ATP酶抑制药   B. H_2受体阻断药   C. M受体阻断药

D. 胃黏膜保护药   E. 胃泌素受体阻断药

20. 枸橼酸铋钾属于（　　）

A. H^+-K^+-ATP酶抑制药   B. H_2受体阻断药   C. M受体阻断药

D. 胃黏膜保护药   E. 胃泌素受体阻断药

二、简答题

1. 简述抗消化性溃疡药的分类及其代表药物。

2. 试述奥美拉唑的药理作用及其临床应用。

3. 简述泻药的分类及其代表药。

4. 简述硫酸镁的药理作用及其临床应用。

（贾彦敏）

书网融合……

知识回顾   习题

第二十九章　子宫平滑肌兴奋药及抑制药

PPT

学习目标

知识要求：

1. 掌握子宫平滑肌兴奋药的分类及代表药缩宫素、麦角新碱的适应证、不良反应及禁忌证。

2. 熟悉子宫平滑肌抑制药的分类及应用。

技能要求：

1. 熟练掌握正确指导患者合理应用子宫平滑肌兴奋药和子宫平滑肌抑制药的能力。

2. 学会分析含子宫平滑肌兴奋药及子宫平滑肌抑制药处方的合理性。

作用于子宫平滑肌的药物可分为子宫平滑肌兴奋药和子宫平滑肌抑制药两类。常用的子宫平滑肌兴奋药包括垂体后叶素类、前列腺素类和麦角生物碱类。子宫平滑肌抑制药则包括肾上腺素受体激动药、钙拮抗药、硫酸镁、前列腺素合成酶抑制药和缩宫素受体阻断药等。

第一节　子宫平滑肌兴奋药

岗位情景模拟 23

患者，女，28岁，因"妊娠39周+2天，先兆临产"入院，患者为第1胎，头位，孕1产0，入院当日分娩，考虑胎儿巨大，行会阴侧切术，总产程11小时30分钟，分娩过程出血约300ml。产后2小时查体，体温36.5℃，心率72次/分钟，血压110/70mmHg，轻度贫血貌，子宫收缩欠佳，按压宫底，出血600ml，色鲜红。诊断为产后出血。

问题与思考

产后出血时宫缩药物应该如何应用？

答案解析

子宫平滑肌兴奋药能选择性兴奋子宫平滑肌，促进子宫收缩。子宫平滑肌兴奋药的作用可因药物种类、剂量以及子宫生理状态等的不同而有差异，引起子宫节律性收缩或强直性收缩。使子宫产生节律性收缩的药物可用于催产或引产，使子宫产生强直性收缩的药物则多用于产后止血或促进产后子宫复原。如使用不当，可能造成子宫破裂、胎儿窒息等严重后果，因此，临床上必须慎重使用并严格掌握剂量。

一、垂体后叶素类

垂体后叶素是从牛或猪等动物的垂体后叶提取的，也可人工合成，含有缩宫素（oxytocin，催产素）和加压素（vasopressin，抗利尿激素）两种主要成分。因为加压素可导致血压升高，故产科已经很少使用垂体后叶素。目前临床常用于催产、引产、产后止血及促进产后子宫复原的是缩宫素，从牛或猪等动物垂体提取的缩宫素制品仅含少量加压素，而化学合成品中则不含加压素。

缩宫素

【体内过程】缩宫素为多肽类激素，口服后在消化道容易被胰蛋白酶所破坏而失效。肌内注射吸收良好，3~5分钟起效，作用可维持20~30分钟。静脉注射起效更快，但作用维持时间更短，而静脉滴注由于滴速可控制，因此是催产时最适宜的给药方式。血浆半衰期较短，一般为3~10分钟。大部分经肝、肾代谢，经肾排泄，极少量是原形药物。

【药理作用】

1. **兴奋子宫**　缩宫素与子宫平滑肌相应受体结合，引起妊娠子宫收缩。收缩强度取决于药物剂量及子宫的生理状态。小剂量（2~5U）缩宫素能增强子宫的节律性收缩，特别是对妊娠末期的子宫作用明显，其收缩性质类似于正常分娩，即使子宫底部平滑肌产生节律性收缩，而使子宫颈平滑肌松弛，以促使胎儿顺利娩出。大剂量（5~10U）缩宫素则能引起子宫强直性收缩，对胎儿和母体不利。但强直性收缩可使子宫肌层内血管受压迫而起到产后止血作用。子宫平滑肌对缩宫素的敏感性还与雌激素和孕激素的水平密切相关。雌激素能提高子宫平滑肌对缩宫素的敏感性，而孕激素则降低子宫平滑肌对缩宫素的敏感性。妊娠早期孕激素水平高，子宫对缩宫素的敏感性低，子宫平滑肌收缩作用较弱，有利于胎儿安全发育；妊娠后期雌激素水平升高，子宫对缩宫素的敏感性高；特别是临产时的子宫最为敏感，有利于胎儿娩出，此时只需小剂量缩宫素即可使子宫平滑肌收缩增强，达到催产、引产的目的。

2. **促进排乳**　缩宫素能兴奋乳腺平滑肌，促使乳腺导管收缩，有助于乳汁排出，但不增加乳腺的乳汁分泌量。

【临床应用】

1. **引产或催产**　对于死胎、过期妊娠或患有严重的心脏病、肺结核等疾病的孕妇，需提前中断妊娠者，可用缩宫素引产。对于胎位正常、无产道障碍、头盆相称而宫缩乏力的难产，用小剂量缩宫素来加强子宫的节律性收缩能促进分娩。静脉滴注速度过快可能造成子宫强直性收缩，致使胎儿宫内窒息、胎盘早剥或子宫破裂，所以在用药期间必须密切观察子宫收缩和胎心情况以调整滴注速度。

2. **产后止血或促进子宫复原**　产后出血时立即皮下或肌内注射较大剂量缩宫素（5~10U）能使子宫平滑肌迅速产生强直性收缩，从而压迫子宫肌层内血管而止血。但缩宫素作用不持久，需加用麦角制剂以维持子宫收缩状态。

【不良反应】缩宫素剂量过大可引起子宫持续性强直收缩，造成胎儿宫内窒息、子宫破裂或广泛性软组织撕裂，因此在用缩宫素时，必须注意：①严格掌握用药剂量，根据宫缩及胎心情况及时调整静脉滴注速度，最快不宜超过30滴/分，以免发生子宫强直性收缩；②严格掌握禁忌证，凡是胎位不正、产道异常、头盆不称、前置胎盘以及三次以上妊娠的经产妇或有剖宫产史者均禁止使用缩宫素，以防引起子宫破裂或胎儿宫内窒息。

> **◎ 知识拓展**
>
> 　　早产是指妊娠满28周但尚不足37周的分娩。此时新生儿尚未成熟，死亡率较高，居新生儿死亡率首位。
>
> 　　过期妊娠是指妊娠期已达到或超过42周而无产兆。过期妊娠是一种高危妊娠，其围生儿死亡率明显高于正常妊娠期妊娠，而且过期越久，死亡率越高。
>
> 　　产后出血指胎儿娩出后24小时内，产妇阴道出血量超过500ml，剖宫产时超过1000ml。产后出血是分娩期严重的并发症，是我国目前孕产妇死亡的首要原因。

二、前列腺素类

前列腺素（prostaglandins，PGs）是一类具有广泛生理活性的不饱和脂肪酸，广泛分布于各组织和体液，作用于心血管系统、呼吸系统、消化系统和生殖系统等。和生殖系统密切相关的PGs类药物有：地诺前列酮（PGE_2）、地诺前列素（$PGF_{2\alpha}$）、硫前列酮（PGE_2类似物）和米索前列醇（PGE_1类似物）等。

【药理作用】前列腺素有收缩子宫的作用，其中以PGE_2和$PGF_{2\alpha}$活性最强。PGE_2和$PGF_{2\alpha}$对妊娠各期子宫均有兴奋作用，临产前子宫尤其敏感，对妊娠初期和中期子宫的收缩作用也较缩宫素强，PGE_2和$PGF_{2\alpha}$引起子宫收缩的特性类似生理性阵痛，在增强子宫平滑肌节律性收缩的同时，还能松弛子宫颈。

【临床应用】对子宫平滑肌有兴奋作用的前列腺素可用于中期妊娠引产、足月妊娠引产、过期妊娠、胎死宫内或有明显先天性畸形的胎儿的引产等。

【不良反应】常见恶心、呕吐、腹痛、腹泻等胃肠兴奋现象。剂量过大可引起子宫强直性收缩，导致宫颈撕裂、子宫破裂等。PCE_2能升高眼压，不宜用于青光眼患者。$PGF_{2\alpha}$可收缩支气管平滑肌，诱发哮喘，故不宜用于支气管哮喘患者。引产时的禁忌证和注意事项与缩宫素相同。

三、麦角生物碱类

麦角是寄生在黑麦或其他禾本科植物上的一种麦角菌的干燥菌核，因在麦穗上突出如角而得名。麦角中含有多种作用强大的生物活性成分，主要是麦角碱类，根据化学结构可分为两类：①氨基酸麦角碱类如麦角胺（ergotamine）和麦角毒（ergotoxine）；②氨基麦角碱类如麦角新碱（ergometrine）。

【药理作用】

1. 兴奋子宫　麦角生物碱类对子宫平滑肌均有选择性兴奋作用，其中以麦角新碱作用最为显著。其作用强弱取决于子宫的生理状态和用药剂量。妊娠子宫对麦角生物碱类比未妊娠子宫敏感，尤其临产前的子宫或新产后的子宫最为敏感。与缩宫素不同的是，麦角生物碱类对子宫体和子宫颈都有很强的收缩作用，剂量稍大即可产生强直性收缩，故不宜用于催产和引产。但是子宫平滑肌处于强直性收缩状态时，可机械性压迫子宫肌纤维中的血管而阻止出血，故可用于产后出血或促进产后子宫复原。

答案解析

课堂互动 29-1

结合麦角生物碱兴奋子宫的作用特点分析为什么其禁用于催产或者引产？

2. **收缩血管**　氨基酸麦角碱类，特别是麦角胺，能直接收缩动静脉血管，使脑血管收缩，减小脑动脉搏动幅度，缓解偏头痛。大剂量反复应用则会损害血管内皮细胞，引起血栓或肢端干性坏疽。

【临床应用】

1. **子宫出血**　麦角新碱能使子宫平滑肌强直性收缩，机械性压迫肌纤维中的血管而止血。用于预防和治疗产后、流产后或其他原因引起的子宫出血。

2. **产后子宫复旧不全**　胎盘娩出后6~8周，子宫逐渐恢复至未孕状态，此过程称为子宫复旧，如进行缓慢就易发生出血或感染，因此，须服用麦角制剂等能够加强子宫平滑肌收缩的药物以加速子宫复原，临床常用麦角流浸膏。

3. **偏头痛**　麦角胺能收缩脑血管，减少脑动脉搏动幅度，可用于偏头痛的预防和治疗。咖啡因也具有收缩脑血管的作用且能够提高麦角胺的吸收速率和血药峰浓度，与麦角胺合用可增强疗效。

【不良反应】用于产后或流产后子宫出血时用药时间较短，不良反应较少见。静脉注射麦角新碱可出现头痛、头晕、耳鸣、恶心、呕吐、腹痛、胸痛、心悸、呼吸困难、心率过缓等。也可出现严重高血压，用氯丙嗪可使高血压症状有所改善甚至消失。麦角新碱偶致过敏反应，严重者呼吸困难、血压下降。麦角胺和麦角毒长期应用会损害血管内皮细胞。麦角生物碱禁用于催产和引产，血管硬化及冠状动脉疾病患者。

第二节　子宫平滑肌抑制药

子宫平滑肌抑制药可松弛子宫平滑肌，抑制其收缩，有利于胎儿在宫内安全生长，防治早产，也可以用来缓解痛经。常用的子宫平滑肌抑制药有选择性 β_2 受体激动药（沙丁胺醇、特布他林、利托君）、硫酸镁、某些孕激素类药物和缩宫素受体阻断药等。

利托君

利托君（ritodrine）是专作为子宫平滑肌松弛药而研制的，可通过激动子宫平滑肌中的 β_2 受体来抑制子宫的收缩频率和强度，从而减少子宫的活动，延长妊娠期。临床主要用于预防妊娠20周以后的早产。

利托君的不良反应有心悸、心动过速、心律失常、胸闷、胸痛、恶心、呕吐、震颤、神经过敏、升高血糖、降低血钾等，严重的甚至会引起肺水肿、白细胞减少、粒细胞缺乏、横纹肌溶解、过敏性休克等。

目标检测

答案解析

一、单选题

1. 下列药物常与麦角胺合用治疗偏头痛的是（　）

　　A. 酚妥拉明　　　　B. 前列腺素　　　　C. 苯巴比妥　　　　D. 巴比妥　　　　E. 咖啡因

2. 麦角胺治疗偏头痛的作用机制是（　）

　　A. 阻断血管平滑肌 α 受体　　　　B. 抑制前列腺素合成　　　　C. 增加脑血流量

　　D. 收缩脑血管　　　　E. 镇痛作用

3. 麦角新碱不能用于催产和引产的原因是（　）

　　A. 作用较弱

　　B. 对于子宫体、子宫颈均有较强的兴奋作用，可发生强直性收缩

　　C. 妊娠子宫对其敏感性低

　　D. 使血压下降

　　E. 起效缓慢

4. 麦角新碱治疗产后出血主要是因为（　）

　　A. 收缩血管　　　　B. 引起子宫平滑肌强直性收缩　　　C. 促进凝血过程

　　D. 抑制纤溶系统　　　　E. 降低血压

5. 缩宫素可以（　）

　　A. 治疗尿崩症　　　　B. 治疗乳腺分泌　　　　C. 小剂量用于催产和引产

　　D. 小剂量用于产后止血　　　　E. 治疗痛经和月经不调

6. 缩宫素兴奋子宫，错误的叙述是（　）

　　A. 选择性兴奋子宫平滑肌　　　　　　B. 小剂量加强子宫底的节律性收缩

　　C. 小剂量引起子宫颈的节律性收缩　　　　D. 大剂量可引起子宫强直性收缩

　　E. 雌激素使子宫对缩宫素敏感性增加

7. 能使子宫产生节律性收缩，适用于催产和引产的是（　）

　　A. 麦角新碱　　　　B. 麦角胺　　　　C. 麦角毒　　　　D. 缩宫素　　　　E. 垂体后叶素

8. 关于麦角新碱，下列说法正确的是（　）

　　A. 只用于产后止血和子宫复原，不宜用于催产和引产

　　B. 可用于治疗尿崩症和肺出血

　　C. 用于催产、引产和产后出血的治疗

　　D. 可治疗偏头痛

　　E. 可用于妊娠期高血压、子痫前期和子痫的治疗

9. 关于前列腺素的叙述，错误的是（　）

　　A. 对妊娠晚期子宫作用最强　　　　B. 对各期妊娠子宫都有兴奋作用

　　C. PGE_2 能降低眼压，治疗青光眼　　　　D. 局部应用可使宫颈变软，宫口扩张

　　E. 可用于抗早孕

10. 在下列何种情况下可使用缩宫素催产（　）

　　A. 头盆不称　　　　B. 前置胎盘　　　　C. 多胎妊娠

　　D. 低张性宫缩无力　　　　E. 产道异常

二、简答题

1. 试述缩宫素的用药剂量与药效的关系。

2. 简述麦角胺与咖啡因合用治疗偏头痛的药理学基础。

3. 比较缩宫素、麦角新碱、前列腺素三者对子宫平滑肌作用的异同及临床应用。

（贾彦敏）

书网融合……

知识回顾　　　习题

第三十章　性激素类药及避孕药

PPT

学习目标

知识要求：
1. 掌握各类性激素的生理作用及女用避孕药的种类及用药方法。
2. 熟悉性激素的组成。

技能要求：
1. 熟练掌握性激素及避孕药用药咨询服务的能力。
2. 学会分析涉及性激素及避孕药相关处方用药的合理性。

性激素（sex hormones）为男女两性性腺所分泌，包括雌激素、雄激素和孕激素，属于甾体类化合物。目前临床应用的性激素类药物为天然性激素或其人工合成品及衍生物。常用的避孕药（contraceptives）大多属于性激素制剂。

岗位情景模拟24

患者，女，28岁，因"停经38天，出现阴道出血"入院，门诊以"宫内早孕，先兆流产"收入院。查体：体温36.4℃，心率：76次/分，血压118/75mmHg；辅助检查：血常规、尿常规、输血全套、肝肾功能、电解质等检查均正常。患者要求保胎治疗。

问题与思考
1. 患者出现先兆流产的原因可能是什么？
2. 如何使用保胎药物？

答案解析

知识拓展

性激素的产生和分泌受下丘脑和腺垂体调节，下丘脑分泌的促性腺激素释放激素（GnRH）经下丘脑正中隆起的门脉系统直接作用于腺垂体，促进腺垂体以脉冲形式分泌促性腺激素，包括卵泡刺激素（FSH）及黄体生成素（LH），进而对男性睾丸的生精作用及支持细胞和间质细胞的活动进行调节或者促使女性成熟的卵泡合成和分泌雌激素。性激素又对下丘脑和腺垂体的分泌功能存在正、负反馈调节，这有利于维持人体内性激素水平的动态平衡和正常的生殖功能。

第一节　雌激素类药及抗雌激素类药

一、雌激素类药

雌激素主要由卵巢和胎盘产生。天然的雌激素包括雌二醇、雌酮和雌三醇。近年来以雌二醇为母体人工合成了炔雌醇、炔雌醚、戊酸雌二醇等甾体衍生物，此外还有属于非甾体类、结构简单的同型物，如己烯雌酚。

【体内过程】雌二醇可经胃肠道和皮肤吸收，口服吸收后在肝脏内迅速代谢成活性较弱的雌酮和雌三醇，并与葡萄酸醛酸或硫酸结合而灭活，随尿排出。经皮给药时雌二醇的吸收量约为给药量的10%，从给药部位缓慢而稳定地释放入血液循环，血药浓度较口服稳定。

炔雌醇口服吸收好，经肝脏首过消除被大量代谢，以游离型或与葡萄糖醛酸或硫酸相结合而清除，个体差异大。炔雌醚活性为炔雌醇的4倍，口服后贮存在脂肪中并缓慢释放，代谢为炔雌醇而发挥作用，代谢产物与葡萄糖醛酸相结合后随尿液缓慢排出，作用可维持长达一个月以上。己烯雌酚口服吸收好，经肝脏缓慢灭活，代谢产物随粪便或者尿液排出。

【药理作用】

1. 促进女性成熟，维持第二性征　雌激素能促使女性性器官和副性征正常发育，维持女性第二性征。对成年女性，雌激素在黄体酮的协同作用下，可使子宫内膜增殖变厚进入分泌期，形成月经周期。也可刺激阴道上皮增生，浅表层细胞角化，并提高子宫平滑肌对缩宫素的敏感性。

2. 抑制排卵和泌乳　大剂量雌激素通过反馈性抑制腺垂体促性腺激素的分泌，从而抑制排卵。大剂量催乳素还能抑制催乳素对乳腺的刺激作用，减少乳汁分泌。此外，还有对抗雄性激素的作用。

3. 影响代谢　雌激素可激活肾素-血管紧张素-醛固酮系统，引起轻度钠、水潴留，使血压升高。增加骨骼的钙盐沉积，加速长骨骨骺闭合，促进青春期生长发育，并能预防围绝经期妇女的骨质疏松、骨折等。

【临床应用】

1. 围绝经期综合征　女性围绝经期卵巢功能逐渐降低，雌激素分泌不足，而腺垂体促性腺激素分泌增多，造成内分泌平衡失调，出现阵发性潮红、出汗、乏力、头晕、失眠、情绪不稳、记忆力减退等一系列症状，也称更年期综合征。雌激素替代疗法可抑制腺垂体促性腺激素分泌，恢复内分泌平衡，使各种症状减轻，并能防止雌激素水平降低引发的多种病理性改变。也可用于老年性骨质疏松症的治疗，局部用药还可用于雌激素缺乏引起的老年性阴道炎及干燥症。

2. 卵巢功能不全和闭经　对于原发性或继发性卵巢功能低下患者，采用雌激素替代疗法可促进子宫、外生殖器和第二性征的发育。与孕激素类合用，可产生人工月经周期，治疗闭经。

3. 功能性子宫出血　功能性子宫出血是由于体内雌激素水平低，子宫内膜创面修复不良引起的持续少量阴道出血。雌激素可以促进子宫内膜增生，修复出血创面。

课堂互动 30-1

治疗功能性子宫出血的性激素有哪几类？各自的作用机制是什么？

答案解析

4. **乳房胀痛及回乳**　部分停止哺乳的妇女会发生乳房胀痛，大剂量雌激素抑制乳汁分泌，减轻乳房胀痛。

5. **晚期乳腺癌**　可用于缓解绝经5年以上的乳腺癌患者的症状，但绝经期以前的乳腺癌患者，本品可能促进乳腺肿瘤的生长。

6. **前列腺癌**　大剂量雌激素类可抑制垂体促性腺激素的分泌，使睾丸萎缩、雄激素分泌减少，与抗雄激素合用，可使症状改善，肿瘤病灶逐渐退化。

7. **痤疮**　青春期痤疮是由于雄激素分泌过多，促进皮脂腺分泌所致，雌激素类药物能抑制雄激素分泌，并有抗雄激素作用，可用来治疗痤疮。

8. **其他**　此外，雌激素可以与孕激素合用以避孕，合用雄激素可用于围绝经期或老年性骨质疏松，局部应用对老年性阴道炎和女性阴道干燥症有效。

【不良反应】

1. **胃肠道反应**　常见恶心、呕吐、食欲不振等。减少给药剂量或从小剂量开始逐渐增加剂量可减轻。

2. **子宫出血**　长期大量应用可引起子宫内膜过度增生，发生子宫出血，故子宫内膜炎患者慎用。

3. **肝损害**　本品主要在肝灭活，并可能引起胆汁淤积性黄疸，故肝功能不良者慎用。

4. **水钠潴留**　长期应用，可引起水肿、高血压及加重心力衰竭。

二、抗雌激素类药

抗雌激素药为一类能与雌激素受体结合，抑制或减弱雌激素作用的化合物。临床常用的药物有氯米芬（clomiphene）、雷洛昔芬（raloxifene）、他莫昔芬（tamoxifen）等。

氯米芬

氯米芬（clomiphene）为三苯乙烯的衍生物，与己烯雌酚化学结构相似。氯米芬有中等程度的抗雌激素作用和较弱的雌激素样作用，可阻断下丘脑的雌激素受体，消除雌二醇的负反馈抑制，促使垂体前叶分泌促性腺激素，诱发排卵。临床用于功能性不孕症、功能性子宫出血、月经紊乱、闭经及晚期乳腺癌等的治疗。长期大剂量可引起卵巢肥大，故卵巢囊肿者禁用。

第二节　孕激素类药及抗孕激素类药

一、孕激素类药

孕激素主要由黄体分泌，妊娠3~4个月后，黄体逐渐萎缩，而后由胎盘分泌，直至分娩。天然孕激素为黄体酮（progesterone，孕酮），含量很低。临床应用的孕激素均是人工合成品及其衍生物，按照化学结构分为两类：17α-羟孕酮类，如甲羟孕酮、甲地孕酮、氯地孕酮等；19-去甲基睾酮类，如炔诺酮、炔诺孕酮等。

【体内过程】黄体酮口服后可在胃肠道和肝脏被破坏，故口服无效，需采用注射给药。人工合成的炔诺酮、甲地孕酮等在肝脏代谢缓慢，可口服给药。甲地孕酮和甲羟孕酮的未结晶混悬液和己酸孕酮油溶液可肌内注射，因局部吸收缓慢而发挥长效作用。

【生理及药理作用】

1. 生殖系统　月经后期，黄体酮在雌性激素作用基础上，使子宫内膜增厚、充血、腺体增生，子宫内膜由增殖期转为分泌期，有利于以后受精卵着床和胚胎发育。受精卵植入后黄体酮则使之产生胎盘，并与缩宫素竞争受体，从而抑制子宫收缩，使胎儿安全发育，起到保胎的作用。黄体酮还可协同雌激素，促进乳腺腺泡的发育，为哺乳做准备。大剂量可反馈性抑制垂体前叶黄体生成素的分泌，从而抑制排卵过程。

2. 代谢　黄体酮与醛固酮结构相似，有竞争性对抗醛固酮的作用，能促进钠离子和氯离子的排泄而产生利尿作用；黄体酮可促进蛋白质的分解，增加尿素氮的排泄；增加血中低密度脂蛋白；此外，黄体酮还是肝药酶诱导剂，可加速很多药物的代谢。

3. 中枢神经系统　黄体酮可通过抑制下丘脑体温调节中枢影响散热，轻度升高体温，使月经周期的黄体相基础体温升高。黄体酮有中枢抑制和催眠作用，还能增加呼吸中枢对 CO_2 的通气反应，降低 CO_2 分压。

【临床应用】

1. 功能性子宫出血　黄体功能不足会导致子宫内膜不规则的成熟与脱落，引起子宫持续性出血，应用孕激素类药物可以使子宫内膜同步转为分泌期，有助于子宫内膜在月经期全部脱落，从而维持正常的月经周期。

2. 痛经和子宫内膜异位症　临床上，一般使用雌、孕激素复合避孕药来抑制子宫的痉挛性收缩而止痛，也可使异位的子宫内膜逐渐萎缩退化。

3. 先兆流产与习惯性流产　对黄体功能不足所导致的先兆流产可用大剂量孕激素类药物保胎，但是对于习惯性流产疗效不确切。

4. 子宫内膜腺癌、前列腺癌和前列腺肥大　大剂量孕激素类药物可以使子宫内膜癌细胞因分泌耗竭而退化；另外，大剂量孕激素类药物还可以通过负反馈抑制垂体前叶分泌间质细胞刺激激素，减少睾酮分泌，使前列腺细胞萎缩退化而产生治疗作用。

【不良反应】常见不良反应为子宫出血、经量改变，甚至停经。用药过程偶见头晕、头痛、恶心、呕吐、乳房胀痛等。大剂量使用19-去甲睾酮类可引发肝功能障碍。

【药物相互作用】孕酮类化合物可降低促肾上腺皮质激素和氢化可的松的血药浓度。苯巴比妥可加速孕酮类化合物灭活，从而降低其作用。酮康唑可减慢黄体酮在体内的代谢，增加本药的生物利用度。

二、抗孕激素类药

抗孕激素类药物可干扰孕酮的合成和代谢，包括两类：①孕酮受体阻断药，如米非司酮、孕三烯酮；②3β-羟甾脱氢酶抑制剂，如曲洛司坦、环氧司坦和阿扎斯丁。

米非司酮

米非司酮（mifepristone）是炔诺酮的衍生物，能阻断孕酮受体及糖皮质激素受体，为强效抗孕激素药，对各期妊娠均有引产作用，可作为非手术性抗早孕药。米非司酮单用抗早孕时，由于不能引发足够的子宫活性，因此不完全流产发生率高，与前列腺素合用，因增加子宫对前列腺素的敏感性，使完全流产率提高并减少前列腺素的不良反应。米非司酮还能软化和扩张子宫颈。在临床上，米非司酮与前列腺素类药物（如米索前列醇）序贯给药，可用于终止停经49天内的妊娠。

米非司酮口服有效，生物利用度约70%，血浆蛋白结合率高达98%，血浆 $t_{1/2}$ 长，因此可有效延长下一个月经周期，故不宜持续给药。

不良反应有恶心、呕吐、眩晕、下腹痛、肛门坠胀感及子宫出血等。用于药物流产须在用药后注意观察出血情况，有无妊娠产物排出和不良反应等。

第三节 雄激素类药及抗雄激素类药

一、雄激素类药和同化激素类药

（一）雄激素类药

天然雄激素主要是睾丸间质细胞分泌的睾酮（testosterone，睾丸素）。肾上腺皮质、卵巢、胎盘也可少量分泌。睾酮不但具有雄激素活性，还有一定的蛋白同化作用。目前临床常用的雄激素主要是睾酮的衍生物，如甲睾酮（methyltestosterone）、丙酸睾酮（testosterone propionate）和苯乙酸睾酮（testosterone phenylacetate）等。

【体内过程】睾酮口服易吸收，但在肝脏代谢灭活，口服无效。一般采用贴剂，经皮肤吸收缓慢，可延长作用时间。甲睾酮、丙酸睾酮可溶于油液中肌内注射，吸收缓慢，作用持续时间也较长，如丙酸睾酮一次肌内注射可维持2~4天。

【药理作用】

1. 生殖系统　睾酮可促进男性性器官和副性征的发育。大剂量可负反馈抑制垂体前叶分泌促性腺激素，从而减少女性卵巢雌激素的分泌，并有直接的抗雌激素作用。

2. 同化作用　睾酮能显著促进蛋白质的合成（同化作用），减少蛋白质的分解（异化作用），造成正氮平衡，从而促进肌肉增长，体重增加，减少尿氮排泄，同时出现水、钠、钙、磷潴留的现象。

3. 骨髓造血功能　在骨髓造血功能低下时，大剂量睾酮可促进肾脏分泌促红细胞生成素，还可直接刺激骨髓细胞的造血功能，使红细胞生成增多。

【临床应用】

1. 睾丸功能不全　睾酮可用作替代疗法，用于先天或后天两侧睾丸缺损（无睾症）、睾丸功能不全、男性性功能低下等。

2. 功能性子宫出血　雄激素具有抗雌激素作用，使子宫平滑肌及其血管收缩，子宫内膜萎缩而止血，对围绝经期综合征更为适用。对严重出血的患者，可注射己烯雌酚、黄体酮及丙酸睾酮三种药物的混合物，达到止血目的。停药后易出现撤退性出血，因此停药时应逐渐减少药量。

3. 晚期乳腺癌　对晚期乳腺癌或乳腺癌转移患者，性激素可使部分患者的病情得到缓解。这是因为雄激素本身具有抗雌激素作用，也能抑制垂体前叶分泌促性腺激素，从而减少卵巢对雌激素的分泌。

4. 贫血　大剂量丙酸睾酮或甲睾酮可刺激骨髓造血功能，用于再生障碍性贫血及其他贫血性疾病的治疗。

【不良反应】女性长期应用，可引起男性化的改变，如痤疮、多毛、声音变粗、乳腺退化、闭经、性欲改变等，应立即停药。男性长期应用后，通过负反馈作用可使睾丸萎缩，精子生成减少。多数雄激素均能干扰胆管的排泄功能，引起胆汁淤积性黄疸。肝胆功能障碍时，应立即停药。

【禁忌证】肾炎、肾病综合征、肝功能不良、高血压、心力衰竭患者应慎用，孕妇及前列腺癌患者应禁用。

（二）同化激素类药

雄性激素虽有较强的同化作用，但女性应用时常可出现雄激素样作用，出现女性男性化表现，因此限制了它的临床应用。同化激素（anabolic steroids）是睾酮经结构改造后得到的，改造后使雄激素活性减弱，蛋白同化作用得以保留或加强。临床常用的有苯丙酸诺龙（nandrolone phenylpropionate）、美雄酮（metandienone）、司坦唑醇（stanozolol）等。

本类药物主要用于治疗伴有蛋白分解的消耗性疾病（如营养不良、老年性骨质疏松症、严重创伤、慢性感染、肿瘤恶病质等）、女性晚期乳腺癌姑息性、遗传性血管神经性水肿、系统性红斑狼疮等。

长期应用可引起水钠潴留、女性男性化、男性女性化。偶见胆汁淤积性黄疸。肾炎、肾病综合征、高血压、心力衰竭及肝功能不良者慎用，孕妇、前列腺癌患者禁用。

> 📝 **知识拓展**
>
> 兴奋剂最早是指"供赛马使用的一种鸦片麻醉混合剂"。运动员为提高成绩而最早服用的药物大多数属于刺激剂类，所以即使后来被禁用的一些药物并不具有兴奋性，甚至有的还具有抑制性，但国际上对禁用药物仍习惯沿用兴奋剂的称谓。因此，如今我们通常所说的兴奋剂不再是单指那些起兴奋作用的药物，而是对禁用药物的统称。
>
> 目前，国际奥委会规定的违禁药物有七大类，包括刺激剂、麻醉止痛剂、合成类固醇类、利尿剂、β受体阻断剂、内源性肽类激素和血液兴奋剂。
>
> 作为兴奋剂使用的合成类固醇类，其衍生物和商品剂型品种繁多，多数为雄性激素衍生物。这是使用范围最广、使用频度最高的一类兴奋剂，也是药检中的重要检测对象。目前国际奥委会只是禁用了某些主要品种，但其禁用谱在不断扩大。
>
> 使用兴奋剂对运动员的身心健康的危害主要有严重的性格变化、药物依赖性、细胞和器官功能异常、损害机体免疫力等。并且运动员使用兴奋剂是一种欺骗行为，不符合诚实和公平竞争的体育道德。

二、抗雄激素类药

能对抗雄激素生理效应的药物称为抗雄激素药，包括雄激素合成抑制药、5α-还原酶抑制药及雄激素受体阻断药。

环丙孕酮

环丙孕酮（cyproterone）具有较强的孕激素作用，能负反馈抑制垂体促性腺激素的分泌，进而使睾酮的分泌水平下降；还可阻断雄激素受体，阻断内源性雄激素作用。用于治疗男性性欲异常、女性严重的痤疮和特发性多毛症、青春期早熟及前列腺癌等。不良反应有头痛、贫血、胃肠道反应、男性乳房发育、男性不育等。

第四节　促性腺激素类药

促性腺激素类药物多从妊娠期妇女或绝经期妇女的尿液中提取制得，对女性能促进和维持黄体功能，促进黄体合成孕激素，促进卵泡发育成熟和排卵；对男性能使垂体功能不足者的睾丸产生雄激素，促使睾丸下降和男性第二性征发育。常用药物有绒促性素（HCG）、尿促性素（HMG）等。用于女性不孕症、功能性子宫出血、妊娠早期先兆流产、习惯性流产，男性不育症、隐睾症和男性性腺功能减退症等。

戈那瑞林

戈那瑞林（gnadorelin）为人工合成的促性腺激素释放素，又称促黄体生成素释放素。对于女性可促进卵巢雌激素的合成和分泌，有助于卵泡发育和成熟；对于男性可促进雄激素的分泌，有助于精子的产生。临床上主要作为促排卵药治疗下丘脑性闭经所致不育、原发性卵巢功能不足，也可用于男性性器官发育不全（如小儿隐睾症等）。

第五节　避孕药

生殖是一个复杂的生理过程，包括精子和卵子的形成、成熟、排卵、受精、着床以及胚胎发育等多个环节。避孕药通过影响生殖过程的不同环节从而达到避孕或终止妊娠的目的。根据作用环节的不同，女用避孕药分为三类：主要抑制排卵的药物，多为雌激素和孕激素组成的复方制剂；主要阻碍受精的药物，如低剂量孕激素、外用杀精子剂及绝育药等；主要干扰受精卵着床的药物。

一、主要抑制排卵的药物

抑制排卵的药物是目前最常用的女性避孕药，多是由不同类型的孕激素和雌激素组成的复方制剂，停药后生殖能力恢复。

【药理作用】

1. 抑制排卵　避孕药中所含的雌激素通过负反馈抑制下丘脑促性腺激素释放激素的释放，减少垂体前叶促卵泡素的分泌，使卵泡的生长成熟过程受到抑制，同时避孕药中所含孕激素又可抑制黄体生成素的释放，两者协同而抑制排卵。按规定用药避孕，效果可达99%以上，停药后，促卵泡素和黄体生成素的释放正常，卵巢排卵功能可快速恢复。

2. 干扰生殖过程的其他环节　避孕药中的孕激素成分抑制子宫内膜的正常增殖，促使子宫内膜萎缩，不利于受精卵的着床和发育；避孕药中的雌孕激素还能影响输卵管的正常活动，改变受精卵在输卵管的运行速度，以致受精卵不能及时到达子宫；另外孕激素成分可使宫颈黏液变得更加黏稠，使精子不易进入子宫腔等。

【分类及用法】

1. 短效口服避孕药　如复方炔诺酮片、复方醋酸甲地孕酮片、复方炔诺孕酮甲片等。从月经周期第5天起，每晚1片，连服22天，不能间断。一般停药后2~4天就可能发生撤退性出血，形成人工月经周期。下次服药仍然需要从月经来潮的第5天开始。如停药7天仍未来月经，则应立即开始服用下一周期的药物。偶尔漏服时，应于24小时内补服1片。

2. 长效口服避孕药 如复方炔诺孕酮乙片、复方氯地孕酮片、复方次甲氯地孕酮片。服法是：从月经来潮当天算起，第5天服用第1片，最初两次间隔20天，即第25天服用第2片，以后每月服用1片。

3. 长效注射避孕药 常用药物有复方甲地孕酮注射液、复方己酸孕酮注射液。首次于月经周期的第5日，深部肌内注射2支，以后每隔28日或于每次月经周期的第11~12天注射1支。一般注射后14天左右月经来潮。若发生闭经，仍应按期给药，不能间断。

4. 皮下埋植剂 依托孕烯皮下埋植剂，皮下植入1支可避孕3年；左炔诺孕酮硅胶棒，局麻无菌条件下在上臂或股内侧用埋植针将药棒植入皮下（Ⅰ型每人每次6支或Ⅱ型每人每次2支）可有效避孕5年。

【不良反应】

1. 类早孕反应 用药初期，少数妇女可出现较轻微的类早孕反应，如恶心、呕吐、乏力、嗜睡、乳房胀痛等。多由雌激素引起，一般无须特殊处理，坚持用药可自然缓解。

2. 子宫不规则出血 服药期间阴道出血称突破性出血，轻者点滴出血，一般不用处理，出血量偏大者可在服避孕药的同时加服炔雌醇，直至停药。

3. 月经量减少、闭经 服药期间，少数妇女月经量会减少，甚至闭经，尤其是原有月经不规则者较易发生。如连续2个月闭经，应停药。

4. 乳汁减少 少数哺乳期妇女用药后会出现乳汁减少，尤其以长效口服避孕药较常见，并且可通过乳汁影响乳儿，使其乳房肿大。

5. 血栓栓塞性疾病 复方口服避孕药可能会引起凝血功能亢进，引发血栓性静脉炎、肺栓塞或脑血管栓塞等。

6. 其他 极少数妇女会出现痤疮、皮肤色素沉着等，个别人可能出现血压升高。

【药物相互作用】 利福平、苯巴比妥、苯妥英钠、对乙酰氨基酚等可加速炔诺酮的代谢，导致避孕失败、使突破性出血发生率增高，应予注意。氨苄西林、四环素可降低左炔诺孕酮避孕效果。

二、干扰受精卵着床的药物

较大剂量孕激素能使宫颈黏液黏稠度增加，防止精子穿透，同时抑制子宫内膜正常发育，使受精卵不易着床，也称探亲避孕药。常用的为炔诺酮、甲地孕酮、炔诺孕酮、双炔失碳酯等。

干扰受精卵着床药物的主要优点是使用不受月经周期限制，灵活方便，在排卵前期、排卵期或排卵后服用，都可影响孕卵着床。一般于同居当晚或事后服用，作为紧急避孕措施。这类避孕药是适合两地分居的夫妇短期探亲时服用。用法为同居后立即或当天服用1片，次日加服1片，此后每晚服1片，连服10~14天，如果超过14天，可接着改服短效口服避孕药，直至探亲结束。

三、抗早孕药

抗早孕药是指在妊娠12周内能产生完全流产而终止妊娠的药物。如早期应用，其效果相当于一次正常月经，故又称催经止孕药。临床常用孕激素受体阻断药米非司酮配伍前列腺素衍生物米索前列醇序贯应用。这种序贯疗法具有完全流产率高、对母体无明显不良反应、流产后月经周期恢复迅速、对再次妊娠无影响等优点。不良反应可见消化道反应，严重者出现大量出血，应在医生的指导下正确用药。

四、男性避孕药

棉 酚

棉酚（gossypol）是自锦葵科植物树棉、草棉或陆地棉根皮或成熟种子中提取的一种黄色多元酚类物质。棉酚作为一种有效的男性避孕药，可破坏睾丸生精上皮，从而导致精子畸形或使精子数量减少，直至完全无精子生成。停药后生育功能可以逐渐恢复。不良反应有低血钾、肌无力、嗜睡和性欲减退等。长期应用可能对睾丸功能产生不可逆的影响，限制了棉酚作为常规避孕药的使用。

目标检测

答案解析

一、单选题

1. 雌激素禁用于（　　）
   A．有出血倾向的子宫肿瘤　　　B．绝经后乳腺癌　　　C．前列腺癌
   D．功能性子宫出血　　　E．青春期痤疮

2. 卵巢功能不全和闭经宜选用（　　）
   A．黄体酮　　　B．甲基睾酮　　　C．氯米芬　　　D．己烯雌酚　　　E．双醋炔诺酮

3. 黄体酮可用于（　　）
   A．先兆流产　　　B．绝经期前乳腺癌　　　C．卵巢功能不全和闭经
   D．骨髓造血功能低下　　　E．肾上腺皮质功能减退

4. 下列是男性用避孕药的是（　　）
   A．米非司酮　　　B．双炔失碳酯片　　　C．避孕针1号
   D．棉酚　　　E．复方炔诺孕酮片

5. 主要抑制排卵的避孕药是（　　）
   A．甲睾酮　　　B．雌激素与孕激素复方制剂　　　C．己烯雌酚
   D．大剂量炔诺酮　　　E．前列腺素

6. 长效口服避孕药是（　　）
   A．复方炔诺孕酮乙片　　　B．复方甲地孕酮注射液　　　C．大剂量雌激素
   D．双炔失碳酯片　　　E．复方炔诺酮

7. 关于同化激素下列描述是错误的是（　　）
   A．雄激素样作用较弱　　　B．促进蛋白质合成　　　C．无水钠潴留作用
   D．可引起钙、磷、钾和水的潴留　　　E．同化作用强，男性化作用弱

8. 可消除乳房肿胀的药物是（　　）
   A．甲地孕酮　　　B．氯米酚　　　C．炔诺酮　　　D．炔雌醇　　　E．米非司酮

9. 雌激素禁用于（　　）
   A．绝经前乳腺癌　　　B．绝经后乳腺癌　　　C．前列腺癌
   D．功能性子宫出血　　　E．围绝经期综合征

10. 雄激素禁用于（　　）

    A．绝经前乳腺癌   B．绝经后乳腺癌   C．前列腺癌

    D．功能性子宫出血   E．围绝经期综合征

二、简答题

1．简述雌激素的药理作用及临床应用。

2．试述孕激素的药理作用和临床应用。

3．目前临床常用的女用避孕药有哪几类？

（贾彦敏）

书网融合……

知识回顾   习题

第三十一章 肾上腺皮质激素类药

PPT

学习目标

知识要求：

1. 掌握糖皮质激素的药理作用、临床应用、不良反应及禁忌证。
2. 熟悉糖皮质激素的用法及疗程。
3. 了解盐皮质激素、促肾上腺皮质激素、皮质激素抑制药的作用及应用。

技能要求：

1. 熟练掌握正确使用糖皮质激素的能力，能为患者提供用药指导和用药咨询服务。
2. 学会观察糖皮质激素的不良反应并且能够给予正确的处置方案。

　　肾上腺皮质分泌多种激素，在化学结构上都属于甾醇类，从生理功能上可分为：①糖皮质激素类：由肾上腺皮质束状带细胞合成和分泌，包括可的松和氢化可的松等，主要参与糖、蛋白质、脂肪代谢及生长发育等；②盐皮质激素类：由肾上腺皮质球状带细胞合成和分泌，包括醛固酮和去氧皮质酮，主要调节水、盐代谢，维持电解质平衡；③性激素：由肾上腺皮质网状带细胞合成和分泌，包括雄激素和少量雌激素。临床常用的肾上腺皮质激素是糖皮质激素。

　　肾上腺皮质激素的分泌和生成受垂体促肾上腺皮质激素（ACTH）和下丘脑促皮质激素释放激素（CRH）的调节并存在昼夜节律性。

第一节　糖皮质激素类药

岗位情景模拟 25

　　患者，女，65岁，哮喘病史30年，糖尿病病史15年。近年来，一直吸入沙美特罗替卡松控制哮喘，口服二甲双胍联合阿卡波糖控制血糖。1天前，因"哮喘重度急性发作"入院，入院后给予甲泼尼龙每次40mg，每日3次，静脉注射，同时每日4次射流雾化吸入异丙托溴铵溶液0.5mg和沙丁胺醇溶液5mg。

问题与思考

该治疗方案中存在何种风险？应如何处置？

答案解析

【体内过程】糖皮质激素口服和注射均可以吸收，口服氢化可的松或可的松后1~2小时血药浓度达高峰，一次给药作用持续8~12小时。氢化可的松进入血液后约90%与血浆蛋白结合，游离型约占10%，肝、肾疾病时血浆蛋白含量减少，游离型激素增多。糖皮质激素类药物主要在肝脏代谢转化，代谢产物通过羟基与葡萄糖醛酸或硫酸结合后由尿中排出，故肝、肾功能不全时，药物的$t_{1/2}$会延长。可的松和泼尼松在肝脏中分别转化为氢化可的松和泼尼松龙才具有生物活性，因此严重的肝功能不全患者应选用氢化可的松或者泼尼松龙。肝药酶诱导剂如苯巴比妥、苯妥英钠等，可加速糖皮质激素的灭活，合用时需加大糖皮质激素的用量。

🖋 知识拓展

　　生理情况下分泌的糖皮质激素主要影响物质代谢过程如下。

　　糖代谢：糖皮质激素能促进糖原异生，增加肝糖原和肌糖原含量；减慢葡萄糖分解，有利于中间产物如丙酮酸、乳酸等在肝肾再合成葡萄糖，使糖的来源增加，血糖升高；还能减少机体组织对葡萄糖的利用。

　　蛋白质代谢：糖皮质激素可加速蛋白质的分解，大剂量应用还能抑制蛋白质的合成。

　　脂肪代谢：大剂量长期应用糖皮质激素可增高血浆胆固醇，激活四肢皮下脂酶，促使皮下脂肪分解而重新分布，形成向心性肥胖。

　　水、盐代谢：糖皮质激素有较弱的盐皮质激素样保钠排钾作用，还能抑制肠钙的吸收、抑制肾小管对钙的重吸收，促进尿钙排泄。

【药理作用】

1. 抗炎作用　糖皮质激素有强大而非特异性的抗炎作用，能对抗各种原因引起的炎症反应，包括物理性（烧烫伤）、化学性（酸、碱等）、免疫性（各型变态反应）及无菌性（缺血性组织损伤）等非感染性炎症和感染性（细菌、病毒等）炎症。炎症早期，糖皮质激素能增加血管紧张性，减轻充血、降低毛细血管通透性，抑制粒细胞、吞噬细胞等炎症细胞向炎症部位移动，阻止组胺、慢反应物质等炎症介质发生反应，抑制吞噬细胞功能，稳定溶酶体膜，阻止补体参与炎症反应，从而减轻炎症红、肿、热、痛等症状。炎症后期，糖皮质激素通过抑制毛细血管和成纤维细胞增生，抑制胶原蛋白、黏多糖合成，延缓肉芽组织增生，防止粘连和瘢痕形成，从而减轻炎症后遗症。需要特别注意的是糖皮质激素在抗炎的同时，也会一定程度的降低机体的防御功能，使用不当可能导致炎症扩散致原有病情恶化。

　　糖皮质激素抗炎机制主要有：①抑制炎症介质的产生和释放，糖皮质激素能够通过抑制磷脂酶A_2，使花生四烯酸生成减少，从而减少白三烯（LT）、前列腺素（PG）等炎症介质的生成；②抑制白细胞介素、肿瘤坏死因子、干扰素等细胞因子的产生和释放，这些细胞因子在介导炎症反应，促使白细胞黏附、游走、趋化中有着重要作用；③抑制一氧化氮合酶（NOS）的活性，使NO生成减少，收缩血管，降低毛细血管通透性，减轻炎症反应。

2. 抗免疫与抗过敏作用

（1）对免疫系统的抑制作用　糖皮质激素可影响免疫反应的多个环节，小剂量主要抑制细胞免疫，大剂量抑制B细胞转化为浆细胞，从而使抗体生成减少，抑制体液免疫功能。糖皮质激素抑制免疫的环节主要有：①诱导淋巴细胞DNA降解；②诱导淋巴细胞凋亡；③影响淋巴细胞的物质代谢，减少葡萄糖、氨基酸及核苷的跨膜转运，抑制淋巴细胞中DNA、RNA、蛋白质的生物合成；④抑制核转录因子NF-κB活性，NF-κB过度激活会导致多种炎症性细胞因子的生成，与移植排斥反应和炎症等密切相关。

（2）抗过敏作用　在免疫过程中，由于抗原-抗体反应引起肥大细胞脱颗粒而释放组胺、5-羟色胺、慢反应物质、缓激肽等，引起一系列过敏反应症状。糖皮质激素能通过减少这些过敏介质的产生，从而解除或减轻过敏性疾病症状。

3. 抗内毒素作用　糖皮质激素能提高机体对有害刺激的应激能力，减轻细菌内毒素对机体的伤害，缓解毒血症症状，减少内热原的释放，对感染毒血症的高热有解热作用。但糖皮质激素不能杀灭细菌，不能中和和破坏内毒素，也无对抗细菌外毒素的作用。

4. 抗休克作用　糖皮质激素能够解除小动脉痉挛，增强心肌收缩力，改善微循环，大剂量对各种休克（中毒性、低血容量性、心源性）均有一定对抗作用，尤其是感染中毒性休克。

5. 对血液和造血系统的作用　糖皮质激素能刺激骨髓造血功能，使红细胞和血红蛋白含量增加，大剂量可使血小板增多并提高纤维蛋白原浓度，缩短凝血时间。另外，可使血液中嗜酸性粒细胞及淋巴细胞减少。

6. 其他作用

（1）对中枢神经系统的作用　糖皮质激素能提高中枢神经系统的兴奋性，患者可出现欣快、不安、激动、失眠甚至焦虑、抑郁及不同程度的躁狂等异常行为，也可诱发癫痫发作或精神失常。

（2）对消化系统的作用　糖皮质激素可增加胃酸及胃蛋白酶的分泌，提高食欲，促进消化。抑制胃黏液分泌，降低胃黏膜的自我保护与修复能力。

（3）对骨骼的作用　糖皮质激素能抑制成骨细胞的活力，使骨盐不易沉着，骨质形成发生障碍。

（4）解热作用　糖皮质激素有较强的解热作用，其解热机制与稳定溶酶体膜，减少内热源的释放及抑制下丘脑体温调节中枢对内热源的敏感性有关。

【临床应用】

1. 严重感染或炎症

（1）严重急性感染　对暴发型流行性脑脊髓膜炎、中毒型痢疾、中毒性肺炎等严重的急性细菌性感染，短期使用糖皮质激素，利用其抗炎、抗毒素、抗休克等作用，可缓解症状，帮助患者度过危险期，但必须合用足量、有效的抗菌药物。因为目前缺乏有效的抗病毒药物，对于水痘、带状疱疹等轻度病毒性感染，一般不用糖皮质激素，因为糖皮质激素无抗病毒作用，并可降低机体的防御能力使感染扩散加剧。但对暴发型肝炎、流行性腮腺炎、乙型脑炎等重度病毒性感染，为迅速控制症状，防止并发症，可采用糖皮质激素突击疗法缓解症状，病情好转后迅速撤药。

📋 **课堂互动 31-1**

糖皮质激素用于严重的急性细菌性感染时，为什么必须合用足量、有效的抗菌药物？

答案解析

（2）防止某些炎症后遗症　糖皮质激素可以用于结核性脑膜炎、胸膜炎、心包炎、虹膜炎、角膜炎、视网膜炎、视神经炎等，防止组织粘连、瘢痕形成等。对肩周炎、关节劳损等，将糖皮质激素加入局麻药，局部封闭注射，发挥消炎止痛作用。

2. 自身免疫性疾病和过敏性疾病

（1）自身免疫性疾病　糖皮质激素对风湿热、风湿性关节炎、类风湿关节炎、风湿性心肌炎、系统性红斑狼疮、结节性动脉周围炎、皮肌炎、肾病综合征等均可缓解症状，但停药后容易复发，一般采用综合疗法。也可预防异体器官移植术后产生的免疫排斥反应。

（2）过敏性疾病　对荨麻疹、花粉症、血清病、血管神经性水肿、过敏性鼻炎、支气管哮喘、过敏性休克等，利用糖皮质激素的抗炎、抗过敏作用可以缓解患者症状。

3. **休克**　糖皮质激素适用于各种原因引起的休克，对于感染中毒性休克要在足量有效的抗菌药物治疗下，及早、短时间突击使用大剂量糖皮质激素；对于过敏性休克，首选药物是肾上腺素，严重者可合用糖皮质激素；对心源性休克及低血容量休克，须结合病因治疗。

4. **某些血液病**　糖皮质激素多用于治疗儿童急性淋巴细胞性白血病，常和抗肿瘤药联合应用；还可用于再生障碍性贫血、过敏性紫癜、血小板减少症、粒细胞减少症等，但作用不持久，停药后易复发。

5. **皮肤病**　对神经性皮炎、接触性皮炎、湿疹、牛皮癣等皮肤病，有一定缓解症状的作用，多采用氢化可的松、氟轻松等软膏或霜剂局部外用。但对天疱疮、剥脱性皮炎等严重的皮肤病需要全身给药。

6. **替代疗法**　生理剂量糖皮质激素可用于急、慢性肾上腺皮质功能减退、垂体前叶功能减退、肾上腺次全切除术后等皮质激素分泌不足的患者。

【不良反应】

1. **长期大剂量应用引起的不良反应**

（1）医源性肾上腺皮质功能亢进症　大剂量或长期使用糖皮质激素可引起代谢紊乱，表现为满月脸、水牛背、向心性肥胖、多毛、痤疮、皮肤变薄、高血糖、高血压、眼内压升高、水钠潴留、水肿、低血钾等（图31-1-1）。停药后症状可自行消失，必要时可对症治疗。长期大量应用糖皮质激素，应给予低盐、低糖、高蛋白质饮食，同时注意补钾、补钙。

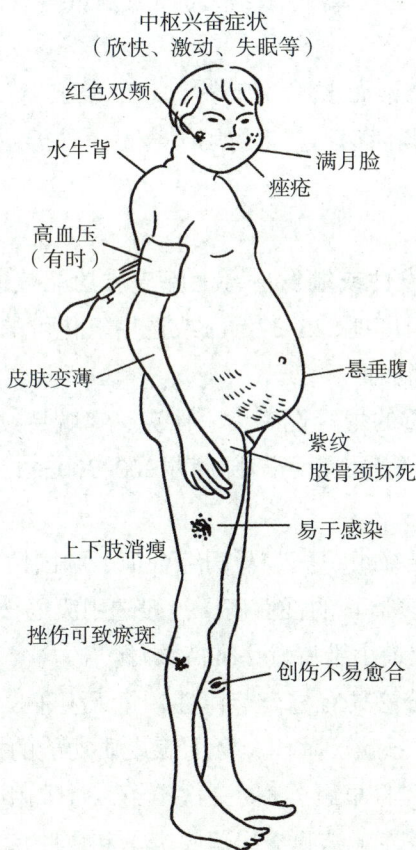

图31-1-1　长期大量应用糖皮质激素类药物的不良反应

（2）诱发和加重感染　糖皮质激素能抑制机体免疫反应，降低防御功能，使潜在的感染病灶活动和扩散，病情加重。特别是原有疾病已使抵抗力降低时，如再生障碍性贫血、肾病综合征、结核病等。

（3）诱发和加重溃疡　糖皮质激素能使胃酸和胃蛋白酶分泌增多，抑制胃黏液分泌，减少PGE的合成而降低胃黏膜对胃酸的抵抗力，从而诱发和加重胃、十二指肠溃疡，甚至消化道出血、穿孔。

（4）心血管系统疾病　长期大剂量应用糖皮质激素由于水、钠潴留和血脂升高，会引发高血压、动脉粥样硬化，必要时需加用抗高血压药。

（5）中枢神经系统反应　糖皮质激素能提高中枢神经系统的兴奋性，引起激动、欣快、失眠等，甚至诱发精神失常。

（6）对骨骼、肌肉的影响　糖皮质激素促进钙、磷排泄，并使肠钙吸收减少，故可致骨质疏松、股骨头坏死、自发性骨折，多见于儿童、老人和绝经期妇女。由于蛋白质分解增加，合成减少，抑制肉芽组织增生，使肌肉萎缩及伤口不易愈合。由于抑制生长激素分泌和造成负氮平衡，还可影响生长发育。孕妇应用，偶尔引起胎儿畸形。

2. 停药反应

（1）药源性肾上腺皮质功能不全　长期大剂量应用糖皮质激素时会反馈性抑制垂体促皮质激素（ACTH）分泌，引起肾上腺皮质萎缩和功能不全。这种皮质功能不全需要半年甚至1~2年才能恢复。多数患者无临床表现，但是如果减量过快或突然停药，少数患者遇到感染、创伤、手术等严重应激情况时可发生肾上腺危象，表现为恶心、呕吐、发热、疲乏无力、低血压甚至休克等，需要及时抢救。

（2）反跳现象　长期应用糖皮质激素，患者对激素产生了依赖性或病情尚未完全控制时，如减量太快或突然停药，会导致原有疾病复发或加重，常需加大剂量再行治疗，症状缓解后再逐渐减量直至停药。

【禁忌证】抗菌药不能控制的感染如水痘、麻疹、真菌感染，肾上腺皮质功能亢进症、严重的精神病和癫痫、活动性消化性溃疡、角膜溃疡、新近胃肠吻合术、骨折、创伤修复期、高血压、糖尿病患者及孕妇等。

【用法和疗程】

1. **小剂量替代疗法**　用于原发性或继发性肾上腺皮质功能减退症、垂体前叶功能减退症和肾上腺皮质次全切术后。选用可的松每日口服25~37.5mg或选用氢化可的松每日口服20~30mg，一般清晨服2/3，下午服1/3，有应激情况可适当加量。

2. **大剂量突击疗法**　用于严重的中毒性感染、休克、哮喘持续状态、急性器官移植排斥反应等。短期内使用大剂量，如氢化可的松首次剂量可静脉滴注200~300mg，1日剂量可达1g以上，以后逐渐减量，用药时间一般3~5天。

3. **一般剂量长期疗法**　用于结缔组织病、肾病综合征、顽固性支气管哮喘、各种恶性淋巴瘤、淋巴细胞性白血病等反复发作、累及多器官的慢性病。一般选用泼尼松口服，开始时每日10~20mg，一日3次，产生临床疗效后，逐渐减量至最小维持量，维持数月。

4. **隔日疗法**　糖皮质激素的分泌具有昼夜节律性，每天上午8~10时为分泌高峰，然后逐渐下降，午夜24时分泌最低。为了减少对下丘脑、垂体、肾上腺皮质功能的抑制，对于糖皮质激素已经控制的某些慢性病，可将两日的总药量在隔日早晨7~8时一次给予，常采用中效的泼尼松或泼尼松龙。

5. **局部用药**　用于治疗眼部炎症（结膜炎、角膜炎）和皮肤病，常选用氢化可的松或氟轻松；用于治疗支气管哮喘常采用雾化吸入；用于溃疡性结肠炎常保留灌肠；用于骨关节炎则可采用糖皮质激素关节腔内注射。

第二节　盐皮质激素类药

盐皮质激素类药物包括醛固酮和去氧皮质酮，可促进肾远曲小管和集合管对Na^+的主动重吸收，伴有Cl^-和水的重吸收，同时增加K^+和H^+排出，即保钠排钾作用。临床主要用于治疗慢性肾上腺皮质功能不全症，以纠正患者失钠、失水和钾潴留等，恢复水和电解质平衡。过量患者可出现水肿、高血压，甚至心力衰竭等不良反应。

第三节　促肾上腺皮质激素与皮质激素抑制药

一、促肾上腺皮质激素

促肾上腺皮质激素也称促皮质素（ACTH），天然的促肾上腺皮质激素是由腺垂体嗜碱细胞合成和分泌的，药用促肾上腺皮质激素则是由家畜垂体前叶提取而得到的一种蛋白质。促肾上腺皮质激素对维持机体肾上腺的正常形态和功能具有重要作用，能刺激机体肾上腺皮质合成和分泌氢化可的松、皮质酮等。

临床主要用于诊断脑垂体前叶－肾上腺皮质功能状态，检测长期使用糖皮质激素停药前后皮质功能水平及促进肾上腺皮质功能的恢复。但对肾上腺皮质已萎缩、功能完全丧失的患者无效，须改用皮质激素。

不良反应有医源性肾上腺皮质功能亢进综合征及明显的水钠潴留、失钾、高血压、糖尿病、精神异常等，可发生过敏反应甚至过敏性休克。

二、皮质激素抑制药

米托坦

米托坦（mitotane）为杀虫药滴滴涕（DDT）类的化合物，能选择性作用于肾上腺皮质，可使肾上腺皮质束状带和网状带萎缩、出血、细胞坏死，但不影响球状带。用药后血、尿中氢化可的松及其代谢产物迅速减少，醛固酮分泌不受影响。临床上主要用于无法切除的肾上腺皮质癌、复发癌及皮质癌术后的辅助治疗。有恶心、呕吐、腹泻、共济失调等不良反应，易引起肾上腺皮质功能不全，需适当补充糖皮质激素。

美替拉酮

美替拉酮（metyrapone）主要抑制皮质醇和醛固酮的合成，用于肾上腺皮质功能亢进症的鉴别诊断和治疗。有可能升高雄激素和盐皮质激素。

目标检测

答案解析

一、单选题

1. 糖皮质激素对血液系统的影响是（　　）
   - A. 中性粒细胞的数量增加
   - B. 中性粒细胞的数量减少
   - C. 红细胞的数量减少
   - D. 血小板的数量减少
   - E. 红细胞数和Hb均减少

2. 糖皮质激素用于慢性炎症的主要目的在于（　　）
   - A. 促使PG合成减少
   - B. 促进炎症消散
   - C. 促使炎症部位血管收缩，通透性下降
   - D. 减少蛋白水解酶的释放
   - E. 抑制肉芽组织生长，防止粘连和瘢痕形成

3. 泼尼松用于炎症后期的机制是（　　）
   - A. 促进炎症消散
   - B. 降低毛细血管通透性
   - C. 降低毒素对机体的损害
   - D. 稳定溶酶体膜
   - E. 抑制成纤维维细胞增生和肉芽组织形成

4. 肾上腺皮质激素诱发和加重感染的主要原因是（　　）
   - A. 抑制ACTH的释放
   - B. 促使许多病原微生物繁殖所致
   - C. 用量不足，无法控制症状而造成
   - D. 患者对激素不敏感而未反应出相应的疗效
   - E. 抑制炎症反应和免疫反应，降低机体的防御功能

5. 中毒性菌痢合用糖皮质激素的目的是（　　）
   - A. 减轻腹泻
   - B. 减轻腹痛
   - C. 中和内毒素
   - D. 提高机体对内毒素的耐受能力
   - E. 提高抗生素的抗菌作用

6. 某患者，男，60岁，患风湿性关节炎，服泼尼松和多种非甾体抗炎药5个月，近日突发自发性胫骨骨折，其原因可能与哪种药物有关（　　）
   - A. 阿司匹林
   - B. 吲哚美辛
   - C. 布洛芬
   - D. 泼尼松
   - E. 保泰松

7. 某患者，女，30岁。患有红斑狼疮，长期应用泼尼松治疗，饮食应该遵循（　　）
   - A. 低钠、低糖、低蛋白
   - B. 低钠、高糖、低蛋白
   - C. 低钠、高糖、高蛋白
   - D. 低钠、低糖、高蛋白
   - E. 高钠、高糖、高蛋白

8. 某患者，男，因咽炎而注射青霉素，1分钟后出现呼吸急促，面部发绀，心率130次/分，血压60/40mmHg。抢救药物是（　　）
   - A. 地塞米松+去甲肾上腺素
   - B. 地塞米松+多巴胺
   - C. 曲安西龙+异丙肾上腺素
   - D. 地塞米松+肾上腺素
   - E. 地塞米松+山莨菪碱

9. 某患者，男，45岁，外伤失血性休克，输入大量血液1周后，全身皮下散在紫癜，血小板低于10×10^9/L，治疗用药应是（　　）
   - A. 氨甲苯酸
   - B. 肾上腺素
   - C. 阿司匹林
   - D. 地塞米松
   - E. 麻黄碱

10. 男，18岁。寒战、高热，经细菌培养确诊为肺炎球菌性肺炎，来诊时青霉素皮试阴性，但静滴青霉素几分钟后即出现头晕、面色苍白、呼吸困难，血压下降等症状，诊断为青霉素过敏性休克。请问对该患者首选的抢救药物是（　　）
    - A. 多巴胺
    - B. 异丙嗪
    - C. 地塞米松
    - D. 肾上腺素
    - E. 去甲肾上腺素

11. 垂体前叶功能减退的治疗方法是（　　）
    - A. 糖皮质激素大剂量冲击疗法
    - B. 糖皮质激素一般剂量长期疗法

C．糖皮质激素小剂量替代疗法　　　　D．糖皮质激素大剂量长期疗法

E．维持量疗法

12．长期应用糖皮质激素患者出现向心性肥胖，主要是因为（　　）

A．糖代谢引起　　　　　　B．脂肪代谢引起　　　　　　C．蛋白质代谢引起

D．水代谢引起　　　　　　E．电解质代谢引起

13．肾病综合征的治疗方法是（　　）

A．糖皮质激素大剂量冲击疗法　　　　B．糖皮质激素一般剂量长期疗法

C．糖皮质激素小剂量替代疗法　　　　D．糖皮质激素大剂量长期疗法

E．维持量疗法

14．长期应用糖皮质激素，突然停药引起肾上腺危象是因为（　　）

A．肾上腺激素大量释放　　B．原来的疾病复发或恶化　　C．ACTH分泌突然增多

D．肾上腺皮质萎缩　　　　E．以上均不对

15．糖尿病患者应慎用（　　）

A．青霉素　　　B．庆大霉素　　　C．糖皮质激素　　　D．氯霉素　　　E．呋塞米

16．糖皮质激素隔日疗法的给药时间最好在（　　）

A．早上5点　　　B．上午8点　　　C．中午12点　　　D．下午5点　　　E．晚上8点

17．长期应用糖皮质激素采用隔晨给药法是为了避免（　　）

A．升高血压　　　　　　　　　　　　B．诱发和加重感染

C．诱发和加重溃疡病　　　　　　　　D．反馈性抑制下丘脑－垂体－肾上腺轴

E．反跳现象

18．下列哪项不是糖皮质激素的适应证（　　）

A．风湿性关节炎和类风湿关节炎　B．严重感染　　　　　　C．自身免疫性疾病

D．精神病　　　　　　　　E．炎症引起的瘢痕和粘连

19．糖皮质激素用于严重感染必须加用（　　）

A．足量有效抗菌药　　　　B．中枢兴奋药　　　　　　C．强心药

D．升血压药　　　　　　　E．盐平衡药

二、简答题

1．简述糖皮质激素的药理作用。

2．简述糖皮质激素的临床应用。

3．简述长期大量应用糖皮质激素引起的不良反应。

4．简述糖皮质激素的用法及其适应证。

（贾彦敏）

书网融合……

知识回顾　　　习题

学习目标

知识要求：

1. 掌握甲状腺激素、硫脲类药物、碘和碘化物的作用、临床应用及不良反应。

2. 熟悉放射性碘的作用及临床应用。

3. 了解甲状腺激素的合成、贮存、分泌、调节及 β 受体阻断药的作用。

技能要求：

熟练掌握甲状腺激素、抗甲状腺药相关药物咨询工作，具有正确指导患者合理用药的能力。

　　甲状腺位于颈前部，呈 H 型，分为左右 2 个侧叶，中间以甲状腺峡部相连接。甲状腺是人体内非常重要的内分泌腺，也是人体最大的内分泌器官。甲状腺所分泌的甲状腺激素（thyroid hormone，TH），是维持人体生长发育和正常代谢的重要激素。甲状腺激素包括三碘甲状腺原氨酸（triiodothyronine，T_3）和四碘甲状腺原氨酸（tetraiodothyronine，T_4），T_4 的分泌量约为 T_3 的 10 倍，但 T_3 的活性约为 T_4 的 5 倍。甲状腺功能减退症（简称甲减），表现为甲状腺激素的合成和分泌减少，则需要补充甲状腺激素类药物进行治疗；甲状腺功能亢进症（简称甲亢），表现为甲状腺激素的合成和分泌增多，需要使用抗甲状腺药物进行治疗。

课堂互动 32-1

甲亢和甲减的症状有什么区别？

答案解析

第一节　甲状腺激素

岗位情景模拟 26

　　患者，女，27 岁，孕 26 周。产检发现胎儿偏小 2 周，甲功五项显示 T_3、T_4、FT_3、FT_4 降低，TSH 升高。诊断为甲状腺功能减退。医生给予 50μg 规格的左甲状腺素钠片，口服，每日 1 片。4 周后复查，胎儿已发育到正常月份标准。

问题与思考

1. 为什么该孕妇需要使用左甲状腺素钠片？
2. 如果不补充甲状腺激素，甲减会对胎儿产生怎样的影响？

答案解析

甲状腺激素

【甲状腺激素的合成、贮存、释放与调节】

1. **合成**　人体每日所摄入的碘，约一半都被甲状腺主动摄取。甲状腺腺泡细胞膜上的碘泵会将血液中的碘化物主动摄入到腺泡细胞内。缺碘时，甲状腺的摄碘功能反而增强。甲状腺腺泡所摄取的碘先由过氧化物酶氧化成活性碘，随后再与甲状腺球蛋白分子上的酪氨酸残基结合，生成一碘酪氨酸（MIT）和二碘酪氨酸（DIT），在过氧化物酶作用下，一分子MIT和一分子DIT耦联为T_3，两分子DIT耦联为T_4。T_3较T_4有更强的生物活性。

2. **贮存与释放**　T_3和T_4与甲状腺球蛋白以结合状态贮存于腺泡腔中。在蛋白水解酶的作用下，T_3和T_4与甲状腺球蛋白分离，从而释放进入血液中。

3. **调节**　下丘脑分泌的促甲状腺激素释放激素（thyrotropin releasing hormone，TRH）可调节垂体前叶分泌促甲状腺激素（thyroid stimulating hormone，TSH），TSH又可促进甲状腺组织细胞增生及其激素的合成、释放。当血中游离甲状腺激素过高时，又可对下丘脑及垂体前叶产生负反馈调节作用，抑制TRH和TSH的释放。下丘脑-腺垂体-甲状腺调节环路使得甲状腺素的浓度维持在相对恒定的水平。

【体内过程】　T_4口服后生物利用度为50%~75%，吸收易受肠内容物的影响，起效慢，维持时间长。T_3口服后约有90%~95%被吸收，起效快但维持时间短。其原因为T_3与血浆蛋白的亲和力低于T_4，其游离量为T_4的10倍。T_4的$t_{1/2}$为5天，T_3的$t_{1/2}$为2天。由于半衰期长，二者每天只用药一次即可。严重黏液性水肿患者口服吸收不良，需肠外给药。甲状腺激素主要经肝、肾线粒体内脱碘，并与葡萄糖醛酸或硫酸结合后经肾脏随尿液排出。甲状腺激素可通过胎盘并经乳汁分泌，故妊娠期和哺乳期应慎用。

【生理及药理作用】

1. **维持生长发育**　甲状腺激素能够促进蛋白质的合成，是骨骼及中枢神经系统的生长发育所必需的激素。甲状腺激素可刺激骨化中心发育、软骨骨化和长骨生长，并促进神经元生长。因此，在儿童脑和骨的生长发育期，如因各种原因引起甲状腺功能不足，导致甲状腺激素缺乏，可致儿童生长发育迟缓，形成呆小症（克汀病），主要表现为身材矮小和智力低下。

2. **促进代谢和产热**　甲状腺激素能够促进体内物质的氧化，增加氧的消耗，提高人体基础代谢率，使产热增多。当甲状腺功能亢进时，甲状腺激素增多，患者可出现怕热、多汗、消瘦等症状。相反，甲状腺功能不全时，甲状腺激素减少，基础代谢率降低引起产热减少，患者可表现为怕冷、疲倦、皮肤干燥等症状。若甲状腺素分泌严重不足，蛋白质合成会发生障碍，皮下组织将沉积大量黏蛋白，引起黏液性水肿。

3. **增强机体交感神经系统活性及机体的敏感性**　甲状腺功能亢进时交感-肾上腺系统活性增强，出现易激动、烦躁、神经过敏等神经系统症状；同时出现心肌收缩力加强、心率加快、心排出量增加和血压增高等心血管系统症状。

【临床应用】

1. **呆小症**　呆小症应早发现、早诊断、早治疗。一般认为出生后1~2个月开始治疗，将不影响儿童正常发育，多数儿童智力可恢复正常；若出生6个月后治疗，智力会不可逆地受到损害。呆小症无法治愈，应从补充小剂量的甲状腺激素开始治疗并终身使用。

2. **黏液性水肿**　成人甲减时，由于甲状腺激素不足，引起基础代谢率降低，出现黏多糖在组织和皮肤堆积的情况，导致黏液性水肿。补充甲状腺激素应从小剂量开始，逐渐增加至足量。

3. **单纯性甲状腺肿**　单纯甲状腺肿大常因缺碘引起，治疗上以补碘为主。对于临床上无明显发病原因的患者，可给予适量甲状腺激素作为补充治疗，通过负反馈的调节方式，抑制过多的TSH分泌，缓解甲状腺组织代偿性增生肥大。甲状腺激素能使轻度弥漫性甲状腺肿大完全恢复正常，尤其适用于年轻的中轻度弥漫性甲状腺肿患者。

4. **T_3抑制试验**　主要用于单纯性甲状腺肿与甲亢的鉴别诊断。患者在服用T_3前后分别测量摄^{131}I率，并进行对比。若摄^{131}I抑制率超过服药前的50%以上，则诊断为单纯性甲状腺肿；而抑制率低于50%，诊断为甲亢。

【不良反应】过量使用甲状腺激素可产生类似于甲亢的症状，如亢奋、怕热、多汗、体重减轻、手震颤、失眠、心悸等不良反应。严重可出现腹泻、呕吐、发热、脉搏快而不规则，甚至心绞痛、心肌梗死等严重症状。一旦出现应立即停药，并给予β受体阻断药进行对抗。冠心病、糖尿病、快速型心律失常患者禁用。

第二节　抗甲状腺药

常见的治疗甲状腺功能亢进症（甲亢）的药物有硫脲类、碘及碘化物、放射性碘及β受体阻断药四大类。

一、硫脲类

硫脲类（thioureas）是最常用的抗甲状腺药。根据结构，分为硫氧嘧啶类（thiouracils）和咪唑类（imidazoles）。硫氧嘧啶类包括甲硫氧嘧啶（methylthiouracil，MTU）和丙硫氧嘧啶（propylthiouracil，PTU）；咪唑类包括甲巯咪唑（thiamazole，tapazole，他巴唑）和卡比马唑（carbimazole，甲亢平）。

【体内过程】硫氧嘧啶类药物口服易吸收，体内分布较广，易进入乳汁和通过胎盘，甲状腺药物浓度最高。吸收后血浆药物浓度约2小时达峰，生物利用度为80%，血浆蛋白结合率为75%，60%药物经肝脏代谢。

【药理作用及机制】

1. **抑制甲状腺激素的合成**　硫脲类通过抑制甲状腺过氧化物酶所介导的酪氨酸的碘化及耦联发挥作用。药物本身可作为过氧化物酶的底物而被碘化，使得氧化碘不能与甲状腺球蛋白结合，从而发挥抑制甲状腺激素合成的作用。硫脲类药物对已合成的甲状腺激素无效，待已合成的激素被消耗后，才能发挥作用。一般用药2~3周后，甲亢症状开始减轻，1~3个月后，基础代谢率才恢复正常。

2. **抑制T_4转化为T_3**　丙硫氧嘧啶能抑制外周组织的T_4转化为活性更高的T_3，能迅速降低血清中的T_3水平。因此在重症甲亢、甲状腺危象时，该药为首选用药。

3. **免疫抑制作用**　硫脲类药物具有免疫抑制作用，能轻度抑制甲状腺刺激性免疫球蛋白（thyroid stimulating immunoglobulin，TSI）的生成。由于甲亢的病因与免疫异常有关，故硫脲类药物对甲亢患者的病因具有治疗效果。

【临床应用】

1. **甲亢的内科治疗**　主要适用于轻症、不宜手术或不宜用放射性碘治疗的患者，如儿童、青少年、年老体弱者、术后复发或兼有心、肝、肾出血性疾病的患者。治疗开始时应给予大剂量硫脲类药物，控制症状；待症状缓解后改用维持剂量，维持时间为1~2年。40%~70%的患者经内科治疗后痊愈。

2. **甲亢手术治疗的术前准备**　给予甲状腺次全切患者术前使用硫脲类药物，可使甲状腺功能恢复或接近正常，从而减少甲状腺次全切除手术患者在麻醉和手术后的并发症，并预防术后发生甲状腺危象。由于硫脲类药物因降低甲状腺激素水平而使TSH分泌增多，则可引起甲状腺腺体增生和充血，所以应在手术前2周加服大剂量的碘剂，使得腺体缩小变韧，以利手术进行及减少出血。

3. **甲状腺危象的治疗**　甲状腺危象是指患者在感染、手术、外伤、精神刺激等诱因下，血液中甲状腺激素水平快速增高，从而出现高热、肺水肿、心力衰竭、电解质紊乱、休克等一系列危重表现，严重可导致死亡。除了对甲状腺危象患者对症治疗外，还应给予大剂量碘剂抑制甲状腺激素的释放，同时使用约为两倍治疗量的大剂量硫脲类药抑制甲状腺激素的合成。

【不良反应】

1. **过敏反应**　过敏反应是硫脲类药物最常见的不良反应。主要表现为瘙痒、皮疹、药物热等。用药后应密切观察，多数情况下无须停药过敏症状也可以缓解和消失。

2. **消化道反应**　表现为味觉减退、厌食、恶心、呕吐、腹泻、腹痛等，可自行消失。

3. **急性粒细胞缺乏症**　为该类药物的严重不良反应。一般发生在治疗后的2~3个月内，多为老年患者及大剂量药物使用者，故应定期检查血常规。若用药后出现咽痛、发热或口腔溃疡等，应立即停药并进行血常规检查。

4. **甲状腺肿大**　长期应用该类药后，可使血清甲状腺激素水平显著下降，并反馈性地增加TSH的分泌，引起甲状腺代偿性增生、增大、充血等症状，严重者可产生压迫感。还可诱发甲状腺功能减退，若及时发现并停药常可恢复正常。

5. **肝功能损伤**　丙硫氧嘧啶在体内代谢后的活性代谢产物可引起肝细胞的损伤、坏死，检测可发现肝脏转氨酶的升高。甲巯咪唑引起肝脏损伤主要表现为黄疸，停用后可恢复，但恢复时间较长。

【禁忌证】该类药可进入乳汁并通过胎盘屏障，故哺乳期妇女禁用，妊娠期妇女慎用或不用；结节性甲状腺肿合并甲亢及甲状腺癌者禁用。

二、碘及碘化物

常用碘（iodine）及碘化物（iodide），有碘化钾、碘化钠或复方碘溶液等。由于人体不具备合成碘的能力，只能通过外界摄入。碘及碘化物从胃肠道吸收后，绝大部分碘离子被甲状腺摄取，血液中的碘以无机碘离子形式存在，唾液、胆汁、汗液、泪液及乳汁中也可见。碘及碘化物主要通过肾脏由尿排出，少部分由粪便排出。

【药理作用及作用机制】不同剂量的碘化物可对甲状腺功能可产生不同作用。

1. **小剂量碘促进甲状腺激素的合成**　碘是合成甲状腺激素所必需的重要原料之一，碘不足必将引起甲状腺激素合成的不足。小剂量碘可促进甲状腺激素的合成，故用于防治单纯性甲状腺肿。例如，在食盐中加入少量的碘化钾或碘化钠可有效防止发生单纯性甲状腺肿大。

2. **大剂量碘抑制甲状腺激素的释放**　大剂量碘可抑制谷胱甘肽还原酶，由于还原形谷胱甘肽的减少，可使甲状腺球蛋白水解时的二硫键无法还原为巯基，使得甲状腺球蛋白对蛋白水解酶不敏感，从而抑制甲状腺激素的释放。这是大剂量碘可迅速改善甲亢症状的主要原因。

3. **大剂量碘抑制TSH所致的腺体增生** 大剂量碘使得增生的甲状腺体缩小变硬、血管减少，有利于甲状腺手术的进行及减少术中的出血。

【临床应用】

1. **单纯甲状腺肿的预防和治疗** 正常人每天摄碘量为$100\sim160\,\mu g$，即可有效预防单纯甲状腺肿，在食盐中加入少量碘化钾或碘化钠是一种安全合理的方法。

2. **甲状腺功能亢进手术的术前准备** 硫脲类药物控制病情后，术前2周给予大剂量复方碘溶液可使甲状腺组织缩小、变韧，血管减少，有利于手术进行并减少术中出血。

3. **甲状腺危象的治疗** 大剂量碘化物或复方碘溶液与硫脲类药物联用可对甲状腺危象进行治疗。

【不良反应】

1. **一般反应** 药后出现口腔内金属味、呼吸道刺激症状、鼻窦炎、眼结膜炎、唾液分泌增多等。

2. **过敏反应** 过敏反应于用药后立即或几小时后迅速发生，主要表现为发热、血管神经性水肿、皮炎等，严重者出现上呼吸道水肿及严重喉头水肿等。一旦发生应立即停药，一般停药可自行消退。严重者需采用抗过敏治疗。碘过敏者禁用。

3. **诱发甲状腺功能紊乱** 长期服用会诱发甲亢，也可诱发甲状腺功能减退和甲状腺肿大。

4. **慢性碘中毒** 表现为咽喉及口腔烧灼感、唾液分泌增多、眼刺激症状等。

三、放射性碘

临床应用的放射性碘（radioiodine）是^{131}I，常用其钠盐，$t_{1/2}$为8天，用药后1个月其放射性可消除90%，56天消除可达99%以上。

【药理作用及机制】利用甲状腺对^{131}I的高度摄取作用，^{131}I可在甲状腺产生β射线（占99%）和γ射线（占1%）。β射线射程仅$0.5\sim2mm$，辐射作用只限于甲状腺内。^{131}I产生的β射线主要破坏甲状腺实质，使腺泡上皮破坏、萎缩，分泌减少，而很少波及周围组织。^{131}I产生的γ射线，能穿透组织，可在体外测得，用于测定甲状腺摄碘功能。

【临床应用】

1. **甲状腺功能亢进的治疗** ^{131}I仅适用于不宜手术或手术后复发及硫脲类无效或过敏者。由于个体对射线作用的敏感性有差异，故剂量不易准确掌握，部分患者需做多次治疗。一般用药后1个月见效，$3\sim4$个月后甲状腺功能恢复正常。

2. **甲状腺摄碘功能检查** 检查当日空腹服小剂量^{131}I，于服药后1、3、24小时分别测量甲状腺的放射性，用以计算摄碘百分率。

【不良反应】剂量过大易引起甲状腺功能低下，故应严格掌握剂量并密切观察有无不良反应。一旦发生甲减，需补充甲状腺激素。儿童甲状腺处于生长发育期，和妊娠期妇女一样，对辐射更为敏感。

四、β受体阻断药

β受体阻断药是甲亢及甲状腺危象时的辅助治疗药，适用于不宜应用抗甲状腺药、不宜手术及^{131}I治疗的甲亢患者。β受体阻断药的作用机制与阻断$β_1$受体降低心率、阻断中枢β受体减轻焦虑、抑制外周T_4脱碘转变为T_3等有关。临床上常用β受体阻断药与硫脲类药物联合用于术前准备，也可用于甲亢患者的治疗初期控制症状。甲亢伴有心力衰竭或哮喘的患者慎用。

知识拓展

　　碘分为放射性碘和非放射性碘，非放射性碘的分子量是127，叫作碘-127（即 ^{127}I）。除了碘-127，其他形式的碘都是有放射性的，包括 ^{131}I。2011年3月12日，受日本大地震影响，福岛县第一核电站发生严重的核辐射泄漏，主要泄露的物质为碘-131（即 ^{131}I），人体的甲状腺摄取后，在短时间内会对甲状腺造成放射性损伤。在核辐射发生后，日本政府向福岛核电站附近居民发放碘片，碘片含 ^{127}I，以降低放射性碘对人体的伤害。

目标检测

答案解析

一、单选题

1．下列不属于甲状腺激素临床应用的是（　　）

　　A．呆小症　　　　　　　　B．黏液性水肿　　　　　　C．单纯性甲状腺肿

　　D．甲状腺功能亢进　　　　E．T_3抑制试验

2．丙硫氧嘧啶抗甲状腺作用主要为（　　）

　　A．作用于甲状腺细胞膜受体　　　　　　B．作用于甲状腺细胞核受体

　　C．抑制甲状腺中酪氨酸的碘化及耦联过程　　D．抑制已合成的甲状腺素的释放

　　E．抑制促甲状腺素（TSH）的分泌

3．硫脲类药物最常见的不良反应是（　　）

　　A．肝脏毒性　　　B．过敏反应　　　C．粒细胞减少　　　D．胃肠道反应　　　E．甲状腺肿

4．下列不属于治疗甲状腺危象的药物是（　　）

　　A．大剂量碘　　　B．丙硫氧嘧啶　　　C．普萘洛尔　　　D．比索洛尔　　　E．小剂量碘

5．下列关于放射性碘的说法错误的是（　　）

　　A．可被甲状腺主动摄取

　　B．适用于不宜手术或手术后复发及硫脲类无效或过敏者

　　C．甲状腺功能检查

　　D．剂量过大导致甲状腺功能减退

　　E．可用于甲亢的内科治疗

6．下列不属于甲状腺激素的药理作用是（　　）

　　A．增强心脏对儿茶酚胺的敏感性　　B．促进生长发育　　　　C．维持血液系统功能正常

　　D．维持神经系统功能　　　　　　　E．促进代谢

7．患者，女，新生儿，体重轻、精神差、吃奶无力。经新生儿疾病筛查确诊为甲状腺功能低下，该患儿需使用的药物是（　　）

　　A．甲硫氧嘧啶　　　　　　B．卢戈液　　　　　　　C．甲巯咪唑

　　D．卡比马唑　　　　　　　E．甲状腺激素

8．女，40岁，患甲亢2年，需行甲状腺部分切除术，正确的术前准备是（　　）

　　A．术前2周给予丙硫氧嘧啶+普萘洛尔

　　B．术前2周给予丙硫氧嘧啶+小剂量碘剂

C. 术前2周给予丙硫氧嘧啶+大剂量碘剂

D. 术前2周给予丙硫氧嘧啶

E. 术前2周给予卡比马唑

患者，女，35岁。劳累后心慌、多汗、消瘦、易怒并伴随颈部增粗入院。诊断为甲状腺功能亢进。

9. 下列不属于抗甲状腺药的是（   ）

A. 甲状腺激素　　　　　　B. 硫脲类　　　　　　　　C. 碘剂

D. 放射性碘　　　　　　　E. β受体阻断药

10. 该患者内科治疗应选用的药物是（   ）

A. 甲状腺激素　　B. 卢戈液　　C. ¹³¹I　　D. 丙硫氧嘧啶　　E. 普萘洛尔

（11~13题共用备选答案）

A. 硫脲类　　　B. 大剂量碘　　C. ¹³¹I　　D. 普萘洛尔　　E. 小剂量碘

11. 甲状腺手术前与硫脲合用，可使得甲状腺体积缩小、血管减少，手术容易进行的是（   ）

12. 使甲状腺功能恢复或接近正常需使用（   ）

13. 适用于不宜手术或手术后复发及硫脲类无效或过敏者（   ）

二、简答题

1. 简述甲状腺激素的药理作用及临床应用。

2. 抗甲状腺药物有哪几类？其代表药有哪些？

（徐　露）

书网融合……

知识回顾　　微课　　习题

第三十三章　胰岛素及口服降血糖药

学习目标

知识要求：

1. 掌握胰岛素的药理作用、临床应用、不良反应及禁忌证；磺酰脲类、二甲双胍类药物的药理作用、临床应用及不良反应。

2. 熟悉胰岛素增敏剂、α-葡萄糖苷酶抑制剂的药理作用及临床特点。

3. 了解其他新型降血糖药物的作用特点。

技能要求：

1. 熟练掌握针对不同类型的糖尿病患者正确选择降血糖药的能力。

2. 学会降血糖药的用药咨询。

糖尿病（diabetes mellitus）是一种以慢性血浆葡萄糖（简称血糖）水平升高为特征的代谢性疾病。血糖升高的病理生理机制是胰岛素分泌的绝对或相对不足，其症状常为多食、多饮、多尿、体重减轻等。糖尿病的并发症可分为急性并发症和慢性并发症。急性并发症常可危及生命，如酮症酸中毒及非酮症性高渗综合征等。慢性并发症可引起一些重要靶器官如心、肾、眼、血管和神经系统等的损害，严重可引起器官功能障碍或衰竭。世界卫生组织（WHO）及国际糖尿病联盟（IDF）专家组将糖尿病分为了四型：1型（胰岛素依赖性糖尿病，IDDM）、2型（非胰岛素依赖性糖尿病，NIDDM）、妊娠糖尿病及其他特殊类型糖尿病。

目前糖尿病无法根治，患者需在饮食和运动疗法的基础上，再根据病情使用胰岛素或其他降血糖药进行终身的血糖控制。控制血糖的目的是为了纠正代谢紊乱、缓解或消除糖尿病症状，防止或延缓并发症的发生发展，最终达到延长寿命的目标。

第一节　胰岛素

📋 岗位情景模拟 27

患者，男，40岁。因"多尿、口干、多饮半年，加重1周"前往医院就诊。患者自述爱吃甜食，半年前出现"三多一少"症状，初期较轻，未重视，未治疗，近1周加重后遂来就诊。

患者半年减少体重5kg，并无其他不适症状。查体：身高175cm，体重85kg，血压132/80 mmHg，HR 80次/分。空腹血糖：9.1mmol/L，餐后2小时血糖：14.8mmol/L，糖化血红蛋白为8.5%，尿常规正常，电解质各指标正常。诊断为"2型糖尿病"。

问题与思考

1. 糖尿病应如何防治？
2. 2型糖尿病常用药物有哪些？

答案解析

胰岛素（insulin）是由胰岛B细胞分泌的一种酸性蛋白质，分子量为56kD。胰岛素以结晶形式存在于胰岛B细胞内，正常成人胰腺约含有8mg胰岛素。药用胰岛素一般由三种方式得到：①从猪或牛的胰腺提取；②通过重组DNA技术合成；③半人工合成的方式。胰岛素常用制剂的分类见表33-1-1。

表33-1-1　胰岛素的分类

类别	名称	给药方式	起效时间	达峰时间	药效维持
超短效	赖脯胰岛素	皮下	15~20分钟	0.5~1小时	4~5小时
短效	普通胰岛素	皮下、肌内、静脉	0.5~1小时	2~4小时	5~7小时
中效胰岛素	低精蛋白锌胰岛素	皮下	1~2小时	4~12小时	24小时
长效胰岛素	精蛋白锌胰岛素	皮下	3~4小时	14~20小时	24~36小时

【体内过程】胰岛素口服易被消化酶破坏，因此口服无效，必须注射给药。胰岛素主要经肝、肾水解而灭活，因此严重肝、肾功能不良的患者会影响其灭活，需根据情况调整胰岛素的用量。碱性蛋白如鱼精蛋白、珠蛋白与之结合，并加入使之稳定的微量锌，可使其等电点接近体液pH值，降低其溶解度，提高稳定性，最终使得胰岛素作用时间延长，成为中效或长效制剂。所有中、长胰岛素制剂均为混悬剂，注射前需摇匀，除了短效胰岛素（普通胰岛素）外，其他胰岛素不可静脉注射。

【药理作用及机制】胰岛素对代谢和促进生长方面具有重要影响。一般认为，胰岛素是通过与胰岛素受体结合而发挥作用的。胰岛素受体是细胞膜上的一种糖蛋白。胰岛素与其受体结合后，将通过多种途径产生一系列的生物学效应。

1. 对代谢的影响

（1）糖代谢　胰岛素可促进细胞膜对葡萄糖的转运，增加外周组织对糖的摄取。加速葡萄糖的酵解和氧化，促进糖原的合成和贮存，并抑制糖原分解和异生。使血糖的利用增加，来源减少，降低血糖。

（2）脂肪代谢　胰岛素可促进脂肪合成并抑制脂肪分解，减少游离脂肪酸和其代谢物酮体的生成。并可抑制脂肪酶，使脂肪分解减慢，促进脂肪酸进入细胞，促进脂肪合成及贮存。

（3）蛋白质代谢　加速氨基酸转运到细胞内，从而促进蛋白质的合成并抑制蛋白质的分解。

（4）钾离子转运　促进K$^+$内流入细胞，增加细胞内的K$^+$浓度。

2. 促生长作用　胰岛素的结构与一种名为胰岛素样生长因子（insulin-like growth factor，IGF）的多肽因子相似，IGF分为IGF-1和IGF-2。胰岛素可与各组织中的IGF-1受体结合，发挥促生长作用。

【临床应用】

1. 糖尿病　胰岛素是1型糖尿病最重要的药物，1型糖尿病患者需终生使用。胰岛素对胰岛素缺乏的各型糖尿病均有效。主要用于以下情况：①1型糖尿病；②经饮食和口服降血糖药治疗未获良好控制的2型糖尿病及重度2型糖尿病；③发生各种急性或严重并发症的糖尿病，如酮症酸中毒、非酮症性高渗性昏迷；④合并重症感染、消耗性疾病、高热、妊娠、创伤及手术的各型糖尿病。

2. **细胞内缺钾**　葡萄糖、胰岛素和氯化钾联合组成GIK液，可促进钾内流，纠正细胞内缺钾，用于防治心肌梗死或其他心脏病变时的心律失常。

【不良反应】

1. **低血糖**　低血糖是胰岛素最常见、最严重的不良反应。超短效和短效胰岛素容易使血糖迅速降低，若发生剂量过大、未按时进食或运动量过大的情况，患者容易出现饥饿感、心跳加快、出汗、焦虑、震颤等低血糖症状，严重者可出现低血糖休克甚至死亡。长效胰岛素因为降糖作用缓慢且平稳，较少出现低血糖不良反应。为了预防低血糖，患者应熟知低血糖的前兆或轻微症状，随身携带含葡萄糖的食品，以便不时之需。发生低血糖后，一般轻者可通过口服葡萄糖水恢复，严重者应立即静脉注射50%葡萄糖注射液20~40ml进行救治。

2. **过敏反应**　使用动物来源的胰岛素制剂最易出现过敏反应。过敏反应一般轻微而短暂，如皮疹、血管神经性水肿，偶见过敏性休克。一般情况下H_1受体阻断剂治疗便可消除症状，严重时需使用糖皮质激素治疗。换用高纯度胰岛素或人胰岛素可显著降低过敏反应。

3. **胰岛素耐受**　糖尿病患者应用超过常用量的胰岛素后未出现明显的低血糖反应，即发生胰岛素耐受，也叫胰岛素抵抗。通常将患者每日用量超过200U时称为胰岛素耐受现象。胰岛素耐受可分为急性耐受性和慢性耐受性。急性耐受常由情绪激动、创伤、感染、手术等引起。可在短时间内加大胰岛素用量，清除诱因后再恢复至常规剂量。慢性耐受性原因较复杂，可能与体内产生抗胰岛素抗体或靶细胞膜上胰岛素受体数量减少、敏感性下降有关。换用高纯度胰岛素或人胰岛素，并适当调整剂量可改善。尽量避免间断使用胰岛素。

4. **脂肪萎缩和增生**　胰岛素注射部位皮下脂肪萎缩，与胰岛素制剂纯度不高有关，需改用高纯度胰岛素减少该反应。脂肪增生多与长期反复同一部位注射有关，需更换给药部位注射。

🍎 **思政课堂**

　　1921年加拿大科学家费雷德里克·班廷从犬的胰腺中首次分离得到了胰岛素。班廷利用胰岛素成功挽救了1型糖尿病男孩兰纳德·汤姆森的生命。1923年，班廷因此获得诺贝尔医学奖。然而，面对人类对胰岛素的巨大需求，通过犬、牛、羊等动物胰腺提取的胰岛素显然是杯水车薪。因此人类试图通过人工的方法来合成胰岛素。1958年，中国科学院上海生物化学研究所，北京大学和中国科学院上海有机化学研究所的钮经义、龚跃亭、邹承鲁、杜雨苍、季爱雪、邢其毅、徐杰诚等科学家通力合作，经历了6年曲折过程，在遭遇了多次失败后，终于在1965年，世界上首次用人工方法合成具有生物活性的蛋白质——结晶牛胰岛素。结晶牛胰岛素仍然具有药理活性，可以直接给糖尿病患者注射来控制血糖。虽然它没有后来的重组及合成人胰岛素稳定，但是这却成为我国自然科学发展史上的一个重要里程碑，更是人类医学的一个突破性成果。

　　面临如此重大的科研项目，我国科学家表现出了敢想敢干、敢做难题、勇攀高峰、团队协作的精神。这种艰苦奋斗、不计名利和严谨求实的精神是我们应继承、发扬的。

第二节 口服降血糖药

本类人工合成的口服降血糖药具有口服有效，使用方便的特点，成为治疗2型糖尿病的主要药物。常用的口服降血糖药包括磺酰脲类、餐时血糖调节剂、双胍类、α-葡萄糖苷酶抑制剂和胰岛素增敏剂等。

一、磺酰脲类

磺酰脲类属于磺胺类化合物，共同结构为苯磺酰脲。根据侧链的不同结构，可分为三代：第一代磺酰脲类包括：甲苯磺丁脲、氯磺丙脲；第二代磺酰脲类包括：格列本脲、格列吡嗪、格列波脲、格列喹酮等；第二代较第一代的降血糖活性大数十倍至上百倍。第三代药物包括：格列齐特，不仅有降血糖作用，还具有抑制血小板聚集和甘油三酯合成等多种作用。

【药理作用】

1. **降血糖作用** 对正常人及胰岛功能尚存的糖尿病患者均有降血糖作用，但对严重糖尿病患者、胰腺完全失去功能或切除的糖尿病患者则无效。其作用机制主要为：①通过刺激胰岛B细胞释放胰岛素而发挥作用；②增强胰岛素作用：抑制胰岛素的代谢，提高靶细胞对胰岛素的敏感性，增强胰岛素受体的数目和亲和力，从而增强胰岛素的作用；③抑制胰高血糖素分泌：因增加了胰岛素和生长抑素的释放，间接抑制了胰高血糖素的分泌。

2. **抗利尿作用** 格列本脲、氯磺丙脲可通过促进抗利尿激素分泌并使其作用增强，发挥抗利尿作用，可用于尿崩症。

3. **抗血小板作用** 第三代磺酰脲类药格列齐特具有抑制血小板黏附、聚集作用，可有效防止微血栓形成。这可能对预防或减轻糖尿病患者微血管并发症有一定效果。

【临床应用】

1. **糖尿病** 应用于经饮食控制无效且胰岛功能尚存的2型糖尿病患者，对1型糖尿病患者无效。与胰岛素或双胍类药物合用产生协同作用。

2. **尿崩症** 氯磺丙脲、格列本脲可明显减少尿崩症患者尿量，与氢氯噻嗪联用可提高疗效。

【不良反应】

1. **胃肠道反应** 较常见，主要表现为食欲下降、恶心、呕吐、胃痛和腹泻，减少剂量或继续服药可消失。

2. **低血糖** 较严重的为氯磺丙脲和格列苯脲引起的低血糖反应。严重、持久性的低血糖可引起不可逆的脑损伤或死亡。老年患者和肝肾功能不良者因代谢和排泄能力降低，更易发生低血糖。因此，禁用于老年患者和肝肾功能不良的糖尿病患者。

3. **肝损伤及黄疸** 少数患者可出现，常于服药后1~2个月内发生，需定期检查血常规和肝功能。

4. **其他** 可出现皮疹或红斑等过敏反应；精神错乱、嗜睡、眩晕、共济失调等中枢神经系统症状等。

二、餐时血糖调节剂

餐时血糖调节剂的作用与磺酰脲类相似，是一类新型促胰岛素分泌的药物，主要通过快速促进胰岛素的分泌来发挥作用。起效快，作用时间短（2~4小时），需餐前服用，尤其适合餐后血糖高的2型糖尿病患者。代表药物为瑞格列奈、那格列奈、米格列奈等。

瑞格列奈

瑞格列奈（repaglinide）在1998年作为"第一个餐时血糖调节剂"上市，是一种促胰岛素分泌剂，通过刺激胰岛分泌胰岛素来发挥作用。由于其促分泌作用快于磺酰脲类，故较磺酰脲类能更好地控制餐后血糖。瑞格列奈通常在餐前15分钟服用。临床上主要用于经饮食和运动不能控制或其他降糖药控制不佳的2型糖尿病患者，尤其适合有胰岛素抵抗的糖尿病患者，并能预防糖尿病引起的心血管并发症等，与双胍类药物联用可以发挥协同作用。

瑞格列奈的安全性较好，较少发生低血糖等不良反应，且低血糖的发生率比磺酰脲类低。主要不良反应有胃肠道反应，如恶心、呕吐、腹痛、腹泻和便秘等。

三、双胍类

双胍类的常用药物有二甲双胍（metformin，甲福明）和苯乙双胍（phenformin，苯乙福明）。目前临床上唯一使用的双胍类药物是二甲双胍。二甲双胍口服吸收快，2小时达血药峰浓度，$t_{1/2}$约1.5小时，临床药效维持8小时以上，不与血浆蛋白结合，几乎全部以原形经肾排出。肾功能损害者及老年人慎用。

【药理作用】双胍类能明显降低糖尿病患者血糖水平，但对正常人的血糖无影响。其作用机制与磺酰脲类及餐时血糖调节剂不同，不能刺激胰岛 B 细胞分泌胰岛素，而是促进组织对葡萄糖的摄取，增加肌肉组织中糖的无氧酵解，抑制葡萄糖在肠道吸收和糖异生，抑制胰高血糖素的释放等。

【临床应用】主要用于轻、中度2型糖尿病患者，尤其是肥胖、单用饮食控制血糖仍不佳者。

【不良反应】双胍类药物的不良反应主要为胃肠道反应，多见于用药初期，表现为厌食、恶心、呕吐、腹泻、口中有金属味等。该类药能增加糖的无氧酵解，乳酸生成增加，出现乳酸性酸中毒，可危及生命。大剂量使用时更易发生。肝、肾功能不全，慢性心功能不全和尿酮体阳性者等应禁用。苯乙双胍的乳酸性酸中毒发生率较高，已淘汰。二甲双胍不易发生。

四、α- 葡萄糖苷酶抑制剂

目前临床上常见的有阿卡波糖、伏格列波糖和米格列醇等。该类药口服难以吸收，与食物同服后，可以抑制肠道 α-葡萄糖苷酶发挥作用，抑制碳水化合物的水解，延缓葡萄糖的吸收，从而降低餐后血糖。

阿卡波糖

阿卡波糖（acarbose）对餐后血糖的降低作用最为明显，主要用于轻、中度2型糖尿病患者及老年患者，尤其是空腹血糖不高，餐后血糖高的患者。

主要不良反应为胃肠道反应，表现为腹胀、腹痛、肛门排气增多、腹泻或便秘。阿卡波糖单用不引起低血糖，但可增强胰岛素或其他口服降血糖药的作用而导致低血糖，需使用葡萄糖解救。

五、胰岛素增敏药

胰岛素增敏剂为噻唑烷酮类化合物，包括吡格列酮（pioglitazone）、罗格列酮（rosiglitazone）等，能改善胰岛 B 细胞功能和患者的胰岛素抵抗状态，增强胰岛素的敏感性，对2型糖尿病及其心血管并发症均有明显疗效。

临床主要用于治疗胰岛素抵抗和2型糖尿病。该类药物安全性较高，低血糖发生率低。主要不良反应有体重增加、嗜睡、水肿、头痛、消化道症状等。

课堂互动 33-1

常用降糖药有哪几类?

答案解析

第三节　其他新型降血糖药

近年来，不少新型降糖药物陆续上市，如GLP-1受体激动剂、DPP-4抑制剂、SGLT-2抑制剂等。这些新型降糖药在疗效上降糖作用显著，并且在减少低血糖等不良反应方面更具有优势，为糖尿病患者提供了更多的用药选择。

一、胰高血糖素样肽-1激动剂

胰高血糖素样肽-1（glucagons like peptide 1，GLP-1）是由肠黏膜L细胞合成分泌的。GLP-1的主要作用为：以葡萄糖依赖的方式作用于胰岛B细胞，促进胰岛素的合成和分泌；刺激B细胞的增殖和分化，抑制凋亡，增加胰岛B细胞数量；抑制胰高血糖素分泌；促进生长抑素分泌；抑制食欲与摄食；延缓胃内容物排空等。胰高血糖素样肽-1激动剂可以结合并长效激动GLP-1受体，产生与GLP-1相似的作用。

艾塞那肽

艾塞那肽（exenatide）需皮下给药，可以显著降低2型糖尿病患者血糖，单独使用不易引起低血糖，安全性较高，也可与其他降糖药联用。艾塞那肽还具有显著降低体重的作用，尤其适合于伴有肥胖的2型糖尿病患者。常见不良反应为轻、中度胃肠道反应，多见于初期治疗，随治疗时间延长将逐渐消失。

知识拓展

在美国西南部和墨西哥北部的沙漠地区，生长着一种被称为"美国本土最毒"的蜥蜴——希拉毒蜥。希拉毒蜥是名副其实的"大胃王"，一顿可吃下自身体重一半重量的食物，但这种暴饮暴食却没有让它的代谢系统崩溃。它的毒液可以使人产生剧烈的疼痛、恶心、呕吐，甚至患上胰腺炎。纽约所罗门·波尔森研究实验室的约翰·恩博士对这种蜥蜴的毒液产生了极大的兴趣，她希望能在希拉毒蜥的毒液中发现一些新化合物。采用化学标记法，约翰·恩博士从希拉毒蜥的毒液中找到了一种新激素，将其命名为Exendin-4，它的结构与人体内的GLP-1（胰高血糖素样肽-1）相似，也具备调节体内血糖的能力。约翰·恩博士将其进一步开发成2型糖尿病的新型治疗方法。Exendin-4现在被称为艾塞那肽，目前已可人工合成。

2005年4月，FDA批准艾塞那肽上市，用于口服降糖药无法控制的2型糖尿病患者的血糖辅助控制，在2009年批准艾塞那肽作为独立降糖疗法，2011年批准作为甘精胰岛素的附加疗法。2009年8月，艾塞那肽在我国获批上市，开始在我国广泛使用。

二、二肽基肽酶抑制剂

由于 GLP-1 在体内可迅速被二肽基肽酶-4（dipeptidyl peptidase IV，DPP-IV）降解而失去生物活性，$t_{1/2}$ 不到 2 分钟，大大限制了其发挥作用。DPP-4 抑制剂则能通过抑制 GLP-1 在体内的降解，发挥降糖作用。

西他列汀

西他列汀（sitagliptin）是第一个经 FDA 批准上市的 DPP-4 抑制剂。口服西他列汀能显著抑制 DPP-4 活性，减少 GLP-1 的降解，发挥降血糖效应，有效降低空腹和餐后血糖，且能降低体重，适用于 2 型糖尿病的治疗。西他列汀安全性较好，不易发生低血糖的风险。主要不良反应为头痛、鼻咽不适、神经源性炎症、免疫反应、急性胰腺炎等。

三、SGLT-2 抑制剂

SGLT-2 抑制剂，又称为钠-葡萄糖协同转运蛋白 2（sodium-dependent glucose transporters 2，SGLT-2）抑制剂。肾脏对葡萄糖的重吸收，主要通过钠-葡萄糖共转运蛋白 2（SGLT-2）完成。SGLT-2 抑制剂则是通过抑制肾脏对葡萄糖的重吸收，促进过量的葡萄糖从尿液中排出而降低血糖。

目前常用的 SGLT-2 抑制剂有达格列净、卡格列净、恩格列净、依格列净、鲁格列净以及托格列净等。该类药只有在血糖超过肾糖阈时，才发挥降糖效果。由于该药不是通过刺激胰岛素分泌而降糖的，因次不会产生低血糖的不良反应。另外，SGLT-2 抑制剂抑制了过多的葡萄糖进入肾小管细胞，还能减少肾小球的损伤，从而发挥肾脏保护作用，特别适合糖尿病合并肾病患者。

目标检测

答案解析

一、单选题

1. 胰岛素最常见、最严重的不良反应是（　　）
   A. 过敏反应　　　B. 胰岛素抵抗　　　C. 脂肪增生　　　D. 低血糖　　　E. 脂肪萎缩

2. 抢救糖尿病急性并发症酮症酸中毒，应选择（　　）
   A. 低精蛋白锌胰岛素　　　B. 珠蛋白锌胰岛素　　　C. 精蛋白锌胰岛素
   D. 普通胰岛素　　　E. 甘精胰岛素

3. 经饮食和口服降糖药治疗未能控制的 2 型糖尿病伴肥胖患者可选用（　　）
   A. 胰岛素　　　B. 二甲双胍　　　C. 格列本脲　　　D. 阿卡波糖　　　E. 罗格列酮

4. 胰岛素能纠正（　　）
   A. 细胞外缺钠　　　B. 细胞内缺钠　　　C. 细胞内缺钙　　　D. 细胞外缺钾　　　E. 细胞内缺钾

5. 磺酰脲类药物的主要降糖机制是（　　）
   A. 刺激胰岛 B 细胞释放胰岛素　　　　　　B. 抑制胰高血糖素的分泌
   C. 抑制胰岛素代谢　　　　　　　　　　　D. 降低胰岛素和血浆蛋白的结合率
   E. 抑制葡萄糖的吸收

6. 下列属于胰岛素增敏剂的是（　　）

　　A．瑞格列奈　　　　B．格列齐特　　　　C．罗格列酮　　　　D．阿卡波糖　　　E．艾塞那肽

7．使用降糖药的过程中出现心悸、无力、饥饿等症状，应立即给予（　　）

　　A．胰岛素　　　　　B．葡萄糖　　　　C．格列喹酮　　　　D．瑞格列奈　　　E．罗格列酮

8．患者，女，44岁，2型糖尿病患者，空腹血糖不高，餐后血糖高，宜选药物是（　　）

　　A．阿卡波糖　　　　B．氯磺丙脲　　　C．二甲双胍　　　　D．胰岛素　　　　E．苯乙双胍

9．患者，男，62岁，肥胖，因出现三多一少症状就诊，诊断为2型糖尿病，宜选用（　　）

　　A．胰岛素　　　　　B．格列本脲　　　C．罗格列酮　　　　D．格列齐特　　　E．艾塞那肽

（10~12题共用题干）

　　患者，男，22岁，无疾病史，月初感冒后突发呕吐3天，呼气大蒜臭味，乏力明显加重住院。经查血糖、尿常规显示：血糖26.2mmol/L，尿糖（+++），尿酮体（+++）。

10．该患者考虑为（　　）

　　A．1型糖尿病合并慢性并发症　　　　　　B．1型糖尿病合并急性并发症

　　C．2型糖尿病合并慢性并发症　　　　　　D．2型糖尿病合并急性并发症

　　E．以上均不正确

11．该患者应使用的药物是（　　）

　　A．胰岛素　　　　　B．艾塞那肽　　　C．格列喹酮　　　　D．格列美脲　　　E．瑞格列奈

12．为快速缓解并发症，所选药物的给药方式是（　　）

　　A．口服　　　　　　B．皮下注射　　　C．肌内注射　　　　D．静脉滴注　　　E．吸入

（13~15题共用备选答案）

　　A．吡格列酮　　　　B．格列本脲　　　C．二甲双胍　　　　D．阿卡波糖　　　E．罗格列酮

13．可治疗尿崩症的降糖药是（　　）

14．通过促进组织对葡萄糖摄取和利用发挥作用的药物是（　　）

15．通过抑制α-葡萄糖苷酶，减少葡萄糖吸收的药物是（　　）

二、简答题

简述胰岛素的药理作用和临床应用。

（徐　露）

书网融合……

知识回顾　　　　微课　　　　习题

PPT

学习目标

知识要求：

1. 掌握双膦酸盐类、雌激素、鲑鱼降钙素、甲状旁腺激素的药理作用、临床应用及不良反应。

2. 熟悉钙剂、维生素D的药理作用、临床应用。

3. 了解雄激素及同化激素类的临床应用。

技能要求：

熟练掌握开展抗骨质疏松相关药物的咨询工作，具有正确指导患者合理用药的能力。

骨质疏松（osteoporosis，OP）是一种以低骨量、骨组织微结构破坏为表现的病理生理现象，易引发骨脆性增加、骨折为特点的全身性骨病。骨质疏松分为三种类型：原发性、继发性和特发性骨质疏松。原发性骨质疏松症分为Ⅰ型和Ⅱ型，Ⅰ型常见于绝经不久的妇女，由破骨细胞介导，与小梁骨快速丢失、雌激素减少有关；Ⅱ型常见于65岁后患者，与年龄增长、慢性缺钙有关。继发性骨质疏松常由多种疾病或药物引起，疾病如库欣综合征、甲亢、糖尿病、类风湿关节炎；药物如糖皮质激素、甲状腺激素、抗癫痫药等原因引起。特发性骨质疏松多发生于8~14岁青少年，女性高于男性，一般有骨质疏松家族史。

骨质疏松一旦引起骨折的发生，患者的生活质量将明显下降，致死率和致残率将显著增加。骨质疏松性骨折是可防可治的，预防比治疗更为重要。根据抗骨质疏松药的作用机制，该类药物分为三大类：骨吸收抑制药、骨形成促进药和骨矿化促进药。

👐 **课堂互动 34-1**

骨质疏松有哪些症状？

答案解析

第一节 骨吸收抑制药

患者，女，72岁，双腿酸痛1个月，走路加重，爬楼时加剧。遂进行X线和骨密度检测：X线发现骨质透光度增加、骨小梁减少；骨密度检测结果显示骨量减少，诊断为骨质疏松。医生给予阿仑膦酸钠维D_3片，口服，每周1次，每次1片。3个月后复查。

问题与思考

1. 阿仑膦酸钠维D_3是什么药？为什么可以治疗骨质疏松？
2. 治疗骨质疏松的意义是什么？

答案解析

一、双膦酸盐类

磷酸盐是骨的重要组成部分，双膦酸盐（Bisphosphonates，BPs）于1865年第一次被人工合成，是一种具有酶抑制作用的焦磷酸盐类似物，也是目前临床上应用最为广泛的抗骨质疏松药物。双膦酸盐将焦磷酸盐中易被水解的P-O-P结构替换为双膦酸盐的活性基本结构P-C-P。双膦酸盐类药物主要分为三代：第一代有依替膦酸、氯屈膦酸，其结构中不含氮，药物活性和结合力较弱；第二代有阿仑膦酸、帕米膦酸，选择性强，其效价为第一代的10~100倍；第三代药物为利塞膦酸、唑来膦酸等，效价为第一代的500~10000倍，被认为是更具临床优势的抗骨吸收药物。双膦酸盐类药物的分类见表34-1-1。

表34-1-1 双膦酸盐类药物分类及特点

划代	药品名称	结构特点	抗骨吸收强度
第一代	依替膦酸	不含氮	1
	氯屈膦酸		10
第二代	帕米膦酸	含氨基、含氮	100
	阿仑膦酸		1000
第三代	利塞膦酸	杂环、含氮	5000
	唑来膦酸		20000
	斯孟膦酸		9000~10000

依替膦酸盐

依替膦酸盐（etidronate）是第一代BPs，由于依替膦酸盐化学结构上不含有"氮"元素，抗骨吸收活性相对较低。

【体内过程】 口服后生物利用度为1%~6%，由于吸收易受食物和Ca^{2+}的影响，故餐前或餐后2小时服用有利于充分吸收。血浆蛋白结合率为5%，在人体中主要分布于骨骼和肾脏，血浆$t_{1/2}$为2~6小时。由于其在骨表面可保留数月甚至数年，因此在骨中的$t_{1/2}$可长达数月至数年。8%~16%药物经尿液排出，82%~94%经粪便排出。

【药理作用】依替膦酸盐通过特异的与骨质中的羟膦灰石结合，抑制破骨细胞功能，达到抑制骨吸收的作用。

【临床应用】用于绝经后骨质疏松症和增龄性骨质疏松症。

【不良反应】主要表现为腹部不适、腹泻、便软、呕吐、口炎、咽喉灼热感、头痛、皮肤瘙痒、皮疹等症状。若大剂量使用反而抑制骨矿化，长期或大剂量使用还会导致骨脆性增加，骨折发生率上升。

阿伦膦酸盐

阿伦膦酸盐（alendronate）为含"氮"的双膦酸盐，抑制骨吸收更为高效，对骨吸收和骨矿化的抑制比为1000:1，大剂量也不易影响骨矿化，是目前为止循证证据最多、使用最广的双膦酸盐类药物。临床主要用于治疗绝经后妇女的骨质疏松症，能有效预防髋部和脊柱骨折（椎骨压缩性骨折）以及通过增加骨量治疗男性骨质疏松。主要不良反应是轻度消化道刺激、皮疹、红斑等。过敏者、低钙血症、孕妇、哺乳期妇女禁用。

二、雌激素类

女性绝经后骨质疏松的发生与体内雌激素水平的降低有密切关系，另外雌激素对调节男性骨代谢也发挥着重要作用。雌激素类药物包括天然类和人工合成类。天然雌激素是人和动物体内天然存在的激素，包括戊酸雌二醇、17β-雌二醇、结合雌激素等。人工合成雌激素为与雌二醇结构相似的类固醇衍生物和结构简单的同型物，包括替勃龙、尼尔雌醇、炔雌醇等。

【药理作用】雌激素可以抑制骨吸收，有效预防绝经后的骨丢失，增加骨密度，延缓骨质疏松的发展，从而降低骨折的风险。雌激素确切的作用机制仍不明确，目前认为可通过以下途径发挥作用：①通过受体途径直接调节破骨细胞的骨吸收和成骨细胞的骨形成。②促进成骨细胞的增殖、分化及其基质金属蛋白的合成。

【临床应用】雌激素是防治原发性Ⅰ型骨质疏松的首选药，此疗法也称作雌激素替代疗法。雌激素能有效降低骨质疏松妇女在脊柱、髋骨等部位的骨折风险，还能降低无低骨量妇女发生骨质疏松的风险。对于男性骨质疏松患者，在使用雄激素的同时，还可配合小剂量的雌激素进行治疗，帮助维持骨量和提高骨密度。

【不良反应】长期大剂量应用易导致女性子宫内膜增生、子宫出血，并增加罹患乳腺癌、子宫内膜癌、深静脉血栓、肺栓塞的风险。由于雌激素主要经肝脏代谢，故肝功能不全者慎用。

戊酸雌二醇

戊酸雌二醇（Estradiol valerate）是人体天然雌激素17β-雌二醇的前体，口服后经过肝脏代谢脱去戊酸基才能发挥生物活性。临床用于补充雌激素不足的症状，可改善围绝经期综合征，降低绝经期妇女骨质疏松与心血管疾病的发生率。常见不良反应有恶心、头痛、腹痛、皮疹、体重增加或降低、子宫或阴道出血等。

替勃龙

替勃龙（tibolone）为组织选择性雌激素活性调节剂，其自身无活性，在体内代谢产生的三种代谢物可与雌激素、孕激素、雄激素受体不同程度地结合，故兼有雌激素、孕激素和雄激素三种活性。替勃龙可通过激动骨骼雌激素受体，降低破骨细胞活性，保持骨吸收和骨形成间的平衡。主要用于绝经后各种症状及骨质疏松症的防治。本药不良反应发生率极低，偶有体重变化、眩晕、皮脂分泌过多、头痛、肠胃不适、阴道出血等。

三、其他药物

鲑鱼降钙素

降钙素（calcitonin）是人体甲状腺滤泡旁细胞正常分泌的具有调节钙代谢作用的三大激素之一，也最早用于治疗骨质疏松的骨吸收抑制剂之一。鲑鱼、鳗鱼、猪、牛、羊、人等都是降钙素的来源。目前临床使用的降钙素主要来自于合成的人降钙素和鲑鱼降钙素、提取的猪降钙素等。鲑鱼降钙素是几种不同来源降钙素中骨代谢激素活性最高的一种。

【体内过程】肌内或皮下注射生物利用度约为70%，1小时后达到药物峰浓度，半衰期70~90分钟，蛋白结合率为30%~40%，95%经肾脏排出。

【药理作用】鲑鱼降钙素通过激动骨骼、肾脏、肠道的降钙素受体，降低血钙。

1. **抑制破骨细胞**　通过与破骨细胞表面特异受体结合，可迅速抑制破骨细胞的活性，减缓骨吸收的速度。

2. **促进骨形成和矿化**　鲑鱼降钙素通过提高成骨细胞碱性磷酸酶的活性和骨钙素的表达来发挥作用。

3. **改善骨痛**　骨质疏松引发的骨痛及疼痛所致的功能受限是骨质疏松症临床最常见的症状。鲑鱼降钙素可明显改善骨质疏松引起的疼痛，包括自发性及运动性疼痛，改善患者的生活质量。

【临床应用】鲑鱼降钙素主要用于骨质疏松性疼痛、变形性骨炎、高转换型骨质疏松症、急性高钙血症或高钙血症危象等。临床上治疗骨质疏松可单用鲑鱼降钙素，也可与双膦酸盐、钙剂、维生素D等联合使用。

【不良反应】常见恶心、呕吐、头晕和面部潮红等，其发生常与剂量相关。偶见多尿和寒战，罕见过敏反应。

第二节　骨形成促进药

一、甲状旁腺激素

甲状旁腺激素（parathyroid hormone，PTH）是由甲状旁腺分泌的由84个氨基酸残基组成的直链多肽分子。甲状旁腺激素不仅是人体内重要的钙、磷调节因子，还是机体维持钙、磷平衡的主要激素。临床应用的甲状旁腺激素主要来自于牛副甲状腺或通过基因工程重组技术得到。

【药理作用】甲状旁腺激素可调节骨的合成和分解代谢，具有成骨和破骨的双重调节作用，从而维持正常骨量和骨代谢。骨质疏松患者体内甲状旁腺激素分泌异常，造成骨形成和吸收的不平衡。适当补充外源性甲状旁腺激素可以促进骨的增殖与分化，从而促进新骨形成。

【临床应用】适用于女性绝经后的骨质疏松及男性骨质疏松症，以及甲状旁腺功能减退症等。

【不良反应】可引起过敏、头疼、恶心、腿抽搐、轻度高血钙和高尿酸血症等。由于有过敏反应，用药前应做皮试加以预防，用药期间还应测定血钙浓度。

二、锶盐

锶与骨骼的形成密切相关，还是人体骨骼及牙齿的主要组成部分。锶不仅能促进骨骼发育和类骨质的形成，还能调节 Ca^{2+} 的代谢。

雷奈酸锶

雷奈酸锶（strontium ranelate，SR）是一种新型抗骨质疏松药物，具有促进骨形成、减少骨吸收的双重药理作用。一方面在成骨细胞富集的细胞中，雷奈酸锶能增加胶原蛋白与非胶原蛋白的合成，通过增强前成骨细胞的增殖而促进成骨细胞介导的骨形成。另一方面，能剂量依赖地抑制前破骨细胞的分化，从而抑制破骨细胞介导的骨吸收。临床主要用于治疗绝经后骨质疏松症及男性骨质疏松症，以降低椎体和髋部骨折的风险。雷奈酸锶安全性较高，无严重不良反应。

第三节　骨矿化促进药

一、钙剂

钙是骨质矿化的主要原料，有了足够的钙才能有效地发挥维生素 D_3 的催化效果，达到增强骨质正常钙化的作用。临床常用的钙剂包括以下两类：①无机钙类：碳酸钙、磷酸钙等，该类药水溶性小，含钙量高，价格低廉，也是目前应用最广的钙剂；②有机钙类：葡萄糖酸钙、柠檬酸酸钙、醋酸钙、乳酸钙等，该类药水溶性好，胃肠刺激小。

钙剂主要用于佝偻病、软骨病的治疗，是治疗骨质疏松的基础药物，也适用于绝经后妇女及钙摄入不足的患者，用以预防骨丢失和骨折的发生。钙剂不良反应较小，主要不良反应为过量使用引起的高钙血症、泌尿系统结石、便秘等。

二、维生素类药及其活性代谢物

维生素D

维生素D（vitamin D）是一种脂溶性维生素，主要来自机体皮肤内的合成，分为维生素 D_2（麦角骨化醇，ergocalciferol）和维生素 D_3（胆骨化醇，cholecalciferol）两大类。维生素D本身无活性，在体内代谢后转换成活性代谢产物骨化三醇（calcitriol）和阿法骨化醇（alfacalcidol）发挥作用。

【药理作用】维生素D经血液循环后到达靶器官，如小肠、骨骼和肾脏，分别与上述器官的维生素受体结合后可发挥效应。其药理作用主要有：①促进小肠对钙磷的吸收，其代谢活性产物可以促进肾小管重吸收磷和钙；②抑制甲状旁腺激素过度分泌造成的骨吸收增强和促进破骨细胞增殖的作用；③提高成骨细胞功能；④控制细胞的分化和生长；⑤与甲状旁腺激素协同维持血浆钙磷平衡。

【临床应用】维生素D主要用于预防和治疗维生素D缺乏症，如佝偻病、骨软化病、低钙血症、低磷血症等，还可用于一些药物如糖皮质激素、肝素等引起的骨质疏松。维生素D是治疗骨质疏松的基础药物，常与钙剂合用增强疗效。

【不良反应】维生素D的不良反应主要是过量使用引起的中毒。主要表现为恶心、呕吐、上腹不适等消化系统症状。严重时还出现烦躁不安、嗜睡、昏迷等精神症状。一旦出现中毒症状，应立即停用，并对症处理。

阿法骨化醇

阿法骨化醇（alfacalcidol）为维生素D_3的体内活性代谢物，在体内存在量极少，只能通过人工合成得到。在老年或肾病骨质疏松患者中，由于肾1α-羟化酶逐年减少，引起体内维生素D无法羟化而降低活性。即使给予以上患者维生素D也不能完全纠正其体内维生素D活性不足的状态。由于阿法骨化醇无需经过肾1α-羟化酶羟化，即使肾功能降低也不影响其作用。所以阿法骨化醇尤其适合骨质疏松的老年患者或肾病患者。

骨化三醇

骨化三醇（calcitriol）也为维生素D_3的体内活性代谢物，无需经过肝和肾脏羟化激活，可以直接与维生素受体结合发挥作用。骨化三醇来自人工合成，在肠道被快速吸收，生物利用度高于阿法骨化醇。骨化三醇适合肝肾功能不全的人群，尤其是老年人及先天性缺乏活性维生素D的人群。

维生素K

天然维生素K（vitamin K）包括维生素K_1和K_2，维生素K_1也叫叶绿醌（phylloquinone）由植物合成，在绿色蔬菜及动物肝脏中含量较高；维生素K_2也叫甲基萘醌（menaquinone）由微生物合成，在发酵的食物中含量较高；除此以外，人体肠道菌群也可以合成维生素K_2。维生素K_2具有高生物活性。食物中摄入的维生素K_1需在体内代谢转化为维生素K_2来发挥作用。

维生素K除了有促凝血作用外，还在骨代谢及多个环节发挥作用。维生素K可以通过改善骨微观形态和矿化结晶度增强骨强度，同时还可抑制骨吸收。维生素K可改善骨质疏松症患者的骨量和疼痛。有皮疹、皮肤发红、瘙痒等不良反应。

📖 知识拓展

每年的10月20日是世界骨质疏松日，其宗旨是为那些对骨质疏松症防治缺乏足够重视的人民大众进行普及教育和信息传递。WHO已将骨质疏松症与糖尿病、心血管疾病共同列为影响中老年人身体健康的三大"杀手"。骨质疏松的预防比治疗更为重要。对于每个人来说，在出现骨质疏松的症状之前就需要进行早期评估、预防或治疗。若不积极预防，等到骨折发生时治疗已相当棘手。对于绝经前的妇女和70岁前的男性而言，每天需要补充1000~1200mg的钙；

绝经后的妇女和70岁以上的男性每天需要补充1200~1500mg的钙。除此以外，人们每天还需摄入800~1000IU的维生素D；摄入足量的绿色蔬菜，以补充维生素K；经常锻炼，强健骨骼；戒烟戒酒。亚洲女性是骨质疏松症的高危人群。预防骨质疏松要从年轻时就开始，通过平衡饮食、规律运动和健康的生活习惯来提高骨密度，降低未来骨质疏松的风险。

目标检测

答案解析

一、单选题

1. 骨质疏松最大危害是（　　）

   A. 便秘　　　　　　B. 骨折　　　　　　C. 骨痛　　　　　　D. 骨骼畸形　　　　　　E. 身高变矮

2. 下列药物中，属于骨吸收抑制药的是（　　）

   A. 钙剂　　　　　　B. 维生素D　　　　　C. 维生素K　　　　　D. 双膦酸盐　　　　　E. 甲状旁腺素

3. 兼有雌激素、孕激素和雄激素的活性的药物是（　　）

   A. 雷奈酸锶　　　　B. 替勃龙　　　　　　C. 戊酸雌二醇　　　　D. 维生素K　　　　　E. 阿法骨化醇

4. 下列不属于骨矿化促进药的是（　　）

   A. 维生素D　　　　B. 骨化三醇　　　　　C. 雷奈酸锶　　　　　D. 维生素K　　　　　E. 钙盐

5. 患者，女，75岁，骨质疏松伴有中度肾功能不全，适合的药物是（　　）

   A. 维生素D_3　　　B. 维生素D_2　　　C. 维生素K_1　　　D. 骨化三醇　　　　　E. 维生素K_2

6. 患者，男，80岁，骨质疏松伴有明显疼痛，适合的药物是（　　）

   A. 降钙素　　　　　B. 双膦酸盐　　　　　C. 阿法骨化醇　　　　D. 维生素K　　　　　E. 钙盐

（7~9题共用备选答案）

   A. 雷奈酸锶　　　　B. 戊酸雌二醇　　　　C. 阿法骨化醇　　　　D. 钙剂　　　　　　　E. 维生素K

7. 属于骨吸收抑制剂的是（　　）

8. 属于骨形成促进药的是（　　）

9. 属于维生素D活性代谢物的是（　　）

二、简答题

简述抗骨质疏松药的分类及代表药。

（徐　露）

书网融合……

知识回顾　　　微课　　　习题

PPT

学习目标

知识要求：

1. 掌握抗菌药物常用术语、抗菌药作用机制、细菌耐药性。
2. 熟悉抗菌药物合理应用原则。
3. 了解机体、抗菌药物与病原体三者间的相互关系。

技能要求：

学会应用药理学知识分析解释抗菌药物的作用机制、耐药性的产生机制，具备提供用药咨询服务的能力。

第一节 抗菌药物常用术语

　　抗微生物药物是一类对体内外病原微生物具有抑制甚至杀灭作用的药物，主要包括抗菌药物、抗病毒药物和抗真菌药物等。抗菌药物是一类对细菌具有抑制或杀灭作用的药物，包括抗生素和人工合成抗菌药物。应用抗菌药物防治感染性疾病时，要充分考虑机体、药物和病原体三者之间的关系（图35-1-1）。抗菌药物发挥抗菌作用的同时，细菌可能对药物产生一定的耐药性；抗菌药物防治疾病的同时，也会出现不良反应。因此，理想的抗菌药物应具有对细菌有较高的选择性，而对机体则几乎无毒副作用，且不易产生耐药性等特点。

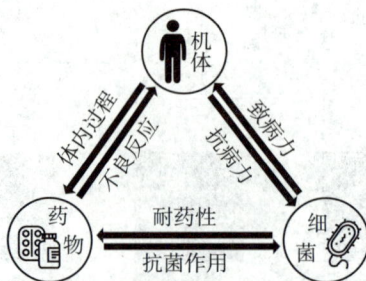

图35-1-1　机体、药物和病原体三者之间的关系

　　1. **抗生素**（antibiotics）　抗生素是由某些微生物在生活过程中产生的，能够抑制或杀灭其他微生物的物质。抗生素包括天然抗生素（由微生物产生）和人工半合成抗生素（对天然抗生素结构改造获

得）两类。

2. 抗菌谱（antibacterial spectrum） 抗菌谱是指抗菌药的抗菌范围，是临床选药的基础。广谱抗菌药对多种病原微生物均有抑制或杀灭作用，如四环素类、氯霉素类抗生素等。窄谱抗菌药仅对某单一菌种或单一菌属病原微生物有效，如异烟肼仅对结核分枝杆菌有效，而对其他细菌无效。

3. 抑菌药（bacteriostatic drug） 抑菌药是指具有抑制病原菌生长繁殖而无杀灭作用的药物，如磺胺类药物、四环素类抗生素等。

4. 杀菌药（bactericidal drug） 杀菌药是指具有杀灭病原菌作用的药物，如青霉素类、头孢菌素类、氨基糖苷类抗生素等。

5. 抗菌活性（antimicrobial activity） 抗菌活性是指药物抑制或杀灭病原菌的能力，通常用最低抑菌浓度和最低杀菌浓度来衡量。最低抑菌浓度（minimal inhibitory concentration，MIC）是指在体外试验中，药物能够抑制培养基内细菌生长的最低浓度。最低杀菌浓度（minimal bactericidal concentration，MBC）是指在体外试验中，药物能够杀灭培养基内细菌的最低浓度。

6. 抗生素后效应（post antibiotic effect，PAE） 抗生素后效应是指细菌与抗生素短暂接触后，抗生素浓度下降，低于MIC或消失后，细菌生长仍受到持续抑制的效应。这类药物包括氨基糖苷类抗生素、喹诺酮类，又称浓度依赖性抗菌药，即浓度越高，抗菌活性越强。另一类无明显PAE的抗菌药，其抗菌效力主要与药物浓度在一定范围内持续时间有关，药物浓度达到4~5倍MIC时，抗菌活性达到饱和，即使增加药物浓度，其杀菌效力无明显改变，这类药物又称时间依赖性抗菌药，如β-内酰胺类抗生素。

7. 化疗指数（chemotherapeutic index，CI） 评价化疗药物有效性与安全性的指标，一般用化疗药物的半数致死量（LD_{50}）与半数有效量（ED_{50}）之比来表示，即$CI=LD_{50}/ED_{50}$。或者用5%的致死量（LD_5）与95%的有效量（ED_{95}）之比来表示，即$CI=LD_5/ED_{95}$。通常化疗指数越大，表明该药毒性越小，相对较安全。但化疗指数并非评价药物安全性的唯一指标，如青霉素化疗指数大，几乎无毒性，但可能引起过敏性休克。

8. 首次接触效应（first expose effect） 首次接触效应是指抗菌药物在初次接触细菌时有强大的抗菌作用，再度接触时不再出现该强大效应，或连续与细菌接触后抗菌效应不再明显增强，需要间隔一段时间（如数小时）以后才会起作用，如氨基糖苷类抗生素。

第二节　抗菌药物的作用机制

抗菌药物的作用机制主要是通过破坏病原微生物结构的完整性，或特异性干扰细菌的生理生化代谢过程，影响细菌的结构和功能，使其失去正常生长繁殖能力，达到抑制或杀灭细菌作用。细菌结构与抗菌药物作用机制见图35-2-1所示。

1. 抑制细菌细胞壁的合成 细菌细胞壁不但能维持细菌固有的外形，还能抵抗细菌内外较大的渗透压差，具有保护和维持细菌正常形态的功能。青霉素类、头孢菌素类、万古霉素、杆菌肽等通过抑制细菌细胞壁的合成而发挥抗菌作用。细胞壁的主要成分为肽聚糖，又称黏肽。β-内酰胺类抗生素通过与青霉素结合蛋白（penicillin binding protein，PBP_s）结合，抑制转肽酶，阻碍黏肽的交叉联结，导致细菌细胞壁缺损，丧失屏障功能，由于菌体内高渗透压，细菌外水分不断渗入细菌内，造成菌体膨胀变形，在自溶酶影响下破裂溶解死亡。此外，杆菌肽、万古霉素等分别作用于细胞壁合成的不同阶段，抑制细菌细胞壁的合成而产生抗菌作用。人体细胞无细胞壁，因而抑制细菌细胞壁合成的抗菌药物对人体几乎无毒性。

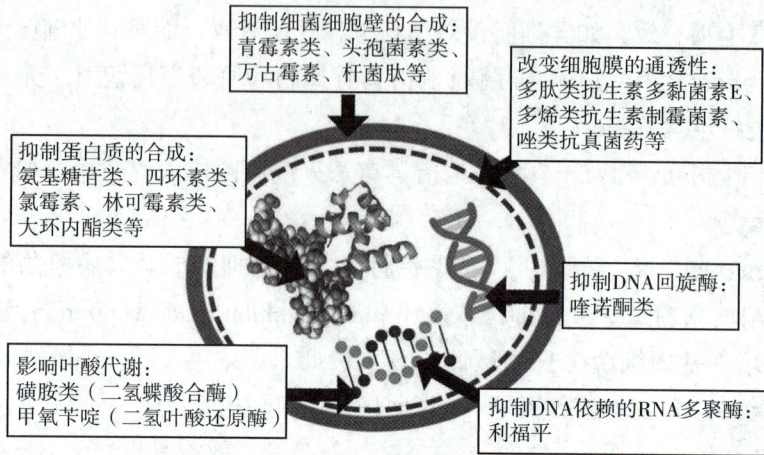

抑制细菌细胞壁的合成：
青霉素类、头孢菌素类、
万古霉素、杆菌肽等

改变细胞膜的通透性：
多肽类抗生素多黏菌素E、
多烯类抗生素制霉菌素、
唑类抗真菌药等

抑制蛋白质的合成：
氨基糖苷类、四环素类、
氯霉素、林可霉素类、
大环内酯类等

抑制DNA回旋酶：
喹诺酮类

影响叶酸代谢：
磺胺类（二氢蝶酸合酶）
甲氧苄啶（二氢叶酸还原酶）

抑制DNA依赖的RNA多聚酶：
利福平

图35-2-1 抗菌药物的作用机制

2. 改变细胞膜的通透性 细菌细胞膜主要是由类脂质和蛋白分子构成的一种半透膜，具有渗透屏障和运输物质的功能。本类抗菌药物能使细菌细胞膜通透性增加，可导致菌体内的蛋白质、核苷酸、氨基酸等外漏，从而使细菌死亡。多肽类抗生素能与细菌细胞膜中的磷脂结合，使类脂质膜分子定向排列发生变更，细菌膜通透性增加。多烯类抗生素能与真菌细胞膜中固醇类物质结合形成胶粒性聚合物，在细胞膜上形成小孔，使细胞内容物泄漏，引起真菌死亡。唑类抗真菌药物能抑制真菌细胞脂质的生物合成，使细胞膜结构和成分发生改变。人体细胞膜与细菌细胞膜基本结构相似，故损伤细胞膜的药物也对人体有毒性。

3. 抑制蛋白质的合成 细菌为原核细胞，其核糖体为70S，由30S与50S亚基组成，而人体细胞是真核细胞，其核糖体为80S，由40S和60S亚基组成，因而它们的生理、生化与功能不同。某些抗菌药物对细菌的核糖体具有高度的选择性，而不影响人体蛋白质合成。细菌蛋白质的合成包括三个阶段：①起始阶段，氨基糖苷类抗生素阻止30S与50S亚基合成始动复合物；②肽链延伸阶段，四环素类抗生素能与30S亚基结合，阻止氨基酰tRNA在30S亚基A位的结合，阻碍肽链的形成，产生抑菌作用；氯霉素和林可霉素类抑制肽酰基转移酶，大环内酯类抑制移位酶；③终止阶段，氨基糖苷类抗生素阻止终止因子与A位结合，使合成的肽链不能从核糖体释放出来，致使核糖体循环受阻，合成不正常无功能的肽链，因而具有杀菌作用。

4. 影响核酸代谢 喹诺酮类通过抑制细菌DNA回旋酶，抑制DNA复制而产生杀菌作用。利福平可特异性抑制DNA依赖的RNA多聚酶，阻碍mRNA的合成而产生杀菌作用。

5. 影响叶酸代谢 哺乳动物细胞能直接利用周围环境中的叶酸进行代谢，而细菌必须自身合成叶酸供菌体使用。细菌以蝶啶、对氨基苯甲酸（PABA）为原料，在二氢蝶酸合酶作用下生成二氢蝶酸，二氢蝶酸与谷氨酸生成二氢叶酸，在二氢叶酸还原酶的作用下形成四氢叶酸，四氢叶酸作为一碳单位载体的辅酶参与嘧啶核苷酸和嘌呤核苷酸的合成。磺胺类药物及甲氧苄啶分别通过抑制细菌二氢蝶酸合酶和二氢叶酸还原酶，影响细菌叶酸代谢，导致核酸合成受阻而产生抗菌作用（图35-2-2）。

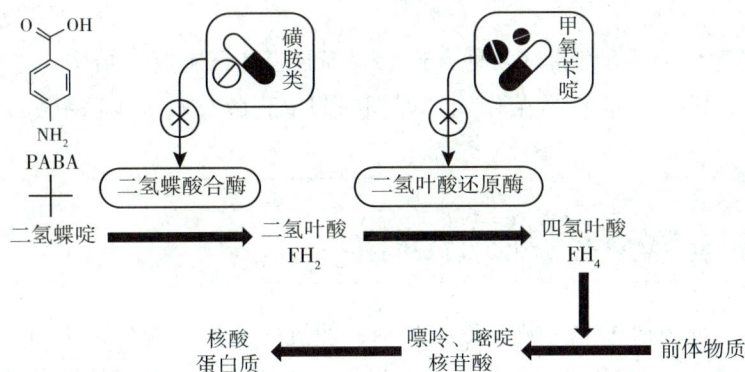

图35-2-2　磺胺类药和甲氧苄啶的抗菌作用机制

第三节　细菌耐药性及产生机制

岗位情景模拟 29

患者，男，50岁。2周前因受凉出现咳嗽、高热、畏寒，剧烈咳嗽时伴有浓痰、胸痛、呼吸困难等症状，遂到医院治疗。诊断为细菌性肺炎。医生采用青霉素G、氧氟沙星、头孢噻肟治疗后症状不但未得到缓解，反而加重转入重症监护室继续治疗，经再次检查发现，患者体内存在耐药菌。经询问用药史发现，该患者平时总担心外面的食物不干净，只要在外就餐就会自行服用抗菌药物预防腹泻。

问题与思考

请分析多种抗菌药物治疗失效的原因？

答案解析

细菌耐药性（resistance），又称抗药性，是指细菌与抗菌药物多次接触后，细菌对抗菌药物的敏感性下降甚至消失的现象。

一、细菌耐药性的分类

耐药性有天然耐药性和获得耐药性两种。天然耐药性又称固有耐药性，是由细菌染色体基因决定，代代相传，不会改变，如肠道革兰阴性菌对青霉素G天然耐药。获得耐药性是指细菌与药物多次接触后通过改变自身的代谢途径，使其不被抗菌药杀灭，如金黄色葡萄球菌产生了β-内酰胺酶而对β-内酰胺类抗生素耐药。细菌对多种抗菌药物耐药称为多重耐药（multi-drug resistance，MDR），又名多药耐药。细菌的多重耐药已成为全球关注的热点。

二、细菌耐药性的产生机制

1. 产生灭活酶　细菌通过产生灭活酶，破坏抗菌药物化学结构，使抗菌药物失去抗菌作用。常见的灭活酶有：①β-内酰胺酶，使β-内酰胺类抗生素的β-内酰胺环裂解，从而失去抗菌活性。②钝化酶，常见有乙酰化酶、腺苷化酶和磷酸化酶可将乙酰基、腺苷酰基和磷酰基连接到氨基糖苷类抗生素的氨基或羟基上，使其结构发生改变而失去抗菌活性。③其他酶类，如氯霉素乙酰转移酶可灭活氯霉素等。

2. **改变胞质膜通透性**   细菌可通过多种方式改变细胞膜和细胞壁的结构，进而改变胞质膜通透性，致使抗菌药物难以进入细菌体内发挥抗菌作用。如铜绿假单胞菌对氨苄西林耐药。

👥 **课堂互动 35-1**

产生钝化酶的细菌会对哪类抗菌药物产生耐药？

答案解析

3. **靶位结构改变**   细菌通过改变靶位蛋白结构，使抗菌药物不能与靶蛋白顺利结合，导致抗菌失败；或通过增加靶蛋白数量，使未结合的靶位蛋白仍能维持细菌的正常结构和功能。

4. **改变自身代谢途径**   细菌通过改变自身代谢途径，改变对营养物质的需求，如对磺胺类药物耐药的细菌，不再利用自身合成叶酸，改为直接利用外源性叶酸而对磺胺类药物耐药。

✏️ **知识拓展**

抗生素的问世开创了人类对抗感染性疾病的新纪元。诚然，抗菌药物在治疗感染性疾病、挽救患者生命、保障公共卫生安全中发挥了重要作用，然而抗菌药物的不合理使用导致的细菌耐药问题已成为全球公共健康领域面临的重大挑战，加强抗菌药物的科学管理已势在必行。2014年世界卫生组织（WHO）发布的《抗菌药物耐药全球监测报告》显示：每年美国因感染超级耐药细菌而死亡的人数高达6.3万人，欧盟范围内死亡人数也有2.5万人。超级细菌每年在美国造成的死亡人数远超过感染艾滋病毒的死亡人数。现如今，细菌耐药性已成为威胁全人类生命安全的公共卫生问题，自2015年以来，WHO将每年11月的第三周确定为"世界提高抗生素认识周"，目的是提高全球对抗菌药物耐药问题的认识，并在公众、卫生工作者和政策制定者间鼓励最佳实践，从而避免抗菌药物耐药的继续发生和扩大。

目标检测

答案解析

一、单选题

1. 抗菌药物的抗菌范围称为（   ）

    A. 抗菌活性   B. 耐药性   C. 化疗指数   D. 抗菌机制   E. 抗菌谱

2. 抗菌活性是指（   ）

    A. 药物抑制或杀灭病原微生物的能力   B. 药物抑制或杀灭病原微生物的范围

    C. 药物抑制或杀灭病原微生物的安全性   D. 药物穿透细菌细胞膜的能力

    E. 抑制细菌蛋白质合成的能力

3. 化疗指数是指（   ）

    A. ED_{95}/LD_{95} B. ED_{90}/LD_{90} C. LD_{90}/ED_{10} D. LD_{50}/ED_{50} E. ED_{50}/LD_{50}

4. 临床常用评价抗菌药物抗菌活性的指标是（   ）

    A. 抗菌谱   B. 化疗指数   C. 最低抑菌浓度   D. 药物剂量   E. 血药浓度

5. 当细菌与抗菌药物作用一段时间后，抗菌药物血清浓度降至最低抑菌浓度以下或已消失后，对微生物的抑制作用仍然持续一定时间，此效应称为（   ）

A. 后遗效应　　　　B. 继发反应　　　　C. 特异质反应　　　　D. 抗菌后效应　　　　E. 变态反应

6. 有关抗菌药物作用机制的描述，错误的是（　　）

A. β–内酰胺类抑制细胞壁的合成　　　　　　B. 制霉菌素能增加菌体胞浆膜的通透性

C. 磺胺类抑制细菌蛋白质的合成　　　　　　D. 庆大霉素抑制细菌蛋白质的合成

E. 利福平抑制DNA依赖性的RNA多聚酶

7. 通过阻碍细菌细胞壁合成而抗菌的抗生素是（　　）

A. 青霉素类　　　　B. 氨基糖苷类　　　　C. 磺胺类　　　　D. 大环内酯类　　　　E. 四环素类

8. 磺胺类药物的作用机制是（　　）

A. 抑制二氢叶酸还原酶　　　　B. 抑制二氢叶酸合成酶　　　　C. 抑制脱氧核糖核酸回旋酶

D. 抑制四氢叶酸还原酶　　　　E. 抑制四氢叶酸合成酶

9. 通过影响细菌细胞膜通透性而干扰细菌生长的药物是（　　）

A. 四环素　　　　B. 氯霉素　　　　C. 多黏菌素类　　　　D. 林可霉素　　　　E. 氨基糖苷类

10. 下列关于细菌耐药性的描述正确的是（　　）

A. 是药物不良反应的一种

B. 细菌与药物多次接触后，对药物的敏感性下降甚至消失

C. 细菌与药物一次接触后，对药物敏感性下降

D. 是药物对细菌缺乏选择性

E. 是指连续用药后，机体对药物的敏感性下降

11. 患者，女，25岁。因溶血性链球菌感染而引发扁桃体脓肿，体温38℃，到医院治疗。该患者应该使用下列哪类药物进行治疗（　　）

A. 抗细菌药　　　　B. 抗病毒药　　　　C. 抗真菌药　　　　D. 抗寄生虫药　　　　E. 抗肿瘤药

二、简答题

1. 什么是抗菌谱？什么是抗菌活性？对临床用药有何指导意义？

2. 从抗菌作用机制角度分析为什么青霉素对人体的毒性小？

3. 细菌对药物产生耐药性的机制有哪些？如何预防细菌产生耐药性？

（何秀贞）

书网融合……

知识回顾　　　习题

第三十六章 抗生素

PPT

学习目标

知识要求：

1. 掌握青霉素G的抗菌作用、临床应用及不良反应；半合成青霉素和头孢菌素及新型 β - 内酰胺类抗生素的作用特点。

2. 熟悉大环内酯类、克林霉素与万古霉素的抗菌作用、临床应用及不良反应；氨基糖苷类药物的共性，链霉素、庆大霉素、阿米卡星等常用药物的作用特点；四环素和氯霉素的抗菌作用、临床应用及不良反应。

3. 了解其他抗生素的抗菌特点。

技能要求：

1. 熟练掌握根据适应证合理选择各类抗生素，能判断药物不良反应并制定防治措施。

2. 学会抗生素用药宣教、用药咨询和用药指导。

抗生素（antibiotics）是指某些微生物在生活过程中代谢产生的，具有抑制或杀灭其他病原微生物作用的化学物质。抗生素包括天然抗生素和人工半合成抗生素两类，前者由微生物产生的，后者是对天然抗生素进行结构改造获得的。自第一个抗生素青霉素问世以来，至今已发现数千种抗生素，常用于临床的有200多种。本章介绍临床常用的几类抗生素。

第一节　β - 内酰胺类抗生素

岗位情景模拟 30

患者，男，29岁，3天前出现发热，体温38.5℃左右，咳嗽，咳黄色脓性痰，难以咳出。同时伴有纳差，乏力。体检：精神萎靡，无气急，听诊右肺啰音。血白细胞总数10.5×10^9/L，中性粒细胞78%。胸部X线：右肺下叶斑片状影。动脉气血分析提示代谢性酸中毒。诊断：①社区获得性肺炎；②代谢性酸中毒。

答案解析

> **问题与思考**
> 　　给予患者5%碳酸氢钠注射液100ml加入青霉素输入液中静脉滴注并同时应用氨溴索片对症治疗。该处方是否合理，为什么？

　　β-内酰胺类抗生素是指化学结构中含有β-内酰胺环的一类抗生素，包括青霉素类、头孢菌素类和新型β-内酰胺类。该类抗生素抗菌活性强、毒性低、品种多、适应证广、临床疗效好，是临床上最常用的一类抗菌药物，占全球抗菌药物使用量的60%。

　　β-内酰胺类抗生素主要是通过干扰细菌细胞壁的合成而产生抗菌作用。青霉素结合蛋白（PBPs）是其作用靶点，PBPs是参与细菌细胞壁肽聚糖生物合成的酶。该类抗生素可与PBPs的结合，抑制黏肽合成酶，致细胞壁主要成分黏肽合成受阻，细胞壁缺损，菌体失去渗透屏障而膨胀、破裂，同时促发细菌自溶酶活性，致细菌溶解死亡。因哺乳动物细胞没有细胞壁，所以β-内酰胺类抗生素对人和动物的毒性很小。因β-内酰胺类抗生素对已合成的细胞壁无影响，故对繁殖期细菌作用强，对静止期细菌作用弱，是一种繁殖期杀菌剂。

一、青霉素类抗生素

　　青霉素类（penicillins）的基本结构是由母核6-氨基青霉烷酸（6-amino-penicillanic acid，6-APA）和侧链（CO-R）组成（图36-1-1）。母核中的β-内酰胺环是抗菌活性的重要部分，此环被破坏则抗菌活性消失。侧链上的R基团经化学结构改造可得到各种半合成青霉素类。

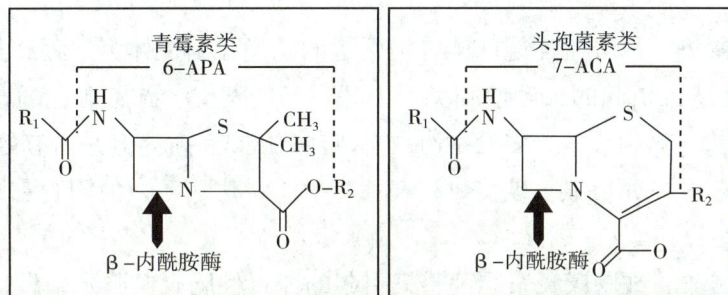

图36-1-1　青霉素类与头孢菌素类抗生素的基本结构

（一）天然青霉素

青霉素G

　　天然青霉素是由青霉菌培养液中提取获得，青霉菌的培养液中至少含有F、G、K、X及双氢F等成分，其中青霉素G性质稳定，抗菌作用强、产量高、毒性低、价格低廉，自1940年用于临床以来，一直是临床广泛应用的抗生素。

　　青霉素G（penicillin G，苄青霉素）是有机酸，常用其钠盐或钾盐，均为白色结晶粉末。青霉素钠在水溶液pH为6~6.5时最稳定，如果pH低于5或超过8时极易分解，20单位/ml青霉素溶液30℃放置24小时效价下降56%，具有抗原性的降解产物青霉烯酸含量则增加200倍，容易引起过敏反应，故将其制成粉针剂，在临用前新鲜配制，同时应避免与各种制剂配伍使用。

【体内过程】口服易被胃酸及消化酶破坏，不宜口服；肌内注射吸收迅速且完全，约0.5小时血药浓度达峰值。因脂溶性低难以进入细胞内，主要分布于细胞外液。体内分布广，能广泛分布于关节腔、浆膜腔间质液、淋巴液、中耳液等组织；不易进入眼、骨组织和脓液腔。一般难以透过血-脑屏障，无炎症脑脊液中浓度仅为血药浓度的1%~3%，但易透入有炎症的组织，在有炎症的脑脊液中浓度可达同期血药浓度的5%~30%，达到有效治疗浓度。几乎全部以原形从肾脏排泄，其中90%经肾小管分泌，10%由肾小球分泌排出。因此，合用丙磺舒可竞争青霉素的肾小管分泌，减慢青霉素的消除，延长其作用时间。半衰期为0.5~1小时，因存在抗生素后效应，作用时间可维持4~6小时。此外，还有一类长效青霉素制剂吸收缓慢，有效浓度维持较久，但血药浓度低，只适用于轻症感染或预防感染，如普鲁卡因青霉素、苄星青霉素等。

【抗菌作用及耐药机制】

1. **抗菌活性**　青霉素G抗菌作用很强，在细菌繁殖期低浓度抑菌，较高浓度杀菌。

2. **抗菌谱**　抗菌谱较窄，对青霉素敏感的病原菌包括：①革兰阳性球菌，如溶血性链球菌、草绿色链球菌、肺炎链球菌、敏感的金黄色葡萄球菌等；②革兰阳性杆菌，如白喉棒状杆菌、炭疽芽孢杆菌、破伤风芽孢梭菌、产气荚膜芽孢梭菌、难辨梭菌、短棒杆菌、嗜乳酸杆菌等；③革兰阴性球菌，如脑膜炎奈瑟菌、淋病奈瑟菌等；④少数革兰阴性杆菌，如百日咳杆菌；⑤螺旋体及放线杆菌，如梅毒、回归热、钩端螺旋体、牛放线杆菌等。

3. **耐药机制**　多数细菌不易产生耐药性，但耐药金黄色葡萄球菌易产生青霉素酶，使青霉素的β-内酰胺环裂解，使其失去抗菌活性；也可通过改变青霉素结合蛋白的结构而产生耐药性。

【临床应用】肌内注射或静脉滴注青霉素G是治疗敏感的G⁺球菌、G⁺杆菌、G⁻球菌及螺旋体所致疾病的首选药。

1. **革兰阳性球菌感染**　如溶血性链球菌感染引起的咽炎、扁桃体炎、猩红热、丹毒、蜂窝织炎、产褥热等；肺炎链球菌感染引起的大叶性肺炎、中耳炎、气管炎、脓胸等；葡萄球菌感染引起的疖、痈、骨髓炎、呼吸道感染、败血症等，多已耐药，需结合药敏试验确定其是否有效。

2. **革兰阳性杆菌感染**　如白喉、破伤风、气性坏疽、炭疽病等，但因青霉素G不能对抗外毒素，需加用抗毒血清。

3. **革兰阴性球菌感染**　如脑膜炎奈瑟菌感染引起的流行性脑脊髓膜炎，青霉素与磺胺嘧啶（SD）并列为首选药，需大剂量用药；淋病奈瑟菌感染引起的淋病，因耐药菌株逐年增多，须结合药敏试验确定是否有效。

4. **钩端螺旋体病和梅毒**　作为首选药，但必须早期、大剂量使用。

5. **放线菌病**　宜大剂量、长疗程应用。

6. **预防应用**　风湿热患者应用苄星青霉素可降低风湿热复发率；风湿性心脏病或先天性心脏病患者外科前应用可预防心内膜炎的发生。

【不良反应及注意事项】青霉素类抗生素的毒性很小，是化疗指数最大的抗生素之一，不良反应少。最严重的不良反应是过敏性休克。

1. **变态反应**　青霉素类最常见的不良反应，发生率为0.7%~10%。各种类型的变态反应都可出现，一般表现为皮肤过敏反应（荨麻疹、药疹等）和血清病样反应，多不严重，停药后可消失；严重者可致过敏性休克，表现为循环衰竭、呼吸衰竭和中枢抑制，如抢救不及时可危及生命。

防治措施主要有：①详细询问过敏史和用药史是最可行的措施，对青霉素过敏者禁用，有其他过敏史患者慎用；②凡初次使用、用药间隔3天以上或更换批号时，必须做皮肤过敏试验，反应阳性者禁用，应特别警惕个别患者皮试中也会发生过敏性休克；③不在没有急救药品（如肾上腺素）和抢救设备的条件下使用；④避免滥用和局部用药，避免在患者饥饿时用药；⑤每次用药完毕需观察30分钟；⑥一旦发生过敏性休克，立即皮下或肌内注射肾上腺素0.5~1.0mg，严重者应稀释后缓慢静注或滴注，必要时加入糖皮质激素和抗组胺药，同时使用其他急救措施。

2. 赫氏反应（herxheimer reaction）　青霉素G治疗梅毒、钩端螺旋体病和炭疽病时，有时会出现症状加剧现象，称为赫氏反应。表现为全身不适、寒战、发热、咽痛、肌痛、心率加快等，并可危及生命。一般发生于治疗后的6~8小时，于12~24小时消失。可能是大量病原体被杀死后释放的物质所致，也可能是梅毒病灶消失过快，而组织修补相对较慢或病灶部位纤维组织收缩妨碍器官功能所致。

3. 青霉素脑病　青霉素在正常情况下很难进入中枢神经系统，但在脑膜炎、鞘内注射、快速大量静脉注射、患者肾功能严重受损等情况下，脑脊液中药物浓度超过10mg/L时，可导致肌肉痉挛、癫痫发作、青霉素脑病，甚至昏迷或死亡。

4. 其他　肌内注射时可产生局部疼痛和无菌性炎症反应；钾盐大量静脉注射易致高钾血症；普鲁卡因青霉素大剂量应用时因快速释出普鲁卡因可引起头晕、头痛等。

（二）半合成青霉素

由于天然青霉素存在抗菌谱窄、不能口服、不耐酶易被水解等缺点，在青霉素母核6-APA基础上连接不同侧链，可获得具有耐酸、耐酶、广谱、抗铜绿假单胞菌、抗革兰阴性菌等特点的半合成青霉素，其分类、常用药物与作用特点见表36-1-1。

表36-1-1　半合成青霉素分类、常用药物与作用特点

分类、常用药物	作用特点
1. 耐酸青霉素类 青霉素V（penicillin V） 非奈西林（phenethicillin）	①耐酸，口服吸收好；②不耐酶，对耐药金黄色葡萄球菌无效；③与青霉素G相比，抗菌谱相似，但抗菌活性较弱；④用于轻度感染、恢复期的巩固治疗和预防感染复发
2. 耐酶青霉素类 苯唑西林（oxacillin） 氯唑西林（cloxacillin） 双氯西林（dicloxacillin） 氟氯西林（flucloxacillin）	①耐酸，可口服；②耐酶；③与青霉素G相比，抗菌谱相似，但抗菌活性较弱；④用于耐青霉素的金黄色葡萄球菌感染
3. 广谱青霉素类 氨苄西林（ampicillin） 阿莫西林（amoxicillin） 匹氨西林（pivampicillin）	①耐酸，可口服；②不耐酶，对耐药金黄色葡萄球菌无效；③与青霉素G相比，对G⁻杆菌作用较强，但对铜绿假单胞菌无效，对球菌、G⁺杆菌、螺旋体作用较弱；但对肠球菌作用强；④用于呼吸道、泌尿道、胃肠道、胆道感染及伤寒、副伤寒等
4. 抗铜绿假单胞菌广谱青霉素类 羧苄西林（carbenicillin） 呋布西林（furbenicillin） 替卡西林（ticarcillin） 哌拉西林（piperacillin）	①不耐酸，需静脉给药；②不耐酶，对耐药金黄色葡萄球菌无效；③与青霉素G相比，对G⁺菌作用相似、对G⁻菌作用强，特别是对铜绿假单胞菌作用强大；④用于G⁻杆菌引起的感染，特别是铜绿假单胞菌引起的严重感染
5. 抗G⁻杆菌青霉素类 美西林（mecillinam） 替莫西林（temocillin）	①对G⁻菌作用强，但对铜绿假单胞菌无效，对G⁺菌作用弱；②用于G⁻菌引起的泌尿道、软组织感染等

二、头孢菌素类抗生素

头孢菌素类（cephalosporins）抗生素是在其母核7-氨基头孢烷酸（7-amino-cephalos-poranic acid，7-ACA）基础上，加上不同侧链制成的一系列半合成抗生素（图36-1-1）。本类抗生素的抗菌基本结构也是β-内酰胺环，与青霉素类有相似的理化性质、生物活性、作用机制和临床应用，具有抗菌谱广、抗菌作用强、耐青霉素酶、疗效高、毒性低、过敏反应发生率低等优点。根据头孢菌素类抗生素的抗菌谱、抗菌活性、对β-内酰胺酶的稳定性及肾毒性等的不同，可将其分为五代，其常用药物与作用特点见表36-1-2。

表36-1-2 头孢菌素类抗生素常用药物与作用特点

分类及常用药物	主要特点
第一代 头孢噻吩（cefalothin，先锋霉素Ⅰ） 头孢噻啶（cefaloridine，先锋霉素Ⅱ） 头孢氨苄（cefalexin，先锋霉素Ⅳ） 头孢唑林（cefazolin，先锋霉素Ⅴ） 头孢拉定（cefradine，先锋霉素Ⅵ） 头孢羟氨苄（cefadroxil）	①对 G^+ 菌作用较二、三代强，对 G^- 菌作用较二、三代弱，对铜绿假单胞菌和厌氧菌无效；②对多种β-内酰胺酶稳定性差；③有一定的肾毒性；④主要用于耐药金黄色葡萄球菌及敏感菌引起的呼吸道、尿路、皮肤及软组织感染
第二代 头孢克洛（cefaclor） 头孢呋辛（cefuroxime） 头孢孟多（cefamandole）	①对 G^+ 菌作用较第一代弱，对 G^- 菌作用较第一代强，部分药物对厌氧菌有效，但对铜绿假单胞菌无效；②对多种β-内酰胺酶比较稳定；③肾毒性较小；④主要用于敏感菌引起的肺炎、胆道、尿路及其他组织器官感染
第三代 头孢噻肟（cefotaxime） 头孢克肟（cefixime） 头孢曲松（ceftriaxone） 头孢他啶（ceftazidime） 头孢哌酮（cefoperazone）	①对 G^+ 菌作用较第一、二代弱，对 G^- 包括肠杆菌、铜绿假单胞菌和厌氧菌等作用较一、二代强。②对β-内酰胺酶稳定性高；③基本无肾毒性；④主要用于危及生命的败血症、脑膜炎、肺炎、骨髓炎及尿路等严重感染
第四代 头孢匹罗（cefpirome） 头孢吡肟（cefepime）	①广谱、高效，对 G^+ 菌及 G^- 菌均有强大的作用；②对β-内酰胺酶高度稳定；③一般无肾毒性；④主要用于治疗对第三代头孢菌素耐药的 G^- 杆菌引起的重症感染
第五代 头孢洛林（ceftaroline） 头孢吡普（ceftobiprole）	①对 G^+ 菌作用较第四代强，尤其是对耐甲氧西林金葡菌、耐万古霉素金葡菌、耐甲氧西林表皮葡萄球菌、耐青霉素的肺炎链球菌等耐药菌有效，对一些厌氧菌也有作用，对 G^- 菌作用与第四代相似；②对大部分β-内酰胺酶高度稳定；③有一定肝肾毒性；④主要用于复杂性皮肤与软组织感染、社区获得性肺炎和医院获得性肺炎等

【体内过程】头孢氨苄、头孢羟氨苄等少数药物的化学稳定性稍高且能耐受胃酸，可以口服，其余大多数头孢菌素类需注射给药。吸收后在体内的分布广且易透过胎盘屏障，在滑囊液和心包积液中有较高浓度。第三代可透过血-脑屏障，在脑脊液中达到有效浓度。一般经肾排泄，尿中浓度较高。头孢哌酮、头孢曲松经肝胆系统排泄。头孢菌素的 $t_{1/2}$ 普遍较短，多为0.5~2小时，但第三代较长，如头孢曲松可达8小时。

【不良反应】头孢菌素类抗生素毒性较低，不良反应较少。

1. **变态反应** 较为常见，多为皮疹、荨麻疹等，偶见过敏性休克。与青霉素类有部分交叉过敏现象，对青霉素过敏者有5%~10%对头孢菌素类过敏，故青霉素皮试阳性或有青霉素过敏者慎用。变态反应的防治措施同青霉素。

2. 肾毒性 第一代头孢菌素大剂量使用时可损害近曲小管细胞而出现肾脏毒性，表现为蛋白尿、血尿甚至肾衰竭，故肾功能不全患者禁用；第二代的肾毒性有所下降，第三、四代几乎无肾毒性。有肾毒性的药物不宜与氨基糖苷类抗生素、高效能利尿药合用以免加重肾毒性。

3. 双硫仑样反应 头孢哌酮、头孢孟多、头孢曲松等有抑制乙醛脱氢酶的作用，因此用药期间、用药前后1周内饮酒及或服用含乙醇的药物或饮料可出现醉酒样反应，表现为面红、头痛、恶心、呕吐、视力模糊、精神恍惚、血压下降、心跳加快、胸闷、呼吸困难等症状。

📚 **课堂互动 36-1**

男性，38岁，因胸闷、憋气，头痛、头晕、面部潮红，伴有出汗、咽喉部不适就诊。既往无高血压、心脏病、糖尿病病史。详细询问得知患者午餐时饮用啤酒2瓶。此外，3天前曾因感冒口服头孢类抗生素。请分析该患者最可能的病因，该如何防治？

答案解析

4. 凝血障碍 头孢孟多、头孢哌酮大剂量可致低凝血酶原症或血小板减少，严重者可导致出血。可用维生素K预防。

5. 其他 长期应用第三、四代头孢菌素可引起肠道菌群失调，导致二重感染。

三、新型 β–内酰胺类抗生素

本类药物包括碳青霉烯类、头孢霉素类、氧头孢烯类、单环 β–内酰胺类。

（一）碳青霉烯类

碳青霉烯类抗生素化学结构与青霉素相似，因其C_2与C_3之间存在不饱和双键以及1位上的硫原子被碳原子取代而得名，这个构型特殊的基团使其成为抗菌谱最广的，抗菌活性最强的，对 β–内酰胺酶高度稳定的 β–内酰胺类抗生素。代表药有亚胺培南（imipenem）和美罗培南（meropenem）。

亚胺培南在体内的稳定性差，易被肾脱氢肽酶水解失活，故需与肾脱氢肽酶抑制剂西司他丁（cilastatin）合用。西司他丁本身无抗菌作用，它可通过抑制肾脱氢肽酶活性，减少亚胺培南降解，并能减轻亚胺培南代谢产生的毒性。临床使用的是亚胺培南与西司他丁按1:1组成的复方制剂亚胺培南/西司他丁钠（又称泰能）。美罗培南则对肾脱氢肽酶稳定，可单用。临床主要用于多重耐药菌引起的严重感染、严重需氧菌和厌氧菌混合感染。

（二）头孢霉素类

头孢霉素类的化学结构与头孢菌素相似，但对 β–内酰胺酶稳定性较头孢菌素高。代表药有头孢西丁（cefoxitin）、头孢美唑（cefmetazole）、头孢替坦（cefotetan）等，抗菌谱和抗菌活性与第二代头孢菌素相似，对G^+菌和G^-菌均有较强的杀菌作用，对厌氧菌有效，对 β–内酰胺酶稳定。临床主要用于由需氧菌和厌氧菌引起的盆腔、腹腔等的混合感染。

（三）氧头孢烯类

氧头孢烯类的化学结构主要是7-ACA上的S被O取代。代表药有拉氧头孢（latamoxef）与氟氧头孢（flomoxef）。抗菌谱和抗菌活性与第三代头孢菌素相似，对厌氧菌尤其是脆弱类杆菌的作用甚至超过第三代头孢菌素，临床主要用于治疗尿路、呼吸道、妇科、胆道感染及脑膜炎、败血症。

（四）单环β-内酰胺类

单环β-内酰胺类抗生素仅具有β-内酰胺单环，属于抗需氧 G^- 杆菌窄谱抗生素，对β-内酰胺酶稳定性和对包括铜绿假单胞菌在内的 G^- 杆菌的作用均与头孢他啶相似，抗菌作用强大。对 G^+ 菌及厌氧菌无效。代表药物有氨曲南（aztreonam）和卡芦莫南（carumonan）。

氨曲南是第一个成功用于临床的单环β-内酰胺类抗生素，具有耐酶、低毒、体内分布广、与青霉素类和头孢菌素类无交叉过敏等特点，临床主要用于对青霉素、头孢菌素过敏的患者，并常作为氨基糖苷类抗生素的替代品使用。常用于大肠埃希菌、沙门菌属、克雷伯杆菌引起的下呼吸道、尿道、皮肤软组织感染以及败血症、脑膜炎等，尤其是耐药菌株所致的各种感染。不良反应少而轻，偶见皮疹或血清氨基转移酶升高。

四、β-内酰胺酶抑制药

β-内酰胺类抗生素的广泛使用刺激了细菌产生β-内酰胺酶的能力，致使β-内酰胺类抗生素因β-内酰胺环水解而失活，是该类抗生素产生耐药的主要原因。β-内酰胺酶抑制药是专门针对这种耐药机制而研发的一类药物，它本身没有或仅有很弱的抗菌活性，但可抑制细菌的β-内酰胺酶，从而保护β-内酰胺类抗生素的活性，该类药物与β-内酰胺类抗生素联合应用或组成复方制剂可增强后者的抗菌作用，有效对抗临床耐药性的产生。

目前用于临床的β-内酰胺酶抑制药主要有3种：克拉维酸（clavulanic acid）、舒巴坦（sulbactam）、他唑巴坦（tazobactam）。常用的复方制剂有阿莫西林/克拉维酸、替卡西林/克拉维酸、氨苄西林/舒巴坦、头孢哌酮/舒巴坦和哌拉西林/他唑巴坦等。

第二节　大环内酯类、林可霉素类及多肽类抗生素

一、大环内酯类抗生素

大环内酯类（macrolides）抗生素是一类化学结构中含有一个14~16个碳原子组成的内酯结构的抗生素。因其疗效肯定，无严重不良反应，常用作需氧 G^+ 菌、G^- 球菌和厌氧球菌等感染的首选药，以及对β-内酰胺类抗生素过敏患者的替代药。红霉素是其典型代表药，是1952年第一个用于临床的大环内酯类。

第一代大环内酯类主要是指红霉素及其酯类衍生物，包括红霉素、琥乙红霉素、硬脂酸红霉素、乳糖酸红霉素、依托红霉素等。第二代大环内酯类抗生素包括阿奇霉素、罗红霉素、克拉霉素、地红霉素和氟红霉素等。第三代大环内酯类抗生素包括泰利霉素和喹红霉素。

（一）大环内酯类抗生素的共性

【体内过程】红霉素不耐酸，易被胃酸破坏，为避免其被胃酸破坏，临床一般将其制成肠溶片（如红霉素肠溶片）或酯类制剂（如琥乙红霉素、依托红霉素、乳糖酸红霉素等）。第二代药物经结构改造，对酸稳定，口服吸收好。不宜透过血-脑屏障，能广泛分布到除脑组织和脑脊液以外的各种组织和体液。血药浓度低，组织中浓度相对较高，痰、皮下组织及胆汁中明显超过血药浓度。红霉素和阿奇霉素主要经胆汁排泄，部分药物可经肝肠循环被重吸收。克拉霉素及其代谢产物经肾脏排泄，肾功能不良者

需适当调整给药剂量。

【抗菌作用】

1. **作用机制**　大环内酯类抗生素的作用机制是抑制细菌蛋白质的合成。通过不可逆地结合到细菌核糖体50S亚基的靶位上，使得14元大环内酯类阻断肽酰基t-RNA移位，16元大环内酯类则抑制肽酰基的转移反应，最终抑制细菌蛋白质合成而产生抗菌作用。由于大环内酯类在细菌核糖体50S亚基上的结合点与克林霉素和氯霉素相同，当与这些药物合用时，可因竞争而发生相互拮抗作用。因哺乳动物与细菌的核糖体不同，故对人体几乎无影响。

2. **抗菌活性**　大环内酯类为快速抑菌药，但在高浓度时对某些细菌可呈现杀菌作用。在碱性环境中抗菌活性增强。

3. **抗菌谱**　大环内酯类抗菌谱较窄，第一代药物主要是对大多数G⁺菌、厌氧球菌和包括奈瑟菌、嗜血杆菌及白喉棒状杆菌在内的部分G⁻菌有强大的抗菌活性，对嗜肺军团菌、弯曲菌、支原体、衣原体、弓形虫、非结核性杆菌等有良好作用。对产生β-内酰胺酶的葡萄球菌和耐甲氧西林金黄色葡萄球菌（MRSA）有一定抗菌活性。第二代药物的抗菌范围大大增加，增加和提高了对G⁻菌的抗菌活性。

4. **耐药性**　细菌对大环内酯类会产生耐药性，本类各药之间亦有不完全的交叉耐药。其可能的耐药机制包括靶位点修饰、灭活酶的产生、主动外排系统增强和核糖体突变等。

（二）常用大环内酯类抗生素

红霉素

红霉素（erythromycin）是由链霉菌培养液中提取获得的第一个用于临床的大环内酯类抗生素。近年来由于胃肠道反应和耐药性问题，已逐步被第二代药物取代。红霉素的抗菌效力不及青霉素，临床常用于耐青霉素的金黄色葡萄球菌感染和对青霉素过敏的G⁺菌感染；对军团菌肺炎、白喉带菌者、百日咳、空肠弯曲菌肠炎或败血症、支原体肺炎、沙眼衣原体结膜炎等可作为首选药；也可用于厌氧菌所致的口腔感染，肺炎衣原体等非典型病原体所致的呼吸道、泌尿道感染；细菌对红霉素易产生耐药性，但不持久，停用数月后可恢复敏感性。红霉素的不良反应主要为胃肠道反应，口服或静脉注射均可引起，表现为恶心、呕吐、腹泻等，有些患者因不能耐受而不得不停药。不宜肌内注射，静脉滴注药物浓度不应超过1mg/ml，滴注速度应缓慢以防止发生血栓性静脉炎。大剂量或长期应用可致肝损害，表现有转氨酶升高、肝大、胆汁淤积性黄疸，依托红霉素、琥乙红霉素肝损害较红霉素强。大剂量（≥4g/d）应用时可引起耳毒性，表现为耳鸣、暂时性耳聋，常发生于用药后1~2周，停药后大多可恢复。

罗红霉素

罗红霉素（roxithromycin）抗菌谱与红霉素相近且略广，主要作用于G⁺菌、厌氧菌、衣原体和支原体等。其体外抗菌作用与红霉素相似，体内抗菌作用比红霉素强1~4倍。临床主要用于敏感细菌所致的呼吸道感染，耳、鼻、喉等部位的感染，泌尿道及皮肤组织感染，也用于治疗支原体肺炎、军团病及沙眼衣原体感染等疾病。不良反应发生率约为4.1%，常见胃肠道反应，需停药的仅占1.9%。婴幼儿、儿童和老年人应用较安全。

克拉霉素

克拉霉素（clarithromycin）口服吸收迅速而完全，对酸稳定，不受进食的影响。首过消除明显，生物利用度仅有55%。抗菌谱与红霉素相似，在体外的抗菌活性与红霉素相似，但在体内的抗菌活性是红霉素的6~10倍。与红霉素之间有交叉耐药性。主要用于敏感菌引起的呼吸道、泌尿生殖道、皮肤软组织感染及消化道幽门螺杆菌感染；不良反应发生率仅为3%，主要有胃肠道反应、皮肤瘙痒等。

阿奇霉素

阿奇霉素（azithromycin）的抗菌谱较红霉素广，增加了对G⁻菌的抗菌作用，抗菌作用较红霉素强，尤其是对淋病奈瑟菌、流感嗜血杆菌、军团菌有强大的抗菌作用。但对金黄色葡萄球菌、链球菌、肺炎球菌的抗菌作用弱于红霉素。主要用于敏感细胞引起的呼吸道、皮肤、软组织及泌尿道感染。半衰期长达35~48小时，为大环内酯类最长者，每日仅需给药1次。不良反应轻，最常见的是胃肠道反应，发生率约为9.6%，无法耐受需停药的仅占0.3%。阿奇霉素主要通过胆汁排泄，故肝功能不全者需慎用。

二、林可霉素类抗生素

林可霉素类抗生素包括林可霉素（lincomycin，洁霉素，林肯霉素）和克林霉素（clindamycin，氯林可霉素，氯洁霉素）。两者具有相同的抗菌谱和抗菌机制，但克林霉素的口服吸收、抗菌活性、毒性和临床疗效均优于林可霉素，故临床更为常用。

【体内过程】林可霉素口服吸收差，生物利用度为20%~35%，易受食物的影响，$t_{1/2}$为4~4.5小时。克林霉素生物利用度为87%，受食物影响小，$t_{1/2}$为2.5小时。两者均能广泛分布到全身组织和体液中，骨组织浓度高。能透过胎盘屏障，不易透过血-脑屏障，但炎症时可在脑组织中达有效浓度。主要经肝代谢，胆汁排泄，小部分由肾排泄。

【抗菌作用】两药的抗菌谱与红霉素相似，克林霉素抗菌活性比林可霉素强4~8倍。对各类厌氧菌有强大抗菌作用。对G⁺需氧菌有显著活性，对部分需氧G⁻球菌、支原体和沙眼衣原体也有抑制作用。对肠球菌、G⁻杆菌、MRSA、肺炎支原体无效。作用机制与大环内酯类相同，能不可逆结合到细菌核糖体50S亚基上，通过阻断转肽作用和mRNA位移而抑制细菌蛋白质合成。两药存在完全交叉耐药性，且与大环内酯类存在部分交叉耐药性。

【临床应用】临床主要用于厌氧菌，包括脆弱类杆菌、产气荚膜梭菌、放线杆菌等引起的口腔、腹腔和妇科感染。也可用于革兰阳性菌引起的呼吸道、胆道、软组织感染，心内膜炎，败血症等。金黄色葡萄球菌所致的急、慢性骨髓炎及关节感染可为首选药。

【不良反应】主要表现为恶心、呕吐、腹泻等胃肠道反应，口服给药多见。严重者可引起假膜性肠炎，口服万古霉素或甲硝唑可防治。有轻度皮疹、瘙痒或药热等过敏反应，也可出现一过性中性粒细胞减少和血小板减少。偶见黄疸及肝损伤。肝功能不全者慎用。

三、多肽类抗生素

多肽类抗生素包括万古霉素（vancomycin）、去甲万古霉素（norvancomycin）和替考拉宁（teicoplanin），属于糖肽类抗生素，化学性质稳定。由于不良反应较多且较严重，过去使用较少，但近年发现本类药物能够杀灭耐甲氧西林金黄色葡萄球菌（MRSA）和耐甲氧西林表皮葡萄球菌（MRSE）而得到广泛应用。

【体内过程】本类药物口服难吸收，绝大部分经粪便排泄，肌内注射可引起局部剧烈疼痛和组织坏死，一般应稀释后静脉给药。替考拉宁肌内注射吸收良好，与静脉注射几乎相当。可分布到机体各组织和体液，也可透过胎盘，但难透过血-脑脊液屏障，炎症时透过增加，可达有效水平。

【抗菌作用】多肽类抗生素为窄谱抗生素，对 G^+ 菌具有强大的杀菌作用，特别对耐甲氧西林金黄色葡萄球菌（MRSA）和耐甲氧西林表皮葡萄球菌（MRSE）的作用强大。对厌氧的难辨梭菌也有较好的抗菌作用。作用机制是与细菌细胞壁前体肽聚糖结合，阻断细菌细胞壁的合成，对正在分裂增殖的细菌呈现快速杀菌作用。

【临床应用】因毒性大，临床应用较少。主要用于耐药金黄色葡萄球菌引起的严重感染，特别是 MRSA、MRSE 和肠球菌所致的败血症、心内膜炎、骨髓炎和呼吸道感染等。口服给药可治疗消化道感染和某些抗生素引起的假膜性肠炎。

【不良反应】

1. **耳毒性**　血药浓度超过 800mg/L 且持续数天可导致耳鸣、听力减退，甚至耳聋。及早停药可恢复正常，少数患者表现为不可逆耳聋。

2. **肾毒性**　与氨基糖苷类抗生素合用时易出现，表现为蛋白尿和管型尿、少尿、血尿甚至肾衰竭。应避免同用有肾毒性的药物。

3. **变态反应**　偶可引起斑块皮疹和过敏性休克。快速静脉滴注万古霉素时可出现极度皮肤潮红、红斑、荨麻疹、心动过速和低血压等症状，称为"红人综合征"。

4. **其他**　口服时可引起恶心、呕吐、金属异味感和眩晕等。静脉注射时偶发疼痛和血栓性静脉炎。

第三节　氨基糖苷类及多黏菌素类抗生素

一、氨基糖苷类抗生素

氨基糖苷类（aminoglycosides）抗生素是因其分子结构都含有一个氨基环醇类和一个或多个氨基糖分子，并由配糖键连接成苷而得名。主要包括两大类：一类为天然来源，由链霉菌和小单孢菌产生，如链霉素、庆大霉素、卡那霉素、妥布霉素、巴龙霉素、大观霉素、新霉素、小诺米星、西索米星、阿司米星等；另一类为人工半合成的，如奈替米星、依替米星、异帕米星、阿米卡星、地贝卡星等。

（一）氨基糖苷类共性

【体内过程】口服难吸收，可用于治疗肠道感染。全身感染常采用肌内注射给药，为避免血药浓度过高而导致不良反应，一般不主张静脉注射给药。主要分布于细胞外液，在肾皮质和内耳内、外淋巴液中有高浓度蓄积，且在内耳外淋巴液中浓度下降缓慢，因而易引起肾脏毒性和耳毒性。在体内不被代谢，大部分以原形经肾排泄，适用于泌尿道感染。同服碳酸氢钠，碱化尿液以增强抗菌活性。

【抗菌作用】

1. **作用机制**　氨基糖苷类抗生素主要通过作用于细菌蛋白质合成的多个环节，抑制细菌蛋白质合成而发挥抗菌作用的。蛋白质的合成过程可分为 3 个阶段：①起始阶段：抑制始动复合物的形成；②延长阶段：选择性地与细菌核糖体 30S 亚基上的靶蛋白结合，使 mRNA 上密码错译，导致异常无功能的蛋白质合成。③终止阶段：阻止终止子与核蛋白体 A 位的结合，使已合成的肽链不能正常释放；抑制核糖体70S亚基的解离，使菌体核糖体循环利用受阻。还可通过离子吸附作用附着在菌体表面，造成细菌胞质膜缺损，通透性增加，菌体内重要生命物质外漏，导致细菌死亡。

2. 抗菌活性 氨基糖苷类为静止期快速杀菌药，抗菌作用特点包括：①杀菌速率与杀菌持续时间呈浓度依赖性；②仅对需氧菌有效，尤其是对需氧 G^- 杆菌作用强；③具有较长时间的PAE，且呈浓度依赖性；④具有初次接触效应（FEE），即细菌首次接触氨基糖苷类时，敏感菌能迅速被杀死，再次或多次接触同种药物时，杀菌作用明显降低；⑤在碱性环境中，抗菌活性增强。与 β - 内酰胺类抗生素合用可产生协同作用，但不能混合于同一容器，否则易使氨基糖苷类抗生素失活。

3. 抗菌谱 氨基糖苷类抗生素对各种需氧 G^- 杆菌包括大肠埃希菌、铜绿假单胞菌、变形杆菌属、克雷伯杆菌属、肠杆菌属、志贺菌属和枸橼酸杆菌属具有强大抗菌活性，对沙门菌属、沙雷菌属、产碱杆菌属、不动杆菌属和嗜血杆菌也有一定抗菌作用。对淋病奈瑟菌、脑膜炎奈瑟菌等 G^- 球菌作用较差。对MRSA和MRSE也有较好抗菌活性，对各组链球菌作用微弱，对肠球菌和厌氧菌无效。链霉素、卡那霉素还对结核分枝杆菌有效。

4. 耐药性 本类药物之间有部分或完全交叉耐药性，产生的耐药机制主要是细菌产生修饰氨基糖苷类的钝化酶，使药物失活。

【临床应用】 临床主要用于敏感的需氧 G^- 杆菌所致的全身感染，如呼吸道、泌尿道、消化道、皮肤软组织感染，也常用于各种创伤、烧伤及骨关节感染；对于败血症、肺炎、脑膜炎等严重感染，单独应用效果不佳，需联合应用其他抗 G^- 杆菌的药物，如广谱半合成青霉素、第三代头孢菌素及氟喹诺酮类等；口服用于治疗消化道感染、肠道术前准备、肝性脑病等；链霉素、卡那霉素可用于治疗结核病。

【不良反应】

1. 耳毒性 因其在内耳淋巴液中浓度较高，可损害内耳柯蒂器内、外毛细胞的能量产生及利用，引起细胞膜上 Na^+-K^+-ATP 酶功能障碍，造成毛细胞损伤。耳毒性包括前庭神经和耳蜗听神经损伤。前庭神经损害表现为恶心、呕吐、眩晕、眼球震颤和共济失调，多见于链霉素和庆大霉素；耳蜗神经损害表现为耳鸣、听力下降甚至耳聋，多见于阿米卡星。该类药物还会对子宫内胎儿造成毒性。为防止和减少耳毒性的发生，应避免与其他具有耳毒性药物（如高效利尿剂）合用，用药期间经常询问患者是否有眩晕、耳鸣等先兆症状。如有条件应定期做听力仪器检查。对儿童和老人用药更要谨慎。

2. 肾毒性 氨基糖苷类肾毒性的强弱取决于各药物在肾皮质中的聚积量和对肾小管的损伤能力，其中新霉素的肾毒性最强，其次是妥布霉素、卡那霉素、庆大霉素、阿米卡星、奈替米星，链霉素的肾毒性相对最轻。轻则引发肾小管肿胀，重则产生急性坏死，通常表现为蛋白尿、管型尿、血尿等，严重时可导致无尿、氮质血症和肾衰。此类药物是引发药源性肾衰最常见的因素之一。为防止和减少肾毒性的发生，应定期检查肾功能，如出现管型尿、蛋白尿、血清尿素氮、肌酐升高，尿量每8小时少于240ml等现象应立即停药。肾功能减退时可使药物排泄减慢，血药浓度升高，可进一步加重肾损伤、耳毒性，故肾功能减退患者应慎用或调整给药方案。有条件时应做血药浓度监测。

3. 神经肌肉阻滞 大剂量静滴或腹腔给药时可引起肌肉松弛、肢体瘫痪、心肌抑制、血压下降和呼吸衰竭。该现象可能是由于药物与突触前膜钙结合部位结合，抑制神经末梢ACh释放，阻断神经-肌肉接头传递功能。可用新斯的明和葡萄糖酸钙抢救。临床用药应避免与肌松药、全麻药等合用，重症肌无力者禁用，严禁静脉推注。

4. 过敏反应 常见症状有皮疹、发热、血管神经性水肿、口周麻木等。接触性皮炎是局部应用新霉素最常见的反应。偶见过敏性休克，其中链霉素过敏性休克发生率仅次于青霉素，但死亡率较高，故使用前应询问过敏史，也应作皮试，对链霉素过敏者禁用。用后应注意观察。一旦发生应立即缓慢静脉注射10%葡萄糖酸钙20ml，同时注射肾上腺素进行抢救。

（二）常用氨基糖苷类抗生素

链霉素

链霉素（streptomycin）是1944年从链霉菌培养液中分离获得并用于临床的第一个氨基糖苷类抗生素，也是第一个用于治疗结核病的药物。链霉素对G⁻菌作用强大，但因毒性大、易耐药限制了它的应用。目前主要用于治疗某些不常见的感染：①鼠疫（常与磺胺嘧啶合用）、兔热病的首选药；②抗结核病的一线药物，常与其他抗结核病药联合应用；③与青霉素合用治疗溶血性链球菌、草绿色链球菌、肠球菌等引起的心内膜炎，现已被庆大霉素替代；④与四环素合用治疗布鲁氏菌病。

庆大霉素

庆大霉素（gentamicin）是从小单胞菌的培养液中分离获得的。抗菌谱广、抗菌活性高，是临床最为常用的氨基糖苷类抗生素。临床主要用于：①严重G⁻杆菌感染如败血症、骨髓炎、肺炎、脑膜炎等的首选药；②铜绿假单胞菌感染，常与羧苄西林等广谱半合成青霉素或头孢菌素类联合应用以提高疗效；③与青霉素联合治疗肠球菌引起的心内膜炎；与羧苄西林联合治疗G⁻杆菌引起的心内膜炎；④口服用作肠道术前准备或治疗肠道感染；⑤局部用于皮肤、黏膜感染及眼、耳、鼻、喉部感染等。

其他氨基糖苷类抗生素的作用特点详见表36-3-1。

表36-3-1　其他氨基糖苷类抗生素的作用特点

常用药物	作用特点
阿米卡星（amikacin）	①在本类抗生素中抗菌谱最广，其优点是对钝化酶稳定；②主要用于对氨基糖苷类耐药的铜绿假单胞菌等革兰阴性杆菌及葡萄球菌所致感染等；③肾毒性低于庆大霉素，但耳毒性强于庆大霉素，可致二重感染
妥布霉素（tobramycin）	①抗菌谱与庆大霉素相似，对铜绿假单胞菌的作用较庆大霉素强2~5倍，且对庆大霉素耐药菌株仍有效；②常与能抗铜绿假单胞菌的半合成青霉素类或头孢菌素类药物合用治疗铜绿假单胞菌所致的各种感染；③不良反应主要是耳毒性和肾毒性，但较庆大霉素轻
奈替米星（netilmicin）	①抗菌谱与庆大霉素相似，具有疗效高、毒性低、对钝化酶稳定等特点；②临床主要用于治疗各种敏感菌引起的严重感染；与β-内酰胺类合用治疗粒细胞减少伴发热患者和病因未明的发热患者；③耳毒性和肾毒性的发生率在氨基糖苷类中最低，但仍需注意
卡那霉素（kanamycin）	①耳毒性、肾毒性仅次于新霉素；②因毒性大，耐药性多见，临床现已很少用；③可用于一线抗结核病药的替代药物
新霉素（neomycin）	①耳毒性、肾毒性最强的一种，仅限外用，不能注射给药；②口服不易吸收，毒性较小，可用于肠道手术消毒

二、多黏菌素类

多黏菌素类（polymyxins）是从多黏杆菌培养液中获得的一组抗生素，临床使用的为多黏菌素B（polymyxin B）和多黏菌素E（polymyxin E，抗敌素）。

【抗菌作用】多黏菌素类属窄谱抗菌素，只对某些G⁻杆菌具有强大抗菌活性，如大肠埃希菌、克雷伯菌属、沙门菌、志贺菌、百日咳杆菌，尤其是对铜绿假单胞菌作用显著。对革兰阴性球菌、革兰阳性菌和真菌无抗菌作用。本类药能与G⁻菌细胞膜的磷脂结合，使细菌细胞膜通透性增加，胞内营养物质外漏，导致细菌死亡。对生长繁殖期和静止期的细菌均有杀菌作用。

【临床应用】

1. **铜绿假单胞菌感染**　可用于对其他抗生素耐药而难以控制的铜绿假单胞菌所致的败血症、泌尿道感染。

2. **G⁻杆菌感染**　对其他抗菌药耐药的大肠埃希菌、克雷伯菌属等G⁻杆菌引起的脑膜炎、败血症等。

3. **局部应用**　本类药口服不吸收，口服用于治疗肠炎和肠道手术前准备；也可局部用于五官、皮肤、黏膜等铜绿假单胞菌感染。

【不良反应】

1. **肾毒性**　多发生于用药后4天，严重时可出现急性肾小管坏死甚至肾衰竭，及时停药部分可恢复。

2. **神经毒性**　与剂量有关，轻者表现为头晕、面部麻木和周围神经炎，重者出现意识混乱、昏迷、共济失调、可逆性神经肌肉阻滞等，停药后可消失。

3. **其他**　注射部位可出现局部疼痛、静脉注射可致静脉炎等。偶可出现皮疹、疹痒、药热等变态反应。

第四节　四环素类及氯霉素类抗生素

四环素类（tetracyclines）及氯霉素类（chloramphenicols）属广谱抗生素，对G⁺菌、G⁻菌、立克次体、支原体和衣原体等均有抑制作用，其中四环素类对某些螺旋体和原虫尚有抑制作用。

一、四环素类

根据来源的不同，四环素类可分为天然和人工半合成两大类。天然四环素包括四环素（tetracycline）、土霉素（terramycin）、金霉素（chlortetracycline）、地美环素（demeclocyline）。人工半合成四环素包括美他环素（metacycline）、多西环素（doxycycline）和米诺环素（minocycline）等。由于耐药菌株日益增多，四环素已不再作为首选药物。土霉素治疗阿米巴痢疾疗效优于其他四环素类药物。金霉素外用可治疗结膜炎和沙眼等。

【抗菌作用】四环素类特异性地与细菌核糖体30S亚基的A位结合，阻止氨基酰–tRNA在该位上的联结，从而抑制肽链的增长和影响细菌蛋白质的合成。本类药物抗菌谱、作用机制和临床应用相似，属快速抑菌药。抗菌活性依次为：米诺环素 > 多西环素 > 美他环素 > 四环素 > 土霉素。

【临床应用】四环素类首选用于治疗立克次体感染（斑疹伤寒、Q热和恙虫病等）、支原体感染（支原体肺炎和泌尿生殖道感染等）、衣原体感染（鹦鹉热、沙眼和性病性淋巴肉芽肿等）以及某些螺旋体感染（回归热等）。四环素类还可首选治疗鼠疫、布鲁菌病、霍乱、幽门螺杆菌感染引起的消化性溃疡等。本类药物一般首选多西环素。

四环素

【体内过程】四环素（tetracycline）口服吸收不完全，易与Mg^{2+}、Ca^{2+}、Fe^{3+}、Al^{3+}等多价金属离子形成络合物而影响吸收；酸性药物如维生素C可促进四环素吸收。广泛分布于各组织，可沉积于骨及牙组织内，但不易透过血-脑屏障。主要以原形经肾排泄，尿中药物浓度较高，有利于治疗泌尿系感染。

【抗菌作用】抗菌谱广，对革兰阳性菌作用强于革兰阴性菌，对立克次体、肺炎支原体、衣原体、螺旋体、放线菌及阿米巴原虫等也有抑制作用。天然品之间存在交叉耐药性，但对天然品耐药的细菌对半合成品仍然敏感。

【临床应用】由于耐药菌株日益增多和药物的不良反应多见等问题，现已少用。

【不良反应及注意事项】

1. **局部刺激症状** 口服后引起恶心、呕吐、上腹不适、腹胀、腹泻等胃肠刺激症状。

2. **二重感染（菌群交替症）** 长期应用广谱抗生素，使敏感菌被抑制，而不敏感菌在体内乘机大量繁殖，造成菌群失调引起新的感染，称为二重感染。常见的有：①真菌感染，表现为白色念珠菌引起的鹅口疮、肠炎等；②对四环素耐药的难辨梭菌感染引起的假膜性肠炎。

3. **影响骨骼和牙齿生长** 四环素类与新形成的骨骼和牙齿中所沉积的钙相结合，从而抑制幼儿骨骼的发育，引起牙齿黄染及釉质发育不全。

4. **其他** 长期大剂量应用可引起肝肾损害，偶见皮疹、发热、血管神经性水肿等过敏反应。

多西环素

多西环素（doxycycline）口服吸收迅速而完全，不易受食物影响。大部分药物随胆汁进入肠腔后被再吸收，形成肝肠循环。$t_{1/2}$长达20小时，为长效四环素类药。抗菌谱和四环素相似，特点为长效、速效、高效，是四环素类药物的首选药。临床已取代天然四环素用于敏感菌引起的呼吸道、泌尿生殖道和斑疹伤寒、恙虫病等；特别适用于肾功能不全患者的肾外感染和胆道感染；也可治疗痤疮、酒糟鼻、前列腺炎等。常见不良反应有胃肠道刺激症状及皮疹，静脉注射时，可出现舌麻木及口腔异味感。易致光敏反应，少引起二重感染。常见不良反应有胃肠道刺激症状如恶心、呕吐、腹泻等，以及舌炎、口腔炎和肛门炎等，应饭后服。静脉注射时，可能出现舌麻木及口腔异味感。易致光敏反应，很少引起二重感染。

米诺环素

米诺环素（minocycline）口服吸收迅速且完全，不受牛奶和食物的影响。在本类药物中抗菌活性最强、分布最广。对四环素或青霉素耐药的金黄色葡萄球菌、链球菌和大肠埃希菌仍敏感，主要用于耐药菌引起的呼吸道、胆道、泌尿道、乳腺及皮肤软组织感染。不良反应与四环素相似，还能引起独特的可逆性前庭反应，表现为恶心、呕吐、头昏、眼花及运动失调等，12%~52%患者因严重前庭反应而停药。

二、氯霉素类抗生素

氯霉素类抗生素主要有氯霉素、甲砜霉素等。

氯霉素

氯霉素（chloramphenicol）是从委内瑞拉链霉菌中分离提取的广谱抗生素，它于1947年首次分离成功、1948年化学合成用于临床，曾广泛用于治疗伤寒、立克次体感染等，但1950年因致死性不良反应（再生障碍性贫血）而被限制使用。

【体内过程】口服吸收快而完全，肌内注射吸收慢且注射部位易产生硬结。广泛分布于全身组织和体液，在肝肾组织中浓度较高。可透过血-脑屏障进入脑脊液，脑脊液中的浓度较其他抗生素高。也可通过胎盘屏障进入胎儿循环。还可通过血眼屏障进入房水、玻璃体液，并可达治疗浓度，故常将其制成滴眼液使用。氯霉素在体内代谢大部分是与葡萄糖醛酸相结合，其原形药及代谢物迅速经尿排出，口服量5%~15%的有效原形药经肾小球过滤而排入尿中，并能达到有效抗菌浓度，可用于治疗泌尿系统感染。肾功能不良者使用时应减量。

【抗菌作用】

1. **抗菌机制**　氯霉素与细菌核糖体50S亚基结合，阻止肽链的延伸而抑制蛋白质的合成，属于快速抑菌剂。

2. **抗菌谱**　氯霉素属广谱抗生素，对G^-菌作用强，特别是对伤寒沙门菌、流感嗜血杆菌作用强，但对铜绿假单胞菌无作用；对脆弱拟杆菌、百日咳鲍特菌、布鲁氏菌作用也强；对G^+菌作用不如青霉素G和四环素；对立克次体、沙眼衣原体、肺炎衣原体、螺旋体等有效。对病毒、真菌、原虫等无作用。

3. **耐药性**　细菌可通过突变、接合或转导机制，获得氯霉素耐药基因，但耐药性产生较慢，与其他抗生素之间无交叉耐药性。

【临床应用】

1. **耐药菌引起的严重感染**　如对其他抗生素过敏或耐药的流感嗜血杆菌、脑膜炎奈瑟菌及肺炎链球菌引起的脑膜炎和脑脓肿患者，病情严重已危及生命。

2. **伤寒、副伤寒**　首选第三代头孢菌素类抗生素或氟喹诺酮类。但因氯霉素成本低，在某些国家和地区仍在使用。

3. **立克次体感染**　立克次体重度感染（斑疹伤寒、Q热和恙虫病等）的孕妇、8岁以下儿童、四环素过敏者可选用。

4. **局部滴眼**　用于敏感菌所致的眼球感染如沙眼、结膜炎等。

【不良反应及注意事项】

1. **抑制骨髓造血功能**　是氯霉素最严重的不良反应，临床表现：①可逆性血细胞减少：较为常见，发生率和严重程度与剂量、疗程呈正相关，表现为贫血、白细胞减少症或血小板减少症，及时停药有可能恢复；②再生障碍性贫血：发病率与剂量、疗程无关，发生率低但死亡率很高，幸存者日后发展为白血病概率很高。

2. **灰婴综合征**　新生儿，特别是早产儿，因肝、肾发育不完善，肝内缺乏葡萄糖醛酸转移酶，对氯霉素解毒能力差，肾排泄功能较弱。大量使用氯霉素后易致体内蓄积中毒，表现为循环衰竭、呼吸急促、皮肤苍白、发绀，故称灰婴综合征。一般发生在治疗的第2~9天，症状出现的2天内死亡率可高达40%。

3. **其他**　可引起胃肠道反应、二重感染，少数患者可出现过敏反应、视神经炎、中毒性精神病等。

甲砜霉素

甲砜霉素（thiamphenicol，甲砜氯霉素）是第二代氯霉素类抗生素，其抗菌谱、抗菌活性与氯霉素相似，主要用于敏感菌如流感嗜血杆菌、大肠埃希菌、沙门菌属等所致的呼吸道、尿路、肠道等感染。与氯霉素呈完全交叉耐药。尚有腹泻、胃烧灼感、恶心、呕吐、腹痛等胃肠道反应，未见致死的再生障碍性贫血和灰婴综合征的报道。

知识拓展

　　庆大霉素是我国独立自主研制成功的广谱抗生素。1965年，王岳教授首先提出从小单孢菌中寻找新抗生素的研究领域。1966年，他带领团队从福州湖泥中分离出一株小单孢菌，它产生的抗生素正是庆大霉素（Gentamicin）。我国于1969年投产并用于临床。当时正值我国建国20周年大庆，"九大"召开之际，于是将Gentamicin取名为"庆大霉素"，有庆祝"九大"和庆祝工人阶级伟大之意。经临床验证，庆大霉素对于枪伤、烧伤等战伤感染具有良好疗效。庆大霉素是氨基糖苷类抗生素中抗菌谱较广的广谱抗生素，能弥补青霉素、链霉素之不足，临床疗效较为满意，加之相对当时容易引起过敏的青霉素和链霉素，庆大霉素不容易引起过敏反应，因此于20世纪70~80年代在国内广泛应用。庆大霉素的发现，将我国抗生素研究、生产推向一个崭新阶段，为我国医药界做出了重大贡献。

目标检测

答案解析

一、单选题

1. 青霉素G最适用于治疗下列哪种细菌感染（　　）
   A. 溶血性链球菌　　B. 变形杆菌　　　　C. 肺炎球菌　　　　D. 铜绿假单胞菌　　E. 痢疾杆菌

2. 青霉素G最常见的不良反应是（　　）
   A. 二重感染　　　　B. 过敏反应　　　　C. 胃肠道反应　　　D. 肝肾损伤　　　　E. 耳毒性

3. 治疗钩端螺旋体病应首选（　　）
   A. 青霉素G　　　　B. 红霉素　　　　　C. 四环素　　　　　D. 氯霉素　　　　　E. 链霉素

4. 有关头孢菌素的叙述，错误的是（　　）
   A. 第三代头孢菌素类对β–内酰胺酶高度稳定
   B. 第二代头孢菌素类对铜绿假单胞菌作用强
   C. 第一代头孢菌素类对革兰阳性菌作用较第二、第三代强
   D. 第一代头孢菌素类对革兰阴性菌作用弱
   E. 第三代头孢菌素类基本无肾毒性

5. 具有最强抗铜绿假单胞菌作用的头孢菌素是（　　）
   A. 头孢孟多　　　　B. 头孢他啶　　　　C. 拉氧头孢　　　　D. 头孢呋辛　　　　E. 头孢氨苄

6. 林可霉素的主要用途是（　　）
   A. 呼吸道感染　　　　　　B. 骨及关节感染　　　　　　C. 皮肤感染
   D. 胆道感染　　　　　　　E. 泌尿系统感染

7. 治疗军团菌肺炎应首选（　　）
   A. 青霉素G　　　　B. 红霉素　　　　　C. 四环素　　　　　D. 氯霉素　　　　　E. 庆大霉素

8. 下列情况不应首选红霉素的是（　　）
   A. 白喉带菌者　　　　　　B. 支原体肺炎　　　　　　　C. 弯曲杆菌败血症
   D. 细菌性痢疾　　　　　　E. 沙眼衣原体所致婴儿肺炎

9. 对红霉素的主要不良反应描述，不正确的是（　　）

A. 胃肠道反应 B. 肝损害 C. 肾损害

D. 假膜性肠炎 E. 血栓性静脉炎

10. 氨基苷类抗生素中耳、肾毒性最强的抗生素是（ ）

A. 链霉素 B. 庆大霉素 C. 妥布霉素 D. 新霉素 E. 卡那霉素

11. 氨基糖苷类抗生素不宜与呋塞米合用的原因是（ ）

A. 呋塞米加快氨基糖苷类药物的排泄 B. 呋塞米抑制氨基糖苷类药物的吸收

C. 呋塞米增加氨基糖苷类药物的肾毒性 D. 呋塞米增加氨基糖苷类药物的耳毒性

E. 呋塞米增加氨基糖苷类药物过敏性休克的发生率

12. 氨基苷类抗生素的不良反应不包括（ ）

A. 耳毒性 B. 肾毒性 C. 过敏反应 D. 神经肌肉阻滞 E. 肝毒性

13. 治疗立克次体感染所致的斑疹伤寒的首选药是（ ）

A. 头孢他啶 B. 土霉素 C. 庆大霉素 D. 多西环素 E. 氯霉素

14. 下列有关氯霉素不良反应描述错误的是（ ）

A. 具有骨髓抑制作用 B. 神经系统反应 C. 对新生儿无影响

D. 胃肠道反应 E. 过敏反应

15. 克拉维酸与阿莫西林配伍应用的主要药理学依据是（ ）

A. 可使阿莫西林口服吸收更好 B. 可使阿莫西林自肾小管分泌减少

C. 可使阿莫西林用量减少，毒性降低 D. 克拉维酸抗菌谱广，抗菌活性强

E. 克拉维酸可抑制 β - 内酰胺酶

16. 新生儿患儿，在出生后出现呕吐，呼吸急促、不规则，皮肤发灰，体温低，软弱无力。已知妊娠末期孕母曾使用氯霉素，因此患者的症状为（ ）

A. 氯霉素产生的呼吸系统毒性 B. 氯霉素产生的胃肠道反应

C. 氯霉素产生的过敏反应 D. 氯霉素产生的灰婴综合征

E. 新生儿生理反应

（17~18题共用题干）

患者，男，3岁。高热、呼吸急促、双肺散在湿啰音，诊断为肺炎球菌肺炎，青霉素试验（＋）。

17. 该患者宜选用的药物是（ ）

A. 四环素 B. 青霉素 C. 头孢唑林 D. 阿奇霉素 E. 万古霉素

18. 该患者在用药过程中要谨防发生（ ）

A. 胃肠道反应 B. 过敏反应 C. 耳毒性 D. 肝毒性 E. 赫氏反应

二、简答题

1. 如何防治青霉素过敏？

2. 氨基糖苷类抗生素的不良反应有哪些？如何防治？

（何秀贞）

书网融合……

知识回顾 习题

第三十七章　人工合成抗菌药

PPT

学习目标

知识要求：

1. 掌握喹诺酮类、磺胺类药物的抗菌作用特点、临床应用及不良反应。
2. 熟悉硝基咪唑类药及甲氧苄啶的抗菌作用及临床应用及不良反应。
3. 了解硝基呋喃类的作用特点。

技能要求：

1. 熟练掌握能根据适应证合理选择各类抗菌药物，能判断药物不良反应并制定防治措施。
2. 学会抗菌药物用药宣教、用药咨询和用药指导。

第一节　喹诺酮类药物

喹诺酮类药物是以4-喹诺酮为基本结构的一类抗菌药物。在4-喹诺酮母核的 N_1、C_5、C_6、C_7、C_8 引入不同的基团（图37-1-1）形成了各具特点的喹诺酮类药物。

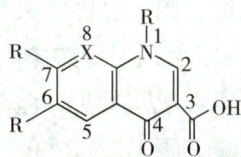

图37-1-1　喹诺酮类药物的化学结构

岗位情景模拟31

患者，男，10岁，3天前开始发热，伴有咳嗽、咳痰，服用退热药体温无下降，持续在39℃左右。听诊右下肺少许湿性啰音。血白细胞总数 $12.2 \times 10^9/L$，中性粒细胞87%。胸部X线：右肺下叶斑片状影。诊断：社区获得性肺炎。

问题与思考

上述患者给予左氧氟沙星注射液及氨溴索片治疗是否合理，为什么？

答案解析

喹诺酮类药物按发现的年代及抗菌性能的不同可分为四代。第一代：萘啶酸（nalidixic acid），于1962年研制合成，只对部分 G^- 菌有效，国内已不再使用。第二代：吡哌酸（pipemidic acid），于1973年研制合成，对大多数 G^- 菌（包括铜绿假单胞菌）有效，现已少用。第三代：氟喹诺酮类（因本代药物的分子中均有氟原子而得名），抗菌谱进一步扩大，对 G^+ 菌和厌氧菌也有抗菌作用，对一些 G^- 菌的抗菌作用则进一步加强。代表药物有诺氟沙星（norfloxacin）、氧氟沙星（ofloxacin）、左氧氟沙星

（levofloxacin）、培氟沙星（perfloxacin）、依诺沙星（enoxacin）、环丙沙星（ciprofloxacin）等。第四代：新氟喹诺酮类，代表药物有莫西沙星、加替沙星等。

一、喹诺酮类药物的共性

【体内过程】氟喹诺酮类药物口服吸收完全，不受食物的影响，但与含有 Fe^{2+}、Ca^{2+}、Mg^{2+} 的食物同服可降低其生物利用度。生物利用度较高，血浆蛋白结合率一般低于40%，组织穿透力强，体内分布广，在前列腺组织、骨组织、肺脏、肾脏、尿液、胆汁、吞噬细胞和中性粒细胞的药物浓度均高于血浆。可经肝脏代谢，部分以原形从肾脏排泄。

【抗菌作用】

1. **抗菌谱**　第三代氟喹诺酮类属于广谱杀菌药，抗菌活性强。对 G^- 菌如大肠埃希菌、伤寒沙门菌、流感嗜血杆菌、军团菌属及淋病奈瑟菌等有强大的抗菌作用；对 G^+ 菌如金黄色葡萄球菌、肺炎链球菌及溶血性链球菌也有较强的抗菌作用。第四代药物除保留了原有氟喹诺酮类的抗菌活性外，进一步增强了对 G^+ 菌的作用，对结核分枝杆菌、嗜肺军团菌、支原体及衣原体的杀灭作用也进一步增强；特别是提高了对厌氧菌如脆弱类杆菌、梭杆菌属、消化链球菌属和厌氧芽孢杆菌属等的抗菌活性。

2. **抗菌机制**　主要包括以下两方面：①DNA回旋酶：是其抗 G^- 菌的重要靶点，本类药通过抑制 G^- 菌的DNA回旋酶，阻碍DNA的复制而产生杀菌作用；②拓扑异构酶Ⅳ：是其抗 G^+ 菌的重要靶点，本类药物通过抑制 G^+ 菌的拓扑异构酶Ⅳ，抑制DNA的复制而产生抗菌作用。

3. **耐药性**　细菌对本类药不易产生耐药性，同类药之间存在交叉耐药性，与其他药物之间无明显交叉耐药性。常见耐药菌有金黄色葡萄球菌、肠球菌、大肠埃希菌和铜绿假单胞菌等。耐药机制包括：①耐药菌株DNA回旋酶与药物的亲和力下降，使药物失去靶位；②膜通道关闭，药物难以进入菌体；③金黄色葡萄球菌可将药物从菌体内泵出。

【临床应用】因氟喹诺酮类抗菌谱广、抗菌活性强、使用方便，临床主要用于敏感菌所致的呼吸道、泌尿生殖道、肠道、骨、关节、皮肤软组织感染，成为多种疾病的首选药。

1. **泌尿生殖系统感染**　环丙沙星、氧氟沙星和 β - 内酰胺类同为首选药，用于治疗单纯性淋病奈瑟菌性尿道炎或宫颈炎，但对非特异性尿道炎和宫颈炎疗效差。环丙沙星是铜绿假单胞菌性尿道炎的首选药。氟喹诺酮类对敏感菌所致的急、慢性前列腺炎以及复杂性前列腺炎均有较好疗效。

2. **呼吸系统感染**　左氧氟沙星、莫西沙星和万古霉素合用，首选用于治疗青霉素高度耐药的肺炎链球菌感染。氟喹诺酮类（除诺氟沙星）可替代大环内酯类用于支原体肺炎、衣原体肺炎、军团菌病。

3. **肠道感染与伤寒**　首选用于治疗志贺菌引起的急慢性菌痢和中毒性菌痢，以及鼠伤寒沙门菌、猪霍乱沙门菌、肠炎沙门菌引起的胃肠炎（食物中毒）。对沙门菌引起的伤寒或副伤寒，应首选氟喹诺酮类或头孢曲松。也可用于旅行性腹泻。

4. **其他**　氟喹诺酮类对脑膜炎奈瑟菌有强大杀菌作用，其在鼻咽分泌物中浓度高，可用于流行性脑脊髓膜炎鼻咽部带菌者的根除治疗。可用于对其他抗菌药无效的儿童重症感染。囊性纤维化患儿感染铜绿假单胞菌时应选环丙沙星。

【不良反应】

1. **胃肠道反应**　常见，表现为恶心、呕吐、腹痛、腹泻等，一般不严重，患者可耐受。

2. **中枢神经系统毒性**　轻者表现为失眠、头昏、头痛，重者表现为精神异常、抽搐、惊厥等。患者用药剂量过大、有精神病或癫痫病史或与氨茶碱合用时更易出现。

3. **皮肤反应及光敏反应**　表现为光照部位皮肤出现瘙痒性红斑，严重者出现皮肤糜烂、脱落，停药后可恢复，剂量较大时发生率高达28%，还可见血管神经性水肿、皮肤瘙痒等症状。

4. **软骨损害** 动物实验证实本类药物对多种幼龄动物负重关节的软骨有损伤，儿童用药后可出现关节痛和关节水肿。18岁以下及妊娠期、哺乳期妇女不宜使用。

5. **其他** 不良反应包括肝肾功能异常、跟腱炎、心脏毒性和眼毒性等，停药后可恢复。

二、常用氟喹诺酮类药物

诺氟沙星

诺氟沙星（norfloxacin，氟哌酸）是第一个应用于临床的氟喹诺酮类药，对多数G⁻菌包括铜绿假单胞菌抗菌活性较强，对G⁺菌如金黄色葡萄球菌、肺炎球菌、溶血性链球菌以及厌氧脆弱杆菌也有效。主要用于敏感菌所致的肠道、尿路感染，亦可用于呼吸道、皮肤软组织、眼科感染，疗效一般。

环丙沙星

环丙沙星（ciprofloxacin）是抗菌谱最广的喹诺酮类药物之一，口服吸收快但不完全，食物对其吸收的影响不明显，生物利用度约52%。对铜绿假单胞菌、淋病奈瑟菌、流感嗜血杆菌、金黄色葡萄球菌、肠球菌、肺炎链球菌、嗜肺军团菌的抗菌活性明显高于多数氟喹诺酮类药物。环丙沙星对氨基糖苷类或第3代头孢菌素类耐药的革兰阴性及革兰阳性菌仍敏感，但对多数厌氧菌不敏感。常用于对其他抗菌药耐药的革兰阴性杆菌所致的呼吸道、泌尿生殖道、胃肠道感染。也用于治疗口腔、皮肤软组织、骨与关节等部位的感染。

氧氟沙星

氧氟沙星（ofloxacin，氟嗪酸）口服吸收快而完全，生物利用度高达89%，血药浓度高而持久，分布广泛，痰液、胆汁及尿液中药物浓度高。抗菌谱广，对结核分枝杆菌、沙眼衣原体、肺炎支原体、假单胞菌和部分厌氧菌也有良好效果。对多数耐药菌株如耐甲氧西林金黄色葡萄球菌（MRSA）、耐氨苄西林的淋病奈瑟菌、耐庆大霉素的铜绿假单胞菌仍敏感。临床用途同环丙沙星。不良反应有胃肠道反应和转氨酶升高。偶见轻度中枢神经系统毒性反应。静脉滴注时对局部血管有刺激反应。

左氧氟沙星

左氧氟沙星（levofloxacin）是氧氟沙星的左旋体，口服吸收完全，生物利用度近100%。因除去了抗菌活性很弱的右旋体，抗菌活性约为氧氟沙星的2倍，且不良反应低于氧氟沙星。抗菌谱及临床用途与氧氟沙星相似。

洛美沙星

洛美沙星（lomefioxacin）空腹吸收良好，食物可延迟本品的吸收并降低其生物利用度。对革兰阴性菌的抗菌活性与诺氟沙星和氧氟沙星相近，对MRSA、表皮葡萄球菌、链球菌和肠球菌的抗菌活性与氧氟沙星相当；对多数厌氧菌的抗菌活性比氧氟沙星低。可用于呼吸道、泌尿生殖道、皮肤软组织、眼科感染的治疗，也用于衣原体感染和结核病的治疗，洛美沙星对小鼠皮肤具有光致癌作用，故在用药期间应避免日光。

氟罗沙星

氟罗沙星（fleroxacin，多氟沙星）具有抗菌谱广、疗效好和持续时间长等特点。主要用于敏感菌所致的泌尿生殖系统、呼吸系统、妇科、外科的感染性疾病或二次感染的治疗。

司帕沙星

司帕沙星（sparfloxacin，司氟沙星）口服吸收良好，肝肠循环明显。50%随粪便排泄，25%在肝脏代谢失活，$t_{1/2}$为16小时，为长效喹诺酮类药物。对革兰阳性菌、厌氧菌、结核分枝杆菌、衣原体和支原体的抗菌活性显著高于环丙沙星，对嗜肺军团菌和革兰阴性菌的抗菌活性与环丙沙星相同且高于诺氟沙星和氧氟沙星。主要用于敏感细菌所致的呼吸系统、泌尿生殖系统和皮肤软组织感染的治疗，也可用于骨髓炎和关节炎等的治疗。8%的患者可出现光敏反应。还可引起QT间期延长等不良反应。与布洛芬等合用时，偶尔诱发痉挛。

莫西沙星

莫西沙星（moxifloxacin）为第四代喹诺酮类的代表药。对多数G^+菌、厌氧菌、结核分枝杆菌、衣原体及支原体均有较强的抗菌活性，强于环丙沙星、氧氟沙星、左氧氟沙星和司帕沙星。对大多数G^-菌的作用于诺氟沙星相近。临床用于敏感菌所致的慢性支气管炎急性发作、社区获得性肺炎、急性鼻窦炎，也可用于泌尿生殖系统和皮肤软组织的感染。不良反应发生率低，常见一过性轻度呕吐和腹泻。

第二节　磺胺类和甲氧苄啶

一、磺胺类药物的共性

磺胺类药物（sulfonamides）是最早用于治疗全身性细菌感染的抗菌药物，曾广泛用于临床，尤其是1969年甲氧苄啶的问世，使磺胺药的抗菌作用增强数倍至数十倍，甚至由抑菌作用变为杀菌作用，其独特的优点是使用方便、性质稳定、价格低廉，对某些感染性疾病包括流行性脑脊髓膜炎、鼠疫等具有显著疗效，故临床应用更加广泛。近年来随着耐药菌株的增多，加上各类抗生素和合成抗菌药的快速发展，磺胺类药物的应用受到了一定的限制。

磺胺类药的基本结构是对氨基苯磺酰胺（图37-2-1）。根据口服吸收的难易和应用部位，将其分为抗全身性感染药（肠道易吸收）、抗肠道感染药（肠道难吸收）以及外用药三大类。其中肠道易吸收类又根据药物$t_{1/2}$的长短，分为短效类（$t_{1/2}<10$小时），中效类（$t_{1/2}10\sim24$小时）以及长效类（$t_{1/2}>24$小时）。

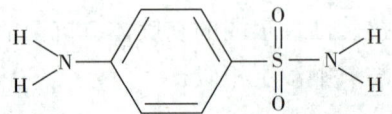

图37-2-1　磺胺类药物的基本结构

【体内过程】肠道易吸收类药物广泛分布于全身组织及细胞外液，血浆蛋白结合率差异大，在25%~95%之间，血浆蛋白结合率低的药物（如磺胺嘧啶）易于通过血-脑脊液屏障。主要在肝脏代谢为无活性的乙酰化物及与葡萄糖醛酸结合，以原形、乙酰化物、葡萄糖醛酸结合物三种形式经肾脏排泄。肠道难吸收的磺胺类药物在肠腔内水解后才能发挥抗菌作用。

【抗菌作用】

1. 抗菌谱　为广谱抗菌药，对多数致病菌均有抑制作用，其中对脑膜炎奈瑟菌、淋病奈瑟菌、鼠疫耶氏菌、A群链球菌、肺炎链球菌和诺卡菌属最敏感；对大肠埃希菌、布鲁菌属、志贺菌属、变形杆菌属和沙门菌属次之；对沙眼衣原体、疟原虫、卡氏肺孢子虫和弓形虫滋养体也有抑制作用。但是对支原体、立克次体和螺旋体无效，甚至可促进立克次体的生长。磺胺嘧啶银和磺胺米隆对铜绿假单胞菌有效。

2. 抗菌机制　细菌不能直接利用周围环境中的叶酸，必须以蝶啶、对氨基苯甲酸（PABA）为原料，在二氢蝶酸合酶的作用下生成二氢叶酸，再由二氢叶酸还原酶还原为四氢叶酸，四氢叶酸活化后参与嘌呤和嘧啶核苷酸的合成。磺胺类与PABA结构相似，可与之竞争二氢蝶酸合酶，阻止细菌二氢叶酸的合成，进而影响核酸的生成，抑制细菌的生长繁殖（图35-2-2），属慢效抑菌药。

3. 耐药性　细菌对磺胺类药物极易产生耐药性。细菌对磺胺的耐药，可通过其随机突变和质粒转移发生，一旦产生耐药，通常为永久性不可逆，磺胺类药物之间也存在交叉耐药性。

【不良反应】

1. 泌尿系统损害　用于治疗全身感染的磺胺类原形药及其乙酰化物在尿液中溶解度较低，易析出结晶，造成肾脏损害，出现结晶尿、血尿、尿痛和尿闭等症状。在酸性尿液中更易析出结晶。常同服等量碳酸氢钠、多饮水、定期检查尿液等措施预防。

2. 过敏反应　较为常见，表现为药热和皮疹，严重者可出现多形性红斑及剥脱性皮炎等。

3. 血液系统反应　长期用药可抑制骨髓造血功能，导致白细胞减少症、血小板减少症甚至再生障碍性贫血，发生率极低但可致死。葡萄糖-6-磷酸脱氢酶缺乏者可致溶血反应，应禁用。

4. 神经系统反应　可出现头晕、头痛、乏力、萎靡和失眠等症状。

5. 其他　可引起恶心、呕吐等胃肠道反应。新生儿、早产儿可引起胆红素脑病（核黄疸）。

二、常用磺胺类药物

常用磺胺药的分类、作用特点和临床应用见表37-2-1。

表37-2-1　常用磺胺药的分类、作用特点和临床应用

分类	药物	作用特点及应用
治疗全身感染的磺胺药	磺胺嘧啶（sulfadiazine，SD）	中效类磺胺药，口服易吸收，易透过血-脑屏障，作为流行性脑脊髓膜炎的首选药之一，首选治疗诺卡菌病，与乙胺嘧啶联合用药治疗弓形虫病
	磺胺甲噁唑（sulfamethoxazole，SMZ，新诺明）	中效类磺胺药，血浆蛋白结合率较高，可用于流行性脑脊髓膜炎的预防，抗菌作用较强，主要与甲氧苄啶合用治疗呼吸道、泌尿道和消化道感染
治疗肠道感染的磺胺药	柳氮磺吡啶（sulfasalazine，SASP）	口服几乎不吸收，用药后在肠道细菌和碱性条件下分解成磺胺吡啶和5-氨基水杨酸而发挥抗菌、抗炎和免疫抑制作用。口服或灌肠治疗急慢性溃疡性结肠炎、节段性回肠炎
外用的磺胺药	磺胺米隆（sulfamylon，SML，甲磺灭脓）	抗菌谱广，对金黄色葡萄球菌、铜绿假单胞菌和破伤风杆菌有效，不受脓液、分泌物、坏死组织和PABA的影响。适用于烧伤、外伤创面感染。用药后局部有疼痛及烧灼感
	磺胺嘧啶银（sulfadiazine silver，SD-Ag，烧伤宁）	具有磺胺嘧啶的抗菌作用和银盐的收敛作用。抗菌谱广，对铜绿假单胞菌作用强大，主要用于防治Ⅱ度、Ⅲ度烧伤或烫伤的创面感染。局部有一过性疼痛
	磺胺醋酰（sulfacetamide，SA）	穿透力强，几乎无刺激性，滴眼用于治疗沙眼、结膜炎、角膜炎等

三、甲氧苄啶及其复方

甲氧苄啶（trimethoprim，TMP）属于磺胺增效剂。抗菌谱与磺胺药相似，通过抑制二氢叶酸还原酶，使二氢叶酸不能还原为四氢叶酸，从而阻止细菌核酸的合成。单用易产生耐药性，与磺胺药同用可使细菌叶酸代谢受到双重阻断，使磺胺药的抗菌作用增强数倍至数十倍，甚至呈现杀菌作用，且可延缓细菌耐药性的产生。TMP口服吸收迅速而完全，$t_{1/2}$约为11小时。给药后分布广泛，脑脊液中药物浓度较高，炎症时脑脊液中药物浓度可接近血药浓度。

复方磺胺甲噁唑

复方磺胺甲噁唑（cotrimoxazole，SMZ CO，复方新诺明）是SMZ和TMP按5∶1比例制成的复方制剂。两药合用的药理学依据有：①二药合用后对细菌叶酸的代谢起双重阻断作用（SMZ抑制二氢蝶酸合酶，而TMP抑制二氢叶酸还原酶），双重协同阻断细菌四氢叶酸合成（图35-2-2），抗菌活性是两药单独等量应用时的数倍至数十倍，甚至呈现杀菌作用；②两药的药动学特点相似，$t_{1/2}$均10小时左右，峰值血药浓度相似，合用后各自的消除$t_{1/2}$不变；③合用后可减少耐药性的产生，对已耐药的菌株也有抑制作用；④TMP毒性较小，二药合用后可减少磺胺类药物和自身的用量，从而降低不良反应。

📋 **课堂互动 37-1** ————————————————————————

磺胺药和甲氧苄啶均为干扰细菌叶酸代谢的抗菌药物，通过抑制细菌叶酸合成产生抗菌作用。长期使用是否会干扰人的叶酸代谢，引起巨幼细胞贫血？应如何避免呢？

答案解析

第三节　其他合成抗菌药

一、硝基咪唑类

硝基咪唑类包括甲硝唑、替硝唑、奥硝唑等。

替硝唑

替硝唑（tinidazole）口服吸收良好，半衰期长，口服1次，有效血药浓度可维持72小时。对厌氧菌有较强作用，对脆弱类似杆菌及梭杆菌属的作用较甲硝唑强。可用于厌氧菌感染，如腹腔、妇科、手术创口、皮肤软组织、肺等部位的感染以及败血症、肠道或泌尿生殖道滴虫病、梨形鞭毛虫病以及肠道和肝阿米巴病。不良反应少而轻，偶有恶心、呕吐、食欲下降、皮疹等。

甲硝唑详见第四十一章第二节。

二、硝基呋喃类

本类药物的共性是：抗菌谱广，对多数革兰阳性和革兰阴性菌均有效；作用机制是干扰敏感细菌DNA合成；药物在血液和组织中的浓度低，尿液中浓度高，不易产生耐药性，主要用于泌尿系统、消化系统及局部感染的治疗。

呋喃妥因

呋喃妥因（nitrofurantoin，呋喃坦啶）口服吸收快而完全，约50%以原形自肾脏迅速排泄，$t_{1/2}$约为30分钟，血液中药物浓度低，不能用于全身性感染。抗菌谱广，对多数革兰阳性菌和阴性菌有效。耐药菌株形成较缓慢，与其他抗菌药之间无交叉耐药性。主要用于肾盂肾炎、膀胱炎、前列腺炎和尿路炎等的治疗。常见不良反应有恶心、呕吐及腹泻等胃肠道反应，偶见皮疹、药热等过敏反应。长期大剂量可引起头痛、头晕和嗜睡等，甚至引起周围神经炎。缺乏葡萄糖–6–磷酸脱氢酶者可引起溶血性贫血，新生儿及缺乏此酶者禁用。

呋喃唑酮

呋喃唑酮（furazolidone，痢特灵）抗菌谱及不良反应与呋喃妥因相似，口服吸收差，肠内浓度高，主要用于治疗肠道感染如肠炎、痢疾及霍乱等，对幽门螺杆菌引起的胃、十二指肠溃疡疗效较好。栓剂可用于治疗滴虫性阴道炎。

> **◈ 知识拓展**
>
> ### 磺胺药的发现史
>
> 提到抗菌药物，首先想到的一定是青霉素，因为它被认为是二战晚期的"救命药"。实际上，在青霉素之前，是磺胺类药物开启的"抗菌时代"。磺胺类药物的发展离不开德国科学家格哈德·多马克（Gerhard Domagk）的功劳。1932年，德国化学家Paul Ehrlich合成了一种名为"百浪多息"的红色染料。同年，Domagk在动物试验过程中发现，"百浪多息"对于感染溶血性链球菌的小鼠具有很高的疗效。1935年，Domagk 6岁的女儿得了链球菌败血病，医生建议截肢保命。危急关头，Domagk决定使用还没有做过临床试验的"百浪多息"，幸运的是女儿很快康复了。Domagk随后发表了百浪多息的论文，引起很大轰动，并在欧洲展开了大规模的临床试验。1937年时任美国总统罗斯福之子富兰克林·罗斯福因化脓性咽喉炎病倒，当时的医疗水平并无特效药可治，医生冒险使用了百浪多息，成功治愈了小富兰克林。就这样，百浪多息成了世界上第一种商品化的合成抗菌药。1939年，多马克因此被授予诺贝尔生理或医学奖。

目标检测

答案解析

一、单选题

1. 下列药物中属于氟喹诺酮类抗菌药的是（　　）

    A. 萘啶酸　　　　　B. 4–喹诺酮　　　　C. 呋喃唑酮　　　　D. 环丙沙星　　　　E. 吡哌酸

2. 诺氟沙星抗菌机制是（　　）

    A. 抑制细菌细胞壁的合成　　　　　　　　B. 抗叶酸代谢

    C. 影响胞浆膜通透性　　　　　　　　　　D. 抑制DNA回旋酶，阻止DNA合成

    E. 抑制蛋白质合成

3. 磺胺嘧啶对下列细菌感染疗效较好的是（　　）

 A. 细菌性痢疾　　　　　　　　B. 伤寒　　　　　　　　　　C. 膀胱炎

 D. 流行性脑脊髓膜　　　　　　E. 化脓性扁桃体炎

4. 下列磺胺药适用于溃疡性结肠炎的是（　　）

 A. 磺胺醋酰　　　B. 磺胺嘧啶　　　　C. 磺胺甲氧嘧啶　　　D. 柳氮磺吡啶　　　E. 磺胺异噁唑

5. 呋喃唑酮适用于治疗（　　）

 A. 大叶性肺炎　　　　　　　　B. 化脓性骨髓炎　　　　　　C. 细菌性肠炎

 D. 肾盂肾炎　　　　　　　　　E. 结核性脑膜炎

6. 甲氧苄啶抗菌机制是（　　）

 A. 抑制细菌蛋白质合成　　　　B. 抑制细菌二氢叶酸还原酶　　C. 抑制细菌细胞壁合成

 D. 抑制细菌二氢叶酸合成酶　　E. 抑制DNA复制

7. SMZ口服用于全身感染时需加服碳酸氢钠的原因（　　）

 A. 增强抗菌作用　　　　　　　B. 减少口服刺激性　　　　　C. 减少尿中磺胺结晶析出

 D. 减少磺胺药代谢　　　　　　E. 减少不良反应

8. 在尿液中易析出结晶的药物是（　　）

 A. 甲氧苄啶　　　B. 磺胺嘧啶　　　　C. 磺胺醋酰　　　　　D. 磺胺米隆　　　　E. 柳氮磺吡啶

9. 磺胺药与TMP合用的目的是（　　）

 A. 提高抗菌效果延缓耐药性产生　B. 增加磺胺药在尿中浓度　　　C. 减少结晶尿形成

 D. 增加磺胺药血中浓度　　　　E. 减少过敏反应发生

10. 厌氧菌感染的首选药是（　　）

 A. 甲硝唑　　　　B. 红霉素　　　　　C. 万古霉素　　　　　D. 青霉素G　　　　E. 乙胺丁醇

11. 男性，18岁，上呼吸道感染服药治疗2周后，出现叶酸缺乏症，原因与下列那个药物应用有关（　　）

 A. 青霉素G　　　B. 头孢氨苄　　　　C. 红霉素　　　　　　D. 复方新诺明　　　E. 氧氟沙星

二、简答题

1. 简述氟喹诺酮类药物的不良反应。

2. 磺胺类药物与甲氧苄啶合用有何优点？

（何秀贞）

书网融合……

知识回顾　　习题

第三十八章 抗结核病药

PPT

学习目标

知识要求：

1. 掌握异烟肼、利福平的抗菌作用、临床应用及不良反应。
2. 熟悉其他一线、二线抗结核病药的作用特点与临床应用。
3. 了解抗结核病的治疗原则。

技能要求：

1. 熟练掌握能根据适应证合理选择各类抗结核病药物，能判断药物不良反应并制定防治措施。
2. 学会具备抗结核病用药宣教、用药咨询和用药指导。

结核病（tuberculosis）是由结核分枝杆菌感染引起的一种慢性传染病，以肺结核最为常见。抗结核病药是一类对结核分枝杆菌有抑制或杀灭作用的药物。通常将疗效高、不良反应少，患者较易耐受的称为一线抗结核病药，包括异烟肼、利福平、乙胺丁醇、吡嗪酰胺、链霉素等。将抗菌作用较弱，毒性较大或临床验证不足的称为二线抗结核病药，包括对氨基水杨酸、乙硫异烟胺、氧氟沙星等，多作为对一线抗结核病药产生耐药性或不能耐受时的备选药物。

一、常用抗结核病药

异烟肼

岗位情景模拟 32

患者，女，26岁。近日身感乏力，咳嗽1个月余，伴低热、盗汗、痰中带血1周，检查发现血沉快、痰中检测结核菌阳性，胸片见结核空洞形成，诊断为肺结核。

问题与思考

该患者该如何用药？

答案解析

异烟肼（isoniazid，INH，雷米封）于1952年进入临床，具有疗效高、不良反应少、价格低廉、口服方便等优点。目前仍作为对于异烟肼敏感菌株而患者又能耐受的首选抗结核病药。

【体内过程】口服或注射均易吸收，口服1~2小时血药浓度可达高峰，并迅速分布于全身组织和体液中，包括脑脊液、胸水、腹水、皮肤、肌肉、乳汁和干酪样组织。与食物同服会降低其生物利用度。异烟肼的消除以肝代谢为主，大部分在肝中被代谢为无活性的乙酰化异烟肼和异烟酸等，最后与少量原形药一起由肾排泄。根据其乙酰化速度的快慢将人群分为快代谢型和慢代谢型，快代谢型 $t_{1/2}$ 为 0.5~1.6 小时，慢代谢型 $t_{1/2}$ 为 2~3 小时。乙酰化速率主要由遗传因素决定，有明显的人种和个体差异。我国人群中快代谢型约占50%，慢代谢型约占26%，中间型约占24%。

【抗菌作用】异烟肼对结核分枝杆菌具有高度选择性，是目前抗结核药物中具有最强杀菌作用的合成抗菌药，对其他细菌无作用。对静止期结核菌表现为抑菌作用，而对繁殖期结核菌有杀灭作用。单用时易产生耐药性，宜与其他抗结核病药联用以增强疗效，延缓耐药性的产生。抗菌机制可能是选择性抑制分枝菌酸（分枝杆菌细胞壁所特有的成分）的生物合成使细菌死亡。

【临床应用】目前异烟肼仍是治疗各型结核病的首选药。异烟肼单用适用于对早期轻症肺结核或各型结核病的预防。规范化治疗时必须联合使用其他抗结核病药，以防止或延缓耐药性的产生。对急性粟粒型肺结核和结核病脑膜炎应加大剂量，延长疗程，必要时注射给药。

【不良反应】

1. **神经系统反应** 常见周围神经炎，表现为手脚麻木，四肢震颤、步态不稳和麻木针刺感、烧灼感等。该不良反应与剂量有关，多见于营养不良及慢乙酰化型患者。研究发现异烟肼的结构与维生素 B_6 结构相似，能竞争同一酶系或促进维生素 B_6 的排泄，导致体内维生素 B_6 缺乏。同服维生素 B_6 可治疗及预防此反应。

2. **肝毒性** 以35岁以上及快代谢型患者较多见。一般剂量可有暂时性转氨酶升高，较大剂量或长期用药可致肝损害，表现为深色尿、眼或皮肤黄染。发生机制可能与异烟肼的毒性乙酰化代谢产物有关，其代谢产物可导致肝细胞坏死。与利福平合用时，可明显增高肝功能异常的发生率。用药期间应定期检查肝功能，肝病患者慎用。

3. **过敏反应** 表现为发热、皮疹、狼疮样综合征等。

4. **中枢神经系统毒性反应** 表现为失眠、精神兴奋、神经错乱甚至惊厥等。因而嗜酒、有精神病及癫痫史者慎用。

【药物相互作用】异烟肼是肝药酶抑制剂，可抑制苯妥英钠和卡马西平的肝代谢，导致苯妥英钠或卡马西平中毒，慢乙酰化患者更为多见。饮酒和与利福平合用均可增加肝毒性。

利福平

利福平（rifampicin，RFP，甲哌利福霉素）为利福霉素SV（rifamycin SV）的人工半合成品，橘红色结晶粉末。具有高效、低毒、口服方便等优点。与异烟肼同是目前治疗结核病的最有效药物。

【体内过程】口服吸收快而完全，但食物可影响其吸收，故需空腹给药。吸收后2~4小时血药浓度达高峰，分布广，穿透力强，能进入细胞、结核空洞、痰液及胎儿体内。脑膜炎时，脑脊液中浓度可达有效治疗浓度。主要在肝内代谢为具有活性的去乙酰基利福平。本品主要从胆汁排泄，形成肝肠循环，从而延长了抗菌作用时间，有效血药浓度可维持8~12小时。本品及代谢产物呈橘红色，可经尿、粪、泪液、痰排泄，并使其染成橘红色，应预先告知用药者。

【抗菌作用】本品为广谱抗菌药。对结核分枝杆菌、麻风分枝杆菌和大多数革兰阳性球菌，特别是耐药性金黄色葡萄球菌有强大的抗菌作用。对某些革兰阴性菌如脑膜炎奈瑟菌、大肠埃希菌、变形杆菌、流感杆菌也有很强的抗菌作用，大剂量对沙眼衣原体和沙眼病毒也有抑制作用。利福平抗菌强度与其浓度相关，低浓度抑菌，高浓度杀菌，其疗效与异烟肼相当。

抗菌机制是特异性与细菌依赖DNA的RNA多聚酶结合，阻碍mRNA合成，对动物及人细胞的RNA合成则无影响。利福平对繁殖期结核菌作用强，静止期结核菌作用较弱，并能杀灭吞噬细胞内结核菌，但结核分枝杆菌对利福平易产生耐药性，不宜单用，需与其他抗结核病药合用，以增强疗效，延缓耐药性产生。本品与其他抗结核药无交叉耐药性。

【临床应用】

1. **各型结核病** 常与其他抗结核病药联合使用治疗各型结核病的初治和复治。

2. **其他感染** 用于耐药性金黄色葡萄球菌及其他敏感菌所致的感染，如胆道感染等。还可用于无症状脑膜炎奈瑟菌带菌者，以消除鼻咽部脑膜炎奈瑟菌。外用治疗沙眼及敏感菌所致的眼部感染。

3. **麻风病** 治疗麻风病显效快，用药5周后即可将皮肤麻风分枝杆菌杀灭，可与氨苯砜等抗麻风病药合用治疗麻风病。

【不良反应】

1. **胃肠道反应** 较为常见，表现为恶心、呕吐、腹痛、腹泻等。

2. **肝毒性** 少数患者可见肝脏损害而出现黄疸，原有肝病者、嗜酒成瘾者服用或与异烟肼合用时较易发生。故胆道阻塞、严重肝病患者禁用，老人、嗜酒及营养不良者慎用。

3. **过敏反应** 如皮疹、药热，偶见白细胞和血小板减少等，出现时应立即停药。对本品过敏者及妊娠期妇女禁用。

4. **流感样综合征** 多见于大剂量间歇疗法（每周2次以下），表现为畏寒、寒战、发热、头痛和全身酸痛等类似感冒的症状。故间歇疗法现已不再使用。

【药物相互作用】利福平为肝药酶诱导剂，可加速自身及经肝代谢药物的消除，如与地高辛、避孕药、抗凝血药、普萘洛尔、维拉帕米、硝苯地平、皮质激素、酮康唑、氟康唑等合用，可降低它们的药效。

乙胺丁醇

【体内过程】乙胺丁醇（ethambutol）口服吸收良好，给药后2~4小时血药浓度达峰值，体内分布广泛，脑膜炎时中枢可达有效浓度。$t_{1/2}$为3~4小时。50%以上以原形从尿液排出，肾功能不全者可发生蓄积中毒，宜禁用或慎用。

【药理作用及临床应用】窄谱，对结核分枝杆菌具有高度选择性和抗菌活性，对大多数耐异烟肼和链霉素的结核分枝杆菌仍具抗菌活性。单用可缓慢产生耐药性，与其他抗结核病药物无交叉耐药，临床主要与异烟肼或利福平合用治疗各型结核病。因为本品毒性低，患者容易接受，临床上基本取代了对氨基水杨酸的地位。

【不良反应】治疗剂量下一般较为安全。最主要的不良反应是球后视神经炎，表现为视觉模糊、眼痛、红绿色盲或视野缩小等，反应发生率与剂量和疗程有关。其次可诱发痛风。长期用药应注意定期做眼科检查和血清尿酸检验，及早发现，停药后即可自行消失。此外，偶有过敏和周围神经炎症状。

吡嗪酰胺

吡嗪酰胺（pyrazinamide，PZA）口服吸收迅速，分布广，易透过血-脑脊液屏障。2小时血药浓度达峰值，$t_{1/2}$ 为6小时，经肝脏代谢，经肾脏排泄。抗菌谱窄，仅对结核分枝杆菌有效，在酸性环境中抗菌作用较强。单用易产生耐药性，与其他抗结核药无交叉耐药，常与其他抗结核病药联合用于治疗非典型的结核菌感染及结核病的复治。主要不良反应有：①肝损害，表现为转氨酶增高、乏力、黄疸；②高尿酸血症，诱发痛风；③胃肠道反应。现用低剂量、短程疗法，不良反应已明显减少。肝病、痛风病患者及妊娠早期者禁用。

链霉素

链霉素（streptomycin）是第一个用于抗结核病的药物。抗结核作用仅次于异烟肼和利福平，但穿透力差，不易渗入细胞内、纤维化、干酪化及厚壁空洞病灶。由于结核分枝杆菌对链霉素易耐药，且长期使用可引起严重的耳毒性，因此临床仅与其他抗结核药联合用于治疗各种重症结核病。如浸润性肺结核、粟粒性结核等。儿童禁用。

二、其他抗结核病药

利福喷丁、利福定

利福喷丁（rifapentine）和利福定（rifandin）两药均为利福霉素衍生物。抗菌谱和抗菌机制同利福平，而抗菌活性分别比利福平强8倍和3倍以上，利福喷汀的治疗剂量与利福平相同，但其半衰期较长，每周用药1~2次。而利福定的治疗剂量为利福平的1/3~1/2。不良反应与利福平相似，但较轻。

对氨基水杨酸

对氨基水杨酸（para aminosalieylic acid，PAS）仅对结核分枝杆菌有效，作用远比异烟肼、利福平和链霉素弱，但其耐药性出现缓慢，故常与其他抗结核病药合用可增强疗效、延缓耐药性发生。口服吸收迅速而完全，但常见胃肠道反应，甚至诱发胃溃疡和出血，饭后服药或服用抗酸药可减轻。分布广泛，但不易透入脑脊液和细胞内。大部分在肝脏乙酰化，其乙酰化物溶解度低，当其在尿液中的浓度高时可结晶析出，损害肾脏。本品偶见过敏反应、肝损害、血小板或白细胞减少等。

乙硫异烟胺

乙硫异烟胺（ethionamide）对结核杆菌有抑菌作用，抗菌活性仅为异烟肼的十分之一。口服易吸收，体内分布广，可渗入全身体液（包括脑脊液），对渗出性及浸润性干酪病变疗效较好。临床作为二线药物，常与其他抗结核病药联合应用以增强疗效和避免产生耐药性。本品可引起胃肠道反应，个别患者可出现抑郁、视力障碍、周围神经炎及肝损害等。

氧氟沙星、左氧氟沙星

氧氟沙星（ofloxacin）和左氧氟沙星（levofloxacin）属氟喹诺酮类抗菌药。两药抗菌谱广，后者对结核分枝杆菌的抗菌活性是前者的2倍，口服吸收快而完全。对其他抗结核病药耐药的菌株仍有效，临床作为抗结核病的二线药物，与其他抗结核病药联用。

三、抗结核病药的应用原则

抗结核病药物的使用是治疗结核病的主要手段。结核病治疗的总目标是治愈个体患者，并将传播结核杆菌给他人的可能性最小化。可通过遵循以下原则来达到目标。

1. 早期用药 指一旦确诊立即给予治疗。早期病灶内血液循环良好，药物易渗入病灶中，且结核分枝杆菌生长旺盛，对药物敏感，所以早期用药可获得良好疗效。而晚期因病灶纤维化、干酪化或空洞形成，病灶内血液循环不良，药物渗透性差，疗效不佳。

2. 联合用药 无论初始还是复发者均应联合用药，目的是增强疗效，降低毒性，延缓耐药性，并可交叉杀灭其他耐药菌株，提高治愈率，降低复发率。依病情需要，可采用二联或三联，甚至四联的治疗方案。通常是在异烟肼的选用基础上加用其他药物如利福平、吡嗪酰胺等。

📋 课堂互动 38-1

抗结核病药物治疗时坚持联合用药的目的是什么？

答案解析

3. 规律、适量用药 足够的疗程和剂量是保证疗效和防止复发的关键。若时用时停或中途更换药物或变换用量都可导致结核病治疗的失败，而且易发生耐药或复发。目前结核病的治疗有短期疗法和长期用药两种。短期疗法适用于单纯性结核的初治：先给予异烟肼、利福平、吡嗪酰胺联合强化治疗2个月；后期继续给予异烟肼和利福平治疗4个月。长期用药适用于病情较重，机体状况较差或复发而合并并发症者，第1个3~6个月选用3或4种强效药联合用药，控制症状后作巩固治疗1~2年。

4. 全程督导治疗 全程督导治疗是一种治疗和管理结核患者的现代有效方法，即用药期间患者的病情、用药、复查等都应遵医嘱进行，在全程化疗期间（一般为6个月）均有医务人员指导、监督，是目前控制结核病的重要策略。

目标检测

答案解析

一、单选题

1. 各类型结核病的首选药是（ ）

   A. 异烟肼   B. 吡嗪酰胺   C. 乙胺丁醇   D. 链霉素   E. 利福平

2. 下列不属于异烟肼的不良反应的是（ ）

   A. 外周神经系统毒性   B. 中枢神经系统毒性反应   C. 肝毒性

   D. 骨髓抑制   E. 过敏反应

3. 可治疗麻风并具有广谱抗菌作用的是（ ）

   A. 乙胺丁醇   B. 异烟肼   C. 利福平   D. 吡嗪酰胺   E. 链霉素

4. 连续大量使用能导致球后视神经炎的药物是（ ）

   A. 利福平   B. 异烟肼   C. 链霉素

   D. 乙胺丁醇   E. 对氨基水杨酸

5. 可使尿、粪、泪液、痰液等染成橘红色的抗结核病药是（ ）

   A. 异烟肼   B. 吡嗪酰胺   C. 对氨基水杨酸   D. 利福平   E. 乙胺丁醇

6. 可用于耐药性金黄色葡萄球菌感染的抗结核病药是（ ）

   A. 乙胺丁醇   B. 异烟肼   C. 利福平   D. 吡嗪酰胺   E. 链霉素

7. 在肝脏存在快慢乙酰化的抗结核病药是（　　）

  A. 异烟肼　 B. PAS　 C. 利福平　 D. 氧氟沙星　 E. 链霉素

8. 下列抗结核药中耐药性产生较缓的药是（　　）

  A. 链霉素　 B. 对氨水杨酸　 C. 利福平　 D. 吡嗪酰胺　 E. 异烟肼

9. 不属于抗结核病药物的临床应用原则的是（　　）

  A. 早期用药　 B. 联合用药　 C. 大量用药　 D. 全程用药　 E. 规律用药

10. 患者，男，22岁。半年来消瘦、乏力、盗汗、潮热，偶尔咯血，肺内有啰音，被诊断为肺结核，给予异烟肼抗结核治疗。如果在治疗过程中出现步态不稳、麻木、针刺感、烧灼感、手脚疼痛等症状，应给予（　　）

  A. 大剂量维生素B_6对抗　 B. 葡萄糖酸钙解救　 C. 肾上腺素解救

  D. 对氨基水杨酸对抗　 E. 利福平对抗

二、简答题

1. 一线和二线抗结核病药分类的依据是什么？各包括哪些药物？

2. 简述异烟肼的抗菌特点及临床应用。

（何秀贞）

书网融合……

知识回顾

习题

第三十九章　抗真菌药及抗病毒药

学习目标

知识要求：

1. 熟悉常用抗真菌药、抗病毒药的作用特点、临床应用及不良反应。
2. 了解抗真菌药的分类。

技能要求：

1. 熟练掌握正确使用抗真菌药及抗病毒药的能力。
2. 学会观察抗真菌药及抗病毒药的疗效及药物不良反应。

第一节　抗真菌药

岗位情景模拟 33

患者，男，50岁。左季肋区烧灼样疼痛5天，加重3天，伴有对应皮肤出现成串水疱。查体：体温36.9℃，脉搏69次/分，呼吸21次/分，血压121/68mmHg。左季肋区可见自腰背部沿肋间神经至上腹部呈带状分布的疱疹，未超过正中线，疱疹无糜烂、结痂，诊断为带状疱疹。用药过程：阿昔洛韦0.2g/次，每4小时一次，连用10天；阿昔洛韦乳剂局部涂抹。

问题与思考

本治疗方案是否合理？

答案解析

真菌感染可以分为浅部真菌感染和深部真菌感染。浅部真菌感染常由各种癣菌引起，主要侵犯皮肤、毛发、指（趾）甲等，发病率高；深部真菌感染多由白色念珠菌、荚膜组织胞质菌、新型隐球菌等引起，主要侵犯黏膜、内脏、深部组织及全身，发病率低，但病情严重可危及生命。近年来深部真菌感染的发病率呈持续上升趋势，这与长期不合理使用广谱抗菌药、糖皮质激素、免疫抑制药等有关。抗真菌药是指能够抑制真菌生长繁殖或杀死真菌的药物。根据化学结构分为抗生素类、唑类、丙烯胺类及嘧啶类四类。

一、抗生素类抗真菌药

两性霉素B

两性霉素B（amphotericin B）口服、肌内注射吸收不好，临床多采用静脉滴注给药，不易透过血-脑屏障，药物主要在肝代谢，代谢产物及少许原形经尿液缓慢排出。

【抗菌作用及机制】本品属于广谱抗真菌药。对球孢子菌、荚膜组织胞质菌、新型隐球菌、白色念珠菌、孢子丝菌、芽生菌等有较强的抑菌作用，高浓度可以杀菌。两性霉素B可以选择性地与真菌细胞膜中的麦角固醇结合，从而改变膜的通透性，导致细胞内重要物质如氨基酸、电解质等外漏而使真菌生长停止或死亡。另外，哺乳动物的红细胞膜及肾小管上皮细胞的细胞膜含有胆固醇酯，可引起红细胞膜及肾脏损伤。真菌对本药极少产生耐药性。

【临床应用】静脉滴注主要用于治疗深部真菌感染性。真菌性脑膜炎时，因不易透过血-脑屏障，需加鞘内注射。口服用药仅用于肠道真菌感染。局部涂抹治疗皮肤、黏膜等浅表部位的真菌感染。

【不良反应】不良反应较多且严重，用药过程中出现高热、寒战、头痛、呕吐、贫血、肝肾功能损伤等。早期的发热、头痛可选用解热镇痛抗炎药缓解，并定期进行血常规、尿常规及肝肾功能的检查。

制霉菌素

制霉菌素（nystatin）抗菌作用与两性霉素B类似，对念珠菌属的抗菌活性较高且不易产生耐药性。因口服不易吸收，用于肠道白色念珠菌感染；因毒性大，不易注射给药；局部涂抹主要治疗黏膜、皮肤等浅表部位的真菌感染。

二、唑类抗真菌药

唑类抗真菌药包括：咪唑类及三唑类，属于广谱抗真菌药，可治疗浅部真菌和深部真菌感染，不易产生耐药性。咪唑类包括：咪康唑、克霉唑、酮康唑；三唑类包括：氟康唑、伊曲康唑。

唑类抗真菌药可选择性抑制真菌细胞色素P450酶系，干扰真菌细胞膜中麦角固醇的合成，造成膜的通透性增加，细胞内重要物质外漏，从而发挥抑菌或杀菌作用。常见不良反应包括胃肠道反应、肝功能异常、内分泌紊乱、致畸等。三唑类药物对人细胞色素P450酶系亲和力降低，因此毒性较小，为目前深部真菌感染的首选药。

咪康唑

咪康唑（miconazole，达克宁）是广谱抗真菌药。口服吸收较差，静脉给药可治疗深部真菌感染，但不良反应多。目前临床主要局部涂抹治疗皮肤、黏膜、指（趾）甲及阴道的真菌感染。

克霉唑

克霉唑（clotrimazole）是广谱抗真菌药，口服吸收差，临床主要局部涂抹治疗体癣、手足癣等浅部真菌感染。

酮康唑

酮康唑（ketoconazole）是第一个用于临床口服的广谱抗真菌药。由于酮康唑的溶解吸收都需要胃酸参与，因此抗酸药、抑酸药均可降低酮康唑的生物利用度。口服用于治疗深部及浅表真菌感染，局部涂抹也可治疗浅部真菌感染。口服给药不良反应较多，常见恶心、呕吐、眩晕、嗜睡等，少数患者出现内分泌异常，男性表现为乳房发育、女性表现为月经紊乱，偶尔出现肝脏毒性。

氟康唑

氟康唑（fluconazole）是广谱抗真菌药。口服吸收好，并且不受食物及胃酸的影响。由于穿透力强，因此脑脊液中浓度较高，可作为治疗艾滋病患者隐球菌性脑膜炎的首选药。少量在肝脏代谢，大多数以原形经尿液排出，肾功能不全者可延长作用时间。抗菌谱及临床应用与酮康唑相似，但体外抗菌活性比酮康唑强5~20倍。本品不良反应较少，常见的包括腹痛、腹泻、腹胀、皮疹及致畸等，因此孕妇禁用。

伊曲康唑

伊曲康唑（itraconazole）是广谱抗真菌药。口服吸收较好，分布较广，但不易透过血-脑屏障。体内外抗菌活性比酮康唑强5~100倍。可有效治疗浅表、皮下及深部真菌感染，并且是治疗罕见真菌感染的首选药，如组织胞浆菌、芽生菌感染等。本品不良反应主要为胃肠道反应、头痛、头晕、低血钾、胚胎毒性等；肝毒性低于酮康唑，没有酮康唑引发的内分泌异常。

三、丙烯胺类抗真菌药

特比奈芬

特比奈芬（terbinafine）口服吸收好，分布较广，在皮肤角质层、毛囊、甲板等处可以长时间维持较高浓度。对白色念珠菌等深部真菌有较弱的抑菌作用，对浅部真菌有杀菌作用。抗菌机制为阻碍真菌细胞膜麦角固醇的合成。临床可以外用也可以口服治疗体癣、手癣、足癣、甲癣等。不良反应轻，常见胃肠道反应，偶有皮疹及肝毒性。

四、嘧啶类抗真菌药

氟胞嘧啶

氟胞嘧啶（flucytosine）为人工合成的广谱抗真菌药。由于穿透力强，口服吸收好，分布广泛，能透过血-脑屏障，也可分布到关节腔、腹腔、房水中。对白色念珠菌、新型隐球菌、芽生菌、着色霉菌等有良好的抑菌作用。抗菌机制：氟胞嘧啶进入真菌细胞内，在胞嘧啶脱氨酶的作用下转变成5-氟尿嘧啶，干扰真菌核酸及蛋白质的合成。临床主要用于治疗念珠菌病和隐球菌病，尤其对隐球菌性脑膜炎疗效较好。单独使用易产生耐药性，与两性霉素B合用有协同作用。本品不良反应较轻，有恶心、呕吐、腹泻、皮疹、发热、血清氨基转移酶升高等，用药期间应注意定期检查血常规、肝肾功能等。

第二节 抗病毒药

病毒包括DNA病毒和RNA病毒，是最简单的微生物，没有完整的细胞结构。病毒首先吸附并穿入宿主细胞内，脱壳以后利用宿主细胞自身的代谢系统进行增殖复制，根据基因组提供的遗传信息，进行病毒的生物合成，病毒颗粒经组装成熟以后从宿主细胞内释放。如果阻止病毒增殖过程中任一环节，皆可起到防治病毒感染性疾病的作用。理想的抗病毒药应选择性只作用于病毒而对宿主细胞没有损伤，但由于病毒主要寄生在宿主细胞内并利用宿主细胞的代谢系统完成增殖。到目前为止，安全有效的抗病毒药为数极少。根据抗病毒谱，将抗病毒药分为广谱抗病毒药、抗人类免疫缺陷病毒药、抗疱疹病毒药、抗流感病毒药和抗肝炎病毒药等。

一、广谱抗病毒药

利巴韦林

利巴韦林（ribavirin，病毒唑）为人工合成的广谱抗病毒药。对甲型流感病毒、呼吸道合胞病毒、甲型肝炎病毒、丙型肝炎病毒、流行性出血热病毒、疱疹病毒、腺病毒等多种DNA或RNA病毒有抑制作用。临床主要用于防治甲型肝炎、疱疹、麻疹、流行性出血热，也可使用小颗粒气雾剂治疗呼吸道病毒性肺炎和支气管炎等。常见不良反应有头痛、乏力、贫血等。有致畸作用，孕妇禁用。

干扰素

干扰素（interferon，IFN）是机体细胞在病毒的刺激下产生的一类具有抗病毒、抗肿瘤、抑制细胞增生和调节免疫作用的糖蛋白，包括IFN-α、IFN-β和IFN-γ三种。IFN-α、IFN-β抗病毒及抗增生作用较强，可刺激免疫细胞产生细胞毒作用，而IFN-γ抗病毒作用弱，但免疫调节作用明显。临床常用的是通过基因重组技术获取的IFN-α。

干扰素与细胞表面特异性受体结合，通过信号转导及转录激活，诱导宿主细胞产生某些酶（即抗病毒蛋白），以降解病毒mRNA阻断病毒的合成、翻译组装及释放。本药为广谱抗病毒药，临床主要用于治疗急性病毒感染性疾病，如流感、慢性（乙、丙、丁型）肝炎、流行性腮腺炎、乙型脑炎及疱疹病毒感染。常见不良反应有发热、恶心、呕吐、倦怠、头痛等，偶有骨髓抑制、肝功能障碍，大剂量长期使用可引起共济失调、精神失常。孕妇禁用。

二、抗人类免疫缺陷病毒药

人类免疫缺陷病毒（HIV）于1981年在美国被首次发现。1986年世界卫生组织将该病毒命名为人类免疫缺陷病毒。HIV会攻击人类免疫系统，造成其功能缺陷，属反转录病毒。HIV能选择性侵犯$CD4^+$细胞，一旦进入$CD4^+$细胞，病毒RNA即被用作模板，在反转录酶（RNA依赖性DNA多聚酶）的催化下，产生互补双螺旋DNA，然后在HIV整合酶的催化下掺入宿主基因组，最后病毒DNA被转录和翻译成大分子非功能多肽，大分子非功能多肽在HIV蛋白酶的作用下裂解成小分子功能蛋白。临床使用的抗HIV药主要为核苷类反转录酶抑制药、非核苷类反转录酶抑制药和HIV蛋白酶抑制药3类。

齐多夫定

齐多夫定（zidovudine）属于核苷类反转录酶抑制药，是第一个用于对抗HIV的药物，能竞争性抑制HIV反转录酶，终止DNA链的延长，阻止病毒复制，既可以对抗HIV-1，又可以对抗HIV-2，是治疗艾滋病的首选药。常见不良反应为骨髓抑制、贫血、中性粒细胞减少以及胃肠道反应等，剂量过大出现焦虑、精神错乱等神经系统症状。

拉米夫定

拉米夫定（lamivudine）属于核苷类反转录酶抑制药。作用、作用机制与齐多夫定相似，与其他核苷类反转录酶抑制药有协同作用。临床主要与齐多夫定等合用治疗艾滋病。也常用于乙肝的治疗，能减轻或阻止肝纤维化。常见不良反应有头痛、失眠、疲劳和腹泻等。

奈韦拉平

奈韦拉平（nevirapine）属于非核苷类反转录酶抑制药，对HIV-1的抑制作用强，对HIV-2没有抑制作用。通过与HIV反转录酶的活性中心结合，阻断反转录酶活性，抑制HIV的复制。临床与核苷类反转录酶抑制药联合使用，治疗HIV-1成年人和儿童感染。常见不良反应有头痛、发热、恶心、失眠、皮疹等。

利托那韦

利托那韦（ritonavir）属于HIV蛋白酶抑制剂，通过抑制蛋白酶活性，使HIV在被感染的细胞中产生不成熟的、没有感染性的蛋白颗粒，阻止HIV传播。临床需与其他抗艾滋病药联合应用，即鸡尾酒疗法。可引起过敏、诱发癫痫、支气管痉挛、脂肪重新分布等不良反应。

三、抗疱疹病毒药

阿昔洛韦

阿昔洛韦（aciclovir，无环鸟苷）属于人工合成的嘌呤核苷类衍生物。口服吸收差，生物利用度低，但分布广，易透过血-脑屏障。在体内转化为三磷酸无环鸟苷，抑制DNA多聚酶，阻止病毒DNA复制。

阿昔洛韦是广谱的抗病毒药，对单纯疱疹病毒（Ⅰ型和Ⅱ型）作用最强，对水痘-带状疱疹病毒、EB病毒的作用稍弱，对巨细胞病毒作用差，对乙型肝炎病毒也有抑制作用。临床为单纯疱疹病毒感染、水痘-带状疱疹病毒感染的首选药。常见不良反应为胃肠功能紊乱、头痛、药疹，静脉给药可引起静脉炎，严重不良反应为急性肾衰竭。

伐昔洛韦

伐昔洛韦（valaciclovir）属于阿昔洛韦二异戊酰胺酯，口服吸收好，吸收以后并完全转化为阿昔洛韦发挥作用，克服了阿昔洛韦口服生物利用低的缺点。不良反应比阿昔洛韦轻。

更昔洛韦

更昔洛韦（ganciclovir）对单纯疱疹病毒及水痘-带状疱疹病毒的作用与阿昔洛韦相似，对巨细胞病毒作用强，约是阿昔洛韦的100倍。由于骨髓抑制发生率高，临床只用于巨细胞病毒引起的严重感染。如肺炎、肠炎、视网膜炎等。

阿糖腺苷

阿糖腺苷（vidarabine）属于腺嘌呤核苷衍生物。对单纯疱疹病毒、水痘-带状疱疹病毒、乙型肝炎病毒等有抑制作用，对巨细胞病毒无效。通过抑制DNA多聚酶而抑制病毒DNA合成。临床静脉滴注治疗单纯疱疹病毒性脑炎、新生儿疱疹以及水痘-带状疱疹的感染。本品主要不良反应为胃肠道反应及神经毒性。有致畸作用，孕妇禁用。

四、抗流感病毒药

奥司他韦

奥司他韦（oseltamivir）活性代谢产物对流感病毒神经氨酸酶具有抑制作用，流感病毒神经氨酸酶对新形成病毒颗粒的释放及病毒在人体的进一步传播十分重要，奥司他韦通过抑制病毒颗粒释放，阻止甲、乙型流感病毒的传播，是目前流行性感冒最常用的药物之一，也是公认的抗禽流感甲型H1N1病毒最有效的治疗药物之一。临床主要用于成人、1岁及以上未成年人的甲型和乙型流行性感冒的治疗，也可用于成人、13岁及以上青少年甲型和乙型流行性感冒的预防。本品常见不良反应有胃肠道反应、头痛、失眠等，常在首次用药时发生，也可见鼻塞、咽痛、咳嗽等。孕妇及哺乳期妇女不建议使用。

金刚烷胺

金刚烷胺（amantadine）口服易吸收，分布广，主要以原形经尿液排泄。可特异性抑制A型流感病毒，大剂量也抑制B型流感病毒、风疹病毒。本药能干扰病毒的吸附、穿入和脱壳过程。临床主要用于防治A型流感病毒感染。金刚烷胺尚有抗帕金森病的作用。不良反应有恶心、头晕、焦虑、失眠、注意力不集中及共济失调等。

金刚乙胺

金刚乙胺（rimantadine）是金刚烷胺的 α-甲基衍生物，对抗A型流感病毒的作用优于金刚烷胺。因不易透过血-脑屏障，对中枢神经系统的影响较轻。临床用于流行性感冒的预防和早期治疗。

> ◉ **知识拓展**
>
> 流行性感冒病毒属正黏病毒科，是一种有包膜的RNA病毒。病毒由包膜和核壳体构成。包膜包括膜蛋白（M_1、M_2）、双层类脂膜和糖蛋白突起。该类糖蛋白突起包含血凝素（HA）及神经氨酸酶（NA）两种类型，均具有抗原性，并有亚型特异性。核壳体为薄螺旋丝状，包括核蛋白（NP）、三种聚合酶蛋白（PB-1，PB-2，PA）及病毒RNA；病毒基因组为单股负链RNA。

根据病毒NP和膜蛋白（MP）抗原性不同，将流感病毒分为甲、乙、丙三型；按照血凝素和神经氨酸酶抗原的不同又将同型病毒分为若干亚型。1980年WHO公布了流感病毒命名原则：型别/宿主/分离地点/分离年代/病毒株序号（血凝素亚型和神经氨酸酶亚型）。例如，A/equine/Singapore/3/52（H7/N3），意思是：甲型流感病毒/宿主为马/在新加坡分离/时间为1952年3月/亚型为H7N3。至今，甲型流感病毒已发现的血凝素有15个亚型，神经氨酸酶有9个亚型。

五、抗肝炎病毒药

肝炎病毒分为甲、乙、丙、丁、戊等五型。其中，甲型（HAU）、戊型（HEV）肝炎病毒经消化道传播，可引起急性肝炎；乙型（HBV）、丙型（HCV）、丁型（HDV）肝炎病毒主要经血液传播，在急性感染后有80%以上转为慢性病毒性肝炎，并与肝硬化、肝细胞癌的发生有关。抗肝炎病毒药主要用于慢性病毒性乙型肝炎和急性丙型肝炎的治疗，临床常用的有干扰素、阿德福韦酯、利巴韦林、拉米夫定等。

拉米夫定

拉米夫定除了用于HIV治疗外，也可抑制HBV的复制，有效治疗慢性HBV感染，成为目前治疗HBV感染最有效的药物之一。

阿德福韦酯

阿德福韦酯（adefovir dipivoxil）在细胞内被转化为具有抗病毒活性的二磷酸盐，对乙型肝炎病毒DNA复制具有抑制作用，改善肝组织炎症。本药与拉米夫定合用治疗慢性乙肝，尤其是对拉米夫定耐药的患者，阿德福韦酯与拉米夫定无交叉耐药性。适用于乙肝表面抗原（HBsAg）和乙肝病毒脱氧核糖核酸（HBV DNA）阳性、丙氨酸转氨酶（ALT）增高的慢性乙型肝炎患者。乙肝病毒对阿德福韦酯不易产生耐药性。

目标检测

答案解析

一、单选题

1. 全身应用毒性大，仅局部用的抗病毒药（　　）
   A. 金刚烷胺　　　　B. 碘苷　　　　　　C. 阿昔洛韦　　　　D. 阿糖腺苷　　　　E. 利巴韦林
2. 咪唑类抗真菌药的作用机制是（　　）
   A. 竞争性抑制鸟嘌呤进入DNA分子中，阻断核酸合成
   B. 替代尿嘧啶进入DNA分子中，阻断核酸合成
   C. 抑制以DNA为模板的RNA多聚糖，阻碍mRNA合成
   D. "巨嗜现象"
   E. 影响真菌胞膜通透性

3. 下述哪一种药物主要应用于口腔、皮肤、阴道念珠菌病（　　）

  A. 制霉菌素　　　　B. 灰黄霉素　　　　C. 红霉素　　　　D. 两性霉素B　　　　E. 多黏菌素B

4. 下列哪个是广谱抗真菌药（　　）

  A. 制霉菌素　　　　B. 灰黄霉素　　　　C. 利巴韦林　　　　D. 酮康唑　　　　E. 以上都是

5. 金刚烷胺主要用于预防（　　）

  A. 丹毒　　　　　　　　　　B. 亚洲甲型流感病毒引起的流感间距　　　　C. 手癣

  D. 钩端螺旋体病　　　　　E. 细菌性腹泻

6. 属于广谱类抗病毒药物的是（　　）

  A. 金刚烷胺　　　　B. 碘苷　　　　C. 阿昔洛韦　　　　D. 阿糖腺苷　　　　E. 利巴韦林

7. 患儿，女，5月龄。口腔黏膜白色块状物4天，诊断为鹅口疮，合理的处理措施是（　　）

  A. 克霉唑局部涂抹　　　　　B. 氟康唑口服　　　　　C. 咪康唑口服

  D. 制霉菌素局部涂抹　　　　E. 酮康唑局部涂抹

（8~10题共用题干）

  患儿，女，6岁。因发热4天，皮疹3天入院，有同类病接触史。入院查体：体温37.8℃，面部、躯干、四肢皮肤均见淡红色斑疹，部分皮疹中央部有似露珠样小水疱，面部、胸背部抓痕。疱疹刮片查到多核巨细胞。诊断为水痘。

8. 全身给药首选以下哪种抗病毒药（　　）

  A. 碘苷　　　　B. 齐多夫定　　　　C. 阿德福韦　　　　D. 金刚烷胺　　　　E. 阿昔洛韦

9. 患者目前不主张使用的药物是（　　）

  A. α-干扰素　　　　B. 维生素C　　　　C. 氯苯那敏　　　　D. 地塞米松　　　　E. 阿昔洛韦

10. 结合本病例，以下叙述不正确的是（　　）

  A. 可使用阿司匹林退热　　　　　　　　B. 继发感染时可使用抗真菌药

  C. 共给足够的水分和易消化食物　　　　D. 水痘免疫球蛋白对已经发病的患者无意义

  E. 瘙痒明显时可局部使用止痒、镇静药

二、简答题

1. 抗真菌药可分为几类？每类代表药物有哪些？

2. 常用抗病毒药可分为哪几类？各举一例代表药。

（袁　莉）

书网融合……

   知识回顾　　　习题

第四十章 消毒防腐药

PPT

学习目标

知识要求：

1. 熟悉常用消毒防腐药的作用特点、临床应用及注意事项。
2. 了解常用消毒防腐药的配制方法及给药方法。

技能要求：

1. 熟练掌握正确使用消毒防腐药的能力。
2. 学会观察消毒防腐药的疗效及不良反应。

岗位情景模拟 34

患者，女，77岁。5个月前因大雨出门滑倒致股骨颈骨折，复位手术后一直卧床休息治疗，为防止压疮，遵医嘱用50%乙醇局部按摩进行预防。

问题与思考

该处理方法是否正确？为什么？

答案解析

消毒防腐药包括消毒药和防腐药，其共同特点都是用化学的方法达到抑菌、杀菌或防腐的目的，主要用于皮肤、黏膜、分泌物、排泄物、物品及环境的消毒以及食品、药品、动植物标本的防腐等。消毒药是指能杀灭病原微生物的药物，防腐药是指能抑制病原微生物生长繁殖的药物。但两者之间没有严格的界限，低浓度的消毒药可起到防腐作用，而高浓度的防腐药又能发挥消毒效力。此外，本类药作用的发挥受药液浓度、酸碱度、环境介质以及药物相互作用等的影响，临床使用中应避免各种降低药物疗效因素的干扰。

一、酚类

酚类能使菌体蛋白质变性、凝固而呈抗菌作用，对细菌和真菌有效，对芽孢、病毒无效，有的药物能扩张血管，改善局部血液循环。

苯 酚

苯酚常用于消毒痰、脓、粪便和医疗器械。水溶液或软膏用于皮肤止痒；甘油溶液用于治疗中耳炎。高浓度对皮肤有腐蚀性，可引起新生儿黄疸。

二、醇类

醇类能使蛋白质变性、沉淀而产生抗菌作用，但对芽孢、病毒、真菌无效。

乙 醇

75%浓度的乙醇溶液杀菌能力强，用于皮肤、体温计及手术器械消毒。50%浓度用于涂擦局部受压皮肤，防治压疮发生。20%~30%浓度用于物理降温。乙醇对皮肤有较强的刺激性。不宜用于破损伤口及黏膜的消毒。

苯氧乙醇

对铜绿假单胞菌有强大杀灭作用，外用涂擦用于烧烫伤及其他皮肤铜绿假单胞菌感染。

三、醛类

醛类能与蛋白质的氨基酸结合而使蛋白质变性沉淀，从而杀灭细菌、真菌、芽孢及病毒。其杀菌作用强大，但对皮肤黏膜刺激性强，对人体毒性也大，主要用于房屋器械消毒。

甲 醛

40%的甲醛水溶液为福尔马林。15ml加水20ml加热蒸发可消毒$1m^3$的空气；可用于手术器械消毒，固定生物标本及保存疫苗；配成干髓剂，填充隧洞，使牙髓失活。甲醛挥发性强，对黏膜和呼吸道有强烈刺激。

戊二醛

对多种细菌、结核分枝杆菌、真菌、乙肝病毒有杀灭作用。可用于口腔器械、内镜、温度计、橡胶、塑料制品及不能加热器械的消毒；10%溶液用于面部寻常疣及多汗症。戊二醛有刺激性，不宜用于黏膜。

四、酸类

酸类可解离出氢离子与菌体蛋白中的氨基结合，形成蛋白质盐类化合物，使蛋白质变性或沉淀而发挥抗菌作用。有些药物可改变细菌周围环境的酸碱度而影响细菌的生长繁殖。

过氧乙酸

过氧乙酸为酸性强氧化剂。对细菌、真菌及其芽孢、病毒有较强的杀灭作用。可用于家庭生活环境、手术器械消毒。有强酸性，对皮肤、黏膜有刺激性。易挥发，需现用现配。

硼 酸

硼酸防腐作用弱，刺激性小。用于眼、口腔、膀胱、子宫等的冲洗；10%软膏用于湿疹及化脓性皮肤病的湿敷。婴儿使用含硼酸过多的扑粉，可通过皮肤吸收而中毒。

乳 酸

乳酸为酸性防腐剂，抑菌作用弱。用于空气消毒、食物防腐及治疗滴虫性阴道炎。高浓度对皮肤黏膜有刺激作用和腐蚀性。

苯甲酸

苯甲酸是食品和药物的防腐剂，有抗真菌作用，在酸性环境中抑菌作用更强。可用于食品和药品的防腐，皮肤浅部真菌感染如体癣、手足癣。局部外用有轻微刺激性。

五、卤素类

本类药物可使菌体原浆蛋白活化基团卤化或氧化而发挥杀菌作用。

聚维酮碘

聚维酮碘又名碘伏，杀菌力强、作用持久、无刺激性、无致敏性、毒性低，为广谱杀菌剂，能杀死细菌、病毒、芽孢、真菌、原虫等，在酸性环境中更稳定，作用更强。常用于皮肤消毒、烫伤、化脓性皮肤炎症及真菌性皮炎、滴虫性阴道炎；餐具、食具的消毒等。对碘过敏者慎用。皮肤烧伤面积大于20%者不宜用。

碘 酊

碘酊为含2%碘和1.5%碘化钾的醇溶液，有强大的消毒杀菌作用。主要用于皮肤和手术野消毒，毛囊炎、甲癣、传染性软疣；另外牙龈感染和咽炎时涂擦局部。碘酊高浓度可刺激皮肤黏膜造成损伤，涂抹后应用乙醇脱碘，对碘过敏者禁用。

👥 **课堂互动 40-1** ————————————————————

碘酊与碘伏有何不同？

答案解析

次氯酸钠

次氯酸钠为强氧化剂，通过氧化作用破坏菌体细胞膜和酶系统，呈现杀菌作用，对细菌、病毒、芽孢等有强大的杀灭作用。常作为外用消毒剂的成分，高浓度时对组织有腐蚀、溶解作用。

✎ **知识拓展** ————————

84消毒液是原北京第一传染病医院（现北京地坛医院）在1984年研制的一种消毒液，能迅速杀灭各类肝炎病毒。这是以次氯酸钠为主的无色或淡黄色高效液体消毒剂，主要成分为次氯酸钠，有效氯含量5.5%~6.5%。广泛用于宾馆、旅游、医院、食品加工行业、家庭等卫生消毒。

含氯石灰

含氯石灰又名漂白粉，为次氯酸钙、氯化钙、氢氧化钙混合物，有消毒杀菌作用。可用于饮水用具、厕所和浴室消毒，其乳状液或干粉可用于消毒患者的分泌物和排泄物。对皮肤有刺激性，应现用现配。

六、氧化剂

本类药物遇有机物释放出新生态氧，使菌体内活性基团氧化而杀菌。

高锰酸钾

高锰酸钾为强氧化剂，具有抑菌和杀菌作用，可用于水果、食物、食具消毒，冲洗溃疡或脓肿，处理蛇咬伤伤口，阴道冲洗，食物中毒时洗胃，湿敷治疗湿疹等。溶液应现用现配，久置或加湿可迅速失效。

七、表面活性剂

本类药物常用者为阳离子表面活性剂，可降低表面张力，使油脂乳化和油污清除，所以又称清洁剂；而且能改变细菌胞质膜通透性，使菌体成分外渗而杀菌。其特点为抗菌谱广、显效快、刺激性小、性质稳定。其效力可被血浆、有机物、阴离子表面活性剂如肥皂、合成洗涤剂所降低。

苯扎溴铵

苯扎溴铵即新洁尔灭，是快速杀菌剂。低浓度时即对各类细菌有杀菌作用，较高浓度对 G^+ 菌敏感，对真菌和某些病毒有效，对芽孢、结核分枝杆菌及铜绿假单胞菌无效。用于皮肤黏膜、器械消毒；阴道、膀胱及尿道的灌洗。长期反复使用可引起过敏。禁止与普通肥皂配伍。

氯己定

氯己定为广谱杀菌剂，在中性及弱酸性环境中抗菌作用更强，细菌不易产生耐受性。可用于手术区皮肤消毒，滴耳、冲洗伤口，膀胱灌洗等。有过敏反应。

八、染料类

本类药物有酸、碱两性染料，分子中阳离子或阴离子分别与细菌蛋白质羧基或氨基结合，从而抑制细菌的生长繁殖。

依沙吖啶

依沙吖啶溶液用于外科创伤、皮肤黏膜糜烂感染创面的冲洗和湿敷，也用于口腔黏膜溃疡、牙龈炎、牙周炎的辅助治疗。依沙吖啶水溶液不稳定，遇光变色，禁止与含氯溶液配伍。

九、重金属化合物

低浓度的重金属离子能抑制菌体内含巯基酶系统的活性，影响细菌代谢而抑菌。高浓度的重金属离子则能与细菌蛋白质结合产生沉淀而杀菌。高浓度对人体组织产生收敛、刺激甚至腐蚀作用。卤素或碱性物质（肥皂）可使之失效，不可合用。

硝酸银

硝酸银水溶液可解离出银离子，与菌体蛋白质结合，呈杀菌作用。用于灼烧慢性溃疡及过度增生的肉芽组织，也可用作牙本质脱敏。误服可引起重金属中毒。

十、其他类

环氧乙烷

环氧乙烷为广谱、高效的气体消毒剂，与微生物中的蛋白质发生烷化作用，导致微生物死亡。通常用于怕热怕湿的医疗器械、合成材料、棉毛织品及一次性医疗用品和卫生用品的消毒与灭菌。消毒时必须在密闭容器中进行。

目标检测

答案解析

一、单选题

1. 消毒防腐药不用于（　　）

    A. 环境消毒　　　　B. 胃肠道消毒　　　C. 排泄物消毒　　　D. 体表消毒　　　E. 器械消毒

2. 杀菌作用强、无刺激性的消毒防腐药是（　　）

    A. 酚类　　　　　　B. 醛类　　　　　　C. 卤素类　　　　　D. 表面活性剂　　E. 醇类

3. 常用于洗胃、水果消毒冲洗的氧化剂是（　　）

    A. 含氯石灰水　　　B. 碘酊　　　　　　C. 新洁尔灭溶液　　D. 高锰酸钾溶液　E. 乳酸

4. 以下哪种药物对组织刺激小，可以用于创面及黏膜的消毒药（　　）

    A. 75%乙醇　　　　B. 2%戊二醛　　　　C. 50%乙醇　　　　D. 2%碘酊　　　　E. 1%过氧化氢

5. 患者，女，40岁。左下肢不慎被镰刀割伤，送至医院，拟行伤口清创、缝合，以下哪种消毒剂用于预防厌氧菌感染（　　）

    A. 75%乙醇　　　　B. 3%过氧化氢　　　C. 碘伏　　　　　　D. 碘酊　　　　　E. 5%硼酸

6. 患者，男，20岁。拟行阑尾切除术，下列不适合术前皮肤消毒的是（　　）

    A. 2%碘酊　　　　　B. 消毒净　　　　　C. 碘伏　　　　　　D. 75%乙醇　　　E. 95%乙醇

二、简答题

消毒药与防腐药的区别是什么？

（袁　莉）

书网融合……

知识回顾　　　习题

第四十一章 | 抗寄生虫药

学习目标

知识要求：

1. 掌握氯喹、伯氨喹、乙胺嘧啶、甲硝唑的药理作用、临床应用及不良反应。

2. 熟悉奎宁、青蒿素等抗疟疾药的作用特点及临床应用。

3. 了解其他抗寄生虫药的特点及临床应用。

技能要求：

熟练掌握正确使用抗寄生虫药的能力。

岗位情景模拟 35

　　患者，男，45岁，因发热寒战1周伴神志不清入院就诊。追问病史，该患者于20天前曾前往非洲出差，当地疟疾流行，却未使用蚊帐、驱蚊水等防蚊措施。回国前患者已感到不适，回国后出现明显症状。医院根据出国史，血检找到疟原虫，未分型，经疾控中心鉴定为恶性疟，进行网络直报并转入传染病医院ICU病房。血涂片-显微镜检查发现恶性疟原虫环状体。医生给予患者血液透析，同时使用青蒿琥酯针剂注射，每日1次，连续1周，患者逐渐恢复健康。

问题与思考

1. 青蒿琥酯属于哪类药？

2. 青蒿琥酯为什么可以治疗疟疾？

答案解析

第一节　抗疟药

　　疟疾是由疟原虫所引起的虫媒传染性疾病，高发于非洲、东南亚及中、南美洲的一些国家，恶性疟死亡率极高。疟疾的临床症状主要为间歇性寒战、高热、出汗、脾大和贫血等。疟疾的病原体是疟原虫，主要有四种疟原虫寄生于人体：间日疟原虫、恶性疟原虫、三日疟原虫和卵形疟原虫，分别引起间日疟、恶性疟、三日疟和卵形疟。

抗疟药是用于预防或治疗疟疾的药物。目前还没有一种抗疟药对不同生长阶段的疟原虫都有杀灭作用，不同阶段的疟原虫对不同抗疟药的敏感性也不同。因此，熟悉疟原虫的生长特点以及各种抗疟药的作用环节，对正确和精准选药具有重要意义。

一、疟原虫的生活史及抗疟药作用环节

疟原虫的生活史可分为人体内的无性生殖阶段和雌性按蚊体内的有性生殖阶段。根据疟原虫在人体内的发育过程，又可分为红细胞外期和红细胞内期两个阶段。根据抗疟药的作用环节，可分为控制症状、控制复发和阻止传播、病因预防三大类。（图41-1-1）

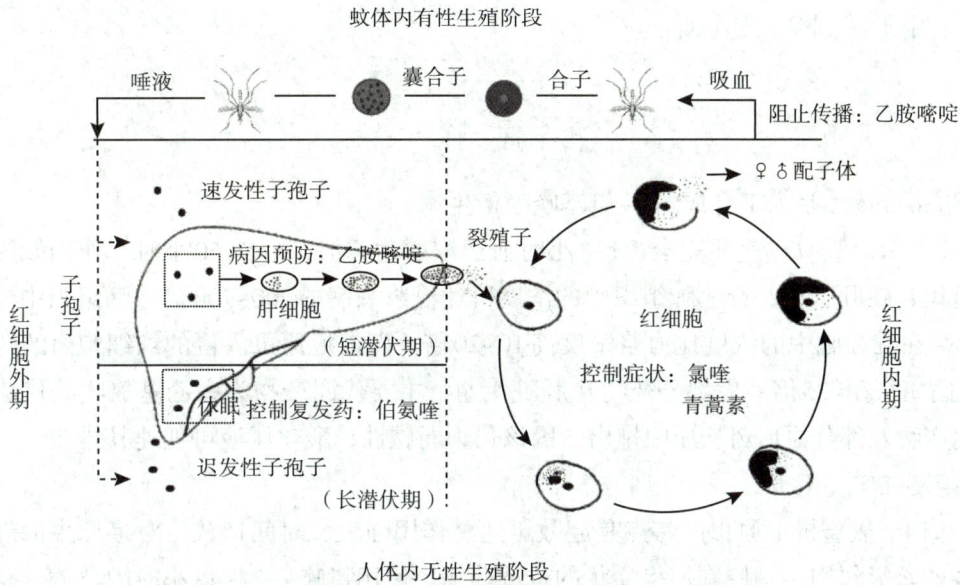

图41-1-1　疟原虫生活史及抗疟药物作用环节

（一）人体内的无性生殖阶段

1. **红细胞外期**　已感染疟原虫的雌性按蚊刺吸人血时，其体内已发育完成的子孢子通过唾液进入人体。随后子孢子通过血液侵入肝细胞，开始发育、增殖，形成大量裂殖体。6~14天肝细胞破裂，释放出大量裂殖子。此期是疟疾的潜伏期，无临床症状。间日疟原虫和卵形疟原虫的子孢子在遗传学上又分为速发型和迟发型子孢子两种亚型。速发型子孢子侵入肝脏后，在短期内会迅速发育成裂殖体，而迟发型子孢子（休眠子）则需经过一段时间的休眠期后才发育繁殖成裂殖体。由于迟发型子孢子的存在，会引起间日疟和卵形疟的复发。伯氨喹能杀灭红细胞外期的迟发型子孢子，故可作为间日疟和卵形疟的根治药物。恶性疟和三日疟因为不存在迟发型子孢子，所以不会复发。乙胺嘧啶对红细胞外期的裂殖体有杀灭作用，成为疟疾的病因预防药物。

2. **红细胞内期**　红细胞外期所释放入血的大量裂殖子侵入红细胞后，经滋养体发育为裂殖体，随后破坏红细胞，释放出大量裂殖子及其代谢产物。红细胞因破坏而产生了大量变性蛋白。代谢产物和红细胞变性蛋白可刺激机体引起寒战、高热、大汗等临床症状，此时表现为疟疾的发作。从红细胞所释放的裂殖子可再侵入其他红细胞形成裂殖体，再释放裂殖子和代谢物并破坏红细胞，如此反复循环，导致疟疾反复发作。对此期疟原虫有作用的药物有氯喹、奎宁、青蒿素等，可对症状进行控制。

（二）雌性按蚊体内的有性生殖阶段

人体红细胞内的疟原虫裂体增殖3~5个周期后，部分裂殖子发育成为雌、雄配子体。按蚊在吸食患者血时，雌、雄配子体随血液进入蚊体，进入有性生殖阶段。此时雌、雄配子体在按蚊体内结合形成合子，并进一步发育成子孢子，移行至唾液腺。按蚊叮咬人时，子孢子输入人体，成为感染疟疾的根源。伯氨喹能杀灭各种疟原虫的配子体，乙胺嘧啶能进入蚊体抑制配子体在蚊体内的发育。两者均能有效阻止疟疾的传播。

二、常用抗疟药

（一）主要用于控制症状的抗疟药

氯　喹

氯喹（chloroquine）是人工合成的4-氨基喹啉衍生物。

【体内过程】口服吸收迅速而完全，1~2小时血药浓度达峰值，$t_{1/2}$约50小时，作用较为持久。广泛分布于全身组织，在肝、脾、肾、肺组织中的浓度可达血浆浓度的200~700倍，脑组织中浓度为血浆浓度的10~30倍，在红细胞中的浓度比血浆浓度高10~20倍，而被疟原虫入侵的红细胞内的药物浓度又比正常红细胞内浓度高出25倍。大部分药物在肝脏代谢，主要代谢产物为去乙基氯喹，代谢产物仍有抗疟作用。代谢产物及部分原形药从尿中排出，因该药为弱碱性，酸化尿液可加速其排泄。

【药理作用及临床应用】

1. **抗疟作用**　氯喹抗疟原虫的特点是起效迅速、作用强大、时间持久，对疟原虫的红细胞内期裂殖体均有较强的杀灭作用，是控制疟疾症状的首选药物。使用氯喹后24~48小时内寒战、高热、大汗等症状消退，48~72小时内血中疟原虫消失。另外氯喹也可预防疟疾症状的发作，在进入疫区前1周和离开疫区后4周内，每周可服药一次进行预防。由于氯喹对红细胞外期无效，因此不能用于病因预防及良性疟的根治。临床主要用于预防疟疾的发作、控制疟疾症状及恶性疟的根治。

2. **抗肠外阿米巴作用**　可有效杀灭阿米巴滋养体，对肠外阿米巴病有较好疗效。口服后肝脏药物浓度较高，可用于治疗阿米巴肝炎和肝脓肿。

3. **免疫抑制作用**　大剂量氯喹具有抑制免疫作用，对类风湿关节炎、系统性红斑狼疮、肾病综合征等自身免疫功能紊乱性疾病的有一定的疗效。但用量大，易导致毒性反应。

【不良反应及注意事项】氯喹用于治疗疟疾时，由于用量小且疗程短，不良反应较少，偶有头痛、头晕、恶心、呕吐、耳鸣、皮肤瘙痒、荨麻疹等症状，饭后服药可减轻，停药后可自行消失。用于其他疾病治疗时，由于长期大剂量使用，不良反应较重，可见角膜浸润、视网膜病变，引起视力障碍甚至失明，应定期进行眼科检查。还可引起精神失常、耳毒性及致畸作用，孕妇禁用。

🎓 **课堂互动 41-1**

廉价又安全的氯喹现在抗疟效果降低了，是什么原因引起？我们在使用抗疟药时需注意什么？

答案解析

青蒿素

青蒿素（artemisinine）是来自于菊科植物黄花蒿和大头黄花蒿中的一种新型倍半萜内酯过氧化物，由我国学者率先提取得到。青蒿素经结构改造后得到蒿甲醚（artemether）和青蒿琥酯（artesunate），均具有抗疟作用。其活性代谢产物双氢青蒿素（dihydroartemisinin）也有抗疟作用。

【体内过程】口服吸收迅速且完全，给药1小时后达到血药浓度峰值。全身分布广泛，易透过血－脑屏障，肝、肾组织中浓度较高。由于其体内代谢快，维持有效血药浓度的时间短，故不利于彻底杀灭疟原虫，需反复给药。

【药理作用及临床应用】青蒿素的作用机制可能为青蒿素被疟原虫体内的血红蛋白或Fe^{2+}铁催化，产生自由基，破坏疟原虫表膜和线粒体结构，导致虫体死亡。青蒿素能快速杀灭红细胞内期各种疟原虫裂殖体，对耐药的疟原虫也有较好疗效，48小时内疟原虫便可从血中消失。但青蒿素对红细胞外期疟原虫无效。与其他抗疟药比较，青蒿素起效快，作用维持时间短，但杀灭疟原虫不彻底，复发率高。临床上主要用于治疗间日疟和恶性疟，因可通过血－脑屏障，对脑型疟也有较好疗效。青蒿素与伯氨喹合用可降低复发率，与乙胺嘧啶等合用可延缓耐药性的产生。

【不良反应】青蒿素不良反应较少，主要为恶心、呕吐等胃肠道反应，偶有四肢麻木、心动过速发生。大剂量可使动物致畸，孕妇慎用。

主要用于控制症状的其他抗疟药的名称、作用特点及临床应用、不良反应等见表41-1-1。

表41-1-1　其他控制症状的抗疟药

名称	作用特点及临床应用	不良反应
奎宁	为金鸡纳树皮中的生物碱，能有效杀灭红细胞内期疟原虫，由于不良反应多，已不作抗疟药物的首选	用量过大过久，出现金鸡纳反应：头晕、头痛、呕吐、恶心、耳鸣、听力减退、暂时性耳聋等；还可现心肌收缩力降低、心律失常等
咯萘啶	可杀灭红细胞内期间日疟、恶性疟的裂殖体，对耐氯喹的疟原虫也有较强作用	头晕、头痛、恶心、呕吐等，停药后可消失
青蒿琥酯	为青蒿素的水溶性衍生物，可口服、肌内注射、直肠、静脉给药。可杀灭红细胞内期疟原虫，其作用特点为高效、速效、低毒	过量可使网织红细胞一过性降低。妊娠妇女禁用
蒿甲醚	为青蒿素的脂溶性衍生物，可口服和肌内注射。抗疟活性是青蒿素的10~20倍，与伯氨喹合用可降低复发率	偶见四肢麻木、心动过速。妊娠妇女禁用
双氢青蒿素	为青蒿素的衍生物，口服给药，可快速杀灭红细胞内期疟原虫，迅速控制临床症状	不良反应较少，偶见胃肠道反应、头痛、头晕、过敏反应等

（二）主要用于控制复发和传播的抗疟药

伯氨喹

伯氨喹（primaquine）是人工合成的8-氨基喹啉类衍生物。

【体内过程】口服吸收快而完全，体内主要分布于肝脏，其次为肺、脑和心脏等组织，经肾排泄，$t_{1/2}$约5小时。

【药理作用及临床应用】对良性疟的红细胞外期及各种疟原虫的配子体都有杀灭作用，是目前控制复发和传播的首选药。但不能杀灭红细胞内期疟原虫，因此不能控制疟疾症状的发生。疟原虫不易对伯氨喹耐药。将伯氨喹与氯喹等红细胞内期抗疟药合用，不仅可根治间日疟，还可减少疟原虫耐药性的产生。

【不良反应及注意事项】伯氨喹毒性比其他抗疟药大，但却无可替代药物。治疗量可引起恶心、呕吐、头晕、腹痛等一般反应，停药后可消失。少数特异质患者如G-6-PD缺乏症，可引起高铁血红蛋白血症或急性溶血性贫血，用药前应仔细询问病史、家族史。

（三）主要用于病因性预防的抗疟药

乙胺嘧啶

乙胺嘧啶（pyrimethamine）是目前作为病因性预防疟疾的首选药。

【体内过程】口服在肠道吸收慢但较完全，主要分布于肾、肺、肝、脾等组织，以及红细胞、白细胞内。经肾排泄，速度较缓慢，$t_{1/2}$为4~6天。

【药理作用及临床应用】乙胺嘧啶作用机制为抑制二氢叶酸还原酶，阻止二氢叶酸转变为四氢叶酸，阻碍了疟原虫核酸的合成。

乙胺嘧啶对恶性疟、间日疟的原发性红细胞外期有抑制作用，是病因性预防的首选药。对红细胞内期未成熟的裂殖体也有抑制作用，但对已发育成熟的裂殖体无作用。因排泄缓慢，作用持久，一周服药一次即可。

虽然乙胺嘧啶不能直接杀灭配子体，但按蚊吸入含乙胺嘧啶的血液及配子体后，可阻止疟原虫在按蚊体内的有性增殖，有效控制疟疾的传播。

【不良反应及注意事项】治疗量下毒性较小，但长期大量服用可干扰人体叶酸代谢，缺乏四氢叶酸引起粒细胞减少、巨幼红细胞性贫血等，需停药或补充甲酰四氢叶酸。故长期用药需复查血常规。过量可引起急性中毒，表现为发绀、发热、恶心、呕吐、惊厥，严重可引起死亡。孕妇禁用。

第二节　抗阿米巴病及抗滴虫药

一、抗阿米巴病药

阿米巴病是由溶组织内阿米巴原虫所引起的一种寄生虫病。溶组织内阿米巴原虫有两种形式寄生在人肠道里，包括滋养体和包囊两种形式，其中阿米巴包囊为感染体。含有包囊的污染食物经口到达小肠下段，在肠腔内虫体脱囊而出分裂为小滋养体，寄生于肠道。此时患者并无症状，部分小滋养体转移至结肠形成新的包囊，随粪便排出体外，成为阿米巴病的传染源。当抵抗力下降或肠壁受损时，小滋养体成为致病因子，侵入肠壁，发育为大滋养体，破坏肠黏膜和黏膜下组织，引起急、慢性阿米巴痢疾，症状为腹痛、腹泻、便血等。同时大滋养体也可随肠壁血流或淋巴侵入肠外肝、肺、脑等组织，引起肠外阿米巴脑脓肿、阿米巴肝脓肿、阿米巴肺脓肿等。

甲硝唑

甲硝唑（metronidazole）也称灭滴灵，为人工合成的 5- 硝基咪唑类化合物。同类药物有替硝唑、奥硝唑和尼莫唑等，与甲硝唑类似。

【体内过程】口服吸收迅速完全，生物利用度高，约在 95% 以上，$t_{1/2}$ 为 8~10 小时。甲硝唑体内分布较广，可通过胎盘和血 - 脑屏障，脑脊液中可达有效药物浓度水平。甲硝唑主要经肝脏代谢，原药及其代谢物经肾排泄。

【药理作用及临床应用】

1. **抗阿米巴作用** 由于对肠内、肠外阿米巴滋养体均有强大杀灭作用，甲硝唑为重症急性阿米巴痢疾与肠外阿米巴病治疗的首选药。甲硝唑对急性阿米巴痢疾和肠外阿米巴病的治疗效果最好，但由于在肠道内浓度较低，宜在症状控制后再与抗肠内阿米巴病药合用，以防止复发。

2. **抗滴虫作用** 能有效杀灭阴道滴虫，是目前阴道滴虫感染治疗的首选药。口服后可在尿液、阴道分泌物及精液中广泛分布，因此对阴道滴虫感染的患者有良好的治疗效果。已婚患者夫妻需同时治疗。

3. **抗厌氧菌作用** 甲硝唑对革兰氏阳性厌氧菌、革兰阴性厌氧杆菌和厌氧球菌均有较强的抗菌作用，尤其对脆弱类杆菌较为有效。由于甲硝唑是窄谱类抗菌药，长期使用也不易引起二重感染。临床上主要用于防治厌氧菌引起的口腔、盆腔、腹腔、骨和骨关节感染以及厌氧菌引起的败血症、气性坏疽等，是目前治疗厌氧菌的首选药物。

4. **抗贾第鞭毛虫作用** 甲硝唑是治疗贾第鞭毛虫病最有效的药物，连续使用 5~7 天，腹泻症状会逐渐消失，治愈率可达 90%。

【不良反应】不良反应较轻，常见的不良反应有恶心、呕吐、头痛、口干、腹痛等。少数患者出现过敏症状。极少数患者可出现眩晕、惊厥、肢体感觉异常、共济失调等神经系统症状。

其他抗阿米巴病的药物还包括依米丁、喹碘方、二氯尼特、氯喹等，其作用特点及临床应用、不良反应等见表 41-2-1。

表 41-2-1 其他抗阿米巴病药

名称	作用特点及临床应用	不良反应
依米丁	其衍生物为去氢依米丁，两者具有相似的药理作用，均可直接杀灭溶组织内阿米巴滋养体，但对肠腔内的阿米巴滋养体和包囊无效。临床用于急性阿米巴痢疾与阿米巴肝脓肿的治疗及症状的控制	选择性低，不良反应较多。常见胃肠道反应，另有神经肌肉阻断作用和心脏毒性。因毒性作用明显，仅用于甲硝唑治疗无效或禁用甲硝唑的患者
喹碘方	口服吸收少，肠腔内浓度高，对肠腔内的阿米巴滋养体有直接杀灭作用。对肠外阿米巴病无效。主要用于治疗轻症、慢性阿米巴痢疾及无症状排包囊者，或与甲硝唑合用治疗急性阿米巴痢疾	恶心、腹泻、甲状腺轻度肿大等，碘过敏患者易过敏，大剂量引起肝功能减退和严重视觉障碍
二氯尼特	对阿米巴滋养体具有直接杀灭作用，单用于无症状或症状轻微的排包囊者，也可用于治疗慢性阿米巴痢疾	偶有腹泻、恶心、呕吐、皮疹、瘙痒等
氯喹	不仅为抗疟药，还兼有杀灭肠外阿米巴滋养体的作用。仅用于甲硝唑无效或禁忌的阿米巴肝炎或肝脓肿。应与肠内抗阿米巴病药合用，以防复发	不良反应较少，偶有头痛、头晕、恶心、呕吐、耳鸣、皮肤瘙痒、荨麻疹等

二、抗滴虫病药

滴虫是一种极微小有鞭毛的原虫，需在显微镜下才可观察到。滴虫病是滴虫所引起的一系列感染，常通过性接触传染。滴虫易引起阴道炎、尿道炎和前列腺炎。治疗滴虫病的常用药有甲硝唑和乙酰砷胺等。甲硝唑是目前公认的治疗滴虫病最安全、有效、经济的药物，其类似物替硝唑、奥硝唑和尼莫唑也具有类似的作用。对甲硝唑耐药的滴虫感染，可局部选用乙酰砷胺治疗。

乙酰砷胺

乙酰砷胺（acetarsol）为五价砷剂，对滴虫有直接杀灭作用。当滴虫株对甲硝唑耐药时，可外用乙酰砷胺。例如，感染滴虫性阴道炎时，先用1∶5000低浓度的高锰酸钾液冲洗阴道，再向阴道穹窿部放入乙酰砷胺片，可将滴虫杀灭。乙酰砷胺对阴道有轻度刺激作用，阴道分泌物易增多。阴道滴虫可通过性接触传播，夫妻需同时治疗。

第三节 抗血吸虫病药和抗丝虫病药

一、抗血吸虫病药

血吸虫病是由裂体吸虫属血吸虫引起的一种严重危害人类健康的慢性寄生虫病，主要通过皮肤、黏膜接触含尾蚴的疫水而感染。在我国流行的血吸虫病常由日本血吸虫感染引起，主要分布在长江流域及以南地区。消灭血吸虫的主要方式是药物治疗，广谱抗吸虫病药吡喹酮是目前治疗血吸虫病的首选药物。

吡喹酮

吡喹酮（praziquantel）为人工合成的广谱抗血吸虫病药，也能抗绦虫病。

【体内过程】口服易吸收，1~2小时达血药浓度峰值，在体内分布广泛，在肝内羟化失活，经肾和胆汁排出。由于血吸虫病患者肝脏有不同程度受损，代谢吡喹酮的能力有所下降，血药峰浓度将提高，半衰期也有所延长。

【药理作用及临床应用】

1. **抗血吸虫作用** 吡喹酮对多种血吸虫具有迅速且强大的杀灭作用，对血吸虫成虫和幼虫产生强直性收缩致痉挛性麻痹作用，从而失去对血管壁的吸附能力，随后移行于肝脏被单核-吞噬细胞灭活。临床用于急慢性血吸虫病的治疗。

2. **抗绦虫作用** 对多种绦虫如牛肉绦虫、猪肉绦虫、裂头绦虫、短膜壳绦虫等的成虫和幼虫均有强大杀灭作用，是治疗各型绦虫病的首选药物。

【不良反应】吡喹酮的不良反应少且轻微，偶有头晕、头痛、乏力、四肢酸痛、恶心等，服药期间应避免驾车和高空作业。由于虫体被杀死释放出大量抗原物质，可引起发热、嗜酸粒细胞增多、皮疹等，偶可致过敏性休克，必须密切观察。

二、抗丝虫病药

丝虫病是由丝状线虫寄生于人体淋巴系统所引起的一种流行性寄生虫病。我国流行的丝虫病原体为班氏丝虫和马来丝虫两种。蚊子为其传播媒介。丝虫在蚊子体内长期保持幼虫状态，当幼虫期有机会进入正常终宿主人体内后，继续发育为成虫。丝虫病早期表现为淋巴管炎和淋巴结炎，晚期表现为淋巴水肿、象皮肿等淋巴管阻塞症状。乙胺嗪是治疗丝虫病的首选药物。

乙胺嗪

乙胺嗪（diethylcarbamazine）为化学合成药物，又名海群生。

【体内过程】口服吸收迅速，主要经肾脏排泄，$t_{1/2}$ 为8小时。由于乙胺嗪为碱性，酸化尿液可加速其排泄。

【药理作用及临床应用】乙胺嗪对丝虫成虫和微丝蚴均有杀灭作用。乙胺嗪使得微丝蚴肌组织超极化，发生弛缓性麻痹，从而从寄生部位脱离，随血液移至肝移，随后被吞噬细胞杀灭。乙胺嗪也可破坏微丝蚴表膜的完整性，抗原暴露，使其受到宿主免疫系统的进攻。临床主要用于治疗丝虫病，其中对马来丝虫病的疗效优于班氏丝虫病。由于本药对成虫作用较弱，需反复用药数年才能彻底治愈。

【不良反应】乙胺嗪毒性低，不良反应轻微，但用药后由于丝虫成虫和微丝蚴死亡，释出大量异体蛋白，可引起过敏反应，表现为瘙痒、畏寒、发热、淋巴结肿大、血管神经性水肿、哮喘、皮疹等，使用糖皮质激素类药可缓解此过敏症状。孕妇、哺乳期妇女禁用。

第四节　抗肠蠕虫药

肠道蠕虫分为三大类：肠道线虫、绦虫、吸虫。肠道线虫又分为：蛔虫、蛲虫、钩虫、鞭虫等。绦虫分为牛肉绦虫、猪肉绦虫等。吸虫主要为姜片吸虫等。抗肠蠕虫病药能阻断虫体神经 - 肌肉接头处的胆碱受体而麻痹肠蠕虫或干扰其利用葡萄糖，从而对其进行驱除或杀灭。

甲苯达唑

甲苯达唑（mebendazole）为苯并咪唑类衍生物，口服难吸收，肠道浓度高，大部分药以原形经粪便排出。

【药理作用及临床应用】甲苯达唑是一种高效、广谱的抗肠蠕虫病药，对蛔虫、蛲虫、鞭虫、钩虫、绦虫等多种肠道蠕虫感染及混合感染有效率在90%以上。但显效缓慢，给药数日后才能排出虫体。另外甲苯达唑对蛔虫卵、钩虫卵、鞭虫卵也有杀灭作用。临床主要用于治疗上述肠蠕虫单独感染或混合感染。

【不良反应】甲苯达唑不良反应少，可因虫体排出引起短暂腹痛和腹泻。大剂量使用可引起转氨酶升高、血尿、脱发、粒细胞减少等。2岁以下儿童、孕妇、对本品过敏者及肝、肾功能不全者禁用。

阿苯达唑

阿苯达唑（albendazole）与甲苯达唑类似，在体内代谢为砜类或亚砜类发挥作用，是高效、低毒的广谱抗肠蠕虫药。阿苯达唑是抗肠道线虫病的首选药，用于多种肠道线虫、绦虫和血吸虫的成虫及虫卵的单独感染或混合感染，疗效优于甲苯达唑。也可用于治疗肝片吸虫病、棘球蚴病（包虫病）、旋毛虫病、肺吸虫病及囊虫病等肠道外寄生虫病。

本品不良反应较少，与甲苯达唑相似。孕妇、2岁以下儿童、对本品过敏者禁用。

哌　嗪

哌嗪（piperazine）又名驱蛔灵，临床常用其枸橼酸盐制剂。哌嗪常用于驱蛔虫，特别适合伴有胆道蛔虫症的患者。主要通过引起虫体弛缓性麻痹，使之随粪便排出体外发挥作用；同时也能抑制虫体琥珀酸的合成，干扰虫体能量代谢，肌肉无法正常收缩。哌嗪对蛲虫感染也有一定疗效，但用药时间长达7~10天，现已少用。

不良反应较轻，可引起咳嗽、嗜睡、眩晕、哮喘、荨麻疹等症状。大剂量使用可出现恶心、呕吐及眼球震颤、共济失调、肌肉痉挛等神经系统症状。哌嗪可能存在潜在的神经毒性，特别是儿童，应避免长期或过量使用。孕妇、肝肾功能不全、神经系统疾患及有癫痫病史者禁用。

左旋咪唑

左旋咪唑（levamisole）为广谱抗肠蠕虫药，驱蛔虫效果最佳。其作用机制为使虫体痉挛性麻痹，失去附着能力而随粪便排出体外。临床主要用于蛔虫及钩虫的单独或混合感染。也可用于丝虫病和囊虫病的感染。由于左旋咪唑能调节免疫，还可用于自身免疫性疾病和某些恶性肿瘤的辅助治疗。

本品毒性低，偶有恶心、呕吐、头晕、腹痛、嗜睡、皮疹等不良反应。大剂量或长时间用药，可引起粒细胞减少、剥脱性皮炎、肝功能损害等。

噻嘧啶

噻嘧啶（pyrantel）为广谱抗肠蠕虫药，可使虫体痉挛性麻痹，不能附着宿主肠壁而随粪便排出，对蛲虫、蛔虫、钩虫感染有效，对鞭虫无效。口服吸收少，肠道浓度高，是一种安全高效的驱肠虫药。临床主要用于蛲虫、蛔虫、钩虫单独或混合感染。偶有胃肠道反应。孕妇、2岁以下儿童及急性肝炎、肾炎、严重心脏病患者禁用。与左旋咪唑有拮抗作用，避免同时使用。

氯硝柳胺

氯硝柳胺（niclosamide）又称灭绦灵，口服不吸收，肠道高浓度，对猪肉绦虫、牛肉绦虫、阔节裂头绦虫等绦虫感染有效。其作用机制为杀死绦虫头节和体节前段，使头节从肠壁脱落，随粪便排出，但对虫卵无杀灭作用。可合用导泻药硫酸镁，加速死亡节片的排出。还可与甲氧氯普胺（灭吐灵）联用，防止虫卵逆流入胃和十二指肠引起的囊虫病。临床主要用于猪肉绦虫、牛肉绦虫、短膜壳绦虫等感染，对牛肉绦虫效果最明显。氯硝柳胺涂抹皮肤可用于预防急性血吸虫感染，还可用于疫区水域大面积杀螺，是杀灭血吸虫中间宿主钉螺的重要药物。

本品口服不易吸收，偶见恶心、腹痛等胃肠症状，也可出现头晕、发热、皮肤瘙痒等一般反应。哺乳期妇女、2岁以下儿童禁用。

✍ 知识拓展

蠕虫病高发于儿童、老年人等人群。蠕虫感染可出现乏力、食欲减退、消瘦、发热、腹痛、腹胀等症状，严重影响患者的身体健康。关于蠕虫病的预防需要做到以下几点。

（1）注意个人卫生：饭前便后要洗手，不饮生水，防止食入蛔虫卵，减少感染机会。

（2）食物一定要熟透：肉类未充分煮熟，可因肉内的囊尾蚴未全部杀死而感染人体。故掌握烹调的温度和时间对预防感染很重要。切过生肉的刀或砧板需要高温消毒后再切熟食，或生熟刀和砧板分开，否则有感染囊尾蚴的风险。

（3）加强粪便管理：不随地大小便，控制传染源。

（4）加强个人防护：避免赤足与土壤密切接触，田间劳动需穿胶鞋防护。

（5）坚持锻炼身体：适当的运动可促进身体的新陈代谢及血液循环，增强身体抵抗力，可预防蠕虫病。

目标检测

答案解析

一、单选题

1. 关于抗疟药说法正确的是（　　）
   A. 氯喹对红细胞外期疟原虫有效
   B. 氯喹可单独用于肠内阿米巴原虫，且不复发
   C. 青蒿素治疗疟疾的最大缺点是毒性大
   D. 伯氨喹是控制疟疾复发和传播的首选药
   E. 伯氨喹可控制疟疾症状

2. 青蒿素的作用机制是（　　）
   A. 抑制疟原虫 DNA 的复制和转录
   B. 破坏疟原虫表膜和线粒体结构
   C. 升高虫体细胞内 pH 值
   D. 干扰疟原虫的营养获得
   E. 以上都不是

3. 病因性预防疟疾的首选药是（　　）
   A. 氯喹
   B. 青蒿素
   C. 伯氨喹
   D. 乙胺嘧啶
   E. 奎宁

4. 控制疟疾症状的首选药是（　　）
   A. 奎宁
   B. 青蒿素
   C. 乙胺嘧啶
   D. 伯氨喹
   E. 氯喹

5. 治疗重症急性阿米巴痢疾与肠外阿米巴病的首选药是（　　）
   A. 甲硝唑
   B. 依米丁
   C. 氯喹
   D. 二氯尼特
   E. 喹碘方

6. 既能驱虫又能调节免疫的药物是（　　）
   A. 奎宁
   B. 青蒿素
   C. 左旋咪唑
   D. 伯氨喹
   E. 甲硝唑

7. 关于甲苯达唑说法错误的是（　　）
   A. 口服难吸收
   B. 广谱抗肠蠕动药
   C. 对虫卵、幼虫也有杀灭作用
   D. 作用较缓慢
   E. 孕妇可用

8. 患者，男，48 岁，诊断为蛔虫和钩虫混合感染，可使用（　　）
   A. 甲硝唑
   B. 氯喹
   C. 乙酰砷胺
   D. 阿苯达唑
   E. 依米丁

（9~10 题共用题干）

患者，男，22 岁。因进下河捕捞田螺而感染血吸虫。

9. 下列药物较为适合的是（　　）
   A. 吡喹酮
   B. 噻嘧啶
   C. 左旋咪唑
   D. 乙胺嗪
   E. 甲硝唑

10. 该药物还具有的作用是（　　）

    A. 抗疟疾　　　　　B. 抗丝虫　　　　　C. 抗蛔虫　　　　　D. 抗蛲虫　　　　　E. 抗绦虫

（11~15题共用备选答案）

    A. 左旋咪唑　　　　B. 伯氨喹　　　　　C. 甲硝唑　　　　　D. 氯硝柳胺　　　　E. 阿苯达唑

11. 肠道抗线虫病首选（　　）

12. 治疗阴道滴虫首选（　　）

13. 恶性肿瘤的辅助治疗可选用（　　）

14. 引起高铁血红蛋白血症的药是（　　）

15. 预防急性血吸虫感染的药是（　　）

二、简答题

1. 简述氯喹的药理作用和临床应用。

2. 简述抗疟药的分类及代表药。

（徐　露）

书网融合……

知识回顾　　　　　微课　　　　　习题

第四十二章 抗恶性肿瘤药

学习目标

知识要求：

1. 掌握常用抗恶性肿瘤药的药理作用、临床应用及不良反应。
2. 熟悉抗恶性肿瘤药的分类及临床用药原则。
3. 了解抗恶性肿瘤药的作用机制。

技能要求：

1. 熟练掌握正确使用抗恶性肿瘤药。
2. 学会观察抗恶性肿瘤药物的疗效及不良反应。

恶性肿瘤是目前世界上常见的死亡率较高的疾病。由于发病原因、发病机制尚未明确目前多采用保守治疗，如化疗药物治疗、免疫治疗、放射治疗等，除此之外也可采用手术治疗，能够起到一定的缓解症状和延长生命的作用。近20年来随着科学技术的发展，尤其是分子生物学的进展，使科研人员对恶性肿瘤的发病机制有了进一步的认识，通过对治疗药物的作用机制、耐药机制的研究，发现了一系列化疗药物新的作用靶点，出现了生物反应调节药、细胞分化诱导药、血管生成抑制药、细胞因子、单克隆抗体和基因治疗等肿瘤生物学治疗药物与方法。随着肿瘤治疗新靶点和新治疗方法的诞生，将使抗肿瘤药物发生革命性的变化。

🧪 岗位情景模拟 36

患者，男，13岁，鼻腔反复出血7天就诊。检查发现牙龈增生似海绵状，胸骨有压痛。血红蛋白59g/L，血小板20×10^9/L，骨髓检查显示：原始细胞0.9，POX（－），PAS阳性呈粗颗粒状，非特异性酯酶阴性，血清溶菌酶正常。诊断为急性淋巴细胞性白血病。

问题与思考

1. 联合应用抗肿瘤药物应考虑什么问题？
2. 抗肿瘤药的应用原则有哪些？

答案解析

第一节 抗恶性肿瘤药的分类

一、按药物作用机制分类

表 42-1-1 根据作用机制分类的抗恶性肿瘤药

分类		常用药
影响核酸生物合成的药物	二氢叶酸还原酶抑制药	甲氨蝶呤
	阻止嘧啶类核苷酸生成药	氟尿嘧啶
	阻止嘌呤类核苷酸生成药	巯嘌呤
	抑制核苷酸还原酶药	羟基脲
	抑制 DNA 多聚酶药	阿糖胞苷
直接破坏 DNA 并阻止其复制的药物		烷化剂、丝裂霉素、博来霉素、顺铂
干扰转录过程阻止 RNA 合成的药物		放线菌素 D、柔红霉素、阿霉素
影响蛋白质合成的药物	影响纺锤丝形成药	长春新碱
	干扰核蛋白体功能药	三尖杉酯
	阻止氨基酸供应药	门冬酰胺酶
影响激素平衡发挥抗癌作用的药物		肾上腺皮质激素、雌激素、雄激素

二、按药物对细胞增殖动力学的影响分类

表 42-1-2 按药物对细胞增殖动力学影响分类的抗恶性肿瘤药

分类	分期	常用药
周期特异性药物	S 期特异性药物	抗代谢药
		拓扑异构酶抑制药
	M 期特异性药物	长春碱类
		紫杉碱类
	G_2 期特异性药物	博来霉素
周期非特异性药物		烷化剂
		铂类化合物
		丝裂霉素 C
		放线菌素 D

三、按化学结构与来源分类

表42-1-3　根据化学结构与来源分类的抗恶性肿瘤药

分类	特点	缺点	常用药
烷化剂	能与多种细胞成分起作用，可杀伤各种类型细胞，尤其是增殖较快的细胞，很少产生耐药性	选择性不强，对骨髓造血细胞、消化道上皮及生殖细胞有较强的毒性	氮芥、环磷酰胺
抗代谢药	与体内生理代谢物的结构类似，可干扰正常代谢物的功能，在核酸合成的水平上加以阻断	在抑制癌细胞生长的同时，对生长旺盛的正常细胞也有较强的毒性，且易产生抗药性而失去疗效	氟尿嘧啶、卡培他滨、甲氨蝶呤、阿糖胞苷
抗生素类	抑制 DNA 和 RNA 的合成，主要作用于细胞周期的不同时相	毒性较大	放线菌素 D、多柔比星
植物提取药	抑制 RNA 的合成，尤其是与细胞微管蛋白结合，能阻止微管蛋白的装配，进而干扰纺锤体的生成，使细胞停留在分裂间期	神经系统的毒性较大	长春新碱、长春碱
激素类	性激素、黄体激素可干扰肿瘤发生的体内激素状态；糖皮质激素可干扰敏感的淋巴细胞的脂肪代谢，使淋巴细胞溶解、萎缩而发挥其作用	疗效短暂，单独使用只是暂时缓解症状	性激素、黄体激素、糖皮质激素

🖉 知识拓展

　　肿瘤疫苗是近年来国内外研究的热点之一，其原理是将肿瘤抗原导入患者体内，增强免疫原性，由此来激活免疫系统，以此达到清除或抑制肿瘤的目的。随着分子生物学和基因工程的发展，肿瘤疫苗的研究取得了较大成果，但由于技术的限制，目前肿瘤疫苗的研究多停留在实验室或Ⅰ、Ⅱ期临床研究阶段。现阶段较多的肿瘤疫苗有肿瘤细胞疫苗、肿瘤抗原疫苗、以树突细胞为基础的疫苗以及核酸疫苗等。

第二节　常用抗恶性肿瘤药

一、干扰核酸合成药

（一）叶酸拮抗药

甲氨蝶呤

【药理作用】甲氨蝶呤（methotrexate，MTX）化学结构与叶酸相似，通过竞争性抑制二氢叶酸还原酶（dihydrofolate reductase，DHFR），阻止二氢叶酸（dihydrofolate，FH_2）还原成四氢叶酸（tetrahydrofolate，FH_4），从而阻碍肿瘤细胞的合成，抑制肿瘤细胞的生长与繁殖。另外，甲氨蝶呤在细胞内可形成多聚谷氨酸盐形式，增加了它的体积及所带的负电荷数目，使甲氨蝶呤长期滞留于特定细胞内。因此，有该反应能力的细胞（如淋巴母细胞）可能对甲氨蝶呤的杀细胞作用更敏感。

【临床应用】主要与其他化疗药物联合用于治疗急性淋巴细胞白血病、淋巴瘤、绒毛膜上皮癌、乳腺癌、宫颈癌、头颈部癌和膀胱癌。此外，尚可用于银屑病、类风湿关节炎、骨髓移植和器官移植等。

【不良反应】

1. **一般反应**　白细胞和血小板减少等骨髓抑制，口腔炎、胃炎、腹泻等胃肠道毒性，其次还有脱发、皮疹和红斑等。多数不良反应可以甲酰四氢叶酸预防。

2. **肾毒性**　大剂量应用MTX时可致血尿、蛋白尿、氮质血症等，用药期间应注意碱化和水化尿液，同时监测血药浓度以避免严重的肾损害。

3. **肝毒性**　大剂量使用可致血清丙氨酸氨基转移酶升高。小剂量长期应用可能引起肝纤维化、肝硬化，应注意监测肝功能。

4. **肺毒性**　应用MTX的儿童可能出现咳嗽、呼吸困难、发热及发绀，停药后症状可恢复。

（二）嘧啶拮抗药

氟尿嘧啶

【药理作用】氟尿嘧啶（fluorouracil，5-FU）是常用的尿嘧啶抗代谢药，本身无抗肿瘤活性，需在体内转化为5-氟尿嘧啶脱氧核苷酸（5F-dUMP）才能发挥作用。5-氟尿嘧啶脱氧核苷酸使脱氧尿苷酸（dUMP）不能生成脱氧胸苷酸（dTMP），使DNA合成减少。此外，还可在体内转变成氟尿嘧啶核苷酸掺入RNA分子中，影响RNA及蛋白质的合成及功能，最终使细胞死亡。

【临床应用】主要用于治疗实体瘤，如结肠直肠癌、乳腺癌、卵巢癌、胰腺癌、肝癌、胃癌及头颈部癌等。局部应用治疗皮肤过度角化症和表皮基底细胞癌。

【不良反应】常见不良反应有：①胃肠道反应：恶心、呕吐、腹泻、厌食、胃肠道及口腔黏膜溃疡等；②脱发及骨髓抑制；③长期注射可致静脉炎或动脉内膜炎；④全身给药可见"手足综合征"，表现为手掌和足底部红斑及脱屑。肝动脉内注射给药的不良反应是短暂的肝毒性，偶尔可引起胆管硬化。

阿糖胞苷

【药理作用】阿糖胞苷（cytarabine，Ara-C）是嘧啶类抗代谢药，在细胞内经脱氧胞苷激酶作用转化为三磷酸胞苷和二磷酸胞苷。三磷酸胞苷可以抑制DNA多聚酶（DNA polymerase）的合成，也可直接以代谢物形式掺入DNA分子，终止核苷酸链的延长。它还抑制胞嘧啶核苷酸还原成脱氧胞嘧啶核苷酸。

【临床应用】阿糖胞苷主要用于急性白血病的治疗，对急性粒细胞性白血病效果最好，也可用于治疗急性单核细胞白血病和急性淋巴细胞白血病。

【不良反应】主要不良反应为恶心、呕吐、腹泻和严重的骨髓抑制；偶见肝功能障碍；大剂量应用或鞘内注射可引起癫痫。

（三）嘌呤拮抗药

巯嘌呤

巯嘌呤（mercaptopurine）为腺嘌呤衍生物，为嘌呤核苷酸合成抑制药。其在细胞内转变成硫代肌苷酸，阻止肌苷酸转变为腺苷酸或鸟苷酸，干扰嘌呤代谢，抑制DNA合成。主要作用于细胞增殖S期。本药还有较强的免疫抑制作用。主要用于儿童急性淋巴细胞性白血病和绒毛膜上皮癌，也可用于恶性葡萄胎、恶性淋巴瘤、多发性骨髓瘤及自身免疫性疾病。主要不良反应有胃肠反应及骨髓抑制，偶见肝肾损害。可能致畸，故孕妇禁用。

氟达拉滨

氟达拉滨（fludarabine，FDB）是腺苷类似物。通过掺入DNA和RNA分子中，减少它们的合成，干扰其功能。用于取代苯丁酸氮芥治疗慢性淋巴细胞性白血病，也可有效对抗毛细胞白血病。由于氟达拉滨被肠道菌群可分解为毒性代谢产物，不能口服，应静脉给药。部分药物经尿液排出。不良反应有恶心、呕吐、脱发及骨髓抑制，尚有发热、水肿和严重的神经毒性。

（四）核糖核苷酸还原酶抑制药

羟基脲

羟基脲（hydroxyurea，HU）是一种治疗慢性粒细胞白血病的抗肿瘤药，通过抑制核糖核苷酸还原酶，使二磷酸核苷（NDP）不能转化为二磷酸脱氧核苷（dNDP），影响嘌呤及嘧啶碱基生物的合成，从而抑制DNA合成。口服吸收完全，以原形经尿液排泄。临床主要用于治疗慢性粒细胞白血病、真性红细胞增多症、原发性血小板增多症等骨髓增殖性疾病，也可用于头颈部肿瘤、黑色素瘤等。主要不良反应为骨髓抑制，有时也会出现胃肠道反应及中枢神经系统反应。

二、影响 DNA 结构与功能药

（一）烷化剂

烷化剂（alkylating agents）可分为双功能基团烷化剂和单功能基团烷化剂。化学机构中的烷基可与细胞内DNA、RNA、蛋白质分子上的亲核基团发生烷化反应，阻止DNA的复制，并破坏细胞的有丝分裂，也可引起碱基配对错误，导致细胞死亡。烷化剂为周期非特异性药物，其杀灭作用对快速增殖的细胞更强。烷化剂有致突变和致癌作用，长期应用可引起第二种恶性肿瘤如急性白血病的发生，另一种长期毒性反应为不育。

氮　芥

氮芥（chlormethine，nitrogen mustard，HN_2）是最早用于治疗恶性肿瘤的药物。主要用于治疗霍奇金淋巴瘤、非霍奇金淋巴瘤等。氮芥有很强的局部刺激性，因此必须静脉注射。起效快但维持时间短暂（数分钟），抑制骨髓的不良反应持续较久。目前主要利用其起效快的特点，作为纵隔压迫症状明显的恶性淋巴瘤的化学治疗。可有胃肠道反应、眩晕、视力减退、脱发、黄疸、月经失调和皮疹等不良反应。

环磷酰胺

环磷酰胺（cyclophosphamide，CTX）是广谱的抗肿瘤药物，是一类可以在体内代谢为磷酰胺氮芥而发挥抗肿瘤作用的氮芥类衍生物。

【药理作用】环磷酰胺在体外无活性，在体内经肝细胞色素P-450酶系水解为中间产物醛磷酰胺（aldophosphamide），然后在肿瘤细胞内，分解出有强效的磷酰胺氮芥（phosphamidemustard），才与DNA发生烷化，形成交叉联结，抑制肿瘤细胞的生长繁殖。环磷酰胺抗瘤谱较广，对恶性淋巴瘤疗效显著。对多发性骨髓瘤、急性淋巴细胞白血病、卵巢癌、乳腺癌、小细胞肺癌等也有效。同时还具有免疫抑制作用，可以治疗各种自身免疫性疾病。

【不良反应】胃肠道反应较轻，大剂量静脉注射时较常见；脱发发生率较其他烷化剂高30%~60%，多发生于服药3~4周后；骨髓抑制，对粒细胞的影响更明显；刺激膀胱黏膜可致血尿、蛋白尿；偶可影响肝功能，导致黄疸；还致凝血酶原减少；久用可致闭经或精子减少。

噻替派

噻替派（thiotepa triethylene thiophosphoramide，TSPA）结构中的3个乙烯亚氨基能够形成有活性的碳三离子，并与细胞内DNA的碱基结合，影响瘤细胞的分裂。有较高的选择性，属于抗肿瘤谱较广的药物，主要用于乳腺癌、卵巢癌、肝癌和恶性黑色素瘤等，有抑制骨髓的作用，可引起白细胞和血小板减少，但较氮芥轻。胃肠道反应发生率低，局部刺激小，可以静脉注射、肌内注射，也可以动脉内给药与胸（腹）腔内给药。

卡莫司汀

卡莫司汀（carmustine，BCNU，氯乙亚硝脲）是脂溶性高的亚硝脲类烷化剂。由于脂溶性高，口服给药吸收较好，易透过血-脑屏障，可以迅速进入脑脊液，在脑脊液的药物浓度可以达到血浆药物浓度的50%~70%，因此临床常用于脑部原发肿瘤（星形胶质细胞瘤和室管膜瘤等）、颅内转移瘤和脑膜白血病。与其他药物合用可治疗淋巴瘤和某些实体瘤。主要不良反应为迟发的骨髓抑制、消化道反应和肝肾毒性。

白消安

白消安（busulfan，马利兰）药理作用与氮芥类似，是一个烷基磺酸酯类烷化剂。可经胃肠道吸收，口服给药吸收较好。经肝代谢，代谢产物经肾脏排出。具有选择性地抑制骨髓的作用，可明显抑制粒细胞生成，而对淋巴系统的抑制作用较弱，故适用于慢性粒细胞白血病，可以减轻白细胞的增多和脾大。主要不良反应是抑制骨髓，长期应用可致肺纤维化、闭经、睾丸萎缩等。

（二）铂类化合物

顺铂

顺铂（cisplatin，CDDP）又称为顺式-二氯二氨合铂，为第一代铂类化合物，是二价铂与两个氨基和两个氯原子结合的重金属化合物。该药有细胞毒性，但由于癌细胞比正常细胞的增殖速度更快，因此癌细胞对细胞毒作用更为敏感。顺铂在血浆高氯离子环境中属于无活性状态，经过在细胞内与氯离子解离后，二价铂与细胞核内DNA分子上的碱基结合，形成DNA分子链内或链间的交叉联结，也可使蛋白质与DNA分子联结，破坏DNA的结构和功能。口服无效，需静脉注射，静脉给药后，迅速与血浆蛋白质结合，血浆蛋白结合率约90%，分布于肝、肾、膀胱等，只有20%~40%的药物由肾脏缓慢排出。抗瘤谱较广，对多种实体瘤有较好疗效，如卵巢癌、睾丸癌、乳腺癌、肺癌、膀胱癌、宫颈癌、子宫内膜癌和头颈部癌等。不良反应有：胃肠道反应表现为恶心、呕吐；神经毒性表现为外周神经障碍和耳毒性，特别是高频听力丧失；长期使用可抑制骨髓，多表现为贫血。

卡铂

卡铂（carboplatin，CBP，碳铂）属于第二代铂类化合物。作用与顺铂相似，并有交叉耐药。用于顽固性卵巢癌以及肺癌、睾丸癌、膀胱癌和头颈部癌等。不良反应表现为骨髓抑制，肾毒性较少见，消化道毒性和耳毒性较低。

奥沙利铂

奥沙利铂（oxaliplatin，草酸铂）属于第三代铂类化合物。抗癌活性高、抗瘤谱广，与顺铂无交叉耐药，因此可用于对顺铂耐药的恶性肿瘤的治疗。静脉注射用于治疗卵巢癌、胃癌、结肠癌和黑色素瘤等。骨髓抑制作用轻微，没有肾毒性，胃肠道反应发生率比顺铂小，对听力损害较轻。主要的不良反应是外周感觉神经异常，随累积剂量增加而增加，停药后可恢复。

（三）破坏DNA的抗生素类

破环DNA的抗生素类抗肿瘤药见表42-2-1。

表42-2-1　破坏DNA的抗生素类抗肿瘤药

药名	特点及作用机制	临床应用	不良反应
博来霉素（bleomycin，BLM）	通过攻击DNA分子的磷酸二酯键，使DNA双链或单链断裂。BLM对G_2期细胞杀伤作用最强，属于周期特异性药物	临床可多途径给药：静脉、肌内、皮下注射等，主要用于鳞状上皮癌，也可与其他药物联合用于霍奇金病、非霍奇金淋巴瘤和睾丸癌	肺毒性是最严重的不良反应，表现为：肺部啰音、咳嗽、渗出及肺纤维化等；皮肤反应有红斑、角化过度和溃疡；连续应用还可发生指甲改变和脱发；过敏性反应也较常见，骨髓抑制较少见
丝裂霉素（mitomycin C，MMC）	需要在体内转化为活性分子，具有烷化作用，能使DNA双链交叉联结，也能使部分DNA链断裂。属于周期非特异性药物	肝癌、肺癌、胃癌、直肠癌和头颈部癌等肿瘤	常见恶心、呕吐和明显的骨髓抑制，以及肝功能障碍、间质性肺炎和肾毒性（血尿、蛋白尿等）偶见心脏毒性；注射时药物外渗也可引起严重的组织损伤

（四）拓扑异构酶抑制药

DNA拓扑异构酶广泛存在于原核及真核生物，至少分为Ⅰ型和Ⅱ型两种。它们对DNA分子的作用是能解链和水解，还能连接磷酸二酯键，保证DNA分子一边解链、一边复制，其作用贯穿在DNA复制的全过程中。拓扑异构酶抑制药（topoisomerase inhibitors）可干扰拓扑酶的作用，破坏DNA结构，并抑制DNA的生物合成，属于S期特异性药物。常用药物见表42-2-2。

表42-2-2　拓扑异构酶抑制药

药名	特点及作用机制	临床应用	不良反应
喜树碱（camptothecin，CPT）、羟喜树碱（chydroxycamptothecin，HCPT）	两种药物均特异性地与拓扑异构酶Ⅰ结合，使DNA双链合成中断，产生细胞毒性作用	喜树碱用于胃癌、肠癌、绒毛膜上皮癌和急、慢性粒细胞白血病等。羟喜树碱用于原发性肝癌、食管癌、胃癌、头颈部癌、膀胱癌和白血病等	尿急、尿频和血尿等泌尿系统刺激症状；胃肠道反应；骨髓抑制；少数出现脱发。羟喜树碱不良反应较轻，泌尿系统的不良反应明显轻于喜树碱
依托泊苷、替尼泊苷	属于鬼臼毒素的半合成衍生物。通过与拓扑异构酶Ⅱ结合，使断裂的DNA双链不可重新连接	可口服，也可静脉注射，分布广。与其他抗癌药联合治疗小细胞肺癌、睾丸癌、霍奇金病、非霍奇金淋巴瘤和白血病有较显著的临床活性。替尼泊苷用于儿童白血病等	骨髓抑制、过敏反应、恶心和呕吐，注射过快可发生低血压

三、干扰转录过程和阻止 RNA 合成药

干扰转录过程和阻止 RNA 合成药见表 42-2-3。

表 42-2-3　干扰转录过程和阻止 RNA 合成药

药名	特点及作用机制	临床应用	不良反应
放线菌素 D（dactinomycin，DACT）	药物分子中含有苯氧环结构，可以连接两个等位的环状肽链。此肽链可与 DNA 分子的脱氧鸟嘌呤发挥相互作用，使放线菌素 D 嵌入 DNA 双螺旋的小沟中，与 DNA 形成复合体，阻碍 RNA 多聚酶的功能，抑制 mRNA 的合成。属于周期非特异性药物	抗瘤谱较窄，临床主要用于肾母细胞瘤、绒毛膜上皮癌、横纹肌肉瘤和神经母细胞瘤等	常见不良反应有恶心、呕吐、口腔炎和胃炎等，骨髓抑制较明显，偶见脱发和严重的皮肤毒性。注射时药物外渗可引起蜂窝组织炎和疼痛
多柔比星（doxorubicin、adriamycin，ADM）	能直接嵌入 DNA 分子，破坏 DNA 的模板功能，阻止转录过程，抑制 DNA 复制和 RNA 合成。属周期非特异性药物，对 S 期细胞作用最强	为广谱抗恶性肿瘤药，疗效高，主要用于对常用抗恶性肿瘤药耐药的急性淋巴细胞白血病或粒细胞白血病、恶性淋巴肉瘤及多种实体瘤如乳腺癌、肺癌、肝癌等	最严重的毒性反应为心肌退行性病变和心肌间质水肿，此外还有骨髓抑制、消化道反应、脱发、皮肤色素沉着等
柔红霉素（daunorubicin，DNR）	作用机制与多柔比星相似	主要用于耐药的急性淋巴细胞白血病或急性粒细胞白血病，但缓解期短	不良反应与多柔比星相似，但心脏毒性较重

四、干扰蛋白质合成药

（一）微管蛋白抑制药

微管主要存在于真核细胞质中，是由微管蛋白装配成的长管状细胞器结构，是细胞质骨架体系的成分之一，对于维持细胞正常形态和有丝分裂期染色体的形成具有非常重要的作用。微管蛋白抑制药（tubulin inhibitors）通过干扰微管聚合与解聚间的平衡，阻碍细胞的有丝分裂，从而起到影响细胞增殖的作用。常用药物见表 42-2-4。

表 42-2-4　微管蛋白抑制药

药名	特点及作用机制	临床应用	不良反应
长春碱（vinblastine，VLB）长春新碱（vincristine，VCR）	通过与微管蛋白结合，抑制微管蛋白装配成纺锤体，使细胞停止于有丝分裂中期，无法进行复制，而发挥其细胞毒性作用	长春碱用于治疗睾丸癌、膀胱癌、霍奇金病和非霍奇金淋巴瘤。长春新碱用于治疗儿童急性淋巴细胞白血病、肾母细胞瘤、尤文氏软组织肉瘤、霍奇金病和非霍奇金淋巴瘤及其他快速增殖的肿瘤	常用不良反应有骨髓抑制、神经毒性、胃肠道反应、脱发及注射的局部毒性
紫杉醇（paclitaxel）	通过与 β-微管蛋白结合，稳定微管结构而抑制其解聚，持续阻滞细胞从有丝分裂中期转向后期，使细胞停止于 G_2/M 期	临床用于治疗乳腺癌、卵巢癌、头颈部癌、非小细胞肺癌、小细胞肺癌、食管癌等上皮性肿瘤	不良反应有骨髓抑制、神经毒性、心脏毒性和过敏反应
紫杉特尔	作用机制与紫杉醇相似	作为一线药物治疗转移性乳腺癌有较好疗效，也可用于治疗卵巢癌、头颈部癌和非小细胞肺癌	过敏反应发生较少，可引起外周神经感觉障碍，恶心、呕吐等胃肠道症状

（二）干扰核糖体功能的药物

三尖杉生物碱类

三尖杉碱（harringtonine，HRT）和高三尖杉酯碱（homoharringtonine，HHRT）是从三尖杉属植物的枝叶和树皮中提取的一种生物碱。可抑制真核细胞蛋白质合成的起始阶段，使多核蛋白体解聚，释放出新生肽链，使蛋白合成停止，由此减少癌细胞的有丝分裂。主要用于急性粒细胞白血病，对单核细胞白血病也有效。不良反应为胃肠道反应和骨髓抑制，偶有脱发。大剂量应用可引起血压下降、心悸，部分患者有心肌损害。应静脉缓慢滴注，不可直接静脉推注和肌内注射。与烷化剂、嘌呤类无交叉耐药性。

（三）影响氨基酸供应的药物

L-门冬酰胺酶

L-门冬酰胺酶（L-asparaginase，L-ASP）是一种对肿瘤细胞具有选择性抑制作用的药物。其中，淋巴细胞白血病细胞自身不能合成生长必需的门冬酰胺，必须依赖于摄取人体血液中的门冬酰胺。L-ASP能抑制血清中的门冬酰胺水解，使肿瘤细胞缺乏门冬酰胺而抑制它们的生长。正常组织细胞能自身合成门冬酰胺，因此影响较小。临床主要用于淋巴系统的恶性肿瘤，尤其是急性淋巴细胞性白血病和T细胞性淋巴瘤。主要不良反应是过敏反应，尤其是第二次给药后易发生过敏反应，表现为荨麻疹、低血压、喉痉挛、心跳停止等。L-ASP还可短暂抑制正常组织的蛋白质合成，如白蛋白和凝血因子的合成，可出现低蛋白血症和出血等。

五、调节激素平衡药

某些肿瘤如乳腺癌、前列腺癌、甲状腺癌、宫颈癌、卵巢癌及睾丸肿瘤等的发生均与相应的激素失调有关。甾体激素（steroid hormones）如糖皮质激素和性激素是化学结构相似的亲脂性小分子物质。大多数甾体激素类药物和激素拮抗药是通过抑制肿瘤细胞生长发挥的抗肿瘤作用。一般需要长期给药，且无骨髓抑制等不良反应。但由于激素选择性低，作用广泛，如使用不当，可发生其他不良反应。常用药物见表42-2-5。

表42-2-5　调节激素平衡药

药名	特点及作用机制	临床应用	不良反应
糖皮质激素（泼尼松、泼尼松龙、地塞米松）	糖皮质激素具有对抗淋巴细胞的作用，能暂时刺激骨髓造血机能，使血细胞生成增多	对急性淋巴细胞白血病及恶性淋巴瘤的疗效较好，起效快但短暂，且易产生耐药性。对慢性淋巴细胞白血病除减低淋巴细胞数目外，还可缓解伴发的自身免疫性贫血。对其他恶性肿瘤无效	药物选择性低，不良反应较多，用药期间可降低免疫功能，易诱发感染
雌激素	抑制下丘脑及垂体，减低促间质细胞激素的分泌，从而减少睾丸间质细胞分泌睾酮，减少肾上腺皮质分泌雄激	临床用于前列腺癌的治疗，还用于绝经7年以上的乳腺癌	大剂量有恶心呕吐、乳房胀痛等不良反应
雄激素	通过抑制腺垂体分泌促卵泡激素，使卵巢分泌雌激素减少，并可对抗雌激素作用	对晚期乳腺癌，尤其是骨转移者疗效较佳	长期大剂量使用可能出现女性男性化，水肿，头晕，痤疮等

续表

药名	特点及作用机制	临床应用	不良反应
他莫昔芬	属于抗雌激素药物，具有在靶组织上拮抗雌激素的作用	主要用于晚期乳腺癌	常见恶心、呕吐等胃肠道反应
亮丙瑞林	属于合成的促性腺激素释放激素的类似物。它占据垂体的促性腺激素释放激素受体，抑制垂体分泌促卵泡素和黄体生成素，减少卵巢雌激素及睾丸雄激素的合成	主要用于闭经前且雌激素受体阳性的乳腺癌和前列腺癌	常见恶心、呕吐等胃肠道反应

第三节　抗恶性肿瘤药的应用原则

目前常用的抗恶性肿瘤药选择性较低，毒性较大，单独使用容易产生耐药性。为了提高疗效、降低毒性、延缓耐药性的产生，临床上常根据药物特性和肿瘤类型设计联合化疗方案，一般原则如下。

一、减少毒性反应

目前临床常用的抗恶性肿瘤药对肿瘤细胞和正常细胞选择性普遍较低，传统的抗肿瘤药物仍然针对恶性肿瘤细胞生长旺盛这一特点，但是在杀灭肿瘤细胞的同时对机体自身生长旺盛的正常组织细胞，如骨髓、消化道黏膜上皮、淋巴组织、生殖细胞等，也产生不同程度的抑制作用。抗恶性肿瘤药对细胞的毒性反应包括近期毒性和远期毒性。

👩‍🏫 课堂互动 42-1

恶性肿瘤不仅治疗困难，药物的不良反应也会大大降低患者的生活质量，抗恶性肿瘤药有哪些共同毒性？

答案解析

（一）近期毒性

1. 共有毒性反应

（1）骨髓抑制　表现为白细胞、血小板明显减少，继而红细胞乃至全血细胞减少。除甾体激素类、博来霉素、L-门冬酰胺酶外，大多数抗肿瘤药均可产生不同程度的骨髓抑制。

（2）消化道黏膜损害　用药后可出现食欲减退、恶心、呕吐等胃肠反应，严重者可引起消化道黏膜广泛溃疡、胃肠道出血，尤其是烷化剂、抗代谢药多见。

（3）脱发　多数抗肿瘤药能损伤毛囊上皮细胞，引起不同程度的脱发。常出现于给药后1~2周，停药后毛发可再生。

2. 特有毒性反应

（1）神经系统反应　外周神经系统反应包括肢体麻木和感觉异常、可逆性末梢神经炎、腱反应消失、下肢无力。中枢神经系统反应包括短暂语言障碍、意识混乱、昏睡，罕见惊厥和意识丧失。自主神经症状包括小肠麻痹引起的便秘、腹胀，如长春新碱。听神经反应包括耳鸣、耳聋、头晕，严重者有高频听力丧失，如顺铂。

（2）心血管系统　心电图改变，如心律失常、非特异性ST-T异常，少数患者可出现延迟性进行性心肌病变，如阿霉素、柔红霉素、顺铂。

（3）呼吸系统 肺毒性包括间质性肺炎、肺水肿、肺纤维化、急性呼吸衰竭等，如环磷酰胺、博来霉素。

（4）泌尿系统 肾损害包括肾功能异常，血清肌酐升高或出现蛋白尿，甚至少尿、无尿，急性肾衰竭。化学性膀胱炎表现为尿频、尿急、尿痛及血尿，还可引起膀胱纤维化，如环磷酰胺、顺铂。

（5）局部组织刺激反应 可引起给药部位静脉炎。静脉滴注时漏出血管外造成疼痛、引起局部皮肤组织溃疡，甚至坏死，如长春碱类、氟尿嘧啶。

（二）远期毒性

主要见于长期生存的患者，引起第二原发恶性肿瘤、不育和畸形等。因此，在应用抗恶性肿瘤药时，应注意尽量避免或减少毒性反应的发生。

二、制定联合化疗方案的原则

（一）从细胞增殖动力学考虑

根据细胞增殖动力学规律制定的序贯给药方法。

1. 招募作用 对GF低的肿瘤，如增长缓慢的实体瘤，其G_0期细胞较多，可先用周期非特异性药物，杀灭增殖期细胞，促进G_0期细胞进入增殖期，继而用周期特异性药物杀灭进入增殖周期的癌细胞。对GF较高的肿瘤，如急性白血病，先用周期特异性药物杀灭S期或M期细胞，控制肿瘤细胞的繁殖，再用周期非特异性药物杀灭残存的其他各期细胞，待G_0期细胞进入细胞周期时，再重复此疗法。

2. 同步化疗法 即先用细胞周期特异性药物（如羟基脲），将肿瘤细胞阻滞于某一时相（如G_1期），待药物作用消失后，肿瘤细胞同步进入下一时相，再用作用于后一时相的药物。

（二）从药物的作用机制考虑

将作用于不同生化环节的抗恶性肿瘤药物联合应用，可使疗效明显提高。如联合应用甲氨蝶呤和巯嘌呤两种药物，同时作用于一个线性代谢过程前后两种不同靶点，产生序贯抑制，以增强疗效。

（三）从药物的抗癌谱考虑

根据恶性肿瘤细胞对药物的敏感性选用药物。肉瘤宜用环磷酰胺、多柔比星、顺铂等；骨肉瘤用多柔比星与大剂量甲氨蝶呤加救援剂亚叶酸钙；胃肠道癌宜用氟尿嘧啶、环磷酰胺、丝裂霉素、羟基脲等；脑的原发或转移瘤首选卡莫司汀。

（四）从药物的毒性考虑

将毒性反应不同的药物联合应用可以降低毒性，延长患者的生存时间。如大多数抗恶性肿瘤药有骨髓抑制作用，而皮质激素类药和博来霉素无明显骨髓抑制，联合应用既增强疗效又降低骨髓毒性。

（五）大剂量间歇疗法

大剂量间歇疗法比每日小剂量连续给药的疗效好，特别是对于早期、身体状况较好的肿瘤患者，通常采用机体能耐受的最大剂量。此方法杀灭的肿瘤细胞数远远超过同等剂量分次用药所能杀灭的肿瘤细胞数之和，并能诱导G_0期细胞进入增殖期，增加肿瘤细胞对药物的敏感性。间歇用药有利于骨髓造血系统和免疫系统的恢复。此外，停用抗肿瘤药治疗间期，宜用生物反应调节剂或免疫功能调节药，以利于提高机体免疫功能、恢复骨髓造血功能。

目标检测

答案解析

一、单选题

1. 关于甲氨蝶呤，下列选项中错误的是（　　）

　　A. 抑制二氢叶酸还原酶发挥抗肿瘤作用　　　　B. 有致畸作用

　　C. 对儿童急性白血病和绒毛膜癌疗效好　　　　D. 用大量叶酸可减轻骨髓毒性

　　E. 可致肝、肾损害

2. 下列哪种药物对肉瘤疗效好（　　）

　　A. 博来霉素　　　B. 丝裂霉素　　　C. 卡莫司汀　　　D. 环磷酰胺　　　E. 甲氨蝶呤

3. 环磷酰胺发挥抗肿瘤作用的作用机制主要是（　　）

　　A. 影响DNA结构和功能　　　B. 影响激素水平　　　　C. 阻止DNA合成

　　D. 干扰蛋白合成和功能　　　E. 干扰转录过程和阻止RNA合成

4. 患者，女性，56岁。术后病理诊断为卵巢低分化腺癌，可用以下哪种药物进行化疗（　　）

　　A. 门冬酰胺酶　　　B. 他莫昔芬　　　C. 紫杉醇　　　D. 白消安　　　E. 利妥昔单抗

5. 患者，女性，59岁。术后病理诊断为乳腺恶性肿瘤，逐行多柔比星+环磷酰胺进行化疗，多柔比星的主要不良反应是（　　）

　　A. 手足综合征　　　B. 脱发　　　C. 恶心、呕吐　　　D. 心脏毒性　　　E. 过敏反应

（6~7题共用题干）

患者，男，50岁。3个月前因上腹部不适，行胃镜检查，病理示：胃角低分化腺癌。逐行胃癌根治术，术后病理诊断：（胃体小弯侧及胃后壁）低分化腺癌。现入肿瘤科选用奥沙利铂+替加氟+亚叶酸钙进行化疗。

6. 替加氟在体内转化为哪种药物发挥作用（　　）

　　A. 多柔比星　　　B. 依托泊苷　　　C. 氟尿嘧啶　　　D. 阿糖胞苷　　　E. 环磷酰胺

7. 奥沙利铂与顺铂相比，其优点是（　　）

　　A. 价格低廉　　　B. 不会引起骨髓移植　　　C. 抗瘤谱广

　　D. 作用更强、毒性更低　　　E. 不会引起手足综合征

二、简答题

1. 抗恶性肿瘤药物可分为哪几类？

2. 抗恶性肿瘤药物常见的不良反应有哪些？

（袁　莉）

书网融合……

知识回顾　　　习题

第四十三章 影响免疫功能的药物

学习目标

知识要求：

1. 熟悉环孢素、硫唑嘌呤、环磷酰胺、抗淋巴细胞球蛋白、左旋咪唑、转移因子、白细胞介素-2、干扰素的药理作用及临床应用。

2. 了解其他调节免疫功能药的作用特点及临床应用。

技能要求：

1. 熟练掌握正确使用影响免疫功能的药物的能力。

2. 学会观察影响免疫功能的药物的疗效及不良反应。

参与免疫反应的各种细胞（淋巴细胞、单核细胞、中性粒细胞、嗜酸性粒细胞、嗜碱性粒细胞）、各种器官（胸腺、骨髓、淋巴结、脾、扁桃体）及免疫活性物质（抗体、补体、免疫球蛋白、干扰素）等构成机体的免疫系统。免疫系统出现异常时，可能出现免疫反应，包括变态反应、免疫缺陷病、免疫增殖病和自身免疫性疾病等，表现为机体的免疫功能低下或免疫功能增强。影响免疫功能的药物可调节机体的免疫过程，用于防治某些免疫性疾病，以及肿瘤等疾病的辅助用药。

岗位情景模拟 37

患者，男，26岁，学生。放暑假后与同学去旅游，游玩期间没有做防晒措施，回来后出现面部对称性红斑，伴有双膝、腕、双手关节酸痛1个月。1天前患者突然出现全身抽搐，神志不清，血压175/120mmHg，心率127次/分，听诊双肺湿啰音，双侧胸腔积液，心包积液，肾功能不全，抗核小体、抗组蛋白等系列抗体全部强阳性。初步诊断为重型系统性红斑狼疮。

问题与思考

1. 该患者首选的治疗药物有什么？

2. 该类药物的主要临床应用是什么？

答案解析

第一节 免疫抑制剂

免疫抑制药（immunosuppressive drugs）是一类具有抗免疫作用的药物。主要用于治疗自身免疫性疾病和器官移植排斥反应。多数药物缺乏选择性，对正常免疫和异常免疫均有抑制作用，长期用药可降低机体的正常免疫功能而诱发感染，还可能发生免疫逃逸使肿瘤发生率增加及影响生殖系统功能。

环孢素

环孢素（cyclosporin，环孢素A）是从真菌的代谢产物中提取的环状多肽，目前也可人工合成。可口服或静脉注射给药。口服吸收慢而不完全，生物利用度20%~50%。在血液中约50%被红细胞摄取，30%与血浆蛋白质结合转变为结合型，4%~9%结合于淋巴细胞，血浆中游离型药物仅5%，$t_{1/2}$为24小时，主要经肝代谢，胆汁排泄，部分药物可经肠黏膜重吸收，有明显的肝肠循环，体内过程有明显的个体差异。

【药理作用及临床应用】环孢素作用方式：①抑制T细胞介导的细胞免疫反应，②选择性抑制辅助性T细胞产生细胞因子（如白细胞介素-2）；作用结果：阻断T细胞对抗原的分化增殖性反应，抑制自然杀伤细胞的杀伤能力以及抑制T细胞产生干扰素。由于环孢素仅抑制T细胞介导的细胞免疫，因此不会影响机体的一般防御能力。临床应用：防治异体器官或骨髓移植时的排斥反应，也可用于治疗红斑狼疮、牛皮癣等自身免疫性疾病。

【不良反应】肾毒性发生率较高，主要表现为肾小球滤过率下降、血肌酐升高，停药后可恢复。其次为肝毒性，可见血清氨基转移酶升高、黄疸等。还可引起胃肠反应、感觉异常及多毛等。

他克莫司

他克莫司（tacrolimus，FK-506）是从链霉菌属中提取的发酵产物，是一种新型的、强力的免疫抑制剂。口服吸收缓慢，生物利用度为25%，体内分布广，经肝代谢，$t_{1/2}$为9小时。作用比环孢素更强，属高效、低毒的免疫抑制剂。可以作为肝、肾移植后排斥反应的一线用药，也可用于顽固性自身免疫性疾病。

👐 **课堂互动 43-1**

根据前面学过的知识，谈谈长期使用糖皮质激素的不良反应。

答案解析

肾上腺皮质激素类

常用的肾上腺皮质激素类药物有泼尼松、泼尼松龙和地塞米松。可抑制免疫反应的多个环节。可抑制吞噬细胞对抗原的吞噬和处理、阻止淋巴细胞增殖、促进淋巴细胞的凋亡、抑制淋巴因子产生、减少抗体生成等。临床上主要用于变态反应性疾病、器官移植的排斥反应、自身免疫性疾病及肿瘤的治疗。

环磷酰胺、白消安和噻替派

环磷酰胺（cyclophosphamide）、白消安（busulfan）和噻替派（thiotepa）均属烷化剂。通过杀伤增殖期淋巴细胞，从而抑制其转化为淋巴母细胞。对B淋巴细胞抑制作用更强，大剂量也能抑制T淋巴细胞，对自然杀伤细胞也有抑制作用。主要用于类风湿关节炎、肾小球肾炎等自身免疫性疾病及器官移植后的排斥反应。

硫唑嘌呤、甲氨蝶呤

硫唑嘌呤（azathioprine）、甲氨蝶呤（methotrexate，MTX）均属抗代谢药。主要是干扰嘌呤代谢进而抑制DNA、RNA和蛋白质合成。由于对T淋巴细胞的抑制作用较明显，同时可抑制T、B免疫母细胞，故对细胞免疫和体液免疫均有抑制作用。主要用于肾移植的排斥反应及自身免疫性疾病如类风湿关节炎和系统性红斑狼疮。

抗淋巴细胞球蛋白

抗淋巴细胞球蛋白（antilymphocyte globulin，ALG）属于强免疫抑制剂，是用人的淋巴细胞作为免疫抗原，免疫马、兔等动物后，从动物血清中分离制成的抗人淋巴细胞的免疫球蛋白。作用机制：抑制经抗原识别后的T淋巴细胞激活过程，在补体的协助下，使T淋巴细胞溶解。特点：无骨髓毒性。主要用于器官移植的排斥反应，因变态反应发生率高，多在其他免疫抑制药无效时应用。

第二节　免疫增强剂

免疫增强药（immunopotentiating drug）是通过激活免疫细胞功能，增强机体免疫反应，使免疫功能恢复并提高。临床主要用于免疫缺陷性疾病、慢性感染及恶性肿瘤的免疫治疗。常用药物见表43-2-1。

表43-2-1　常用免疫增强剂

药名	特点及作用机制	临床应用	不良反应
卡介苗	牛结核分枝杆菌的减毒活疫苗，能刺激多种免疫活性细胞，增强机体的非特异性免疫功能，也能提高机体的体液免疫和细胞免疫功能	预防结核病，对白血病、黑色素瘤等多种肿瘤的免疫治疗，还可灌注用于膀胱癌术后防止肿瘤复发	不良反应较多，可见注射部位红斑、硬结或溃疡，也可出现寒战、发热和全身不适等，瘤内注射偶见过敏性休克
干扰素	是病毒入侵机体后，诱导宿主细胞产生的具有抵抗病毒感染的反应物。具有抗病毒、抗肿瘤、调节细胞生长分化及免疫调节作用。大剂量抑制体液免疫和细胞免疫，小剂量增强体液免疫和细胞免疫	主要用于免疫功能低下或免疫缺陷所致复发性或慢性感染，也可用于肿瘤化疗、放疗、手术后的辅助用药，还可用于自身免疫性疾病如类风湿关节炎、红斑性狼疮等	治疗初期：发热、畏寒、头痛、乏力等流感样症状；大剂量：可致白细胞减少、血小板减少等
左旋咪唑	对免疫功能低下者，通过促进抗体生成，使低下的细胞免疫功能恢复正常，还能增强吞噬细胞的趋化和吞噬功能，但对免疫功能正常的人或动物的抗体生成无影响	主要用于免疫功能低下者恢复免疫功能、增强机体抗病能力；自身免疫性疾病如类风湿关节炎、红斑狼疮；肺癌、乳腺癌等术后或化疗后的辅助治疗	主要有头晕、恶心、腹痛、食欲缺乏等，偶见白细胞减少、血小板减少和肝功能异常等
白细胞介素-2	由T细胞和NK细胞产生，也称为T细胞生长因子。通过激活T细胞、调控T细胞和B细胞免疫应答，具有广泛的免疫增强和调节功能	主要用于慢性肝炎、免疫缺陷病及恶性肿瘤的辅助治疗	"流感"样症状、胃肠道反应、神经系统症状、肾功能减退、水肿、血压升高等，剂量减少可减轻

> **知识拓展**

　　癌症是高致死性的疾病，是未解决的一大难题，医学界在不断地探索其治疗方法，从传统的化疗，到深入到分子水平的基因治疗，仍未能攻克。近些年来，癌症的免疫疗法逐渐成为一种热门疗法，通过激活免疫系统的抑制功能进而对肿瘤细胞进行全面攻击达到治愈，这种全新的癌症治疗理论在2018年12月获得了诺贝尔生理学或医学奖。

　　詹姆斯·艾利森研究一种在免疫系统中发挥刹车作用的蛋白质，他意识到通过解除刹车并解放免疫细胞对肿瘤细胞的攻击有着相当大的治疗潜力，而后他将这种观念发展成为一个全新的肿瘤病患治疗方法。同样的，本庶佑也发现了类似的蛋白，并在精密的研究后最终意识到它同样发挥着制动器一般的作用，但却有着与艾利森所发现的蛋白不同的作用机制。以他的发现为基础的疗法在对抗癌症的治疗中也被证明有着良好的效果。

　　艾利森和本庶佑展示了对免疫制动器的不同抑制效果在癌症治疗中的应用，两位获奖者的发现成为人类抗癌历史上新的里程碑。

目标检测

答案解析

一、单选题

1. 不属于免疫抑制药物的是（　　）
   - A. 巯嘌呤
   - B. 肾上腺皮质激素类
   - C. 卡介苗
   - D. 环磷酰胺
   - E. 环孢素

2. 不属于免疫增强药物的是（　　）
   - A. 干扰素
   - B. 转移因子
   - C. 左旋咪唑
   - D. 抗淋巴细胞球蛋白
   - E. 胸腺素

3. 器官移植后最常用的免疫抑制剂是（　　）
   - A. 泼尼松
   - B. 地塞米松
   - C. 环孢素
   - D. 硫唑嘌呤
   - E. 环磷酰胺

4. 主要抑制吞噬细胞对抗吞噬处理的免疫抑制药是（　　）
   - A. 环孢素
   - B. 左旋咪唑
   - C. 泼尼松龙
   - D. 干扰素
   - E. 巯嘌呤

二、简答题

1. 简述环孢素的药理作用及临床应用。
2. 简述干扰素的药理作用及临床应用。

（袁　莉）

书网融合……

知识回顾　　　习题

第四十四章 解毒药

PPT

学习目标

知识要求：

1. 掌握有机磷酸酯类中毒解毒药阿托品、氯解磷定的药理作用和临床应用。
2. 熟悉金属、类金属、氰化物、灭鼠药中毒解毒药的临床应用。
3. 了解蛇毒及灭鼠药中毒解毒药的临床应用。

技能要求：

1. 熟练掌握针对不同类型中毒患者合理选择解毒药的能力。
2. 学会观察解毒药的疗效及不良反应，并提出防治措施。

　　解毒药（antidotes）是指能直接对抗毒物或解除毒物所致毒性反应的一类药物。急性中毒的处理原则是排除毒物、对症治疗和使用特效解毒药进行治疗。特效解毒药是一类专门针对某种药物中毒的具有高度专一性，能解除毒物对人体损害性的药物，在中毒的抢救中占重要地位。

📋 岗位情景模拟 38

　　患者，女，29岁，因与家人不和，自服农药50ml，服药5分钟后患者出现腹痛、恶心、呕吐，吐出物有大蒜味，逐渐神志不清，大小便失禁，多汗。查体：体温36.5℃，脉搏52次/分，血压110/80mmHg，平卧位，呼之不应，皮肤湿冷，压眶有反应，肌肉颤动，对光反射弱，瞳孔针尖样，口腔白色泡沫样分泌物，两肺有哮鸣音和湿啰音，心率52次/分，病理反射（－）。诊断为有机磷农药中毒。

问题与思考

1. 有机磷农药中毒按照临床表现分为哪几类？
2. 急性有机磷农药中毒的解毒药选择及救治原则是什么？

答案解析

第一节　有机磷酸酯类中毒及解毒药

　　有机磷酸酯类（简称有机磷）主要包括：美曲膦酯（敌百虫）、内吸磷、乐果、对硫磷、敌敌畏等农、林业杀虫剂及沙林、塔崩、梭曼等化学战争毒气。有机磷对人体、牲畜均有剧烈毒性，极易引起中毒。

一、有机磷酸酯类中毒机制及临床表现

（一）中毒机制

有机磷酸酯类大多容易挥发，脂溶性比较高，可透过消化道、呼吸道、皮肤及黏膜等生物膜进入机体，与胆碱酯酶结合，形成难以水解的磷酰化胆碱酯酶，从而使胆碱酯酶失去活性，导致胆碱酯酶不能水解乙酰胆碱而引起乙酰胆碱的堆积，乙酰胆碱通过激动胆碱受体，引起一系列胆碱能神经系统功能亢进的中毒症状。如果不及时使用胆碱酯酶复活药，会出现胆碱酯酶的"老化"现象。此时即使再用胆碱酯酶复活药，也不能使胆碱酯酶恢复活性，需等待胆碱酯酶重新生成，才能恢复水解乙酰胆碱的活性。

（二）中毒表现

表44-1-1　有机磷中毒表现

中毒分类	中毒表现及特点		
急性中毒（轻度：M样症状；中度：M样及N样症状；重度：M样、N样和中枢症状）	M样症状：表现为恶心、呕吐、腹痛、腹泻、大小便失禁、呼吸困难、瞳孔缩小、视物模糊、心动过缓、血压下降、出汗、流涎、呼吸道分泌物增加、肺部湿啰音等	N样症状：激动N_2受体引起肌束震颤、抽搐，严重时导致肌无力，甚至呼吸肌麻痹；激动N_1受体引起心动过速、血压升高	中枢症状：先兴奋后抑制，表现为躁动不安、失眠、谵语、惊厥、昏迷、窒息、血压下降、呼吸抑制等
慢性中毒	多发生在长期从事有机磷酸酯农药生产的工人或长期接触有机磷酸酯药物的人员中	主要症状有头痛、头晕、视物模糊、记忆力减退、思想不集中、多汗、失眠、乏力等，偶见肌束颤动和瞳孔缩小等	主要采取对症治疗和预防措施，如避免与有机磷类长期接触、加强劳动防护等
迟发性神经损害	部分急性有机磷中毒患者症状消失后数周乃至数月，由于神经轴突的脱髓鞘变性，可出现进行性上肢或下肢麻痹，产生机制未明，目前认为可能与胆碱酯酶抑制作用无直接联系		

二、常用解毒药

（一）M受体阻断药

阿托品

【药理作用】阿托品（atropine）通过阻断M受体，使乙酰胆碱不能与M受体结合，导致瞳孔括约肌和睫状肌松弛、呼吸道及胃肠道平滑肌松弛、腺体分泌减少、提高心脏兴奋性等，从而迅速解除M样症状。同时又能通过血-脑屏障进入脑内缓解部分中枢症状。通过兴奋呼吸中枢，还可以对抗有机磷中毒引起的呼吸抑制。

【临床应用】在解救有机磷中毒时，阿托品的使用剂量由中毒程度决定。使用原则为及早、足量、反复给药直至阿托品化，然后改用维持量。阿托品化的指征是：瞳孔散大、口干、皮肤干燥、颜面潮红、肺湿啰音显著减少或消失、心率加快等。阿托品不能改善N样症状，对肌束颤动无效，也不能使胆碱酯酶复活，因此在解救中度和重度中毒时，必须与胆碱酯酶复活药合用。

（二）胆碱酯酶复活药

氯解磷定

氯解磷定（pralidoxime chloride，氯磷定）溶解度大，水溶液较稳定，可进行静脉给药或肌内注射，使用方便，且价格低廉。

【**药理作用**】氯解磷定进入机体后，既可与磷酰化胆碱酯酶中的磷酰基结合使胆碱酯酶游离复活，恢复水解乙酰胆碱的活性，又可直接与游离的有机磷酸酯类结合，形成无毒的磷酰化氯解磷定，由肾排出，阻止毒物继续抑制胆碱酯酶。其恢复胆碱酯酶活性的作用在神经-肌肉接头处最明显，因此能迅速解除肌束颤动。

【**临床应用**】用于各种急性有机磷酸酯类中毒，能迅速解除肌束颤动，但对 M 样症状缓解效果差因此应与阿托品同时应用。氯解磷定用药原则：早用、首剂足量、重复应用，应在各种中毒症状消失、病情稳定 48 小时后停药。

【**不良反应**】肌内注射时注射局部有轻微疼痛；静脉注射过快可出现头晕、恶心、呕吐、视物模糊等症状；用量过大可导致呼吸抑制。

碘解磷定

碘解磷定（pralidoxime iodide，PAM，派姆）药理作用及临床应用与氯解磷定相似，但作用较弱，主要用于中度和重度急性有机磷酸酯类中毒。不良反应多，只静脉给药，不能肌内注射。

第二节 金属和类金属中毒解毒药

一、金属和类金属中毒机制

金属和类金属如铜、铅、砷、锑、铋、磷、锑、汞、铬、银等，产生毒性的原因是由于金属离子能与机体细胞内的某些活性基团相结合，导致某些生物活性物质功能障碍，引起人体中毒。临床上常用的金属和类金属中毒的解毒药大多是络合剂，与金属离子络合成为可溶、无毒或低毒的化合物经尿排出。

二、常用解毒药

表 44-2-1　金属和类金属中毒常用解救药

药名	特点及作用机制	临床应用	不良反应
二巯丁二钠	本药化学结构中含有两个活泼的巯基，与金属离子有较大的亲和力，能结合成不易解离的无毒性环状化合物，最后由尿排出；及早用药，能使巯基酶恢复活性	主要用于酒石酸锑钾中毒，效果明显；对汞、砷、铅中毒也有明显的解毒和促排作用；对铜、钴、镍等中毒也有疗效；还可用于肝豆状核变性疾病	毒性较小。注射后可有口臭、头痛、头晕、恶心、乏力及四肢酸痛等，减慢注射速度、症状会减轻。有时会出现过敏反应

续表

药名	特点及作用机制	临床应用	不良反应
二巯丙磺钠	可溶于水，水溶液稳定，吸收后迅速分布于全身各组织器官，主要存在于血液和细胞外液。其作用机制与二巯丁二钠相似	治疗汞、砷中毒的首选解毒药，对铬、铋、铅、铜及锑中毒有一定疗效。本药可用做灭鼠药毒鼠强中毒及农药杀虫双、杀虫单中毒的特效解毒药	常用量肌内注射无明显不良反应。静脉注射过快，可引起恶心、头晕、口唇发麻、面色苍白及心悸等。少数人可发生皮疹、发热等过敏反应，甚至出现过敏性休克
依地酸钙钠	能与多种金属离子和放射性物质络合形成可溶性络合物，迅速由尿中排出，从而发挥其解毒作用	用于急、慢性铅中毒，也可用于铜、锰、铬、镉等中毒和放射性物质的中毒	不良反应少，部分患者可出现短暂的头晕、恶心、关节痛、乏力等反应。大剂量时会对肾有损害，用药期间应常规查尿，如有血尿或管型尿，应及时停药，肾病患者禁用
青霉胺	青霉素的代谢产物，为含巯基的氨基酸。可与金属离子络合成可溶的络合物，由尿液迅速排出	是治疗肝豆状核变性病（铜代谢障碍）的首选药，对铅、汞、锌中毒也有效	不良反应较多，可引起头痛、乏力、胃肠道反应，也可引起发热、皮疹、关节痛、白细胞及血小板减少等青霉胺样反应。与青霉素有交叉过敏反应

第三节　氰化物中毒解毒药

一、氰化物中毒机制及解毒机制

氰化物的毒性极强，可迅速引发毒性反应。常见的氰化物有氢氰酸、氰化钾和氰化钠。生活中的桃仁、杏仁、樱桃仁、核仁、枇杷、梅、木薯、高粱秆等植物中含有氰苷，经水解后产生氰化物——氢氰酸，动物误食可引起中毒。此外，硝普钠过量也可引起氰化物中毒。中毒机制：氰化物进入体内可解离出氰离子（CN^-），与细胞色素氧化酶结合后，形成氰化细胞色素氧化酶，使细胞色素氧化不能传递电子，导致组织不能利用氧，从而引起细胞内缺氧窒息。由于中枢神经系统对缺氧最为敏感，因此，中毒时最易引起呼吸中枢麻痹，严重者可迅速死亡。氰化物中毒解救的关键是快速恢复细胞色素氧化酶的活性，传递氧气，并加强氰化物转变成无毒或低毒的物质。解救方法：首先给予高铁血红蛋白形成剂，将血液中的部分血红蛋白氧化形成高铁血红蛋白，高铁血红蛋白可夺取已与细胞色素氧化酶结合的氰离子或者与游离的氰离子结合，形成氰化高铁血红蛋白，从而使细胞色素氧化酶复活；然后给予供硫剂硫代硫酸钠，与体内游离的或已结合的氰离子相结合，形成稳定性强、无毒的硫氰酸盐，最后经尿排出，达到彻底解毒的目的。

二、常用解毒药

表 44-3-1　氰化物中毒解救药

药名		作用方式	不良反应
高铁血红蛋白形成剂	亚硝酸钠	属于氧化剂，在体内能使亚铁血红蛋白氧化为高铁血红蛋白，后者与氰离子结合力较强，故能清除血液中游离的氰离子，并能夺取已经与氧化型细胞色素氧化酶结合的氰离子，可有效地解救氰化物中毒	恶心、呕吐、头痛和低血压。大剂量可引起高铁血红蛋白血症，如发绀、呼吸困难、晕厥和循环衰竭，甚至死亡。孕妇禁用

续表

药名		作用方式	不良反应
高铁血红蛋白形成剂	亚甲蓝	属于氧化–还原剂。低浓度：能将高铁血红蛋白还原成血红蛋白，可用于伯氨喹、亚硝酸盐、苯胺及硝酸甘油等引起的高铁血红蛋白血症。高浓度：能直接将血红蛋白氧化成高铁血红蛋白，可用于氰化物中毒，但其作用不如亚硝酸钠强	静脉注射剂量过大时，可引起恶心、腹痛、出汗、眩晕、头痛等。禁用皮下和肌内注射，以免引起组织坏死
供硫剂	硫代硫酸钠	具有活泼的硫原子，在转硫酶的作用下，可与游离的及结合的 CN^- 相结合，形成无毒的硫氰酸盐，解救氰化物中毒。硫代硫酸钠还是钡盐中毒的特效解毒药	偶见头晕、乏力、恶心、呕吐等不良反应

第四节 灭鼠药中毒解毒药

灭鼠药的种类非常多，发生中毒后，首先要明确是哪种灭鼠药中毒，然后选择对应的解毒药物并对症治疗。

一、抗凝血类灭鼠药中毒解毒药

抗凝血类灭鼠药常用的有敌鼠钠、杀鼠灵、鼠得克、大隆等，其中毒机制是损伤小血管及抑制机体凝血功能，引起出血等。人误服后，中毒症状出现缓慢，一般发生在误食后第三日开始出现胃肠道反应及精神不振，随后可发生凝血功能下降症状，如鼻出血、齿龈出血、皮肤紫癜、咯血、便血、尿血等，以及凝血时间及凝血酶原时间延长。还可伴有关节痛、腹痛及低热等，严重者还可能发生休克。特效解毒药是促凝血因子合成药——维生素 K_1。

维生素 K_1

维生素 K_1（vitamin K_1）与抗凝血类灭鼠药的化学结构相似，可竞争性对抗抗凝血类灭鼠药对凝血酶原活性的抑制，同时还可以促进凝血因子的生产，使凝血过程正常。可同时给予足量维生素 C 及糖皮质激素辅助治疗。

二、磷类毒鼠药中毒解毒药

表 44-4-1 磷类毒鼠药中毒解毒药

分类	中毒表现	解救	注意事项
磷化锌中毒及解救	轻度：胃肠道反应、头痛、头晕、乏力及胸闷、咳嗽、心动过缓等。中度：轻度症状伴有意识障碍、抽搐、呼吸困难、轻度心肌损害、心电图ST段降低、T波低平、传导阻滞。重度：昏迷、惊厥、肺水肿、呼吸衰竭、明显的心肌损害及肝损害等	立即催吐、洗胃。洗胃：0.5%硫酸铜溶液，每次200~500ml，使磷转变为无毒磷化铜沉淀，直至洗出液无磷臭味为止。再用0.3%过氧化氢溶液或0.05%高锰酸钾溶液持续洗胃，直至洗出液澄清为止。然后口服硫酸钠15~30g导泻	禁用油类泻药，禁食鸡蛋、牛奶、动物或植物油类，因磷能溶于脂肪中而被吸收。呼吸困难、休克、急性肾衰竭及肺水肿时，应及时对症治疗
毒鼠磷中毒解救	毒鼠磷可抑制胆碱酯酶活性，使突触间隙乙酰胆碱过量积聚，胆碱能神经功能出现一系列改变，如平滑肌兴奋、腺体分泌增加、瞳孔缩小、骨骼肌收缩等	毒鼠磷是有机磷化合物，解救与有机磷酸酯类农药中毒相同，主要使用阿托品及胆碱酯酶复活药如氯解磷定等解救	解救应尽早、足量

三、其他灭鼠药中毒解毒药

表44-4-2　其他灭鼠药中毒解毒药

分类	中毒表现	解救	注意事项
有机氟灭鼠药（氟乙酸钠、氟乙酰胺、甘氟）中毒解毒药	主要表现为中枢神经系统及心脏受累。轻者出现恶心、呕吐等胃肠道反应，以及头痛、头晕。重者出现焦躁不安、心律失常等	乙酰胺（acetamide，解氟灵）：对氟乙酰胺、甘氟中毒的救治效果更好，能延长氟乙酰胺中毒的潜伏期、解除氟乙酰胺中毒症状而挽救患者的生命	有机氟灭鼠药毒性非常强，无特效解毒剂，很容易引起人、畜中毒死亡，国家已明令禁止使用
毒鼠强中毒解毒药	对中枢神经系统尤其是脑干有兴奋作用，能引起头痛、头晕、乏力、恶心、呕吐，发作时全身抽搐、口吐白沫、意识丧失	首先通过催吐、洗胃、灌肠、导泻等方法排除胃内毒物；其次，对症治疗：惊厥可选用苯巴比妥，呕吐、腹痛可用山莨菪碱，心率低于40次/分钟者，考虑体外临时起搏器，发生阿–斯综合征时进行人工起搏等；中毒较重者采用药用活性炭血液灌流；同时应用特异性解毒药二巯丙磺钠	毒鼠强毒性大，是国家禁止使用的灭鼠药

目标检测

答案解析

一、单选题

1. 能迅速制止有机磷酸酯类中毒所致肌颤的药物是（　　）

　　A. 碘解磷定　　　　　　　　B. 阿托品　　　　　　　　C. 新斯的明

　　D. 琥珀胆碱　　　　　　　　E. 筒箭毒碱

2. 治疗有机磷中毒时，单用阿托品不能对抗下列哪种症状（　　）

　　A. 瞳孔缩小　　　　　　　　B. 流涎出汗　　　　　　　C. 恶心呕吐

　　D. 肌束颤动　　　　　　　　E. 小便失禁

3. 碘解磷定能解救有机磷酸酯类中毒的机制是（　　）

　　A. 阻断M胆碱受体　　　　　B. 使胆碱酯酶恢复活性　　C. 使乙酰胆碱的破坏减少

　　D. 抑制胆碱酯酶　　　　　　E. 抑制乙酰胆碱的释放

4. 女性，23岁。2小时前口服50%敌敌畏60ml，大约10分钟后出现呕吐、大汗，随后昏迷，急送入院。检查：呼吸急促，32次/分，血压140/100mmHg，心律失常，肠鸣音亢进，双侧瞳孔1~2mm，胸前有肌颤，全血ChE活力为30%。患者入院后，马上进行洗胃，请问同时应采用何种药物治疗（　　）

　　A. 毛果芸香碱　　　　　　　B. 阿托品　　　　　　　　C. 碘解磷定

　　D. 毛果芸香碱及碘解磷定　　E. 阿托品及碘解磷定

（5~6题共用题干）

患者，女，61岁。服用某种毒物后出现下列症状：恶心、呕吐、大小便失禁、出汗、流涕、呼吸道分泌物增加、肺部湿啰音、瞳孔缩小。

5. 其服用的毒物最可能的是（　　）

　　A. 重金属　　　　　　　　　B. 有机氟灭鼠药　　　　　C. 有机磷酸酯类

　　D. 氰化物　　　　　　　　　E. 抗凝血类灭鼠药

6. 碘解磷定解救有机磷酸酯类中毒的机制是（　　）

　　A. 阻断M受体　　　　　　　B. 阻断N受体　　　　　　C. 阻断M及N受体

D．减少ACh的合成　　　　　　　E．使胆碱酯酶复活

二、简答题

简述有机磷酸酯类中毒的机制以及应用阿托品、氯解磷定解救的原理和用药原则？

（袁　莉）

- -

书网融合……

知识回顾　　习题

附 录

中文药名索引

（按汉语拼音排列）